SHIJIAN YUREN

实践育人：
高校思想政治理论课
社会实践指导教程

主编 ◎ 陈 飞

图书在版编目(CIP)数据

实践育人：高校思想政治理论课社会实践指导教程 / 陈飞主编. -- 厦门：厦门大学出版社，2022.12(2024.1重印)
ISBN 978-7-5615-8711-9

Ⅰ.①实… Ⅱ.①陈… Ⅲ.①大学生-思想政治教育-高等学校-教材 Ⅳ.①G641

中国版本图书馆CIP数据核字(2022)第149124号

责任编辑　章木良
美术编辑　张雨秋
技术编辑　朱　楷

出版发行　厦门大学出版社
社　　址　厦门市软件园二期望海路39号
邮政编码　361008
总　　机　0592-2181111　0592-2181406(传真)
营销中心　0592-2184458　0592-2181365
网　　址　http://www.xmupress.com
邮　　箱　xmup@xmupress.com
印　　刷　厦门集大印刷有限公司

开本　787 mm×1 092 mm　1/16
印张　17.75
字数　435千字
版次　2022年12月第1版
印次　2024年1月第2次印刷
定价　38.00元

本书如有印装质量问题请直接寄承印厂调换

厦门大学出版社
微信二维码

厦门大学出版社
微博二维码

《实践育人：高校思想政治理论课社会实践指导教程》编委会

主　编：陈　飞

副主编：李荣华　王若男　林智林

编　委：（按姓氏笔画为序）

　　　　王若男　李荣华　邱惠珊

　　　　林智林　施林颖　黄建和

　　　　曾欣虹

前 言

高校思想政治理论课既是落实立德树人根本任务的关键课程,是坚持用习近平新时代中国特色社会主义思想铸魂育人的主渠道,也是全面贯彻党的教育方针,坚守"为党育人、为国育才",培养担当民族复兴大任的时代新人的主阵地。2019年3月18日,习近平总书记在主持召开的学校思想政治理论课教师座谈会上强调,推动思想政治理论课改革创新,要不断增强思政课的思想性、理论性和亲和力、针对性,要坚持"八个相统一",不仅凸显了党中央对高校思政教育的高度重视,还为进一步推进高校思想政治理论课建设的守正创新指明了方向。高校思想政治理论课承担着对大学生进行系统的马克思主义理论教育的任务,是巩固马克思主义在高校意识形态领域指导地位、坚持社会主义办学方向的重要阵地。其主要任务是:用习近平新时代中国特色社会主义思想铸魂育人,引导学生树立正确的世界观、人生观和价值观,不断增强"四个意识",坚定"四个自信",做到"两个维护",厚植爱国主义情怀,把爱国情、强国志、报国行自觉融入坚持和发展中国特色社会主义事业、建设社会主义现代化强国、实现中华民族伟大复兴的奋斗之中。

"道不可坐论,德不能空谈。"为了让思想政治理论课真正成为学生真心喜爱、终身受益的课程,必须坚持理论性和实践性相统一的原则,更加注重思想政治理论课的实践性,将理论教学和实践教学结合起来,把思政小课堂科学融入社会大课堂。高校思想政治理论课社会实践既是课堂理论教学的重要补充和有益延伸,也是实现理论知识体系向信仰体系转化的重要环节,对促进学生了解社会、了解国情,增长才干、奉献社会,锻炼毅力、培养品格,强化担当、增强责任感,全面提升新时代大学生思想水平、政治觉悟、道德品质和文化素养具有重要作用。因此,党中央高度重视思想政治理论课实践教学工作,多次发文强调实践育人的重要性。2017年2月,中共中央、国务院印发了《关于加强和改进新形势下高校思想政治工作的意见》，强调："要强化社会实践育人，提高实践教学比重，组织师生参加社会实践活动。"2018年4月，教育部印发了《新时代高校思想政治理论课教学工作基本要求》，又明确指出："从本科思想政治理论课现有学分中划出2个学分、从专科思想政治理论课现有学分中划出1个学分，开展本专科思想政治理论课实践教学。学生既可通过参加教师统一组织的实践教学获得相应学分，也可通过提交与思想政治理论课学习相关的实践成果申请获得相应学分。"2022年8月，教育部等十部门印发了《全面推进"大思政课"建设的工作方案》，进一步指出："要构建实践教学工作体系，落实思政课实践教学学时学分，组织开展多样化的实践教学，建好用好实践教学基地；同时，注重总结思政课实践教学成果，把优秀成果作为课堂教学的有效补充，支持出版高校思政课实践教学成果，推动实践教学规范化。"力求通过思想政治理论课实践教学，引导学生更好地把课堂学到的理论知识升华为理性认知、情感共鸣和价值认同，立鸿鹄志，做奋斗者，真正实现实践育人。

马克思主义是中国最鲜明的旗帜，是我国立党立国最根本的指导思想，也是我国高等教育办学最亮丽的底色。近年来，福建技术师范学院马克思主义学院始终坚持马克思主义指导地位，把握新时代思想政治理论课建设规律，持续推进思想政治理论课守正创新，并致力于发挥思想政治理论课社会实践育人功能，为思想政治理论课实践教学改革和探索提供了重要基础和根本保证。在具体实施过程中，学院坚持以马克思主义为指导开展思想政治理论课实践教学，探索构建"理论主课堂、翻转新课堂、活动辅课堂和社会大课堂"四位一体的实践教学育人体系，注重发挥实践教学对学生思想和价值的引领作用，真正把实践教学贯穿于理论教学的全过程。通过内容丰富、形式多样、四位一体的实践教学，深化学生对马克思主义的理论认同，不断增强学生的社会责任感和实践转化能力，进一步提升学生对思想政治理论课的认同感和获得感。因此，思想政治理论课实践教学已成为思想政治理论课教学的重要组成部分和不可或缺的教学环节。

"工欲善其事，必先利其器。"教材既是教学内容的主要载体，也是一门课程最重要、最宝贵的资源，而一直以来我们苦于找不到一本称心如意、适合思想政治理论课实践教学的教材。为了进一步完善我校思想政治理论课社会实践课程体系，更好地开展思想政治理论课实践教学，不断提高思想政治理论课社会实践教学的针对性和实效性，在学校相关领导和部门的支持和鼓励下，我们依托马克思主义学院，充分整合和调动学院已有的师资力量，组建了教材编写团队，并结合学校办学定位和实际，经过精心构思、团队合作、反复修改，最终完成了《实践育人：高校思想政治理论课社会实践指导教程》教材的编写任务。

本书是一本应用型本科院校思想政治理论课实践教学指导教材。在教材的编写过程中，我们遵循"注重实用、服务教学、引领成长"的基本思路，以突出教材实用为导向，以服务实践教学为目标，以引领学生成长为主线，力求尝试构建融理论知识、实践活动、实践应用和实践成果为一体的教材体系。全书共六章，具体内容包括：第一章"思想政治理论课社会实践概述"、第二章"思想政治理论课社会实践的调查方法"、第三章"思想政治理论课社会实践的选题与方案设计"、第四章"思想政治理论课社会实践的准备与实施"、第五章"思想政治理论课社会实践常用文体的写作"和第六章"思想政治理论课社会实践成果精选"。每一章均有推荐阅读、拓展阅读和思考题等栏目，形式多样、内容丰富，对学生更好地完成思想政治理论课社会实践各项教学任务具有很强的针对性和指导性。

本书由福建技术师范学院马克思主义学院陈飞博士担任主编，各章编写具体分工如下：第一章由王若男老师负责编写；第二章由李荣华老师负责编写；第三章由施林颖老师负责编写；第四章由邱惠珊、林智林两位老师负责编写；第五章和第六章由陈飞、曾欣虹两位老师负责编写；附录由陈飞、黄建和两位老师负责编写。全书由陈飞博士负责设计整体结构框架和统稿工作。

本书既是2022年福建省本科高校教育教学研究项目"高质量发展背景下应用型高校思政课实践教学体系的构建与实践"的阶段性成果，也是福建技术师范学院2022年度校级教育教学改革研究项目（思想政治理论课专项）"新时代高校思想政治理论课社会实践教学改革与探索"和"三全育人"工作精品项目"实践育人：高校思想政治理论课社会实践教学改革探索"的最终研究成果。期待本书的出版能够进一步推进我校思想政治理论课实践教学的改革和建设，更好地发挥思想政治理论课实践教学的育人功能，培养出更多德智体美劳全面发展的社会主义建设者和接班人。

本书在编写过程中，借鉴和参考了国内高校与思想政治理论课实践教学相关的著作、教材、期刊、报纸、网站和微信公众号等资料，在此谨向这些文献资料的作者表示衷心感谢。本书的出版还得到了福建技术师范学院宣传部、教务处等职能部门的大力支持，在此表示感谢。马克思主义学院院长林书红教授、厦门大学出版社责任编辑章木良老师为本书的编写和出版提供了精心的指导和帮助，在此也向他们表示衷心感谢。书中有部分实践论文和调查报告等成果已在相关期刊和报纸上发表，为更好地呈现我校思想政治理论课实践教学已取得的阶段性成果，这些实践论文和调查报告本次也收入本书，并进行了部分修改。

由于编者水平有限，书中不可避免会存在一些疏漏和不足，真诚希望广大读者能够多提宝贵意见和建议，以便今后我们更好地进行修订和完善。

编者
2022 年 12 月

目　录

第一章　思想政治理论课社会实践概述 ································ 1
　　第一节　思想政治理论课社会实践的内涵 ························ 2
　　第二节　思想政治理论课社会实践的重要意义 ···················· 9
　　第三节　思想政治理论课社会实践的基本原则 ··················· 14
　　第四节　思想政治理论课社会实践的基本形式和主要特点 ········· 21

第二章　思想政治理论课社会实践的调查方法 ······················· 33
　　第一节　社会调查的概念 ····································· 34
　　第二节　社会调查的作用 ····································· 39
　　第三节　社会调查的类型 ····································· 42
　　第四节　社会调查的步骤 ····································· 56

第三章　思想政治理论课社会实践的选题与方案设计 ················· 70
　　第一节　思想政治理论课社会实践的选题 ······················· 70
　　第二节　思想政治理论课社会实践的方案设计 ··················· 76

第四章　思想政治理论课社会实践的准备与实施 ····················· 86
　　第一节　思想政治理论课社会实践的准备工作 ··················· 86
　　第二节　思想政治理论课社会实践的礼仪规范 ··················· 91
　　第三节　思想政治理论课社会实践的权益维护 ·················· 111
　　第四节　思想政治理论课社会实践的安全防范 ·················· 119

第五章　思想政治理论课社会实践常用文体的写作 ·················· 129
　　第一节　实践论文写作 ······································ 129
　　第二节　实践调查写作 ······································ 148
　　第三节　实践心得写作 ······································ 187

第六章　思想政治理论课社会实践成果精选……………………………………… 199

附　录 …………………………………………………………………………………… 240

　　思想政治理论课辅助阅读书目………………………………………………… 240

　　推荐观看主旋律影视作品……………………………………………………… 244

　　全国爱国主义教育示范基地名单……………………………………………… 261

　　思想政治理论课社会实践选题指南…………………………………………… 270

　　大学生思政课综合社会实践登记表…………………………………………… 272

　　《信息与文献　参考文献著录规则》主要文献类型的著录格式…………… 273

第一章　思想政治理论课社会实践概述

你要知道梨子的滋味，你就得变革梨子，亲口吃一吃。　　　　　　　　——毛泽东

社会最需要、最欢迎有实干精神、能解决实际问题的人，而最不欢迎夸夸其谈、眼高手低的"客里空"。　　　　　　　　——习近平

　　思想政治理论课是落实立德树人根本任务的关键课程。思想政治理论课社会实践作为其重要环节，对于增强课程实效性、促进学生全面发展具有重要意义。中共中央、国务院在《关于进一步加强和改进大学生思想政治教育的意见》中明确提出，社会实践作为大学生思想政治教育的重要环节，对于促进大学生了解社会、了解国情，增长才干、奉献社会，锻炼毅力、培养品格，增强社会责任感也具有不可替代的作用。在开展思想政治教育的过程中，要坚持政治理论教育与社会实践相结合，既重视课堂教育，又注重引导大学生深入社会、了解社会、服务社会。习近平总书记在学校思想政治理论课教师座谈会上强调："推动思想政治理论课改革创新，要坚持理论性和实践性相统一，用科学理论培养人，重视思政课的实践性，把思政小课堂同社会大课堂结合起来，教育引导学生立鸿鹄志，做奋斗者。"这是提升思想政治理论课实效性的必然要求，也是满足学生成长发展需求和期待的必然要求。

　　社会是个大课堂。青年要成长为国家栋梁之材，既要读万卷书，又要行万里路。社会实践、社会活动以及校内各类学生社团活动是学生的第二课堂，对拓展学生眼界和能力、充实学生社会体验和丰富学生生活十分有益。高校学生支教、送知识下乡、志愿者行动等活动，都展现了学生的风貌和服务社会、报效国家的情怀。许多学生正是在这样的社会实践和社会活动中树立了对人民的感情、对社会的责任、对国家的忠诚。当年，我在梁家河插队，实际上就是在上社会大学，向群众学习，向实践学习，那段经历让我受益匪浅。

　　　　　　　　——2016年12月7日，习近平在全国高校思想政治工作会议上的讲话

第一节　思想政治理论课社会实践的内涵

一、思想政治理论课社会实践的基本内涵

思想政治理论课社会实践是在教师指导下，以大学生为主体，根据思想政治理论课课堂教学中所学的基本理论、基本原则和基本方法，走进社会进行亲身实践的一种活动。

（一）思想政治理论课社会实践的哲学意蕴

实践的观点是马克思主义认识论的首要的和基本的观点。马克思说："全部社会生活在本质上是实践的。"实践是认识的基础，实践产生了认识的需要，为认识提供了可能，只有从实践出发才能揭示社会发展的客观规律，理解人类社会历史、社会生活。毛泽东同志继承并发展了马克思主义的实践观，他指出："通过实践而发现真理，又通过实践而证实真理和发展真理。从感性认识而能动地发展到理性认识，又从理性认识而能动地指导革命实践，改造主观世界和客观世界。实践、认识、再实践、再认识，这种形式，循环往复以至无穷，而实践和认识之每一循环的内容，都比较地进到了高一级的程度。"习近平总书记在纪念马克思诞辰200周年大会上的讲话也强调："马克思主义不是书斋里的学问，而是为了改变人民历史命运而创立的，是在人民求解放的实践中形成的，也是在人民求解放的实践中丰富和发展的。"这些观点，奠定了思想政治理论课社会实践的哲学意蕴，也即其实践性。

（二）思想政治理论课社会实践的学科原理

"思想政治教育活动载体是指思想政治教育者为达到一定的教育目的，有意识地开展各种活动，寓教育于活动之中，使受教育者在活动中受到教育，提高思想道德素质。在'活动'这一教育形式中，受教育者在接受教育的同时也在直接践行教育要求。教育者施加教育影响、受教育者接受教育、进行自我教育与实践教育要求在活动中有机统一在一起。"在思想政治教育活动载体中，接受和实践思想政治教育内容紧密相连、相互促进。思想政治教育活动载体的具体形式多种多样，社会实践活动作为其中一类活动载体，具有突出的社会实践性。选择社会实践活动作为思想政治教育活动的载体，是对思想政治教育优良传统的继承和发展，也是思想政治教育的内在要求。思想政治理论课应始终坚持理论性和实践性相统一，不断强化以"知行合一"为核心的教学评价导向，持续推进思想政治理论课改革创新。

（三）思想政治理论课和社会实践的内在关系

思想政治理论课以马克思主义及其中国化理论创新成果引导新时代大学生树立科学的世界观、人生观和价值观，以党领导人民革命、建设、改革的历史实践帮助学生坚定对马克思主义的信仰、对中国特色社会主义的信念、对实现中华民族伟大复兴中国梦的

信心，既注重对理论知识的构建，也注重培养具有社会责任感、创新精神和实践能力的时代新人。思想政治理论课社会实践是思想政治理论课的重要环节，通过形式多样的社会实践活动载体，将理论与实践紧密相连，强调培养学生解决现实问题的能力，强化学生参与服务社会的意识。思想政治理论课社会实践活动作为思想政治理论课的外延，推动实现"立德树人"根本任务和"实践育人"重要目标。思想政治理论课及其社会实践相辅相成，互相促进，密不可分，有机统一。

二、思想政治理论课社会实践的时代特征

（一）重视程度提高

党和国家历来高度重视实践育人工作。坚持教育与生产劳动和社会实践相结合，是党的教育方针的重要内容。坚持向理论学习、创新思维与社会实践相统一，坚持向实践学习、向人民群众学习，是新时代大学生成长成才的必由之路。

近年来，在思想政治理论课的发展中，思想政治理论课社会实践逐渐被重视。围绕思想政治理论课实践教学，通过出台系列政策，对开展实践教学、社会实践活动、实践育人工作做出要求与规定。除此之外，习近平总书记也在各类重要会议和讲话中，强调社会实践的重要作用，为思想政治理论课社会实践的发展提供了指导思想和根本遵循。实践育人工作进一步被重视和强调。

（二）促成制度保障

为促进思想政治工作质量的全面提升和实践育人工作的纵深发展，思想政治理论课实践教学制度建设也日趋规范。2015年，中央宣传部、教育部印发的《普通高校思想政治理论课建设体系创新计划》要求，制定《高校思想政治理论课实践教学大纲》，进一步规范实践教学。推动思想政治理论课实践教学与大学生社会实践活动有机结合，整合思想政治理论课教师和辅导员队伍，共同参与组织指导实践教学。2017年，教育部印发的《关于开展2017年高校思想政治理论课教学质量年专项工作的通知》《关于高校组织思想政治理论课主题学习实践活动的通知》强调，各高校要深入推动思政课实践教学改革，积极引导学生参加实践活动。2018年，《新时代高校思想政治理论课教学工作基本要求》指出，实践教学是课堂教学的延伸与扩展，能够帮助学生巩固课堂学习效果，促进学生对教学重难点的理解与掌握。各高校要结合这些文件要求，不断健全组织管理方式，逐步形成学校思想政治理论课教学科研机构、宣传部、教务处、学工部、团委等部门协调配合的实践教学工作机制。积极争取社会各方面支持，整合实践教学资源，拓展实践教学形式，建设一批相对稳定的实践教学基地。将制度建设贯穿其中，成为发展实践育人工作的重要保障。

（三）实践形式丰富

随着社会和时代发展，思想政治理论课的实践性被愈加重视，实践形式日益丰富多样。思想政治理论课社会实践区别于课堂实践教学和校园实践教学，是课堂和校园实践教学的延伸。社会实践教学包含经典研读、主题演讲、课堂报告、人物访谈、社会调查、生产劳动、志愿服务、公益活动、科技发明和勤工助学等多种形式。形式的多样性

有效满足了思想政治理论课的课程内容和教学内容的实践教学需求，丰富了教学效果，提升了教学实效。在思想政治理论课理论的指导下，通过具体的社会实践，引导学生将理论学习和实践养成相结合，增强实践能力，树立家国情怀，把论文写在田野大地上。

三、思想政治理论课社会实践的发展要求

（一）突出显性教育

要坚持显性教育和隐性教育相统一。习近平总书记强调："有人提出把思政课变成隐性课程，完全融入其他人文素质课程中，这是不对的。我们办中国特色社会主义教育，就是要理直气壮开好思政课。同时，要挖掘其他课程和教学方式中蕴含的思想政治教育资源，实现全员全程全方位育人。"因此，思想政治理论课社会实践应与思想政治理论课同样地突出其显性教育的作用，在各类社会实践活动的过程中引导新时代大学生将个人理想融入国家发展、民族复兴的伟大历史进程中，最终成为德智体美劳全面发展的社会主义合格建设者和可靠接班人。

（二）加强指导协作

思想政治理论课社会实践的开展，需要规范指导，系统推进。当前，随着对思想政治理论课社会实践的认识加深，开展好社会实践活动成为开好思想政治理论课的必然要求。但是，无论是社会实践活动的宏观指导还是整体协作情况，都不容乐观。因此，在今后的发展要求中，必然需要有科学理论支撑的宏观指导，为学生深入开展、有效开展社会实践打下良好基础。另外，作为一项系统工程，爱国主义教育示范基地、文化艺术等场所的开放以及基层相关部门的对接，需要教育部门、财政部门、宣传文化部门、学校和企事业单位等共同协作，发挥协同育人作用。

（三）推进网络实践

新时代大学生作为互联网时代的原住民，已经和互联网融为一体。随着互联网时代的迅速发展和快速更迭，新媒体新技术的有效使用也成为推进实践育人的重要抓手。利用好融媒体优势，创新实践育人平台，开展网络实践、信息实践、数字实践，开展"互联网＋"系列活动，已经成为当前和今后一个阶段的重要任务。在推进思想政治理论课改革创新的同时，也必须将推进思想政治理论课社会实践的网络实践摆在同等重要的位置上。要将思想政治理论课社会实践同信息技术高度融合，增加时代感和吸引力。

☞ 【推荐阅读】

踏寻历史足迹　投身强国伟业
——马克思主义学院思政课社会实践活动

2021年7月1日，马克思主义学院"马克思主义基本原理"课程教师带领学生开展了主题名为"踏寻历史足迹　投身强国伟业"的思政课社会实践活动。本次活动重点参观马江海战纪念馆及福建省革命历史纪念馆，通过踏寻历史足迹，深刻感悟新时代历史性成就和历史性变革，不断汲取精神力量，从而投身强国伟业。

马江海战纪念馆以馆内陈列的文物、照片、模型等反映了福建船政局的兴衰史，是对广大人民群众，特别是青少年一代进行爱国主义教育的大课堂。走进马江海战纪念馆，大堂两侧的"马江毅魄"和"甲午忠魂"向实践队员们讲述了两场海战中无数先烈的英勇事迹，整个展览通过三百多件革命文物，讴歌了面对强敌的福建水师官兵和沿江十三乡人民为保卫祖国、保卫家乡，英勇抗敌的可歌可泣的英雄气概。跟随讲解员的步伐，实践队员们来到甲申中法马江海战烈士陵园，为烈士们进献鲜花和"中国人民解放军海军福建舰"的照片，以告慰中国近代海军先辈；之后，在福建省革命历史纪念馆中，通过展览跨越时空间隔，实践队员们不仅感受到了福建自1840年鸦片战争到1949年中华人民共和国成立的百年历史风云变化，更感受到了中国精神和中国力量。

"以史为鉴，可以知兴替。"实践队员们通过参观马江海战纪念馆和福建省革命历史纪念馆，激发了对中国革命历史的认同感，增强了实践队员的爱国主义精神，树立了正确的世界观、人生观和价值观。回顾峥嵘岁月，重温革命历史，继承崇高精神。造船舰、办学堂、兴海军，这是历史。受教育、长才干、做贡献，这是未来。身为新时代青年大学生，必须走进社会课堂，学会应用实践，将所见所思内化于心，将责任担当外化于行，继续以自己的实际行动，为社会主义现代化建设注入青春力量，坚定理想信念，投身强国伟业，谱写新时代的青春华章。

☞【拓展阅读】

习书记傍晚与我们社会实践团座谈——习近平与大学生朋友们

1990年7月下旬，北京大学黄志、李树峰等30多名学生赴福州开展为期10天的社会实践活动。时任福州市委书记习近平获悉后非常重视，利用晚上休息时间到实践团驻地看望大家并座谈。习近平同志认为，"年轻一代应该结合中国的特点把握好自己的路，否则只能牢骚满腹、空悲叹"。他语重心长地告诉同学们："只有在实践中才能不断提炼自己狂热、浪漫的想法"，"不要认为学校中学到的知识是高超、万能的，只有到社会中与群众打成一片、扭到一起后，产生了社会责任感，才能获得真知灼见"。他深情寄语："同学们的忧国忧民，只有到基层中去、到实践中去、到人民中去，才能真正知道所学的知识如何去发挥、如何去为社会作贡献。"他主张："应该多创造机会让青年学生们认识社会，在实践中把握自己。"

采访对象：李树峰，男，1970年2月生，福建福安人，北京大学法律系1987级本科生，曾任职福建省委农村工作领导小组办公室（简称"农办"）秘书处干部，现在一家律师事务所任职。

采访组：石新明　郭海鹰　曹钰　秦涛

采访日期：2018年12月15日

采访地点：北京前门东大街10号楼1005室

采访组：李树峰同志，您好！1990年7月，北京大学学生社会实践团赴福州开展社会实践活动。作为实践团成员，请您回忆一下当时参加这次活动的情况。

李树峰：好的。我是1987年从福建福安考入北大法律系的，1991年毕业，在校期间经历了1989年的政治风波。那次政治风波对大学生是一次深刻的教育，同学们普遍感到需要更多地到实践中去认识社会、了解国情、接受教育。这一年的秋季学期，北大学生会社会实践部特别热闹，报名参加实践活动的同学特别多，实践活动的安排也特别丰富。

正是在这个背景下，经多方联系，北大福建同学会决定组织同学们赴福州开展社会实践活动。时任福州市委书记习近平同志获悉后非常重视，指示福州市有关部门安排好。北大党委和团委得知后更是高度重视，指定当时的北大团委社会实践部部长带队赴福州指导这次活动。这也是当年北大影响最大的一个社会实践活动。

1990年7月20日左右，北大学生社会实践团分批从北京出发。有一个小组到闽北的时候赶上暴雨，他们乘坐的火车被困在山区。习书记得知后指示市里连夜安排一辆大巴车到闽北山区转移受困的同学，接到福州后安排他们在福建省财会干部管理学院住下。这件事情给我的震撼很大，因为当时刚刚经历过1989年的政治风波，社会上对大学生尤其是对北大学生或多或少带有一些异样的目光，避之不及，而习书记和福州市委却给予这么热情周到的安排，让我们非常感动。

采访组：请您谈谈在福州市开展社会实践活动的情况。

李树峰：我们实践团有30多个成员，分投资环境、城市建设、教育科技、人才需求、社会心态等6个专题组，成员中有博士生、硕士生和本科生，大部分是福建籍的同学，文科有经济系、法律系、历史系、中文系、外语系、哲学系，理科有物理系、化学系、生物系等。调研活动安排有座谈、采访、问卷等，形式多样。整个社会实践活动约10天。同学们早出晚归，白天集中考察、分组调研，晚上一起交流收获体会，分享各自搜集的资料，非常热闹。

我参加的是投资环境组，主要是调查分析福州投资环境的现状、存在的问题和政策建议，重点是到马尾调研福州经济技术开发区建设发展情况。马尾地处闽江下游北岸，距福州市中心约16公里，是中外闻名的贸易港口、中国近代海军的摇篮、中国近代航空事业的发源地、中法海战的古战场，马尾船政、马尾海战闻名中外。

实践团6个专题组在调研结束前都按计划完成了调研报告，约10万字。现在回想起来，我们当时的调研报告应该非常稚拙，但福州市方面非常重视，立即转给了福州市计委、经委、外经委、人事局等有关部门参阅。

采访组：据当年《福建日报》和《福州晚报》报道，时任福州市委书记习近平利用晚上休息时间专门到北大社会实践团驻地看望大家并同大家座谈，请您回忆一下当时的座谈情况。

李树峰：记得是1990年7月31日吃过晚饭后，我们接到通知，说习书记要来我们吃住的省财会干部管理学院看望我们并座谈。当时习书记轻车简从，好像就带了一个工作人员来。

习书记到来后和同学们一一握手。我带着期待和激动，心里想，一定要细心体会握手的质感。轮到我与习书记握手时，我手上稍微加了一点儿力，望着他说："习书记好！"习书记问候我时，始终保持着兄长般的微笑，我感觉他的手特别厚实。

座谈会大概进行了一个多小时。6个专题组的同学分别向习书记汇报了这次调研的成果和体会。经济学院研究生黄志负责金融环境的调研，他谈到了福州市应充分发挥沿海开放城市和与台湾地区毗邻的优势，并提出了对发展金融业的思考。

社会心态调研组的同学在汇报中谈及福州人民的心态很朴实，把亚运会当成自己的一件大事。该同学认为，与沿海城市人民的办事效率相比，我们大学生中存在的散漫现象应该有所转变。国际经济系学生陈功说道，福州市干部雷厉风行的办事效率和对大学生热情周到的接待，使同学们深受感动。

习书记静静地倾听，偶尔插话询问，不时点头表示赞同。福州的夏天比较潮热，那时也没有空调，习书记拿着一把折扇，身穿短袖白衬衣，像兄长一样与我们拉家常似的交流，始终面带笑容，话语亲切自然，倒是我们有点儿紧张和拘束。

关于这次座谈的内容，当时刚刚到福州工作的中国人民大学1990届毕业生郭海鹰做了整理并写成《习近平与北大人交心谈往》一文，发表在他主编的校园刊物《福建大学生》报上，郭海鹰当时协助我们联系对接了这次实践活动。那份《习近平与北大人交心谈往》原稿保存于中国人民大学档案馆。现摘录如下：

习书记首先表示欢迎同学们到福州来，感谢各位为福州市的建设出谋划策。他接着说自己与在座各位的年龄相差不太大，因而与大家见面有亲切感，两代人走过的历程、心态、思想有相似之处，只不过时代背景不一样。

习书记谈到年轻人在成长过程中都是在一片空白中逐步形成自己的世界观。

习书记认为"生活不容易"，年轻人对生活的结论不能下得太轻易、草率，只有在实践中才能不断提炼自己狂热、浪漫的想法。"文革"中的一代人大都经历了从苦闷到重新批判、认识而后建立自己世界观的过程。习书记谈到当时他也是什么书都看，从《三国志》到黑格尔、亚里士多德的著作，而对马克思主义、社会主义的认识并不太清晰，真正树立马克思主义、社会主义的观点，是在自己过去认为最落后的地方，是在农村的七年插队生活中，带着问题看书、思考，经历了"生活关""劳动关"的考验，最终体会到了其中真正含义。

习书记告诫同学们说，不要认为学校中学到的知识是高超、万能的，只有到社会中与群众打成一片、扭到一起后，产生了社会责任感，才能获得真知灼见。

习书记主张应该多创造机会让青年学生们认识社会，在实践中把握自己。他说，我们没有必要为年轻一代担心——一代必将胜过一代。年轻一代应该结合中国的特点把握好自己的路，否则只能牢骚满腹、空悲叹。

习书记诚恳、实在的话语博得同学们的阵阵掌声，会后同学们反映说："习近平是不打官腔的领导，听得进，聊得来！"

我印象最深的是，习书记与我们分享了他对中国社会整体情况的看法。他说，中国比较大，国情比较复杂，各个地方的情况可能都有差异。但是，如果我们要真正地想为国家做一些事情、有报国理想的话，应该更多地深入基层，真正地了解实际的国情是怎么样的。"同学们的忧国忧民，只有到基层中去、到实践中去、到人民中去，才能真正知道所学的知识如何去发挥、如何去为社会作贡献。"他勉励我们"立志高远,多读书,多到基层磨炼"。

我们觉得习书记非常懂得青年人的所思所想,非常懂得当时青年学生特别是北大学生的成长困惑,对我们有一种导航的方向感。聆听习书记一席话,我们仿佛看到了未来的成长方向。

《福建日报》以《向社会学习 向人民大众学习——北大学生社会实践团圆满结束在榕活动返京》、《福州晚报》以《北大学生赴榕社会实践团举办汇报会——习近平同志同他们进行长时间亲切交谈》为题,分别在头版对此次座谈会进行了报道。

采访组: 请谈谈这次社会实践活动对您的影响。

李树峰: 这次社会实践活动,在福州反响热烈,也在北大引发强烈反响。习书记当年对我们的亲切关怀和殷切勉励,时时激励我奋斗前行。

我在北大上学时印象最深的是课外讲座特别多,接受现实社会的信息基本上都是通过讲座间接获得,但又觉得这些讲座理论的东西比较多,联系实际的不多。通过参加这次社会实践活动,跟社会现实直接结合,就好比有一种"开天窗"的感觉,见到了一个真正现实社会的样子。我们明显感到,书本上学习的与现实中看到的不一样,开始学会更多地从不同角度看问题。学校学习的大多是从宏观层面、从假设性的前提看问题,更多的是宏观分析性的逻辑思维。而这次社会实践活动,让我们真正从现实的角度看问题,让我们变得更加理性和冷静。这是从书本和讲座中无法获知的,这种沉甸甸的收获,对当年的我们来说尤其重要。这次社会实践活动后,我感到同学们都少了迷惘,多了远见;少了躁动,多了踏实;少了失望,多了希望。

1990年暑期在福州的社会实践经历,虽然只是我成长和人生中的一朵浪花,但每每回忆总会心潮澎湃,感慨万千。此刻,我不由得想到了习近平总书记非常喜爱的诗词《采桑子·反"愁"》:"待入尘寰,与众悲欢,始信丛中另有天。"

采访组: 您是福建人,毕业后又回到福州工作,您能否谈谈对习近平同志在福州工作时的印象?

李树峰: 1991年夏天,我从北大毕业回到福建,被分配到省委农办秘书处工作,更多地了解和感受到福州的发展变化。对习书记在福州时的工作,我有三个方面印象特别深刻。

第一,习书记的为民情怀。习书记总是把人民群众放在心中最高位置。在福州时,他大力推动"四个万家"(进万家门、知万家情、解万家忧、办万家事)活动,得到了人民群众的广泛称赞,我当时也陪同农办的领导参与了这项活动。

这种为民情怀,从习书记在1990年7月15日晚填写的《念奴娇·追思焦裕禄》一阕中,可见一斑:

魂飞万里,盼归来,此水此山此地。百姓谁不爱好官?把泪焦桐成雨。生也沙丘,死也沙丘,父老生死系。暮雪朝霜,毋改英雄意气!

依然月明如昔,思君夜夜,肝胆长如洗。路漫漫其修远矣,两袖清风来去。为官一任,造福一方,遂了平生意。绿我涓滴,会它千顷澄碧。

第二，习书记的战略谋划。习书记在福州时，提议并主持编制了"3820"工程，即《福州市20年经济社会发展战略构想》，科学谋划了福州3年、8年、20年经济社会发展的蓝图。习书记在主持规划时，组织课题组外出考察，在媒体上开办"怎样赶上亚洲'四小龙'"专栏，开展"万人答卷、千人调研、百人论证"等活动，广泛发动市民参与。当时，我们农办也深度参与了这项工作。

习书记当时还非常重视海洋经济，重视生态建设，提出"海上福州"战略。他说："福州的优势在于江海，福州的出路在于江海，福州的希望在于江海，福州的发展在于江海。"

第三，习书记的实干作风。听说习书记来福州不久，就提出"马上就办"的理念和要求，并在福州开发区现场办公会上提出"马尾的事，特事特办，马上就办"。旋即，马尾诞生了"一中午拟定一个文""两天办好办厂手续"等生动故事。"马上就办""真抓实干"后来成为福州打造效能政府、加强作风建设的一个重要突破口，并被推广到福建全省。

习书记在福州还提出了工作督查制度、首问责任制、限时办结制、全程代办制、投资项目审批"一栋楼办公"、会议"限时发言"等许多改进作风的举措。

回忆30年前与习近平同志接触的珍贵往事，仿佛又一次聆听习书记那天晚上和我们的谈心谈话。回头看看自己这些年走过的路，我对习书记当年那些话体会更深了，理解更透了。我相信，这些话对于今天青年学子的成长一定会有帮助和启发。

（资料来源：中国青年网，网址：http://news.youth.cn/bwyc/202005/t202005 18_12332010.htm，2020年5月18日）

第二节　思想政治理论课社会实践的重要意义

一、有利于加深对思想政治理论课程的认知

马克思主义理论不是教条而是行动指南，必须随着实践发展而发展，必须中国化才能落地生根、本土化才能深入人心。高校思想政治理论课给大学生集中介绍了中国近现代以来，特别是在中国共产党领导下所进行的一系列革命斗争及和平建设的过程。在马克思主义的指导下，中国共产党走过百年历程，从南湖红船到航母编队，从星星之火到遨游星海，从毛泽东思想，到习近平新时代中国特色社会主义思想，思想政治理论在各个时代都能化为强大的动能，帮助我们攻坚克难，从必然王国迈向自由王国。

思想政治理论不是抽象的概念，不是冷冰冰的文字，而是一代又一代惊才绝艳的先辈们留下的宝贵精神财富。这些理论知识能够帮助大学生塑造科学的世界观、人生观与价值观，坚持马克思主义信仰、共产主义远大理想、中国特色社会主义共同理想。通过思想政治理论课社会实践，大学生将更好地加深对思想政治理论课程的认知，理解思

政治理论知识的丰富内涵，了解社会发展运行的来龙去脉，理解如今的幸福生活来之不易，更能帮助大家发掘出一代又一代先辈们矢志不渝坚持奋斗的动力源泉，并将其转化为同学们自身不断前进的动力，把个人的理想志愿与国家的发展方向紧密结合，在成就自身的同时为国家富强与民族复兴添砖加瓦。

二、有利于激发对思想政治理论学习的兴趣

相较于传统课堂的讲授教学，思想政治理论课社会实践是一种更加主动的学习方式，具有鲜明的实践性。形式多样的社会实践活动，也更具有趣味性。在社会实践的过程中，学生们需要集思广益，在做好充分准备的情况下，通过实践来发现问题和解决问题，最终充分理解和掌握理论知识。社会实践活动需要走出课堂，走出校园，其内容丰富多彩，形式多种多样，立足于解决各类实际问题，让学生们的眼光不仅仅局限于课堂和校园，对各行各业的人们如何在社会中各司其职有着更直观的体会。

在思政课教师的引导下，同学们通过独立思考和团队协作，完成各种任务，在此过程中可能涉及许多此前从未经历过的情景，感受"书到用时方恨少"的窘迫，与困难和挑战"不期而遇"，对自身不足有更清晰的认识；同样地，也可能收获完成任务带来的成就感，发现其他人身上不为人知的闪光点，甚至找到自己的人生目标。社会实践帮助同学们发现事物的内在规律，加深对辩证唯物主义的理解，这种自主的学习方式充分迎合大学生的创造性思维和充沛精力，能最大限度激发同学们对思想政治理论的学习兴趣。

三、有利于提高大学生解决实际问题的能力

"纸上得来终觉浅，绝知此事要躬行。"通过实践，所学知识才能逐渐转化为解决问题的能力。很多大学生在面临走向社会的时候，总会带着"学生气"，被用人单位认为"不接地气"，这将给本就缺乏经验的年轻人带来更大的压力，而思想政治理论课社会实践对帮助和指导大学生解决实际问题有着重要作用。社会实践虽然仅仅是"实践"，却也需要尽可能地贴近"社会"，这便要求参与其中的大学生要对社会中的种种现象进行观察和思考。大学生需要结合自身所学，发现有价值的问题，并提出可行的解决方案。

在社会实践的过程中，最大的挑战往往来自面向"人的工作"，其中既包括对实践对象的方面，也包含团队内部协作的方面。为了完成一项社会实践，同学们需要在教师的指导和帮助下，与各级机关单位和基层群众自治组织、国有企事业单位或私营企业以及广大民众等，主动进行沟通。不同身份的人们之间年龄的差异、受教育程度的差异、不同职业的差异甚至地域文化的差异等，都可能给沟通交流带来额外的难度。社会实践可以让同学们提前体验"人的工作"的复杂性，具备基层工作经验。为了做好"人的工作"，大学生需要学会换位思考，多从他人的视角来找到问题的痛点难点，充分考虑工作中的种种细节，从而以最有效的手段加以解决。这种实践经历将帮助大学生积累经验，减少大学生"不接地气"的刻板印象。此外，社会实践活动还能培养和塑造其他方面的能力，比如时间规划能力、预算制定能力、分工协作能力、分析总结能力等，这些

都是在课堂中难以学到的，但却是在未来走上工作岗位后必需的素质。大学生通过参与社会实践，将有效提高解决实际问题的能力，为离开"象牙塔"步入社会做好更充分的准备。

四、有利于促进思想政治理论课程质量的提升

思想政治理论系列课程是各有特点和功能的一个整体，但如果仅仅局限于课堂教学，难免抽象而枯燥，使得同学们难以运用所学知识理解当下实际问题。马克思主义哲学揭示了理论与实践的关系，思想政治理论教育同样需要在不断实践中与时俱进。这些形式多样的社会实践活动促进了思想政治理论课实效性的提升。

习近平总书记指出："只要我们勇于结合新的实践不断推进理论创新、善于用新的理论指导新的实践，就一定能够让马克思主义在中国大地上展现出更强大、更有说服力的真理力量。"通过组织开展思想政治理论课社会实践活动，大学生这一群体能够充分发挥创造性和能动性，从多角度探索和理解各类实际问题，形成不同的观点和解决方案；教育者也能不断地从中汲取新问题、新视角、新观点，避免"闭门造车"，集思广益，不断改进教学方式方法，直击社会热点问题，不断提高思想政治理论教育的水平，把思想政治理论课上"活"。

五、有利于培养担当民族复兴大任的时代新人

高校思想政治理论课社会实践不仅能够从认知角度教育人、影响人，从情感角度激励人、感染人，而且可以从行为角度引导人、带动人，真正让学生实现知行合一。通过社会实践这一平台，学生可以将学理思维应用到实践中去，将思想政治理论课的理论性与实践性有机统一，引导学生在实践中了解社会、开阔眼界、激发潜能、增长才干；引导学生在实践中深入理解"过去我们为什么能够成功、未来我们怎样才能继续成功"；引导学生在实践中进一步将理论内化于心、外化于行。

2022年4月，习近平总书记在中国人民大学考察时强调，学校要落实立德树人根本任务，传承红色基因，让听党话、跟党走的信念成为广大师生的自觉追求。因此，高校要坚持"以德为先""知行合一""实践育人"等教育理念，通过思想政治理论课社会实践教学，引导学生进一步明确自身的历史使命与时代责任，不断提高学生的思想水平和政治觉悟，不断强化学生的理论认知和价值认同，不断提升学生的实践能力和本领才干，让其真正成为国家和民族的栋梁，成为能够担当民族复兴大任的时代新人。

☞【推荐阅读】

用心上好社会实践"必修课"

2022年4月25日，习近平总书记到中国人民大学考察调研时，勉励广大青年用脚步丈量祖国大地，用眼睛发现中国精神，用耳朵倾听人民呼声，用内心感应时代脉搏，把对祖国血浓于水、与人民同呼吸共命运的情感贯穿学业全过程、融汇在事业追求中。

习近平总书记的重要讲话，为新时代大学生上好社会实践"必修课"、努力成长为堪当民族复兴重任的时代新人提供了根本遵循。

用脚步丈量祖国大地。"不积跬步，无以至千里。"神州大地、山河锦绣，孕育了五千多年博大精深的中华文明，见证了中国共产党百年奋斗的峥嵘岁月，是一所没有围墙的好大学。面对日新月异的社会变化和知识更新周期的不断缩短，新时代大学生在读好书本的同时，还要利用各种机会，走出校门、走向社会，深入基层、深入生活、深入民众百姓，在新时代社会大课堂中认识新时代的伟大成就和伟大变革，了解国情民意，进而坚定理想、淬炼意志、增长才干。

用眼睛发现中国精神。千百年来，中华民族之所以能够历经磨难而不衰，其中一个重要原因就在于形成了跨越时空、历久弥新的中国精神。中国精神贯穿于中华民族五千多年文明史、勃兴于近现代中华民族复兴历程，既是一代代中华儿女接力奋斗、共同创造出来的，更需要一代代青年不断传承下去、发扬光大。中国精神是可发现、可感知的，是增强做中国人的志气、骨气、底气的"根"与"魂"。放眼当代中国，从疫情防控一线到卫国戍边前线，从乡村振兴田野到抢险救灾现场，从体育竞技赛场到科技创新前沿……中国精神随处可见。新时代大学生可结合社会调查、志愿服务、义务支教、理论宣讲等社会实践的契机，用眼睛观察中国发展、发现中国精神，自觉当中国精神的信仰者、传播者和践行者。

用耳朵倾听人民呼声。人民是历史的创造者，是真正的英雄，蕴藏着无穷的智慧和无尽的力量。同人民一起奋斗，青春才能亮丽。新时代大学生要厚植人民情怀，站稳人民立场，主动深入人民群众当中，拜人民群众为师，用耳朵倾听人民的呼声，在为人民利益的不懈奋斗中书写壮丽的青春华章。

用内心感应时代脉搏。一代人有一代人的使命，一代人有一代人的担当。新时代大学生拥有更优越的发展环境、更广阔的成长空间，其人生黄金时期与实现"两个一百年"奋斗目标的历史进程高度吻合，只有与时代同向同行、同频共振，才能有所作为、大有作为。新时代大学生要用内心感应时代脉搏，从沟通历史与现实、贯通理论与实践、关联国内与国际等多重维度，深刻感悟新时代党和国家事业取得的历史性成就、发生的历史性变革，深刻理解中华民族伟大复兴的历史进程不可逆转，深刻认识"时代的责任赋予青年，时代的光荣属于青年"，锤炼过硬本领，担当时代使命，在青春的赛道上争取跑出当代青年的最好成绩。

（资料来源：陈志勇. 用心上好社会实践"必修课"［J］. 求是，2022（12）：77.）

【拓展阅读】

北大社会实践：身向基层　心怀家国

对北京大学学生杨周锦来说，这个暑假过得格外充实，也格外有收获。

在参加完学校组织的内蒙古新巴尔虎右旗暑期思政社会实践之后，杨周锦写下了这么一段话："最令我们感动的，是那些无惧风吹日晒、不辞辛苦奔波的基层工作人员，还有那些在祖国边疆坚守岗位、尽职尽责的牧民哨兵,小家系大家。总有这样一段经历,想要珍藏在心底;总有这样一段旅途,永远没有终点。让我们怀着沉甸甸的收获,迈向远方。"

像杨周锦这样参加社会实践的学生,在北大还有近千名。据北大相关负责人介绍,今年6月22日起,近千名2018级本科生组成83支思想政治实践课程团队,在教师和助教的带队指导下,奔赴全国各思想政治实践课教育基地,深入城镇乡野开展实践活动。

碧草蓝天,河流蜿蜒,沿途一望无际的大草原上点缀着星罗棋布的湖泊。7月11日,在北大元培学院副院长李沿桥、辅导员朱子云的带领下,杨周锦和同学们参访了达赉湖国家级自然保护区贝尔湖保护分区。"从校园到草原,更像是从越发狭小的生活空间到广阔明媚的心灵圣地。"基层干部精湛的业务能力和为人民服务的初心,牧民对幸福生活的向往和不懈追求,则给初到草原的黄卢宇杰深深震撼。

北大师生的足迹遍布祖国各地。在北京大学汉中分校旧址,北大教师刘德英为同学们讲解北大汉中分校历史,鼓励同学们向北大前辈们学习,到祖国最需要的地方去;在河北雄安新区,北大教师秦维红以"人生长征中补足精神之钙"为主题,引导学生不忘初心、牢记使命,在人生的长征过程中不断补充精神之钙;在云南省西双版纳傣族自治州,北大教师李海燕结合国家"一带一路"倡议对我国西南边境地区经济发展的影响与同学们进行交流讨论,勉励同学们身向基层、心怀家国,从调研实际出发,开动脑筋,以小见大。

实地参观、学习、实践,虽时间不长,但学生们的内心已发生了变化。金进祥是北大考古文博学院赴四川省甘孜藏族自治州精准扶贫调研思想政治实践课程团队临时团支部团支书,在随实践队先后参观了红军长征旧址金俄寺、泸定桥,学习了长征史、爱国史,又随当地工作人员走访贫困户家庭之后,他深受当地扶贫干部事迹感召,实践结束后认真书写并提交了入党申请书。

深入基层的思政社会实践对学生认识和理解专业学科同样有着推动和促进作用。北大城市与环境学院赴山西大同农村发展调研思想政治实践课程团队由城市与环境学院刘耕年、莫多闻、李有利、张家富四位专业教师带队,与地貌实习课程相结合,实现了思政课堂与专业课堂的有机融合。在实践过程中,师生重走革命先辈翻山越岭设伏路,体会他们的拳拳爱国之心和死而后已的奉献精神,并坚持每晚进行总结讨论,学生们在交流中深化对专业问题和现实问题的理解,以专业教育和思政实践相结合的方式实现了优势互补。

当然,这样富有成效的教育始终在路上。据介绍,北京大学还将结合"不忘初心、牢记使命"主题教育活动,继续精心设计、周密策划,在青年学生中继续组织开展"青春告白祖国"系列教育活动,用实际行动和昂扬风貌向中华人民共和国成立70周年献礼。

(本报记者:晋浩天 本报通讯员:蒋佳倩)

(资料来源:《光明日报》,网址:https://epaper.gmw.cn/gmrb/html/2019-09/15/nw.D110000gmrb_20190915_5-01.htm,2019年9月15日)

第三节　思想政治理论课社会实践的基本原则

一、思想政治理论课社会实践的总体原则

开展思想政治理论课社会实践，可以使学生充分地把所学到的思想政治理论课的相关知识理解透彻并运用于实际生活中。这就要求社会实践要同课堂教学同向同行，互为促进，要按照一定的原则和要求，通过社会实践这一课外课堂，引导学生在"学中做，做中学"，将理论学习应用于实践之中，在实践中进一步深化理解理论，从而不断坚定马克思主义的信仰、坚定中国特色社会主义的信念、坚定实现中华民族伟大复兴中国梦的信心，不断提升学生的社会责任感，培养创新意识，促进全面发展。

教育部在《新时代高校思想政治理论课教学工作基本要求》（2018年4月12日）中强调，思想政治理论课教学要坚持四条基本原则："（1）坚持正确方向，强化思想政治理论课价值引领功能；（2）坚持全流程管理，贯穿思想政治理论课课前、课中、课后各环节；（3）坚持规范化建设，不断健全思想政治理论课教学工作制度；（4）坚持增强获得感，促进思想政治理论课教学有虚有实、有棱有角、有情有义、有滋有味。"这就要求思想政治理论课社会实践也必须坚持这四条基本原则，要按照这一总体原则和要求，深入推动实践育人工作。

二、思想政治理论课社会实践内容选择的基本原则

《关于进一步加强高校实践育人工作的若干意见》提出："进一步加强高校实践育人工作，是全面落实党的教育方针，把社会主义核心价值体系贯穿于国民教育全过程，深入实施素质教育，大力提高高等教育质量的必然要求。党和国家历来高度重视实践育人工作，坚持教育与生产劳动和社会实践相结合，是党的教育方针的重要内容。坚持理论学习、创新思维与社会实践相统一，坚持向实践学习、向人民群众学习，是大学生成长成才的必由之路。"因此，思想政治理论课社会实践内容选择必须整体规划、循序渐进，要能够引导学生立德成人、立志成才，树立正确世界观、人生观、价值观，坚定对马克思主义的信仰，坚定对社会主义和共产主义的信念，增强中国特色社会主义道路自信、理论自信、制度自信、文化自信，厚植爱国主义情怀，把爱国情、强国志、报国行自觉融入坚持和发展中国特色社会主义事业、建设社会主义现代化强国、实现中华民族伟大复兴的奋斗之中。

（一）坚持育人导向，突出价值引领

思想政治理论课是落实立德树人根本任务的关键课程，发挥着不可替代的作用。思想政治理论课社会实践内容选择必须坚持党对思想政治理论课建设的全面领导，坚持育人导向，突出价值引领，坚持思想政治理论课与党的创新理论武装同步推进，全面推动

习近平新时代中国特色社会主义思想进教材、进课堂、进学生头脑，把社会主义核心价值观贯穿国民教育全过程。新时代大学生在社会实践的过程中，一定要用正确的思想来指导实践。只有这样，才能真正在实践中运用指导思想来认识问题、分析问题、解决问题，不断提升自己解决问题的能力，不断提升自己的实践能力。

思想政治理论课社会实践应该坚持育人导向，突出价值引领。要坚持用习近平新时代中国特色社会主义思想铸魂育人，以政治认同、家国情怀、道德修养、法治意识、文化素养为重点，以爱党、爱国、爱社会主义、爱人民、爱集体为主线。坚持理论性与实践性相统一，要抓住重大活动、重大实践、重要节庆日等契机和寒暑假，紧密围绕一个主体、集中一个时段，广泛开展特色鲜明的主题实践活动。

（二）坚持问题导向，突出精准施策

"坚持问题导向是马克思主义的鲜明特点。"问题是马克思主义学说产生的逻辑起点，问题导向法是马克思主义的科学方法，也是马克思主义者一如既往坚持和践行的方法。2021年11月11日，中国共产党第十九届中央委员会第六次全体会议通过《中共中央关于党的百年奋斗重大成就和历史经验的决议》（以下简称《决议》），通过《决议》中总结的党的百年奋斗重大成就和历史经验，不难发现中国化的马克思主义扎根于中国社会现实。各时期党面临的主要任务、回答的重大问题，无不彰显中国共产党人在面对艰难困苦、挫折失误时仍然不忘初心、牢记使命，在理论与实践领域取得突破，回答了一系列关乎前途命运的重要问题，成功开辟出我国社会主义事业的康庄大道。《决议》中强调，全党要坚持唯物史观和正确党史观，从党的百年奋斗中看清楚过去我们为什么能够成功、弄明白未来我们怎样才能继续成功，从而更加坚定、更加自觉地践行初心使命，在新时代更好地坚持和发展中国特色社会主义。

因此，思想政治理论课社会实践内容选择必须包含问题意识，这就要求青年大学生注重对现实中国社会问题的研究，善于发现问题、善于提出问题，由近及远、由浅至深，紧贴现实社会生活，靠近人民群众。通过实践，学生从书本课堂走向社会生活，以新的角度看待在课堂中学到的知识，在实践中挖掘反映社会需要或现实生活中存在的矛盾，收获新的认识，解决当前存在或一直以来没能解决的问题，为国家富强、民族复兴、人民幸福服务，为社会主义现代化发展服务。

同时，思想政治理论课社会实践内容选择要"以小见大"，突出精准施策，要着眼于大社会中的小的切入点，利用自身的专业优势，反映出对某一专业领域的理论研究水平，切忌泛泛而谈，不解决实际问题。只有在社会实践的选题和内容选择上坚持有针对性的问题，才能进一步精准施策，避免社会实践走向形式主义道路，也避免对实践精力的浪费，真正收获实践的成果。

（三）坚持实践导向，突出守正创新

事物不断向前发展，新的矛盾出现并以新的问题的形式呈现出来。这就要求新时代大学生在坚持问题导向的同时，坚持实践性、时代性和批判性。通过认识指导实践，再用实践检验与修正认识。通过变化发展的实践不断提出新的问题，避免在新时代仍然解决已经解决的老问题，推动新时代大学生进行新的理论探索和实践研究。

落实新时代思想政治理论课改革创新要求，就是要坚持守正和创新相统一，不断增强思想政治理论课的思想性、理论性和亲和力、针对性。而思想政治理论课社会实践作为思想政治理论课的外延，也应当坚持实践导向，突出守正创新这一原则。正所谓："一切伟大的历史都在继往开来中书写，一切伟大的事业都在接续奋斗中成就。"中国革命、建设、改革的百年历史，就是中国共产党人把马克思主义基本原理同中国具体实际相结合、同中华优秀传统文化相结合的历史，既创造性地坚持和发展了马克思主义基本原理，又深刻地改变了中国、发展了中国。特别是中国特色社会主义进入新时代以来，以习近平同志为核心的党中央始终守马克思主义基本原理之正、守科学社会主义基本原则之正、守共产主义远大理想之正、守中华优秀传统文化之正，创当代中国马克思主义之新、创中国式现代化道路之新、创人类文明形态之新，使"守正创新"成为新时代坚持和发展中国特色社会主义最基本的理论逻辑和实践逻辑。思想政治理论课社会实践，必须坚守正道，要坚持从现实中找问题、从实践中寻答案、从创新中求突破。

三、思想政治理论课社会实践形式选择的基本原则

（一）针对性原则

思想政治理论课系列课程在理论的内在逻辑上是环环相扣、紧密联系的，在具体内容上是相互区别的。要根据思想政治理论课程中每门课程的具体特点和内容要求，有针对性地选择合适的社会实践活动形式。

针对内容晦涩且抽象的"原理"部分，可以通过原著研读帮助学生加深对马克思主义基本理论观点的理解。针对内容多且需要深入理解把马克思基本原理同中国实际相结合的历史进程的"概论"部分，可以通过社会调查帮助学生理解毛泽东思想、中国特色社会主义理论体系的基本理论，理解中国共产党运用马克思主义解决中国社会的革命、建设、改革等现实问题。针对中国近现代历史内容为主体的"纲要"部分，可以通过考察爱国主义教育示范基地帮助学生深刻领会国史国情。针对思想道德教育和法治教育为主的"基础"部分，可以通过社会调研帮助学生树立社会主义核心价值观，解决思想困惑等具体问题。针对"形势与政策"部分，可以通过专题研讨等与当前形势与政策贴近的合适的形式，帮助学生将理论与现实结合起来，提高解决实际问题的能力。

（二）计划性原则

坚持系统有计划性地开展社会实践活动，是统筹推进实践育人各项工作的必然要求。新时代高校要把组织开展社会实践活动与组织课堂教学摆在同等重要的位置，制订学生参加社会实践活动的年度计划。

合理进行思想政治理论课社会实践的相关安排，要根据学校培养计划和时间节点，利用社会调查、生产劳动、志愿服务、公益活动、科技发明、勤工助学等社会实践活动有效载体，与专业学习、就业创业等结合起来，学校在组织开展思想政治理论课社会实践动员、实践指导、实践评定和实践总结这四个环节时，要结合实际情况，周密考虑，通过调研制订详细的实践计划，切忌随意性、盲目性、无计划性。要根据学习进度、课程安排，选择合适的思想政治理论课社会实践形式。

(三) 可行性原则

为了顺利开展思想政治理论课社会实践活动，除考虑实践的必要性外，还要考虑社会实践形式实现的可行性，坚持从实际出发开展活动，杜绝形式主义。

因各地历史情况、人文地理等客观因素差异，思想政治理论课社会实践可以使用的资源也有所不同。要通过全面了解思想政治理论课社会实践资源的综合状况，注意结合当前国家、社会、学校、学生等各方面的实际情况进行前期资源调查。通过分析各类资源的情况，根据选题内容，优先利用本地资源，选择合适的思想政治理论课社会实践形式。在了解相关资源的情况下，做好可行性分析，充分考虑开展社会实践活动的各种条件，包括但不限于经费、交通、住宿、安全等问题，做出合理选择。

【拓展阅读】

习书记叮嘱我们要当实干家，不做"客里空"——习近平与大学生朋友们

1991年5月15日，时任福州市委书记习近平来到福建师范大学，为1400多名师生做形势报告。习近平同志以丰富的事例、翔实的数据，将一幅福州市20年经济社会发展战略规划的壮美画卷徐徐展开，令人心驰神往。他结合自己的成长经历，谆谆告诫同学们"社会最需要、最欢迎有实干精神、能解决实际问题的人，而最不欢迎夸夸其谈、眼高手低的'客里空'"，叮嘱同学们要当实干家，不做"客里空"。

采访对象： 陈晓红，女，1969年4月生，福建永春人，福建师范大学音乐系1987级本科生，现任福建师范大学党委副书记。张爱民，男，1971年8月生，福建云霄人，福建师范大学物理系1989级本科生，现任福建师范大学马克思主义学院党委书记。林鲁文，男，1968年8月生，山东荣成人，福建师范大学历史系1988级本科生，现任福建师范大学保卫处（武装部）处长。

采访组： 陈志勇　石新明　程惠斌　乐华斌　余成威

采访日期： 2020年8月27日

采访地点： 福建师范大学行政楼710会议室

采访组： 陈晓红、张爱民、林鲁文老师，你们好！1991年5月15日，时任福州市委书记习近平来到福建师范大学，为师生做形势报告。三位老师在现场聆听了这场报告，请回忆一下当时的场景。

陈晓红： 当时，我是福建师范大学音乐系四年级学生。时过近30年，我仍然清晰地记得，习书记来校做报告是在一个星期三的下午。从20世纪80年代开始，师大就把每周三下午确定为政治学习时间，这个做法一直延续至今。

报告会的地点在省军区礼堂，来听报告的既有各系学生代表，也有教师骨干。师生参与的积极性都很高，千人大礼堂坐得满满当当，就连后排过道和礼堂两侧出入口都站满了人。

张爱民： 下午三点左右，习书记与校领导一同走进会场，师生们纷纷起立鼓掌。习

书记个子很高,身姿挺拔,步履稳健。记得他当时穿着一件白色衬衫,一进入会场就频频向师生点头致意,没有一点官架子。

当时我在系里担任学生会干部,负责维持现场秩序,被安排坐在前排过道边的座位上,因此得以近距离一睹习书记的风采。年轻帅气、笑容温暖,是习书记留给我的第一印象。

林鲁文:那时候我担任学校电台台长,主要负责宣传报道学校要闻。虽然听过多场形势报告,但至今记忆最清晰、印象最深刻的还是习书记为我们做的这场报告。当时很多福建人普通话讲得还不够标准和规范,乡音较重,习书记字正腔圆、富有磁性的普通话一下子就把大家给吸引住了。

采访组:请问习近平同志在报告会上都讲了哪些内容?

张爱民:习书记报告的题目是"福州九十年代展望"。他虽然准备了稿子,但在报告过程中基本是全程脱稿,不打官腔,不唱高调,用的都是我们青年人容易接受的语言,引经据典、妙语连珠。报告多次被师生们热烈的掌声打断,现场笑声连连,气氛非常活跃。

习书记列举了大量事实和数据,重点讲述了福州的历史沿革、特色优势和发展潜力,详细阐述了在"八五"计划和十年规划中福州发展的思路与构想。他对福州建设的各种数据如数家珍,对福州发展的各项举措了然于胸。

习书记与我们分享了他在陕北梁家河插队时的工作和生活。他说:"社会最需要、最欢迎有实干精神、能解决实际问题的人,而最不欢迎夸夸其谈、眼高手低的'客里空'。"我对习书记讲的"客里空"这个词印象特别深刻。

陈晓红:习书记做报告时声调不高,但富有感染力。展望福州发展,习书记将一幅现代化大都市的画卷徐徐展开,令人心驰神往,让在场的大学生们热血沸腾,对未来充满期盼,并暗暗铆足干劲。

1992年,习书记亲自主持和编制了被称为"3820"工程的《福州市20年经济社会发展战略设想》,科学谋划了福州3年、8年、20年经济社会发展的战略目标。"3820"工程是一个高瞻远瞩的宏大构想,为福州发展建设绘就蓝图,极大地推动了福州改革开放进程。

习书记语重心长地对我们说:"当代青年知识分子要成才,唯一正确的道路就是深入实际,结合工农,继承和发扬爱国主义的优良传统,肩负起振兴中华的历史使命。这既是'五四'以来中国青年运动的主流,也是当代青年运动的方向,是青年一代成才的必由之路。"习书记勉励我们要多参加社会实践,并谈到福州市委已发过一个文件,要求各级部门为大学生参加社会实践提供方便。

采访组:张老师,刚才您谈到习近平同志在报告中用了一个词——"客里空",请问这个词有什么特别的含义吗?

张爱民:当时我觉得"客里空"应该是爱说空话、不办实事的意思,但对其内涵并不是特别理解。报告会后,我还是从中文系同学那里得知,"客里空"是苏联作家柯涅楚克创作的话剧《前线》里的一个角色。剧中,作家用讽刺的笔法刻画了前线特派记者

"客里空"，他在战地采访时不深入一线部队，整天待在总指挥部里，靠着捕风捉影和道听途说来胡编乱造"新闻"。后来，"客里空"被用于泛指作风浮夸、华而不实的人。

我对"客里空"一词印象非常深。2013年，习近平总书记在党的群众路线教育实践活动工作会议上，更加生动地为"客里空"画了像。他指出："有的抓工作不讲实效，不下功夫解决存在的矛盾和问题，难以给领导留下印象的事不做，形不成多大影响的事不做，工作汇报或年终总结看上去不漂亮的事不做，仪式一场接着一场，总结一份接着一份，评奖一个接着一个，最后都是'客里空'。"这段话一下就把我的思绪拉回到近30年前那个周三的下午，耳畔仿佛又回响起习书记的谆谆教诲——要当实干家，不做"客里空"。

采访组：习近平同志在报告会上对青年大学生提出了哪些希望？

陈晓红：习书记非常关注青年学生的成长成才。整场报告会持续了两个多小时，他用了将近一半时间谈高校的人才培养问题。习书记说，要推动福州的改革开放，实现90年代福州经济社会的大发展，离不开高校力量的积极参与，离不开广大知识分子投身其中。因此，要充分发挥高校的智力和人才优势，充分调动知识分子的积极性和创造性。

习书记特别重视大学生的社会实践，在谈到大学生的成长时，他说，知识分子尤其是当代大学生要明确所肩负的历史使命，光有成才的愿望和条件不够，还必须深入实际，向实践学习，向工农学习，甘当小学生，在火热的社会生活中锻炼成长。习书记还提到各级党委和政府要关心支持大学生的社会实践，积极为他们创造条件。

林鲁文：习书记说，历史的机遇对于90年代初的大学生来说是不寻常的。他希望我们一定要遵循党的基本路线，努力学习马列主义、毛泽东思想，刻苦钻研科学文化知识，坚定不移地走与工农相结合的道路，积极响应时代的召唤，为改革开放和社会主义现代化建设贡献自己全部的聪明才智，担负起历史赋予的光荣使命。

习书记对青年人的关心、关切和关爱之情，从话语间自然而然地流露出来。他就像一位和蔼可亲的大教授，用丰富的人生阅历为我们传道解惑，以崇高的理想信念为我们增补了成长的"精神之钙"。

采访组：这次报告对你们和周围的同学产生了怎样的影响？

林鲁文：报告会结束后，我就赶回校电台办公室，第一时间召集通联部、采编部的骨干们学习报告会精神。在交流组稿意见时，一位学生记者脱口而出："习书记把形势报告讲得如此生动，我们就原话播送吧，同学们一定会爱听的。"大家纷纷表示赞同。经过分管领导同意，我们当天晚上就通过设置在教学区、宿舍楼和食堂的喇叭播送了这条要闻，第二天中午还重播了一遍。习书记的报告在全校师生中引起强烈反响，同学们都说"能把形势报告讲得如此生动，确实难得一见"。

学校还专门组织了两次学习交流会，我在会上谈了自己的学习心得。习书记说："同学们要在火热的社会生活中锻炼成长。课堂上学到的知识和本领，一定不能藏起来，不能闭门造车。要大胆地放到社会实践中去磨一磨，不然就会生锈，就会落得'纸上谈兵'的下场。"这段话令我终生难忘。

陈晓红：作为一名学生党员，听了习书记的报告，我感到一份沉甸甸的责任。习书记叮嘱我们"要当实干家，不做'客里空'"的教诲，让我们更明白了实干精神是实现人生价值的必由之路。毕业后，同学们陆续走上不同的工作岗位。按照习书记的嘱咐，大家面向实际，深入实践，真抓实干，不做"客里空"，脚踏实地在各条战线上努力，现已成为各个领域的行家里手。

张爱民：大家听了习书记的报告后，对福州未来的发展更有信心了。不少同学认为，福州发展确实大有可为，纷纷表示要留在福州工作，为福州的改革开放贡献力量。

习书记告诫我们"不做夸夸其谈、眼高手低的'客里空'"的教诲，让我更加明白了实干是实现人生价值的一把钥匙。1993年7月，我从福建师大毕业，学校推荐我去省教委工作，但我思考再三，还是决定从基层做起，留在师大。那时，留在高校做行政工作并不吃香，反倒是一件"苦差事"。我的第一个岗位是在学生处负责毕业生就业派遣等工作。就业工作事关重大，牵涉面广，每一份就业报到证都需要手写、核对、盖章，不能出现任何差错。当时没有现在的先进技术和设备，为了不耽误毕业生离校，我常常需要通宵加班。七八月份正是福州最热的时候，通常写着写着就会满头大汗。为了保持材料的干净整洁，我只好准备一条干毛巾，写完一份擦一次汗。报到证全部写好时，干毛巾也就变成了湿毛巾，但我还是很开心地骑着自行车，把材料送到省教委去。这是我的本职工作，即便再苦再累，我都要认真负责地完成。在大家的共同努力下，学校被评为"全国普通高校毕业生就业工作先进集体"。

采访组：听说习近平同志在福州工作期间，曾多次到福建师范大学调研指导，为师生办了许多实事。请你们简要介绍一下这方面的情况。

林鲁文：我讲一个习书记为我们师生"修桥"的故事吧。20世纪80年代，与福建师范大学仅一墙之隔的学生街逐渐成为福州闻名遐迩的美食街，人流量和车流量骤增，无论是居民出行还是师生上课都受到很大影响，经常出现师生过马路时被车辆擦伤、撞伤的事故，我在读书时就有几次险些被撞到。这件事一直都没能得到较好解决，也成为困扰广大师生和周围居民的一块心病。有一次，习书记来学校调研，主持召开了师生座谈会。其间一位老教师无意间提到这件事，引起习书记的关注。他要求立即对这条街进行整治，并第一时间组织有关部门研究制订解决方案。在习书记的亲自推动下，过街天桥很快就被纳入福州城市建设规划中。天桥建好后，广大师生和居民群众反响非常热烈，纷纷表达对习书记的感激之情。直到现在，还有很多老教授时常念叨"习书记为我们修过一座桥"。

张爱民：当时，福建师范大学是习书记的联系高校。习书记经常走进教室、实验室和活动室，深入师生中听意见、解难题、办实事。如师大综合体育馆的建设，习书记就曾多次过问，并亲自指导推进工程建设。担任省领导后，他还到校召开座谈会，对体育馆建设做出重要批示。在习书记的关心帮助下，师大在省内率先建成功能齐全的综合体育馆。

习书记还非常关心学生的心理健康。他说："要提高学生素质，提高学生分析问题、解决问题的能力，让学生足以应付社会多样性的变化。素质包括德、智、体等，智商、情商都需要。情商指意志力、处理问题的态度等，这些都需要培养。学校要有意识地去培养提高学生的心理素质。"学校因此率先成立了心理健康指导中心，为学生提供心理健康教育、咨询和辅导等方面的服务。

习书记在福州工作时，大力倡导"马上就办、真抓实干"的工作作风，大力推行投资项目审批"一栋楼办公"的工作机制。我们福建师大认真落实"马上就办"的要求，把握学生需求，整合部门资源，建设学生办事大厅，实现"一站式"服务，以"一间办公室"有效解决了联系服务学生"最后一公里"的问题。

习书记的为民情怀和实干作风，为我们树立了光辉榜样。作为高校思想政治工作者，我们必须沉下心思、弯下腰身、俯下耳朵，倾听学生的所盼所愿，关心学生的所思所想，解决学生的所需所求，做新时代青年学生的知心人、热心人和引路人。

采访组： 陈老师，听说您后来还参与了一次对时任福建省省长习近平同志的采访，请简要介绍一下当时的情景。

陈晓红： 2000年初，我在省青联秘书处工作。根据工作安排，我和团省委领导一起陪同《中华儿女》杂志社杨筱怀社长采访了时任福建省省长的习近平同志，我的工作是协助记录。在省政府办公厅会议室，习省长一见到我们就亲切地说："欢迎你们来。"采访中，无论杨社长提什么问题，习省长的回答都特别坦诚，像与我们拉家常一样。这次采访的整理稿发表在《中华儿女》杂志2000年第7期上，题目是《习近平：我是如何跨入政界的》。

习省长说，他的成长、进步应该说始于陕北的7年。最大的收获有两点：一是让他懂得了什么叫实际，什么叫实事求是，什么叫群众；二是培养了他的自信心。在整理采访记录时我们发现，访谈的高频词是"人民"和"群众"。其中，习省长讲的一段话令我印象特别深刻："对于我们共产党人来说，老百姓是我们的衣食父母，我们必须牢记全心全意为人民服务的宗旨，党和政府的一切方针政策都要以是否符合最广大人民群众的利益为最高标准。要时刻牢记自己是人民的公仆，时刻将人民群众的衣食冷暖放在心上，把'人民拥护不拥护、人民赞成不赞成、人民高兴不高兴、人民答应不答应'作为想问题、干事业的出发点和落脚点，像爱自己的父母那样爱老百姓，为老百姓谋利益，带老百姓奔好日子，绝不能高高在上，鱼肉老百姓，这是我们共产党与那些反动统治者的根本区别。"

（资料来源：中国青年网，网址：http://news.youth.cn/sz/202203/t20220323_13551281.htm，2022年3月23日）

第四节　思想政治理论课社会实践的基本形式和主要特点

一、思想政治理论课社会实践的基本形式

思想政治理论课的系列课程各有侧重，需要按照原则选择恰当的形式来承载相应的教学内容，因此需要对社会实践的形式进行梳理，以适应特定的教学目标。经过长期的教学实践，高校思想政治理论课社会实践主要有以下几种基本形式。

(一) 体验型

思想政治理论课中涉及大量的历史事件、理论原理、著名人物等内容，受课堂时间和教材篇幅限制，无法在课内进行深度、全面的介绍。在信息高度发达的今天，我们完全可以在课堂之外，通过布置阅读指定书目（详见附录"思想政治理论课辅助阅读书目"）和观看"大思政"影视作品（详见附录"推荐观看主旋律影视作品"），以经典研读、视频赏析、课堂汇报、实地参观和比赛活动等形式，对某一理论原理、重要事件、著名人物等内容进行全面、深度、有针对性的了解；或者通过延伸课堂教学，借助学校所在地的优质社会资源，依托革命烈士陵园、党史教育基地、社会实践基地、爱国主义教育示范基地、博物馆、纪念馆等载体，带领学生到现场参观和学习，让学生亲身经历、亲自体验，从而达到强化理论认知、增强情感和价值认同的良好效果。通过这样的体验式教学，学生的视野将得到有效拓展，能更好更全面更深入地了解历史事件、历史人物和历史故事，以便从更加全面和客观的角度对这些教学内容进行理解。

在体验型社会实践中，需注意以下几点。第一，体验型社会实践是对课堂内容的有效补充，所选择的课外体验材料需要与课堂内容紧密相关；第二，活动应在教师的引导和带领下，由学生亲自参加，并积极主动去感受和体验；第三，体验资料和场所的选取需具备较强目的性，学生应在教师的要求下完成规定实践教学任务，必要的情况下教师还可以针对指定参考书目和优秀主旋律影视作品，安排学生撰写读后感或观后感，也可安排学生进行课堂交流讨论；第四，教师需要对选取的体验资料或场所进行严格把关，切忌将与教材内容相悖的材料提供给学生；第五，注意版权问题，需从正规渠道获取相关出版物及影视作品，以免造成纠纷。

☞ 【推荐阅读一】

现场教学：把思政课搬进福清市革命烈士陵园

2021年4月2日上午，2020级广播电视编导专业部分学生来到福清市革命烈士陵园，在这里接受了一次生动的党史教育，上了一堂别开生面的思政课。为同学们讲授这堂思政课的，除了学校马克思主义学院思政课专任教师外，还有福清市政协委员和陵园管理处负责同志等。

在陵园管理处负责同志介绍完陵园基本情况后，思政课教师为同学们讲解了抗战历史背景、抗战形势、中国共产党的抗战政策及路线、福建福州的抗战情况。福清市政协委员代表讲述了人民解放军解放福清的故事。

在教师的带领下，同学们在烈士墓前鞠躬祭拜，敬献花圈，缅怀先烈，寄托哀思。整个课堂在庄严肃穆的气氛中进行。同学们表示，这样的思政课入耳入脑入心，让大家深刻体会到我们今天的和平环境和幸福生活来之不易。同学们说："我们一定会铭记英烈遗愿，弘扬革命传统，传承红色基因，接续砥砺前行，更好地肩负青春使命和历史重任。"

☞ 【推荐阅读二】

以赛促学：举办大学生讲思政课大赛

2022年5月25日晚上，福建技术师范学院在科学楼学术报告厅开展"讲好中国故事，筑牢青春信仰"大学生讲思政课大赛暨思政课学生课堂汇报成果展示活动。举办本次活动是为了深入贯彻落实习近平总书记关于"大思政课"建设的重要指示批示精神，充分发挥高校思政课立德树人关键课程作用，坚持不懈用习近平新时代中国特色社会主义思想铸魂育人，引导学生深刻认识"两个确立"的决定性意义，增强"四个意识"，坚定"四个自信"，以实际行动迎接党的二十大胜利召开。

活动现场，参赛选手围绕"讲好中国故事"，紧扣思政课教材，从榜样力量、革命文化、领袖情怀、中国精神、北京冬奥和大国外交等主题着手，结合生动的情景剧、诗朗诵等多元教学方式方法，用自己的语言讲述中国故事，用自己的行动筑牢青春信仰，进一步深化了大学生对思政课理论知识的认知，让感党恩、听党话、跟党走的信念真正内化于心、外化于行。

赛后，马克思主义学院院长林书红教授做了精彩的点评。他围绕习近平总书记在中国人民大学考察时提出的关于办好思政课的重要讲话精神，从"老师用心教，学生用心悟"的角度，充分肯定了举办这项活动的重要意义。他指出，大学生讲思政课比赛是思政课教学改革创新的重要举措，是思政课实践教学的重要组成部分，也是马克思主义学院落实"三全育人"的重要载体。通过这样的形式，不仅能充分实现思政课"教与学"的有机统一，还能达到沟通心灵、启智润心的良好效果，希望同学们讲好中国故事，筑牢青春信仰，进一步锤炼品格、增强本领，努力成长为堪当民族复兴重任的时代新人。

本次比赛通过全新的方式，提高了思政课的吸引力与感染力，增强了同学们学习思政课的主动性，深化了学生对思政课理论知识的感悟。同时，大学生讲思政课的沉浸式体验，也让学生领会到党的百年非凡历程，感悟马克思主义的真理力量和实践力量，推动习近平新时代中国特色社会主义思想进教材、进课堂、进学生头脑。

师生观看活动感言：

马克思主义学院教师李荣华：每个小组都做了十足的功课，主题向上、内容饱满、声情并茂、图文结合、说演搭配，充分展示了当代大学生爱党爱国爱家爱人民的优秀精神面貌。在讲好中国故事中，坚实筑牢了青春信仰，点赞！

学生陈叶睿：听完这场别开生面的思政课，我受益匪浅。同学们精彩的表演展现了党在百年征程中书写的伟大答卷，其中不仅有战争年代革命家的鞠躬尽瘁，也有时代楷模在新时代的伟大奋斗。丰富的形式和内容，娓娓道来的故事，让我在学习的同时深受感动。这些故事也深深鼓舞了我，进一步点燃了我为实现中华民族伟大复兴而奋斗的热情。

学生黄铭超：今晚看了大学生讲思政课大赛，比赛中出现过的一个个人物都栩栩如生，他们在学长学姐的演绎中仿佛从时光长河中活了过来，他们代表着不同时代的中国故事，却有着相同的中国精神。在接下来的生活中，我们应该不忘初心，砥砺奋进，勇毅前行，在奋斗中书写青春华章，努力成为堪当民族复兴重任的时代新人。

(二) 研讨型

思想政治理论课中包含了一些较为抽象的概念、重难点问题及具有一定争议性的热点事件，在课堂教学过程中，一些学生受知识储备、逻辑思维能力等因素制约，无法充分理解这些问题，这不利于教学目标的达成。针对这种情况，我们可以发挥学生的主体作用，在教师的引导下，围绕课程内容，开展主题演讲、课堂辩论或分组研讨等实践教学。学生们首先进行分组分工、资料查阅、方案拟订、讲稿撰写等准备工作，而后进行正式发言，最后将发言成果总结提炼为文字。在此过程中，尽可能地提高学生的参与度，让学生们实现"先懂带动后懂"，把这些问题真正弄懂学透，而不是带着问题一知半解地囫囵过去，同时还能有效锻炼和提高学生的语言表达能力和团结协作能力。

在研讨型社会实践中，需注意以下几点。第一，演讲、辩论和研讨需紧密围绕教学内容，具有明确目的；第二，研讨型社会实践区别于课堂讨论或随堂发言，需按要求引导学生在课外提前进行充分的准备；第三，教师需审慎对分组分工环节进行把控，尽量确保每位同学都能参与其中，每个小组中也都有各自的"种子选手"带领团队完成任务；第四，教师需实时关注活动进展情况，严格按照时间计划分步分块执行研讨发言活动，对其中出现的问题进行答疑解惑，并对学生的创新之处给予肯定，对他们的理解偏差之处进行纠正。

(三) 调研型

为了更直观地运用马克思主义世界观和方法论来分析问题和解决问题，我们可以深入城市、农村、学校、企业、革命历史教育基地等进行走访调研，由此对课内所涉及的社会现象、现实问题、革命历史故事等内容有更加深入的理解。调研的内容以课内为基础，在教师的指导和帮助下，由学生自主拟订调研方案并组织实施，收集第一手资料，并进行认真统计和深入分析，最终形成思想政治理论课社会实践调研报告。在信息技术高度发达的今天，我们既可以采用线下实地走访的方式进行调研，也可以充分利用互联网进行线上调研，抑或两者结合。

在调研型社会实践中，需注意以下几点。第一，调研方案的拟订需要具备较强的可行性和明确的目的性，把握"小切口、大纵深"的原则，对拟订的问题进行深入探究；第二，在调研方案的框架内，做好充分准备，如分组分工、筹措经费和相关设备、撰写访谈提纲、设计问卷等，尽可能调动每个人的智慧和力量；第三，调研过程可综合运用问卷调查法、人物访谈法等多种方法，并及时做好记录，建议由专人负责资料汇总；第四，调研报告可以结合多媒体手段进行展示，如 PPT 演示文稿、录音、视频等形式。

二、思想政治理论课社会实践的主要特点

(一) 思想政治理论课社会实践具有思想性

马克思主义是我们立党立国、兴党强国的根本指导思想。"思想政治理论课社会实践是运用以马克思主义为指导的思想政治理论内容进行实践的具体的社会活动，与思想政治理论课程内容密切相关。"这就决定了思想政治理论课社会实践具有鲜明的思想性。要指引新时代大学生的成长方向，思想政治理论课社会实践在内容上要突出马克思主义价值观

的方向性，添加育才营养，助力铸魂育人，帮助新时代大学生树立正确的世界观、人生观、价值观，弘扬社会主义核心价值观，树立成为堪当民族复兴大任的时代新人的目标。

（二）思想政治理论课社会实践具有社会性

"实践是社会性活动，是实现人与自然统一性的基础和纽带。同时，实践也是历史性活动，后代人总是在前人实践成果基础上进行新的创造，每一代人都把前人实践积累的人的本质力量纳入自己的活动之中，壮大自己的实践能力。"思想政治理论课社会实践为大学生走出课堂、走出校园、走向社会提供了良好契机。大学生在社会实践中进一步深入了解社会，运用马克思主义的立场、观点和方法来分析问题，把密切联系群众，坚持人民至上的理念融入社会实践之中，不仅提高了实践能力，更为自身的进一步社会化打下了坚实基础。

☞【推荐阅读】

把思政课课堂延伸到新农村

我校旅游管理专业同学在马克思主义学院教师的带领下，来到思政课实践教学点之一、福州市新农村建设示范村——福清港头镇草柄村，听取一堂特殊的思政课。

在草柄村，该村党支部书记王长勇以《发挥党员在新农村建设中的先锋模范作用》为题为同学们主讲一堂约90分钟的思政课。

他介绍草柄村新农村建设的艰辛路程以及取得的成绩，并联系实际指出当前农业、农村、农民及农村党建等方面存在的问题。他在讲课中结合自己的亲身经历，联系村务中的土地买卖、村民纠纷等大量具体翔实的案例，生动讲述党员村干部应如何解决实际工作中遇到的问题。

他强调，要树立"群众利益无小事"的理念，在处理矛盾和纠纷问题时，坚持用心做好每一件与群众有关的事情，进一步发挥党员的先锋模范作用，真心实意为群众谋福利。他指出，每个党员在平时都是普通老百姓，但在关键时刻要挺身而出服务群众，大学生党员更要有"归民思维"，以一颗服务人民的心走向社会。

整场授课有理论有实践、有问题有思考、有点有面，深入浅出、生动活泼。课后，同学们纷纷表示不虚此行，不仅加深了对课本知识的理解，更是坚定了理论自信、制度自信和道路自信。

（三）思想政治理论课社会实践具有实践性

造就人的全面发展离不开社会实践，思想政治理论课社会实践相比思想政治理论课，更加突出的特点就是实践性。不是学校教育为社会实践提供先决条件，而是社会实践为学校教育提供先决条件。对大学生开展思想政治理论教育，不仅仅是让学生积累理论知识，而且是让学生在社会实践活动中进一步激发积极性、主动性和创造性。为推进高校思想政治理论课社会实践教学的改革和创新，2018年4月教育部印发了《新时代高校思想政治理论课教学工作基本要求》，明确规定："从本科思想政治理论课现有学分中划出 2 个学分、从专科思想政治理论课现有学分中划出 1 个学分，开展本专科思想政治理论课实践教学。学生既可通过参加教师统一组织的实践教学获得相应学分，也可通过提交与思想政治理论课学习相关的实践成果申请获得相应学分。"因此，大学生参加思想政治理论课的实践活动，不仅是思想政治理论课程的要求，同时也是国家的要求，是学校培养学生成长成才的重要实践环节。

（四）思想政治理论课社会实践具有时代性

思想政治理论课社会实践是以社会实践为载体，是学生按照学校培养目标要求，有目的、有计划、有组织地参与社会政治、经济、文化生活的教学活动。这就决定了思想政治理论课社会实践具有较强的时代性，它必须符合教育教学活动的规律，适应教育教学的要求，实现教育教学的功能，服务于时代发展。时代性的特点，也要求思想政治理论课社会实践必须贴近实际、贴近生活、贴近学生，要坚持在实践中发展，在时代的浪潮中进一步引领新时代大学生更加自觉地增强道路自信、理论自信、制度自信和文化自信，引导学生正确认识世界和中国发展大势、正确认识中国特色和国际比较、正确认识时代责任和历史使命、正确认识远大抱负和脚踏实地，成为又红又专、德才兼备、全面发展的中国特色社会主义合格建设者和接班人。

☞ 【推荐阅读一】

弘扬黄檗文化，坚定文化自信
——马克思主义学院思政课社会实践活动

2021 年 6 月 30 日，马克思主义学院"毛泽东思想和中国特色社会主义理论体系概论"课程教师带领学生开展了主题名为"弘扬黄檗文化，坚定文化自信"的思政课社会实践活动，深入学习福清特色地域文化——黄檗文化，深刻感悟中华优秀传统文化的丰富内涵和时代价值。

本次活动分为两个部分。第一部分是开展以"福"为支撑，以"和"为底色，打造福清黄檗"福文化"国际品牌主题讲座活动。由黄檗文化与海上丝绸之路研究院的特聘研究员郑松波担任本次主讲人。郑松波老师通过图片展示、事迹再现的方式向听众们介绍了黄檗文化的历史、内涵以及新时期弘扬黄檗文化的意义。郑松波老师声情并茂的讲述，生动重现了黄檗文化的诞生与传承历程——隐元禅师东渡日本弘法，将建筑、雕塑、绘画、书法、印刷、音乐、武术和医药等先进明代文化传入日本；"黄檗书风"、中日"锦带桥"、"煎茶道"等文化产物的代代相承，滋养着黄檗文化不断开花、结果。每一张珍贵的历史照片都见证了中日文化友好来往，每一个动人的历史故事都是承载中日民间交流与民心相通的桥梁，每一卷黄檗文化书画、古籍都体现了中日两国人民一衣带水、源远流长的文化渊源和历史联系。第二部分是参观福清黄檗文化展览馆内黄檗文化走廊、原田文库、黄檗文物馆、黄檗海外交流陈列馆等。在参观过程中，郑松波老师进一步详细介绍了黄檗文化的历史、内涵和影响力，通过生动的讲解，回顾和再现黄檗文化重要的历史事件和场景；通过精彩的解说，让很多历史文物"活"起来，显得更加栩栩如生。

亲仁善邻，打造黄檗文化名片。黄檗文化是发展友好中日关系的桥梁，深入挖掘研究、大力传承弘扬黄檗文化，对于增强中华文化自信、彰显中华文化魅力、提升中华民族自豪感都有着历久弥新的价值。同学们纷纷表示，此次活动既是一次当代与历史的对话，也是一次青年思想与黄檗文化互相融合、互相碰撞的听觉盛宴，以光影的艺术化形式呈现了更具魅力的黄檗文化，不仅让他们获得了美的享受，更让他们进一步坚定了文化自信。

☞【推荐阅读二】

走进福清侨乡　感悟华侨精神
——马克思主义学院思政课社会实践活动

2021年7月1日，马克思主义学院"思想道德与法治"课程教师带领学生开展了主题名为"走进福清侨乡　感悟华侨精神"的思政课社会实践活动。本次活动重点参观福清侨乡博物馆林绍良陈列馆，深刻感受华侨精神的重要内涵和时代价值。

林绍良陈列馆承载着珍贵的历史记忆，是连接福清过去、现在、未来的桥梁，是保护和传承福清文化的知识殿堂，更是传承华侨精神的重要载体。在讲解员的倾情讲述中，实践队员们分别参观了"亲、诚、惠、容"四个展厅。通过观看一件件文物、一张张老照片、一幅幅影像，同学们对于林绍良先生在乱世中开拓商业版图的同时，心系桑梓，无私奉献，为家乡捐建医院、学校等基础设施，推动福清建设，造福福清人民，将公益慈善扩大到全世界的事迹有了更全面的了解，并深刻感受到了林绍良先生艰苦卓绝的奋斗历程，以及不屈不挠的民族精神和无私奉献的爱国情怀。陈列馆大厅正中央布置的是林绍良先生的全身雕像，面向牛宅村，就像先生朝夕守护着自己的家乡。师生们怀着无比崇敬的心情在雕像前合影留念。

达济天下，胸怀家国无疆大爱。慈善是一种胸怀，它与生俱来，源自心灵；慈善是一种大爱，它不分国界，不分种族。林绍良正是拥有如此胸怀、如此大爱之人，如同海纳百川而成其浩瀚，无际无疆。他的爱国精神、慈善大义也深深地震撼了我们的心灵。身为新一代青年大学生，更应勇担历史使命，努力向林绍良等爱国华侨先辈学习，不断增强爱国的情感和振兴祖国的责任感，高举爱国主义旗帜，锐意进取，自强不息，艰苦奋斗，顽强拼搏；切实增强当代大学生服务社会、献身社会的慈善观念，充分地将华侨精神融入当代大学生的人生观和价值观，真正地把爱国之志变成报国之行。

☞【推荐阅读三】

谱写青春画卷　筑梦乡村振兴

马克思主义学院2022年暑期思想政治理论课社会实践小分队（外国语学院"薪火相传我'语'你"实践队）组织学生开展以"谱写青春画卷　筑梦乡村振兴"为主题的

社会实践活动,通过重走红色路、考察实践和开展支教活动,追寻当地红色足迹,调研农村发展新变化,助力乡村振兴发展。

一、走进新农村,追忆来时路

师生们参观了东关寨,讲解员通过实物展示、事迹再现的方式介绍了东关寨独特完整的军事防御体系及背后的红色故事,同学们被东关寨营建者的远见卓识和游击队员不屈不挠的革命精神深深折服。此外,还参观了罗汉里闽中游击根据地旧址,开展了"七个一"沉浸式党史学习,通过重温一次入党誓词、诵读一首红色诗词、重走一段红军路、参观一次党史展览、聆听一堂党史微课、观看一部红色电影、合唱一首经典红歌等方式亲身体验闽中革命先烈不怕艰难的奋斗精神,感悟老一辈共产党员的英雄气概。

二、深入新农村,感悟新时代

师生们深入当地枇杷产业基地及枫树林培育基地,了解当地"农文旅"融合发展的乡村振兴新路;参观福清一都枇杷展馆,系统了解一都枇杷的发展历程、种植规模等;采取入户式问卷调研和随机采访相结合的方式,深入了解乡村振兴下新时代乡村的变化,感悟乡村振兴战略实施的重大意义,为推进乡村振兴提供参考。

三、情系新农村,筑梦"童"成长

教师带领同学们在一都乡村振兴馆为留守儿童开展了《长津湖》绘本填色活动,通过一边填色、一边讲解,使红色故事、英雄故事、革命故事真正走进当代少年儿童的心中,进一步坚定他们的理想信念,让红色基因代代相传。此外,同学们还结合自己的外语专业背景,开展了"英语知识我知道"、垃圾分类模拟和"糖弹"心理辅导等活动,进一步拓展他们的国际视野,培养他们的环境保护意识,增强他们的心理素质。活动最后,师生们共同为孩子们送上了爱心物资——书包、若干文具、体育用品等。

魅力一都,魅力乡村,聆听大自然的乐音,触摸时代前进的脉搏。枇杷虽小,却关系到一村一镇的生计;乡村是一个国家现代化的基础工程,实施乡村振兴战略,才能更好助力中华民族伟大复兴大业。通过开展此次思政课社会实践活动,同学们从一都镇这个微小的角度回望来时的路,看清了脚下的路,坚定了前行的路。同学们纷纷表示,作为新时代的中国青年,要不负时代重托,不负青春韶华,主动融入国家的乡村振兴战略,用奋斗擦亮青春底色,努力在乡村振兴新征程上展现青春担当,贡献青春力量。

【拓展阅读】

思想政治理论课学生课堂汇报实践教学

组织开展思想政治理论课学生课堂汇报实践教学探索,有利于推进学生主动学习运用习近平新时代中国特色社会主义思想,主动参与课程教学、主动感悟课程内容,在"讲"和"演"中实现入心入脑;有利于促进教师主动改进教学方法、主动提高教学实效,大力推动教学相长、师生互动,形成良好思想政治理论课教学氛围,营造良好校园文化环境;也有利于更好地推进习近平新时代中国特色社会主义思想进教材、进课堂、进头脑,引导学生用自己的语言讲好中国故事,用自己的行动筑牢青春信仰。

一、课堂汇报选题要求

可以在任课教师给定的选题范围（如喜迎党的二十大、党史学习教育、中国共产党人精神谱系、北京冬奥会、乡村振兴战略、抗击疫情和中国外交等）选，也可以围绕思想政治理论课课程中的有关章节或专题进行选题。确定选题后，汇报小组可以根据选题自拟汇报主题进行课堂汇报。要求观点正确、表述规范、积极向上，汇报内容体现主旋律，富有时代性。

二、课堂汇报形式要求

课堂汇报以团队形式参加，团队人数限定在3~6人，在汇报过程中鼓励团队合作。汇报时长一般不超过15分钟，以学生讲述为主，以PPT课件配合为辅，可以使用1~2个画面清晰的短视频，鼓励通过朗诵、情景剧、歌曲和相声等多样形式来呈现汇报主题。

三、课堂汇报其他要求

1. 课堂汇报材料（含PPT和视频等）应按要求做好，每个团队要提前一周把课堂汇报材料发给任课教师，要求汇报材料单独一个文件夹且命名格式为：班级＋汇报主题＋负责人联系方式。

2. 如有视频或者表演，建议要提前进行彩排，特别是视频要提前到教室试一下，避免播不出来，确保汇报过程的顺畅和完整。

课堂汇报范例如下：

唯美冬奥展现盛世中国

老师、同学们：

大家好！

今天我们小组课堂汇报的主题是：唯美冬奥展现盛世中国。

如果把冬奥会开幕式比作一朵雪花，那么这就是一朵开出了中国人的浪漫的雪花，它书写了传统与现代、科技与文化的奇迹。本次冬奥会的主题口号是——"一起向未来"，那我就用一个个"一"字来解读开幕式中诗意浪漫的中国美学吧。

本次开幕式很明显地藏着中国式浪漫，我们就先从中国文化走进开幕式。

一、文化元素，传递大国自信

——一首诗

倒计时从"雨水"开始，到"立春"落定，每一时节都过成诗的模样。"随风潜入夜，润物细无声"，是杜甫在春夜眺望喜雨；"家家麦饭美，处处菱歌长"，是陆游在芒种记下夏收的热烈。二十四节气，24届冬奥会，2月4日，20点04分开始，中国第24个出场，倒计时就奠定了开幕式诗词般浪漫温润的美学。

——一滴墨

从一滴碧蓝水墨，到奔涌的黄河之水，再到汇聚全场的碧色汪洋。"君不见黄河之水天上来，奔流到海不复回。"哺育中华民族的母亲河，纵有滔滔万里的汹涌，在发端时也不过一脉清浅的源泉。这个意象象征华夏文明的更迭不息、源远流长。

——一块冰

随着海水凝结，一块冰立方在场地中央冉冉升起。天圆地方，大道至简。24届冬奥会历届举办国的影像在冰内闪回，"2022北京"压轴出场，挥动冰球正中靶心，冰立方应声碎裂，冰雪五环蜕变而出。在中国文化中"破冰"寓意打破隔阂、化解矛盾、走进对方、互相理解。奥林匹克标志破冰，浓缩出中国精神、中国情怀和中国文化底蕴。

——一棵迎客松

张艺谋导演说："我们不需要再满天地放，不需要这样，所以我倒觉得这种焰火也体现了文化自信吧，就是以一当十，一叶知秋，中国人非常好的美学理念。"

21时51分，中华人民共和国主席习近平宣布2022年北京冬季奥运会开幕。顿时，璀璨的焰火腾空而起，在空中呈现"迎客松"的造型，表达对全世界来宾的欢迎。在中国文化中，迎客松已经成为中国与世界人民和平友谊的象征。

——一朵雪花

"燕山雪花大如席"，李白曾在《北风行》中这样描写雪花。

引导员手持的引导牌，采用了发光的雪花造型，其设计灵感来自"中国结"的图案。中国结是中国古老的手工编织工艺，一个结从头到尾用一根线编成，寓意团结吉祥。

张艺谋导演在接受采访时曾这样说过："我们中国很想体现一个低碳、环保的奥运会。"确实，本次开幕式充分体现了低碳环保的理念，接下来，我们就从低碳环保走进冬奥会开幕式。

二、绿色低碳，诠释大国责任

——一支火炬

星星之火，可以燎原。

我们先来看一段短视频：张艺谋导演解说主火炬设计构思。

张艺谋导演在视频中这样说："我觉得我们的火炬，首先最独特的是全世界（参赛代表团）的名字都在上头，他们都是一朵雪花，共同构成一个火炬。以往的（主）火炬都是自己的文化，自己设计就好了。只有我们这个火炬，是由全世界的名字构建起来，融会在一起的，这是唯一的一次，是最不同凡响的。第二个就是微火的火，最后一棒不再是'点'，它不再去'点'什么，最后传递过来的一棒，就是火炬，就是把它放上去，它就是（主）火炬。这个理念是怎么出来的？我看过大量的过去的奥运会（开幕式），我一直看到它是一个巨大的熊熊燃烧的火炬。它基本是燃烧十几天。我一直这样想，这是人类精神、奥运精神的一个象征，但是它是不是不够环保、不够低碳？我们中国很想体现一个低碳环保的奥运会，能不能在这里面做文章？其实这是很大胆的。就是微火的火炬，从来没有。全世界都看到了小小的一个火苗，再也没有重现以往的'砰'的点一个熊熊大火。也是100多年的奥运你没有看到过，是一个创纪录的瞬间。无论你喜欢它不喜欢它，它传递的理念是如此的清晰。火炬是'全世界'，点火是'低碳环保'。它会成为奥运会历史上一个经典的瞬间，以后的奥运会，如果要说想做一次低碳环保的微火，请参照北京冬奥。"

开幕式使用氢燃料点燃冬奥赛场主火炬,同时也舍弃大场面,火炬虽小,亦可燃亮世界。以"不点火"代替"点燃",以"微火"取代巨大的、熊熊燃烧的大火,向世界传递低碳、环保的绿色奥运理念。

冬奥会开幕式从一开始就打上了鲜明的中国烙印,展现了新时代的青年风貌。通过开幕式这扇窗口,我们感受到新时代中国的大国精神。接下来我们就从大国风貌走进开幕式吧。

三、千年华夏,再现大国风貌

——一面国旗

一百多位普通人,有五十六个民族的代表,有各行各业的代表,还有英模、楷模,代表着全体人民,手手相传,五星红旗在一传一递的交接之间,彼此守护。从希望(最初的少年)传出,由脊梁(中间的人民代表)传承,最后由守卫者(国旗班)捍卫。国旗的传递是责任的传递,也是中国梦想、爱国情怀的层层接力。它象征着中国梦想腾飞的责任在每一位中国人手中,更象征着五十六个民族一家亲,爱国情怀心连心的寓意。

——一行泪

"为什么我的眼里常含泪水,因为我对这土地爱得深沉!"

开幕式上,一位解放军战士在升国旗行注目礼时情不自禁地流泪,这样的瞬间令人动容。"所有的骄傲与热爱化作一行热泪",北京冬奥盛会带来了炽热的情感互动,也催生了持久的精神力量。

相信大家一定看到过"掉队的小鸽子"这张图,最后,我们就来了解一下"掉队的小鸽子"背后的故事。

四、携手同行,蕴藉家国情怀

——一只"掉队的小鸽子"

"灵感来自彩排时的一个真实事件,因为鸟巢的场地特别大,有一次,北京市海淀区实验小学四年级学生徐书元在彩排时忽然找不到自己在桃心小尖尖的位置了。她当时特别着急,在人群中找到了一位姐姐,小鸽子姐姐把她牵到了队伍里。这一起温馨的插曲触动了我,于是我把这一幕编入了正式演出。"(分场导演:田湉)

"我虽然掉队了,但有小姐姐帮我找到了回家的路,我感到非常温暖。希望天下所有掉队的'小鸽子'都能找到回家的路。"(小鸽子表演者:徐书元)

掉队的小鸽子展现出小朋友的浪漫、天真、友爱,旨在弘扬奥运团队团结友爱、一起向未来的精神。"一个(鸽)也不能少",表达了对实现祖国统一的期盼。

一座北京城,两圆奥运梦,三区晴雪盼,四面八方朋,五环聚健儿,六祝赛功成,七项激战酣,八方捷报声,九门同期盼,十方和平钟。北京作为世界上唯一的"双奥之城",再度见证中华文明与奥运精神交汇相融,充分向世界展示了中华之盛世!

从各美其美到美美与共,北京冬奥会开幕式把"你""我"汇聚成了"我们","世界大同,天下一家",为推动构建人类命运共同体注入了强大动力。每个人都能感受到中国深厚的文化底蕴,看见中国的大国风范,见证新时代中国的发展进步和精神风貌。从这里出发,每个平凡的人都将更加充满信心,中国也将更加笃定地走向伟大复兴。

（课堂汇报小组简介：洪湘湘，女，2020级汉语言文学专业学生。寄语："雪映晴空，漫天竞芳华；光耀神州，大地皆春色。"在奔赴这场冰雪之约中，我看到了独具匠心的设计——既有文化底蕴又有科技含量，简约但不简单，充分展示了文化自信和大国情怀。从这里出发，我们将一起向着更好的未来前进！团队其他成员：佘诗静、何秋雨、武裕华）

☞【思考题】

1. 思想政治理论课与思想政治理论课社会实践有什么关系？
2. 大学生参加思想政治理论课社会实践有什么作用？
3. 大学生参加思想政治理论课社会实践应坚持哪些原则？

☞【参考文献】

[1] 陈万柏，张耀灿. 思想政治教育学原理 [M]. 3版. 北京：高等教育出版社，2015.

[2] 郭健彪，等. 新时代　新福建　新青年：大学生思想政治理论课社会实践指南 [M]. 厦门：厦门大学出版社，2019.

[3] 马克思，恩格斯. 马克思恩格斯选集：第一卷 [M]. 北京：人民出版社，1995.

[4] 毛泽东. 毛泽东选集：第一卷 [M]. 北京：人民出版社，1991.

[5] 习近平. 在哲学社会科学工作座谈会上的讲话 [M]. 北京：人民出版社，2016.

[6] 习近平. 在纪念马克思诞辰200周年大会上的讲话 [N]. 人民日报，2018-05-05.

[7] 习近平. 用新时代中国特色社会主义思想铸魂育人，贯彻党的教育方针落实立德树人根本任务 [N]. 人民日报，2019-03-19.

[8] 徐光春. 马克思主义大辞典：纪念版 [M]. 武汉：崇文书局，2018.

第二章 思想政治理论课社会实践的调查方法

  没有调查，没有发言权……调查就像"十月怀胎"，解决问题就像"一朝分娩"。调查就是解决问题。
——毛泽东

  智术之士，必远见而明察，不明察不能烛私。
——韩非子

  社会调查作为人们认识社会、了解社会和改造社会的一种重要方法，在社会研究中发挥着日益重要的作用。习近平总书记指出，调查研究是谋事之基、成事之道。没有调查，就没有发言权，更没有决策权。正确的决策离不开调查研究，正确的贯彻落实同样也离不开调查研究。做好调查研究是我们党的传家宝，同时也是我们做好各项工作的基本功。大学生作为社会主义事业的建设者和接班人，不仅要学习科学理论知识，提升理论思维和文化素养，同时也要通过社会实践，把对理论知识的掌握与应用理论知识分析现实问题、解决实际问题结合起来，提升自身的综合素质和能力。那么，如何科学有效地开展思想政治理论课社会调查呢？这就需要首先对社会调查的概念、作用、类型以及步骤有一个基本的了解与掌握。

  调查研究是谋事之基、成事之道。没有调查，就没有发言权，更没有决策权。研究、思考、确定全面深化改革的思路和重大举措，刻舟求剑不行，闭门造车不行，异想天开更不行，必须进行全面深入的调查研究。

——2013年7月23日，习近平在武汉召开部分省市负责人座谈会时强调

  我说过，调查研究是谋事之基、成事之道，没有调查就没有发言权，没有调查就没有决策权。调查研究是我们做好工作的基本功。党的十九大明确了坚持和发展新时代中国特色社会主义的大政方针，作出了一系列重大工作部署，提出了一系列重大举措，关键是抓好贯彻落实。正确的决策离不开调查研究，正确的贯彻落实同样也离不开调查研究。

——2017年10月25日，习近平在党的十九届一中全会上的讲话

第一节 社会调查的概念

一、关于社会调查的现有认识

（一）人们对社会调查的认识存在分歧

当前，人们对于何为社会调查存在认识上的差异。不仅普通大众与专业研究者对于该术语的认识有分歧，而且即使对专业人士而言，其认识也存在差异。风笑天等学者研究指出，综合而言，国内外学者在"社会调查"这一概念上的认识差异主要体现在三个方面：一是名称上的差异，二是具体定义上的差异，三是知识体系上的差异。张晓丹等学者也研究指出，大学生对社会调查的认识也存在误区，"对于什么是真正的社会调查，通过对学生的提问，发现大多数学生对此概念都没有一个清晰的解释，答案五花八门，模棱两可。有的认为社会调查就是人们认识社会的一种实践活动，有的认为社会调查是一种资料收集方法，有的认为只要是在社会中了解情况的各种不同形式的活动都叫社会调查，还有的认为社会调查就是收集资料、分析资料的整个过程，等等。总而言之，社会调查的概念无论是在外延上还是内涵上，都很不一致，很不统一"。还有学者指出，社会调查应包括两个相互联系的内容，从调查而言，主要是通过对社会现象的考察、计算来了解社会事实的一种感性认识活动；从研究而言，主要是通过对考察、了解的客观现象进行推求和思维加工的一种理性认识活动。再有学者指出，社会调查实质是指社会调查研究，其含义应该是人们从研究目的出发，借助系统全面地搜集和采集到的有关研究对象的总体资料，进行科学的归纳分析，以达到对某一种社会现象正确认识的活动。由此可见，当前人们对于什么是社会调查仍然存在多样性的理解。

（二）存在分歧的原因

一是认识层面的原因。不同学者，从不同立场、不同视角出发，对社会调查的理解和认识存在一定程度上的差异。二是实践层面的原因。目前各高校在开展大学生社会调查时，一般采取两种形式：一是有组织的结构化的调查，二是个体式非结构化调查。前一种从形式上而言，较为规范，但由于时间、安全等因素限制，调查效果并不理想；而后一种虽然在时间和内容上更为灵活，但缺乏监督和管理，容易导致一些学生弄虚作假，并未真正开展社会调查。之所以在实践中会出现上述问题，是因为两方面原因：一是从高校而言，没有将社会调查作为学生培养的重要内容，或者有规定，但没有真正落地；二是一些学生对什么是社会调查、怎么开展社会调查没有深入的理解，加之学校也没有非常严格要求，所以其不仅不懂如何科学开展，而且也不愿开展。

☞ 【推荐阅读】

在社会大课堂中增长才干
——关于军校学员开展假期社会实践调查活动的话题

主持人王志祥语： 怎样让学员度过一个愉快而有意义的寒假，是值得各级领导重视的问题。多年来，石家庄陆军指挥学院从强化学员思想素质这一目的出发，利用寒假的机会，组织学员走向社会开展实践调查活动，以此作为正课教学的延伸和拓展。其做法值得仿效。

话题背景： 寒假前夕，石家庄陆院官兵就该不该组织学员进行假期社会实践调查的问题，展开了一场讨论。请听官兵们如是说。

莫让"浮云"遮望眼

吴树忠（学员）： 利用假期搞一些社会实践调查活动，本身是件好事。值得注意的是，在实践调查过程中与社会阴暗面接触多了，对于同学们很可能会造成负面影响。

崔莹然（学员）： 青年学员思想活跃，接受新事物快，置身地方环境期间无疑面临着严峻的考验。所以，应尽可能到政治、文化氛围相对较好的地方去搞社会调查。

编者感言： 在社会变革和各种思潮影响下，军校学员的思想道德素质也呈现出多样性。这种多样性是向着有利于人才培养的方向发展，还是向着相反的消极方向发展，主要取决于对学员的正确教育和引导。

不可"因噎废食"

邱鹏飞（学员）： 我认为，利用寒假搞社会实践调查活动是非常有意义的事情。它不仅丰富了假日生活，而且对于我们了解社会、增长阅历等都很有帮助。诚然，在社会调查中可能会遇到各种问题，但只要我们有较强的明辨是非的能力，是完全能够学到丰富知识的。

杨进刚（干事）： 学院组织的社会实践调查活动，是以弘扬正气、歌颂时代进步等为主题，便于大家开阔视野、活跃思想和提高素质。至于调查过程中遇到的不和谐的"音符"，只要站在全局的角度去观察分析，就不会受到负面影响。

编者感言： "南京路上好八连"官兵身处繁华闹市，几十年艰苦奋斗、一尘不染的光荣传统薪尽火传，就是因为官兵始终保持坚定的政治信念。由此可见，社会调查的结果怎么样，关键看自身。如果因可能接触"阴暗面"就放弃了实践活动，岂不是"因噎废食"？

社会"淬火"大有益

王镇（大队政委）： 我们大队每年都对学员寒假社会实践调查活动早做动员，早安排部署。新学期开学后，适时采取座谈会、演讲会、征文展评等形式，让学员谈认识、讲体会，互相交流，进一步拓展社会实践调查效果。实践证明，这对学员增长见识和才干不无裨益。

乔万军（政治部主任）：利用寒假开展社会实践调查活动，是军校思想政治教育的一项重要内容。近年来，我们相继利用寒暑假组织开展"法在我身边""我看家乡新变化"等社会实践活动，使学员在社会大课堂接受教育，锻炼成长，对于深化学员自我学习教育，起到了良好作用。

编者感言：育人先"育魂"。组织学员开展社会实践调查活动，对于打牢青年学员的思想道德基础，激发为全面建设小康社会和推进中国特色军事变革做贡献的内在动力，必然会产生积极影响。

（资料来源：《解放军报》，2004年1月19日，作者：任时文、刘是可）

二、社会调查的定义和特征

（一）社会调查的定义

由于人们对社会调查的认识存在一定分歧，因此，给社会调查下一个标准的定义存在一定的困难。但综合起来，从人们的不同认识中寻找出共同的内容，则可以作为一般性概念的基础要素。比如，有学者认为，"社会调查指的是一种采用自填式问卷或结构式访问的方法，系统地、直接地从一个取自总体的样本那里收集量化资料，并通过对这些资料的统计分析来认识社会现象及其规律的社会研究方式"。还有学者认为，调查研究具体说来，就是通过向被访者询问问题来搜集资料，然后对资料进行统计分析的社会研究方法。再有学者认为，所谓社会调查，就是人们为达到一定目的，有意识地通过对社会现象的考察、了解和分析、研究，来了解社会真实情况的一种自觉认识活动。还有学者从各自视角对社会调查给出了界定。虽然学者们关于社会调查的界定存在一定的差异，但总体而言，关于何为社会调查，从一般意义而言，学者们的强调点具有一致性，比如社会调查是一种研究活动，具有一定的目的，需要采用一定的方法等。因此，我们可以这样来理解何为社会调查，所谓社会调查，就是一定的调查主体采用一定的调查方法，对一定的调查客体进行调查，并产生一定的关于调查客体的认识成果。

（二）社会调查的特征

基于不同角度的定义，社会调查的特征也具有一定的差异性，但概括而言，社会调查至少具有如下特征。

1. 客体具有特殊性。社会调查的客体是社会现象，而非自然现象，是研究社会，而非个人。

2. 开展具有程序性。社会调查是有目的性的、有规律性的高度组织化、结构化的活动。它和日常生活中的观察有本质区别，人们在日常生活中也会遇到或进行一些社会现象或问题的调查，但这样的活动一般都是自发的、盲目的、被动的，而社会调查从一开始就是被设计出来，具有一定目的和意义的，并且随着社会调查活动的不断深入，人们对于社会调查的认识和运用具有更加深刻的理解，由此，社会调查成了有内在规律的科学活动。

3. 研究方式具有专门性。社会调查主要采用自填式问卷和结构式访问两种方式收集资料，其调查亦是专指抽样调查而非普查，其收集的是一手资料而非二手资料。在对收集到的资料进行处理时，强调定量化与统计分析方法的运用。

4. 作用发挥具有独立性。社会调查不仅仅只是简单的资料收集，还包括对收集到的资料的统计分析，甚至包括对基于社会调查而产生的对策应用领域。因此，其可以作为独立的工具完成特定问题的研究。所以，从某种意义上可以这样认为，社会调查实际是社会调查研究理论、方法及应用的简称。

☞ 【推荐阅读】

调查研究要讲求"三字诀"

调查研究是做好工作的基础，是把举措落实好、工作推动好的有力保障。作为党员干部，在调查研究中要坚持深入一线，在行动中求实，在研析问题时求细，通过一线调研直击问题现场、深挖问题本质、收集全面素材，在调查研究中找准解决问题的途径，找到提升工作成效的方式方法，及时回应群众的所思所想所盼，提升工作质效。

调查研究要讲求"实"字，在贴近群众中知民意。调查研究是党员干部了解群众生活情况、民情民意的有效途径，在调查研究中能够走近群众、了解民生，拉近党群之间的距离，增强党员干部与群众的血肉联系。调查研究的"实"在于求真务实，有"一竿子插到底"的精神，到群众劳动的田间、工作的车间、生活的屋舍、围坐的炕头和群众一起劳动、聊天谈心、拉拉家常，直面群众所面对的难题，聆听群众的批评与建议，把最真实的情况、群众的心声记录下来。围绕民意的反馈与收集，梳理问题与情况，掌握解决问题的方法和路径。党员干部要走好群众路线，坚持从群众中来、到群众中去，用双脚去走访、用真心去感知、用慧眼去观察，做群众的"贴心人"。

调查研究要讲求"解"字，在剖析问题中知根源。按图索骥是解决问题的方法，在对待问题时要由表及里、从浅入深，逐渐看清问题的本质和关键，有序有力地解决问题。"解"有两个方面：一个是"了解"，知道问题是什么才能知道怎么办，因此，对问题的多渠道、各方面了解的阶段十分重要，这是找准找实问题症结的紧要环节，党员干部要下足功夫，通过意见征集、实地走访、问卷调查、开展座谈、查阅台账等方式了解问题的全貌，用好"放大镜"和"聚焦镜"；一个是"解决"，要树立问题导向，从问题的性质入手，逐层深入，在细致地分析问题中"把脉问诊"，把问题解决好。

调查研究要讲求"改"字，在加强整改中强实效。调查研究要身沉心至，将存在的问题尽数摸排出来，将问题按照类别分类归档，以解决问题为目标，将问题意识贯穿于调查研究的始终。党员干部要强化责任意识，抓好问题的整改落实，让"改"字见真章，结合问题实际制定出详尽可行的工作方案，确定工作时限、整合有效资源，把调研的成果用在解决问题上，把问题抓牢在手，将责任扛起在肩，做到即知即改、立行立改，及时回应调研过程中发现的各类问题，让问题的解决成为工作的推力，及时回应民生关切，让群众的期待成为现实。

（资料来源：光明网，网址：https://difang.gmw.cn/2022-03/10/content_355755

32.htm，2022 年 3 月 10 日)

材料中提出的调查研究要把握的"实""解""改"三字诀对于我们更好地认识和了解如何开展社会调查，提供了很好的遵循原则。调查研究，是因事而调、因时而调、因势而调，是目的性极强的社会实践活动，要通过了解真实情况，明确现实问题和症结所在，并解决问题。而要做到了解实情、明确问题、解决困难，每一个步骤和环节都需要有科学的计划和安排，这就需要我们在认识上首先明确社会调查最一般的含义、特征及其规律。

三、思想政治理论课社会调查的概念和特点

（一）思想政治理论课社会调查的概念

社会调查是思想政治理论课社会实践最常采用的实践方式之一。通过社会调查，大学生不仅可以把课堂中学到的理论知识与社会实际问题结合起来，做到学以致用，同时更能让大学生在社会实践中通过自身的体悟，提升认识世界、分析现象、解决问题的能力。有学者指出，思想政治理论课社会调查活动实质是教学模式的一种，是人才培养的重要途径，是以提高大学生思想政治素质和观察分析社会现象的能力为目标，在教师的组织和指导下，依据思想政治理论课的课程内容要求，引导大学生利用课余时间特别是寒暑假，走出课堂，到基层开展形式多样的社会调查活动并形成调研成果的一种实践教学模式。由此可以看出，思想政治理论课社会调查应当作为人才培养的重要有机组成部分，发挥其应有的功能和作用。

（二）思想政治理论课社会调查的特点

思想政治理论课社会调查与一般社会调查应当是个性与共性、特殊性与一般性的关系，前者从属于后者。因此，二者的特点是一致的。同时，思想政治理论课社会调查又具有自身的个性，主要表现如下：第一，主体的特殊性。其主体不是指所有参与社会调查的人，而是专门指修读思想政治理论课的大学生，因此，他们有着大学生所独有的特点，不论是在学习的热情上，还是在思想文化素养上，他们均与其他主体有不少差别。第二，客体的特殊性。由于其主体是在校大学生，因此，受主体能力、精力、注意力等方面的限制或偏好，其开展调查的客体，不论是在具体对象的选择上还是在范围上都有一定的特殊性，一般是在学校及校区附近，或者是在自己的家乡及较为熟悉的地方。有学者强调指出，按照思想政治理论课社会调查的目标要求，大学生思想政治理论课社会调查必须围绕课程内容进行选题，不能随意选取。因此，受主体因素的限制，以及活动规则的设定，思想政治理论课社会调查在客体上更为特殊。第三，目标的特殊性。一般的社会调查主要目的是对社会现象或问题进行描述、解释，并提出一定的解决对策。而思想政治理论课社会调查的目的虽然也包含以上的内容，但其设计的初衷并不在于此，而是为了提高学生的政治素养和观察分析社会的能力，特别是为了使学生能把课堂理论知识运用于社会实践中，能够理论联系实际、学以致用。因此，思想政治理论课社会调查实质是采取社会调查方式的人才培养活动。

第二节 社会调查的作用

社会调查是科学研究的基本方法,是人们认识社会、改造世界、参与社会生产生活的重要实践形式。其在马克思主义形成和发展过程中发挥了重要的作用。

一、对社会调查作用的认识

社会调查的作用回答的是为什么的问题,即为什么要开展社会调查,或者开展社会调查可以做什么。风笑天等学者从社会调查的目的出发,提出社会调查的作用主要体现在三个方面,分别是描述状况、解释原因和预测未来。从描述状况来看,虽然有人认为描述状况缺乏含金量,但它却是任何科学研究的起点,是人们深入研究问题的基础。从解释原因来看,社会研究者所关心的两类基本的研究问题是"发生了什么"以及"为什么会发生",描述状况所要回答的就是"发生了什么""是什么""怎么样"之类的问题,而社会调查的第二个作用——解释社会现象背后的原因,则是为了回答"为什么会发生"或"为什么是这样"的问题。社会调查所具有的解释原因的作用比描述状况更深入,这使得它能够被广泛地用于探讨不同社会现象之间的关系,探讨一些社会现象、社会问题发生的原因和机制。而随着社会统计分析方法和数据挖掘技术的提升和完善,社会调查在解释原因方面的作用将越来越强。但需要注意的是,在研究中,可能会存在一些选择性的解释,致使研究失去其应有的价值。从预测未来来看,在对某一社会现象做出状况描述和深入解释原因的基础上,社会调查还可以对社会现象进行一定的预测。这三大作用在学界的认可度比较高,但除此之外,也有其他学者提出另外的一些功能。比如,有学者从社会调查的任务、社会调查的社会功能方面进行了探索,认为社会调查的任务包括至少三个方面,分别是认识功能、揭示功能和探索功能。具体而言,社会调查透过带有实践性、目的性、变动性、复杂性、偶然性和模糊性的社会现象,去认识社会生活的真实情况和因果联系,揭示社会现象的本质及发展规律,寻求改造旧社会、建设新社会的道路或方法。而从社会调查的社会功能来看,包括五个方面:一是识世之途,二是善政之基,三是成才之道,四是悟人之术,五是正风之策。尽管学界关于社会调查作用的认识存在差异,但从一般意义而言,社会调查至少具有以下三个方面的作用。

(一)获得认识

调查研究的过程,既是了解真实情况的过程,又是概念、判断、推理形成的过程。人们要深入认识一种社会现象,必须以社会调查为基础,并在实践基础上反复调查研究,才能逐渐接近社会真实,摸清楚一个社会现象究竟"是什么",从而得到关于事物本质及其规律性的认识。对社会现象或社会问题的科学认识,是进行科学研究的基础和前提,因此,描述状况其实已经是在获得真理。

(二) 检验真理

在获得认识后，对于认识的正确与否，还需要通过多次实践予以检验，也就是说，社会调查不仅是获得认识的方法和途径，同时也是检验获得认识真理性的途径。尽管不同的主体通过不同的社会调查可能会获得有差异的认识，但究竟何种认识才是科学的认识，不能通过认识本身，也不能通过某种先天或后天的强制力而获得识别，从马克思辩证唯物主义和历史唯物主义立场出发，认识的真理性只能通过实践来验证，通过人类的整个实践史来验证。所以社会调查不仅是在解决是什么的本体性问题，还在解决是不是这样的认识论问题。

(三) 创造价值

社会调查不仅是知道"是什么"，以及"究竟是不是这样"，更为重要的是，要在此基础上，回答"为什么"，进而解决"怎么样""怎么办"的问题，这些问题实质是要实现价值创造。马克思曾深刻地指出："哲学家们只是用不同的方式解释世界，而问题在于改变世界。"经过对社会现象的初步描述，人们可以获得某种真理性的认识，但人类获得认识并不是其根本目的，按照马克思主义的主张，更为重要的是要改变世界，而改变世界实质是在按照人类的需要创造某种特定的价值。所以，社会调查不仅是记录和反映社会现实，还要解释社会现象的本质、社会现象之间的关系，进而指导人们创造某种价值。从这个意义上来说，创造价值其实就是按照社会调查的依据，对现实环境进行反映，不仅是对当下环境的反映，更有关于未来的准备。

【推荐阅读】

调查报告及其作用

调查报告是常见的事务性文书。在生活中人们需要不断了解新情况，总结新经验，解决新问题，开创新局面，经常需要写调查报告。调查报告是对社会生活中客观事物或问题进行调查研究之后，将调查研究的结果写成的书面报告。那么调查报告有哪些作用呢？

一、提供信息，提供依据。特别是各级领导机关对工作的决策和指导，必须以高质量的信息为参考，以确凿的事实为依据，否则难以保证决策的科学性和指导的正确性。具有典型意义的调查报告，可为领导机关提供高质量的信息。

二、传播新经验，扶植新事物。在日新月异的快节奏的社会中，各种新事物、新问题、新经验、新成果不断涌现。要促进工作更好开展，推动社会的进步，就要注意研究新问题，总结新经验，推广新成果，扶植新事物。调查报告通过介绍典型，总结经验，揭示新生事物的内在规律，就能造成重要的社会舆论，起到传播新经验、扶植新事物的作用。

三、培养求实、务实的精神，端正社会风气。调查是领导者和管理者的一项基本功，没有调查就没有发言权。写调查报告能促使人们深入调查研究，了解国情、民情以及地区等实际情况，把党和国家的路线、方针、政策同实际情况结合起来，养成实事求是、理论联系实际的优良作风。同时，调查报告通过揭露社会生活中的丑恶现象和不良现象，可以起到端正社会风气、引导教育广大人民群众的作用。

（资料来源：百家号，网址：https://baijiahao.baidu.com/s?id=17005189987786465 81&wfr=spider&for=pc）

二、思想政治理论课社会调查的作用

思想政治理论课社会调查是高校开展思想政治教育的重要形式，除了具有一般社会调查获得认识、检验真理、创造价值的作用外，其还具有自己独特的作用。

第一，是思想政治理论课教学工作的重要有机组成部分。通过社会调查活动的开展，学生可以将课堂上学到的理论知识与社会实际问题结合起来，做到用马克思主义的立场、观点和方法认识问题、分析问题和解决问题。特别是可以将理论与实际结合起来，实现学思践悟的统一。

第二，可以帮助学生更好认识自身、认识社会，从而树立起科学的世界观、正确的人生观和价值观。大学阶段的学习与大学前教育有重要区别，需要学生更多地发挥主观能动性，提高自主学习能力，特别是建立起问题意识和批判性思维。习近平总书记指出，思政课是落实立德树人根本任务的关键课程，而社会调查作为思政课的重要有机组成部分，其目标导向、价值导向更为突出，所以它不同于一般意义上的简单的科学研究，而是培养人、塑造人的活动。

第三，可以使学生得到更加全面的培养，提升逻辑思维、文字表达等综合能力。学生通过社会调查，不仅可以将所学的理论知识与实际问题结合起来，同时，在经历调查设计、实施、总结、反思等过程后，其分析问题的能力、系统性思维的能力等均会有所提高。更为重要的是，通过调查报告的撰写，学生的文字表达能力得到锻炼，为今后的毕业论文写作或从事科学研究工作奠定一定的基础。

第四，可以使学生更多、更直接地接触真实社会，了解社会现象，理解社会问题，为今后步入社会开始工作和生活打下一定基础。当代大学生多数生活条件较为优越，其对社会的认知比较表面，对社会问题的理解容易限于片面，并且随大流、赶潮流的行为居多，要让学生尽早建立起独立思考的意识和能力，对其今后的生活和发展具有重要意义。而社会调查作为学校理论教学的重要补充，可以充分发挥学生的积极性、主动性和能动性，通过切身调查、亲身体验，得到自己的独立判断，由此不仅提高学生的独立能力，更为其融入社会创造条件。

总体而言，虽然当前思想政治理论课社会调查的执行效果还有提高的空间，但其作为人才培养的重要有机组成部分，对于提高大学生的综合素质和能力，为党和国家培养出更多创新型人才发挥着不可低估的作用。

☞【推荐阅读】

回顾大学四年我最遗憾的事

前些天，随着毕业论文答辩、档案转调、毕业生登记以及派遣等一系列工作的完成,我已经处于等毕业证和学位证的准毕业状态,尽管已经保研,但是我依旧对自己的大学生活不甚满意。回顾大学四年,我总是有诸多遗憾,总结自己的经验,有以下几点,以供学弟学妹们参考:

1. 要勤于思考。大学最锻炼人的大概就是思考能力了吧,可惜我在大学最后一年才明白,以前总是听学姐学长们说要多读书,可是却不知道读什么书。其实读什么书不是最重要的,最重要的是锻炼自己的思考能力、判断能力,有自己独特的视角和见解。你为什么是你?你为什么能够在众人之间脱颖而出,是因为你有一技之长或者有独特的见解。这需要你思考,思考社会现状、思考学界大家是怎样思考的,思考你自己对某件事的观点。不要只是看书不思考,这是另一种偷懒的行为。诚然,看书多,意味着你知道的多,但是却不意味着你有足够的思考能力。当你有足够的思考能力,意味着你将会知道你需要知道哪个领域内的知识,知道需要涉及哪些领域的书籍。思考,是社会未来人才最需要的能力。

2. 有一技之长。一技之长并不只是高端的乐器,还可以是打羽毛球、会简单的PS、会摄影、喜欢跑步等,这可以是兴趣,但是最好超过一般人。这意味着你对某个领域知道的多,会给别人比较好的建议,能够更好地跟别人打成一片。人都有慕强心理,当你在哪一方面比较突出,就会在别人心中占有一定的地位,自然对大学里的交际往来比较有利。

3. 要多主动。要多主动去了解别人、了解社会,不要等着别人来了解你,在人际关系往来中,最忌讳的就是双方都是矜持、内向的人,这意味着双方都不会主动踏出第一步,没有交集,哪来的友谊呢?当然,主动也要有度,不要越界关心别人。人与人之间是有安全距离的,当你在还不熟悉对方的时候太过关心对方,就会侵占对方的安全空间,造成双方都不太舒服的局面。最好的距离就是主动又不过度。

4. 多去实习。多去社会上实习,可以开阔眼界,了解自己生活的环境。其实大二的暑假寒假就可以开始实习了,可以投离家近的小公司等,让自己的假期更加充实,说不定还能赚到生活费。这是大学生了解社会的途径之一。个人认为,最好投一些可以学到知识的岗位,不要去奶茶店、饭店等这些重复、无聊又学不到什么东西的地方,多去看看社会,实习毕竟和旅游不同。

(资料来源:百家号,网址:https://baijiahao.baidu.com/s? id=16696 541792908 28864&wfr=spider&for=pc)

第三节 社会调查的类型

一、关于社会调查的分类

社会调查作为一种系统的、科学的认识活动,并不是从来就有的,而是随着人类社会发展到一定时期才出现的产物，并且在不同时代、不同国家和社会，其表现形式也具有一定的差异性。当前中国社会正处于大转型大调整时期，新现象、新业态、新事物层出不穷，与此同时，各类新思潮、新问题等也呈井喷式爆发，要对这些新事物、新现象、新问题做出科学的认识，并采取积极的应对之策，需要人们掌握科学的社会调查研究方法。综合来看，学者们从不同的角度，根据不同的标准，将社会调查划分为多种类型。有学者以调查对象的范围、社会调查的应用领域、社会调查的历史或内涵等对社会调查进行分类（风笑天），还有学者从调查目的、调查对象范围、时间维度等对社会调查进行分类（江立华），再有学者主张按调查对象的范围、调查目的、执行方式、时间维度、应用领域对社会调查进行分类（郝大海）。虽然，学者们各有不同的分类主见，但许多方面存在交叉重叠，这也在一定程度上说明对于社会调查的类型认知，存在许多共性可以把握。概括而言，社会调查至少可以有以下几种分类。

（一）按时间或内涵分类

学者一般按时间维度将社会调查分为传统和现代两种类型，传统在先、现代在后。风笑天认为，除此之外，也可以从内涵的维度来理解传统和现代的划分，按时间和按内涵，其分类结果虽然在名称上一致，但关注点有别。从时间进行的划分，单纯是从时间先后上划分，而从内涵划分，则是对社会调查范式的比对。不论是从时间还是从内涵出发，对社会调查进行分类都具有其合理性。一般而言，社会调查的传统、现代分类有如下内涵。

1. 传统的社会调查。从客体来看，传统的社会调查以典型调查和个案调查为主，通常选取少数几个个案或典型作为调查对象。从客体选取方式来看，主要靠研究者的主观分析和判断，带有一定程度的主观性、随意性或刻意性。从调查方式来看，其多采取无结构的自由访问、座谈会等方式，诸如以主观的、思辨的、领悟的和归纳分析等定性分析的方法来研究调查对象。

2. 现代的社会调查。与传统的社会调查相比，现代的社会调查在客体选择上更强调规则性，所选的样本需要依据某种客观的规则或程序产生，并且在具体调查方式上，基本采取以封闭式问题为主的自填式问卷或者结构式访问的方式，而在资料分析与处理上也强调依靠客观的、实证的、统计的和演绎的定量分析方法来研究调查对象。

☞【拓展阅读】

古代社会怎样搞调查？登民数，书土田，度山林

《禹贡》是古代较早的山水调查结晶，其最早提出"九州"说。宋人根据《禹贡》绘制《禹贡九州山川之图》。

中国古代社会调查，是指中国奴隶社会和封建社会的社会调查，包括夏、商、周、秦、汉、隋、唐、宋、元、明，直至清朝前期的社会调查。

古代都有哪些类型的社会调查

古代社会调查的类型，是随着社会调查目的、需求的发展而不断扩展的，它们的调查主体、社会功能也是多种多样、不断扩展的。

行政型社会调查。其调查者主要是统治阶级的官吏，其主要目的是收缴贡赋、征集兵员、派使徭役，管理国家和巩固统治，同时服务社会。例如，殷商甲骨文、金文中关于"登人"和战争的记载，春秋战国的上计制度和"初税亩"，秦的"初令男子书年"和"使黔首自实田"，汉的"编户齐民"和"度田"，隋的"输籍之法"，唐的丈量土地和《国计簿》，宋的"丁产簿""结甲册""鱼鳞册"，元的"诸色户计"和户籍清理，明的户帖和黄册制度，清的"摊丁入亩"和赋役簿册等。行政型社会调查的社会功能，主要是统治阶级管理国家、治理社会、统治和剥削人民的重要工具。

改革型社会调查。其调查者主要是社会改革家，其主要目的是揭露时弊、剖析病因、提出方案、推动变革、破旧立新。例如，周公旦的"明德慎罚"和"敬德保民"，管仲的"明法审数"和"八观"，孙武的"知彼知己者，百战不殆"，商鞅的"强国知十三数"，秦的郡县制改革和车同轨、书同文，汉的文景之治和光武中兴，北魏孝文帝的汉化改革，唐的贞观之治和两税法，宋的庆历新政和熙宁变法，辽的"因俗而治"和一朝两制，元的治汉地、行汉法，明的张居正改革和"一条鞭法"，以及清的洋务运动等。改革型社会调查的社会功能，主要是社会改革家探究社会病因、提出改革方案、推行社会变革的有力武器。

学术型社会调查。其调查者主要是各类学者，其主要目的是广泛搜集资料、开展学术研究，形成新观点、新学问。例如，先秦的《山海经》，孙武的《孙子兵法》，司马迁的《史记》，班固的《汉书》，李时珍的《本草纲目》，徐光启的《农政全书》，宋应星的《天工开物》，黄宗羲的《明夷待访录》，魏源的《海国图志》等。学术型社会调查的社会功能，主要是学问家、思想家搜集社会信息，研究社会现实，形成新观点、新理论的基本方法。

文艺型社会调查。其调查者主要是文学家、艺术家、诗词作者等，其主要目的是体察社情民意、深刻反映现实、创作新作品、塑造新人性。例如，先秦的《诗经》《离骚》《九歌》，"建安七子"的《洛神赋》《饮马长城窟行》《七哀诗·西京乱无象》，陶渊明的《归园田居》，明清的《三国演义》《水浒传》《西游记》《金瓶梅》，冯梦龙的"三言"，曹雪芹的《红楼梦》，蒲松龄的《聊斋志异》，吴敬梓的《儒林外史》等。文艺型社会调查的社会功能，主要是文学家、艺术家体察社情民意、创作精神佳品的重要途径。

应用型社会调查。其调查者主要是除上述几类调查主体之外各行各业的翘楚，其主要目的是把握社会需求、服务广大受众，开拓新业务、创造新局面。例如，秦的《封诊式》中记载的司法调查，刘晏的商情调查和经济调查，郑和的《郑和航海图》，徐弘祖的《徐霞客游记》，以及清的《康熙皇舆全览图》和《乾隆内府舆图》等。应用型社会调查的社会功能，主要是各行各业翘楚满足社会需求，搞好自身业务，更好服务社会的有效手段。

古代社会调查都调查些什么

先出现人口调查，后出现土地调查。中国进入奴隶社会后，由于需要征集兵员抵御外侮或对外扩张，因而早在夏商时期就出现了对于"登人"的调查。这说明，人口调查早于土地调查。就人口调查而言，由于征集兵员、派使徭役只需要掌握丁（成年男子）

口数，因而丁口调查又早于全面的人口调查，直至西周"及大比，登民数，自生齿以上，登于天府"（《周礼·秋官司寇第五·小司寇》），仍不是全面的人口调查。就土地调查而言，山水调查早于田亩调查。因为，上古时代水患频繁，它涉及部族的兴衰存亡，因而就出现了勘察山脉、水系及其走向的大规模山水调查，《山海经》《禹贡》等就是古代山水调查的结晶。至于田亩调查，由于早期华夏地广人稀，想耕种多少地就耕种多少地，根本不存在田亩调查的客观需要，直到春秋时期的楚国才出现"书土田，度山林，鸠薮泽，辨京陵"（《左传·鲁襄公二十五年》）的记载。

先重人丁、户口调查，后重田亩、财产调查。赋役，是赋、税和兵、役的合称。赋税，是统治者为管理国家、维护统治而强制征收的田赋和捐税，一般包括以人丁为依据的人头税（即丁税），以户为依据的财产税（即调），以田亩为依据的土地税（即田租），以及各种各样的苛捐杂税。兵役，是统治阶级为了维护统治，镇压百姓反抗，抵御外族入侵或对外扩张，兴建皇家宫室、官衙和水利等官用、民用工程而强行征集的兵员和徭役，一般以成年男子为征集的对象。

中国古代的赋税制度，以唐建中元年（780年）实行"两税制"为界，此前多重口税、丁税，此后转向重田税、财产税。因此，为征收税赋而开展调查的内容，从夏、商、周，到秦、汉、隋直至唐前期，大都重丁口调查、人口调查和户口调查；唐建中元年后，则转向重田亩调查和财产调查，特别是清雍正推行"摊丁入亩"改革后，田亩和财产更成为行政性社会调查的重点内容。但是，这绝不是说人丁、户口调查不重要。由于兵役的征集都以成年男子为对象，因而历朝历代都非常重视丁口调查。秦以后丁口调查扩展为人口调查，但仍强调"令男子书年"，其目的是便于根据男子年龄来征集兵员和徭役。总体而言，对于统治阶级来说，人丁、户口调查，不仅先于田亩、财产调查，而且重于田亩、财产调查。

先经济领域调查，后非经济领域调查。夏、商、周时期，以农牧业为经济基础，以税赋为主要目的，因而早期经济调查的内容，大都涉及农牧业和税赋情况。例如，夏王朝的农业主要种植粟、黍、豆、麻和水稻，其收成和税赋主要取决于土壤状况，因而《禹贡》按土质优劣对九州的田、赋情况进行复合分组：首先，按"等"分为上、中、下三等；然后，按"级"再细分为上、中、下三级。这种复合分组，既是农业调查的结果，又是税赋调查的总结。

至于非经济领域的调查内容，在夏、商、周时期，主要涉及军队、战争、狩猎和祭祀等情况的调查。秦汉以后，贾谊的《治安策》，傅玄的"五条政见"，魏征的《谏太宗十思疏》和《十渐不克终疏》，王安石的《上仁宗皇帝言事书》和《本朝百年无事札子》，海瑞的《治安疏》，张居正的《论时政疏》，顾炎武的《天下郡国利病书》，黄宗羲的《明夷待访录》，宋应星的《天工开物》等，则大都涉及政治、思想、文化、科技等非经济领域。

先客观现实情况调查，后主观精神状态调查。先秦的许多政治家、思想家就很重视主观精神状态的调查。例如，成书于春秋时期的《诗经》，真实反映了中国奴隶社会从兴盛到衰败的历史面貌。它既是对奴隶社会客观现实的描述，又是上古时期社会习俗风尚、主观精神状态的反映。又如，管仲的"八观"，前四观主要涉及饥饱、贫富、侈俭、虚实等经济领域的客观现实情况，后四观则主要是对"民""臣""上意"的主观状态进行调查，并据此对一个国家的治乱、强弱、兴灭、存亡做出判断。中国近代的启蒙思想家更重视广大民众的主观精神状态。例如，黄宗羲、顾炎武、王夫之等所宣扬的"民本"思想、"民权"意识，以及"国家兴亡，匹夫有责"的精神，既是对历史经验的总结，又是对当时民众主观精神状态进行调查的结晶。

（资料来源：中国新闻网，网址：https://www.chinanews.com.cn/cul/2015/09-21/7534382.shtml，2015年9月21日，作者：水延凯）

（二）按调查目的分类

1. 探索性调查。探索性调查也可以称为准备性调查，一般是在正式调查开始之前，先在小范围内对调查的内容、方向等进行确认，通过搜集一些初步的材料，用以判断整体调查方案的可行性如何，相当于比赛前的热身环节。

2. 描述性调查。描述性调查，主要目的在于说明社会现象"是什么"，需要通过调查所得的数据，对社会现象的情况进行科学、准确、全面的描述。一些学者把社会现象"怎么样"的问题也归于描述性调查，其实并不严谨，"怎么样"的问题表面看似是对现状的描述，但其已涉及底层的逻辑判断和价值选择。

3. 解释性调查。解释性调查是在描述性调查的基础上，运用科学的分析方法，寻找社会现象之间的因果关系或其他相关关系，其本质在于找出社会现象产生的原因，当然这其中也包括社会现象"怎么样"的价值判断，而这样的判断要取决于进行社会调查的人的立场、价值和目的。

（三）按调查对象范围分类

有的学者认为根据调查对象的选取范围，社会调查可以分为普查、抽样调查、典型调查、个案调查与重点调查等（江立华）。而有的学者强调，根据调查对象的范围，主要分为普查和抽查两类（郝大海）。如果从逻辑严密性而言，普查和抽查的分类更为严谨，因为典型调查、个案调查、重点调查都不是普查，因而当属于抽查范围。

1. 普查。普查指的是对全部拟调查对象进行调查，不存在抽样与否的问题，因为其调查范围是总体，而不是局部。其主要特征就是全面性。当然因为是全员调查，因此，如果不存在统计和运算错误情况，其调查的结论在准确性上也是最可靠的。最常见的普查是人口调查，它也是最早进行的量化调查。

2. 抽查。抽查与普查相对，即其研究对象不是全体，而是从所研究的总体中，按一定规则抽取部分元素进行调查，并根据调查结果对总体情况进行推断。抽查包括典型调查、个案调查和重点调查几种子类。由于抽查只需要对部分或局部进行调查，因而与普查相比，其在操作的成本方面较为节省，并且可以做到专业性更强，所以其在数据获取和运算方面可靠性更高，但这并不一定意味着其对总体的代表性也更好。样本是否可以代表总体，或者在多大程度上代表总体，这需要依靠科学的抽样方法、计算方法，还需要对整体的异质性等进行把握。

(四) 按时间维度分类

1. 横剖研究。所谓横剖研究，是指选取某一个固定的时间点，并以此为基准，全面收集了解截至该时间点，研究客体的分布情况，进而通过科学的统计和分析方法，研究事物或现象的现状。此类研究较为适用于描述性调查，人口普查就是最典型的横剖调查。

2. 纵贯研究。所谓纵贯研究，不是只选取一个固定的时间点，而是要选取不同时期多个不同的时间点，并收集不同时间点研究客体的分布情况，进而通过对比分析，揭示事物或现象的变化、变迁趋势和规律。简单地说，可以把不同时期关于同一个研究客体的横剖数据加以纵向比较分析，即纵贯研究。纵贯研究又可以细分为趋势调查、同期群调查和追踪调查三种子类型。

☞ 【推荐阅读】

把纵贯式调查方法引入中国社会变迁研究
——我院 A 类重大课题中国城乡社会变迁调查取得进展

本报讯：自 20 世纪 70 年代以来，社会变迁多次横断面的跟踪调查研究几乎成为一些国家和地区了解社会结构转变和社会发展状况的基础性调查。这种调查不仅对社会学的研究有很大促进，而且这些调查结果有的已成为政府有关部门决策的重要依据。

我院 2000 年第一批立项的 A 类重大课题中国城乡社会变迁调查预计明年结项。这一课题克服了以前在社会变迁研究中，在研究方法上多采用横断面研究方法的不足，而是在其中也采用了 GSS（general social survey，综合社会调查）的纵贯式抽样调查的研究方法。该课题旨在探讨和把握中国社会变迁，特别是中国社会的结构性变迁，同时，为政府决策提供一些基础资料。除了理论目标之外，该课题还具有很强的方法和工具的目标：探讨如何把 GSS 纵贯式研究引进中国的社会研究，建立一系列适合中国国情的社会量表，如中国人的现代性量表、消费水平量表和社会平等量表等。该课题由社会学所社会调查和方法研究室研究员沈崇麟主持。

第一期社会变迁调查共有两次，调查地点包括大连、上海、广州（东部地区）、兰州、成都和南宁。每个城市各有 800 个样本。两次调查的主要内容包括：(1) 贯穿每次调查的有关被调查者本人及其家庭的人口学、社会学和经济学方面的基础性资料。(2) 采用社会变迁多次横断面的调查方法，设计一些相对固定的基础性指标，来反映社会结构的深刻变化。(3) 试图通过西部调查点资料与东部调查点资料的对比，发现不同的资本形式在不同地区的发展中所起的不同作用，为开发西部的社会资源提供一些政策性依据。(4) 我国的城乡和地区差异很大，存在国情特殊性，课题组将设计一个既考虑到可比性又从中国实际出发的个人现代性量表。这项研究将有助于我们发现中国不同发展程度的地区在个人现代性上的差距。

沈崇麟介绍，迄今为止，国内社会学界尚未开展严格意义上的多次横断面调查，但类似的调查已经逐渐展开，如近年来社会学所承担的城乡家庭变迁系列调查、百县市户情调查及相关调查和中国沿海发达地区社会变迁调查等。它们虽然不是严格意义上的多次横断面的纵贯研究,但已在研究设计中尽量考虑到纵贯研究的基本原则。社会变迁横断面跟踪调查,是应用社会科学的一项非常基础性的工作,虽然这种调查通常是由社会学家来进行,但对调查资料的使用和分析几乎涵盖所有的社会科学经验学科。在资金有限的情况下,这是使社会科学研究获得共享的第一手实际调查资料的有效途径。为此,课题组采用社会变迁多次横断面的全国规模的抽样调查方法,以中国改革开放以后社会结构的变迁为主题。每五年为一期,每一期包括两次抽样调查,调查间隔为两年,每次调查除上述基本调查项目保持不变外,每次调查都有一两个不同主题。调查将利用社会学所在过去调查中初步建立起的调查系统,与各地已经熟识的调查研究人员进行广泛的合作。在每完成一次横断面调查之后,将利用调查资料和数据,写出一些专题性的阶段研究报告,并在此基础上写出综合性的总体研究报告和资料性的综合分析报告。

谈到课题研究方法和研究内容等方面的突破点,沈崇麟介绍说,一是社会变迁多次横断面调查在收集研究所需资料时,同时考虑到了时空两个维度,使资料在时空两个维度上都具有累积性和可比性,从而避免了以往单时点研究所存在的各种弊病。同时,本研究将按国际通行的学术规范建立起一个社会调查网络系统和一个社会调查数据库,使其能够适合承担多种社会科学研究计划。二是研究的基本假设基于蕴藏在亿万民众心里的求生存、求发展的内在冲动和外在行动是社会变迁的更基础和恒常的推动力量,由此而带来的社会结构变迁,会产生对体制改革和创新的恒常压力,而体制改革和创新会成为一种独立的对社会发展和结构变迁的影响力量,但在不同的发展阶段,其影响的程度和表现的形式不同,有时会释放强大的体制能量,有时则伴随着体制摩擦和冲突带来的各种社会问题。记录、分析和把握中国社会发展过程的中国特色,并在这一过程中发展有中国特色的社会变迁理论及分析框架,是时代向我国社会学工作者提出的任务。努力完成这一任务既是本课题的基本出发点,也是对以西方社会为中心的经典社会变迁理论以及以这些理论为基础的各种社会变迁分析模型提出的挑战。这也是本研究在理论上的突破点。三是对于社会分层与流动问题进行理论思考。在现代化过程中,社会结构变迁是通过资源与人员的一系列流动实现的,因而通过流动实现的资源配置与转移,即所谓"谁得到了什么及如何得到"这样一个问题,一直是社会变迁研究中最令人关注的问题。在社会学研究中,可以用于量度人在社会的位置的指标有很多,但其中最有效,且最易操作的非职业莫属。正因为如此,课题组将职业与工作作为此次调查中的一个重要部分,旨在用职业及与职业密切相关的各个指标,对目前中国社会分层与流动的现状做出比较准确的描述,同时以中国的资料对前述的各种社会分层与流动理论进行验证。

据介绍,课题第一期调查的问卷调查和数据处理工作于2003年底结束,第二期调查的问卷设计和各地方调查队的工作会议于2004年11月底结束。抽样于2004年12月至今年2月进行,今年3月至9月进行问卷调查。与此同时,第一期调查的数据分析正逐步展开,目前已经完成或发表的报告有《社会变迁中的个人现代性》《个人现代性研究的量表和检验》《消费水平的测量及其影响因素初探》等。

(资料来源:《中国社会科学院院报》,2005年3月24日,作者:博悦、魏进)

（五）按社会调查性质或应用领域分类

按调查性质或应用领域对社会调查进行分类，不同学者之间虽也存在一些差异，但综合来看，基本大同小异。结合不同学者主张，按社会调查性质或应用领域对社会调查进行分类，可以有以下几种。

1. 行政调查。由国家或各级政府组织开展的涉及人口、资源、行业以及社会概况等的大规模的、宏观的、概况性的调查，一般采用普查的方法，主要目的是掌握社会或自然的总体状况，为国家或地区制定相关法律法规提供参考依据。典型形式有人口普查、资源调查、企业调查、产业调查等。

2. 学术调查。由科研机构或具有科研职能的单位所组织的一种学术研究性调查活动，偏重于应用研究。其目标在于了解情况、探明原因以及给出对策。学术性调查广泛应用于社会学、经济学、政治学、心理学、传播学等人文社会科学领域。

3. 民意调查。也称民意测验或舆论调查，主要是采用抽样调查的方法，在掌握人们对某些社会现象、问题或舆论热点的意见、态度、意识、评价等主观意向的基础上，做出某种预判或预见。其典型例子是美国总统选举民意调查。

4. 经济调查。可以分为两类：一类是针对企业的市场调查，另一类是针对家庭的家计调查。市场调查一般是企业为了了解生产和销售服务的情况，由其自身或委托有关专业市场调查公司实施的调查，其调查对象一般包括消费者、零售商和批发商。其调查内容主要包括市场需求、销售状况、产品评价、服务满意度、广告效果、消费者的消费习惯和消费行为及偏好等。其所采用的方法主要有问卷和访谈等形式，当下由于计算机等辅助工具的普及，市场调查已极为普遍。家计调查，亦称"居民家庭收支调查"，是对居民家庭的收支及与其有关的基本经济情况所进行的专门调查，比如职工家庭收支调查、农民家庭收支调查等。其主要内容是了解家庭的日常收支、需求以及消费等经济行为。其调查方式既可以是微观的个案调查，也可以是宏观的抽样调查。

5. 综合调查。也可称之为社会问题调查。从广义上讲，不是采取一种调查方式或调查内容不仅仅局限在某一个领域或对象上的调查都可以归入综合调查。因为社会调查所能容纳的内容极其广泛，并且任何调查实质都带有问题导向。所以既然是调查，一定是问题调查，而任何社会问题都不是单向度的，对其进行调查，实际应当是综合性调查，只是在操作层面，出于利益、市场、政策等偏好，才出现专门、专项调查。比如，一般的学术调查可能也同时是经济调查或行政调查等。

（六）按执行方式（收集资料的方法）分类

按执行方式或收集资料的方法，可以将调查研究分为问卷调查和访问调查两类。前者又可以分为自填问卷和邮寄问卷，后者又可以分为当面访问和电话访问。

1. 问卷调查。所谓问卷调查，是先设定调查问题，再将问题编制成书面问卷，并将其发放给调查对象填写，填写完成后回收问卷并对问卷进行整理分析，从而得出结论的一种方法。其优点在于可以进行大规模的调查，在时间、经费和人力方面较为节省，调查结果也较易于采用计算机软件等量化工具进行统计分析；其缺点主要在于，受制于问卷本身信度、效度等因素的影响，问卷质量参差不齐。

2. 访问调查。所谓访问调查是先根据调查目的制定访问提纲，再以面对面交谈的调研方式，进行口头调查，最后根据收集的信息进行分析研究的方法。相较于问卷调查，访问调查形式比较灵活，得到的信息也比较具体、真实、可靠，但其所需要条件也比较多，代价更高，同时被调查人员也易受调查者的主观影响，回答问题的标准性和重复性也较差，过程中的记录较困难。

一般而言，进行调查究竟是选择问卷法还是访谈法，要根据具体情况具体分析，或者一些研究可以两种方式并用。

二、比较适合思想政治理论课社会调查的类型

由于思想政治理论课社会调查在主体、客体及目标方面均与一般意义上的社会调查具有一定程度的差别，因此，虽然思想政治理论课社会调查可以采取一般社会调查的通用类型，但为了更好地满足学校及学生的需要，在一般社会调查的类型中选择几种常见的并且较为适合的类型就显得至关重要。综合来看，大学生开展思想政治理论课社会调查较为适合的类型如下。

（一）问卷调查

由于大学生投入在社会调查中的时间、经费和人力都较为有限，因此选择某一社会现象或社会问题，通过问卷调查的方式，可以起到事半功倍的效果。首先，大学生可以围绕自己感兴趣的领域进行调查主题的选定，选定之后就可以着手设计问卷，在问卷的设计过程中，可以对所要研究的主题进行进一步的明确和细化。经过反复打磨后的问卷，不仅可以有效获取相关信息，同时也便于最后相关信息的统计分析。在整个问卷调查活动中，可以训练学生的信息获取、分析、判断等综合能力；在问卷发放回收等过程中，可以训练学生的协调、沟通等素质；在问卷信息的统计分析过程中，可以训练学生应用相关软件的能力；在调查报告的撰写中，可以训练学生的写作能力和分析问题的能力，以及应用相关数据的能力。由此，可以使学生更加深入理解并应用马克思辩证唯物主义和历史唯物主义的立场、观点和方法，提升综合素质和能力。

（二）访问调查

相较问卷调查按部就班式的结构性特点，访问调查更具灵活性，其对调查实施者的现场沟通能力等具有更高要求。大学生思维敏捷，在开展社会调查时如果选择访问调查，只要做好事前的充分准备，其调查成效也非常可观。通过对研究主题及访问对象的确定，有助于学生提高综合分析问题的能力；在实际的访问中，通过与受访者的互动，有助于提高学生人际沟通及现场把控等能力；同时，学生在进行访谈时，也要学会使用录音器材和速记法等，尽可能全面准确地记录访谈内容和信息，便于访谈结束后整理资料，这也能够提高学生做事认真、细致、全面、系统的能力。

总而言之，社会调查具体类型或方法的选择，只是工具意义上的优选，对于不同主体、不同主题、不同环境、不同问题，究竟采取哪一种调查方式，需要权变考虑、权衡考量，没有绝对、唯一标准，而大学生思想政治理论课社会实践调查亦是如此。

☞ 【推荐阅读】

问卷调查的设计

问卷调查又称调查表或询问表，它是一种以书面形式了解被调查对象的反应和看法，并以此获得资料和信息的载体。统一的问卷调查可以向被调查者了解情况或征询意见，它是标准化的、书面的、抽样的社会调查形式，其主要类型包括结构式问卷（封闭式问卷）、开放式问卷（开口式问卷）、半结构式问卷和量表式问卷等。运用统一设计的问卷向被调查者了解情况或者征询意见可以全面、有效地收集大量的第一手资料和数据，这样不仅能够为思想政治理论课社会实践调查报告撰写提供强有力的资料和数据支撑，而且能够大大增强思想政治理论课社会实践调查报告的说服力。

一、问卷调查的主要结构

一份调查问卷，无论调查什么方面的内容，都有相对固定的内容板块，有固定的结构，包括标题、卷首语、问题与选择答案、结束语等。

二、问卷调查设计的主要步骤

1. 根据调研目的，确定所需要的信息资料。在问卷设计之前，调研人员必须明确需要了解哪些方面的信息，这些信息中的哪些部分是必须通过问卷调查才能得到的，这样才能较好地说明所需要调研的问题，实现调研目标。在这一步中，调研人员应该列出所要调研的项目清单。根据这样的一份项目清单，问卷设计人员就可以进行设计了。

2. 确定问题的内容，即问题的设计和选择。设计人员应根据信息资料的性质，确定提问方式、问题类型和答案选项如何分类等，对一个较复杂的信息，可以设计一组问题进行调研，问卷初步设计完成后应对每一个问题都加以核对，以确定其对调研目的是有贡献的。要确保问卷中的每一个问题都是必要的，仅仅是趣味性的问题应该从问卷中删除，因为它会延长所需的时间，使被访者不耐其烦。

3. 决定措辞。措辞的好坏将直接或间接地影响到调研的结果。因此对问题的用词必须十分审慎，要力求通俗、准确、客观。所提的问题应对被访者进行预试之后，才能广泛地运用。

4. 确定问题的顺序。在设计好各项单独问题以后，应按照问题的类型、难易程度安排询问的顺序。引导性的问题应该是能引起被访者兴趣的问题。回答有困难的问题或私人问题应放在调研访问的最后，以避免被访者处于守势地位。问题的排列要符合逻辑的次序，使被访者在回答问题时有循序渐进的感觉，同时能引起被访者回答问题的兴趣。有关被访者的分类数据（如个人情况）的问题适合放在最后，因为如果涉及私人问题，容易引起被访者的警惕、抵制情绪，尤其在电话式问卷调查中更是如此。

5. 问卷的测试与检查。在问卷用于实施调研之前，应先选一些符合抽样标准的被访者来进行试调研，在实际环境中对每一个问题进行讨论，以求发现设计上的缺失。例如，是否包含多个调研主题，是否容易造成误解，是否语意不清楚，是否抓住了重点等，并加以合理的修正。

6. 审批、定稿。有时问卷经过修改后还要呈交上级，审批通过后才可以定稿、复印,正式实施调研。

三、问卷调查设计的主要原则

调查问卷设计的最重要目的是使思想政治理论课社会实践调查能够获取更加全面和准确的资料和数据信息。为实现这一目的,设计调查问卷必须遵循以下原则。

1. 目的性原则。问卷设计人员必须透彻了解调研项目的主题,能拟出可从被访者那里得到最多资料的问题,做到既不遗漏一个问题以致需要的信息资料残缺不全,也不浪费一个问题去取得不需要的信息资料。因此,要从实际出发拟题,问题目的明确、重点突出,没有可有可无的问题。调查问卷中除少数几个提供背景的题目外,其余题目必须与研究主题直接相关。

2. 逻辑性原则。一份设计成功的问卷,问题的排列应有一定的逻辑顺序,符合被访者的思维顺序,一般是先易后难、先简后繁、先具体后抽象。这样,能够使调查人员顺利发问、方便记录,并确保所取得的信息资料正确无误。

3. 简洁性原则。调查问卷中每个问题都应力求简洁而不繁杂、具体而不含糊,尽量使用简短的句子,每个题目只涉及一个问题,不能兼问。例如,以下问题就违反了简洁性原则:"你是否赞成加强高中的学术性课程和教师的竞争上岗制度?"

4. 非导向性原则。调查问卷中所提出的问题应避免隐含某种假设或期望的结果,避免题目中体现出某种思维定式的导向。例如:"作为教师,您认为素质教育能够更好地促进学生的健康成长吗?"

5. 选项穷尽性原则。调查问卷中题目提供的选择答案应在逻辑上是排他的,在可能性上是穷尽的。例如,"您的最后学历是什么"的备选答案有"A. 中专;B. 本科;C. 硕士研究生"三个答案,显然没有穷尽学历类型。有的题目应提供中立或中庸的答案,如"不知道""没有明确态度"等,这样可以避免受访者在不愿意表态或因不了解情况而无法表态的情况下被迫回答。

6. 拒绝术语性原则。调查问卷中的题目应尽量方便受访者回答,避免大量使用技术性较强的、模糊的术语及行话,以便受访者能读懂题目,不要让受访者觉得无从下手,花费很多时间思考。违反这一原则的例子如:"您认为您的孩子社会智力如何?"

四、问卷调查设计的注意事项

1. 指导语要表述准确。问卷的指导语或填答说明要清楚准确,使填答者不致有错误的反应。

2. 每一问题均有明确的目的。问卷题目的设计要符合编题原则,对于每一个问题,必须明确为什么要提出,这一信息将用来做什么样的分析,如何编码和分析。

3. 问卷结构和逻辑要得当。问卷的题目要依照人的心理逻辑次序安排,由一般性至特殊性,以引导填答者组织其思维,让其填答具有逻辑性。一个问题转到另一问题时,要注意逻辑关系、用词和语气,同时特别注意与受访者中文化程度最低者的沟通技术。

4. 问卷尽可能简短。问卷长度只要足以获取重要资料即可,太长会影响填答,最好在30分钟以内可填答完毕。

5. 编排格式要规范。问卷的编排格式要清楚，翻页要顺手，指示符号要明确，不致有翻前顾后之麻烦。

（资料来源：徐秦法. 高校思想政治理论课实践教程［M］. 北京：中共中央党校出版社，2021：241-248. 节选，有删改）

访问调查的设计

访问调查法，也称访谈法，就是访问者通过口头交谈等方式直接向受访者了解社会情况或探讨社会问题的调查方法。

一、访谈设计的主要步骤

1. 任课教师宣布实践活动主题，并明确实践活动要求。

2. 拟定访谈对象，确定访谈的可行性。确定可行性时主要考虑两个方面：一方面是拟定的访谈对象是否接受访谈。访谈者与访谈对象的关系、访谈对象的性格、访谈的话题、访谈的时间和地点等因素均会影响到访谈对象是否接受访谈。另一方面是访谈者自己能否进行访谈。访谈者是否具备访谈的知识、经验、技巧，访谈者是否具备访谈时间，均影响到访谈者能否进行访谈。如访谈者不具备单独开展访谈的能力，任课教师需对访谈者进行相关培训。

3. 访谈准备。

（1）准备详细的访谈提纲。要根据访谈的目的和理论假设，准备详细的访谈提纲，并将其具体化为一个个访谈问题。访谈的问题既要能涵盖本次访谈主题所涉及的范畴，又要有层次性，提问的方式、用词的选择、问题的范围要适合被访者的知识水平和习惯，简单明了、通俗易懂。

（2）了解被访者。访谈前尽可能收集有关被访者的资料，要对其经历、个性、地位、职业、专长、兴趣等有所了解，了解得越清楚，访谈时就越有针对性；要分析被访者能否提供有价值的材料；要考虑如何取得被访者的信任和合作。

（3）确定访谈的方式与进程。为了使访谈规范并能获得实效，需事先安排访谈行程，将访谈人员、被访者、访问日期及时间做适当的安排。访谈时间最好是被访者工作、学习不太繁忙，并且心情比较舒畅的时候。访谈的地点和场合的选择要从被访者方便的角度考虑，要有利于被访者准确地回答问题，要有利于形成畅所欲言的访谈气氛。

（4）准备访谈所需的材料与工具。访谈前要对访谈内容所涉及领域的相关知识有充分的了解，对有关材料做充分的准备，如访谈记录表、各种证明材料、证件、录音机、录音笔、摄像机等。

4. 实施访谈。访谈者在接近被访者时，首先要做自我介绍，必要时可出示身份证明，然后说明来访的目的及为什么进行这次访谈，进而强调本次访谈的重要性，请求对方的支持与合作。取得被访者同意后，就可以开始访谈了。访谈过程中，要做好访谈记录。

5. 访谈结束。结束访谈是访谈的一个十分重要的阶段和步骤，绝不是无足轻重的。因此，在做访谈前准备时需做充分准备，要提前进行考虑和设计，并能视具体情况做出灵活调整。

6. 访谈结果处理。即对访谈记录进行整理，以便对访谈记录进行分析。对于访谈录音记录的整理，应按照时间顺序将声音信号变为文字信号进行记录，应严格按照访谈时的原话进行整理，而不能任意省略。整理访谈录音记录时，对于访谈双方同时出现的语句，访谈对象语气的变化、节奏的变化，访谈对象的动作，访谈对象的表情等，均应以括号或其他形式加以标注。对于访谈手头记录的整理，应根据访谈时记录的要点回忆当时的情境、当时的对话，根据回忆最大限度地补齐记录。由于人的记忆会随着时间的流逝而急剧衰减，所以访谈手头记录的整理是访谈之后最重要的事情。

7. 访谈结果分析。对访谈的结果进行分析，主要是为了解决以下问题：第一，访谈对象的表述有哪些是可信的，有哪些是不可信的，理由是什么；第二，访谈对象的陈述哪些方面可以证明访谈之前的理论假设，哪些方面不能证明这些理论假设，哪些方面可以证否这些理论假设；第三，访谈所得到的结论可以在多大范围内适用，理由是什么。

8. 撰写访谈报告。在对访谈结果进行分析并得出结论之后，就需要撰写访谈报告，以便使更多的人了解访谈的结论。访谈报告需要回答以下问题：第一，对于访谈计划的回顾；第二，对于访谈过程的描述；第三，对于访谈结果的分析和陈述。

9. 任课教师审阅并筛选优秀的访谈报告，安排其作者进行课堂分享。

10. 任课教师对本次实践活动进行综合点评，对于活动中集中存在的问题进行分析和纠正。

二、访谈过程中技巧的应用

在访谈过程中，有效地进行提问、追问、倾听和回应，合理运用辅助手段，对于访谈能否取得成功具有重要的作用。

（一）提问、追问、倾听和回应的技巧

提问是访谈中的关键环节。访谈问题多种多样，一般分为三类，即开放型和封闭型、具体型和抽象型、清晰型和含混型。开放型问题，没有固定的答案，允许被访谈者自由做出回答，提问常出现"什么""如何""为什么""怎么样"这样的词语；封闭型问题，对回答方式和内容有严格限制，往往只需回答"是"或"否"。具体型问题，就是询问一些具体事件或细节；抽象型问题，是指对一个事件进行比较笼统的、整体的陈述。清晰型问题，结构简单明确，容易被理解；含混型问题，语句构成复杂，包含多重意义和提问者个人倾向。

思想政治理论课实践教学一般采用开放型、具体型和清晰型的问题。

追问，就是访谈者针对访谈对象前面说的某件事、观点、概念做进一步询问。追问也需要技巧，应当合理地把握时机和分寸。一般来讲，不要在访谈开始就频繁追问，而是应尽量给对方自由表达的空间，通过他们所讲的内容结合访谈目的再逐步追问。追问的分寸要掌握好，在一些敏感话题上采取迂回的策略。有的问题可以先记录下来，等双方形成信任、融洽的关系时，再详细追问。在追问过程中，访谈者要对对方的话语保持高度的敏感性，随时捕捉对方有意或无意抛出的话语信息，不断调整自己预先设计好的问题。

倾听，是访谈中的一项重要的无形的工作，对于访谈者来说，在倾听时要遵守一定的原则：一是不轻易打断对方的谈话；二是要能容忍沉默。总之，访谈者要注意倾听对方谈话，更要关注和思考对方说话的动机，耐心地感知对方的内心世界。当对方沉默不语时，访谈者不要急手打破这种状态，而是要具体问题具体分析。

回应，包括言语回应和非言语回应。回应在很大程度上影响着被访谈者谈话的内容和范围，对整个访谈的开展起到引导和限定作用。当访谈者已经听到对方的谈话并希望其继续说下去时，采用"认可"式的回应方式，如"噢""对""是吗""很好"，或是点头、微笑、鼓动的目光和肢体语言等，与之产生共鸣。但是，不要过多回应，以防打断对方的思路。对被访谈者所说的话进行重组和总结，也是一种回应方式。这样可以帮助对方厘清思路，引导对方继续进行相关陈述。

（二）合理地采用辅助手段

访谈过程中，借助一定的辅助手段，可以在一定程度上提高访谈的实效。在使用录音、录像和拍照等来辅助访谈的记录工作之外，还可以使用视频、照片、绘画和分类卡片等辅助手段，它们可以刺激被访谈者的感觉器官，帮助他们从各种角度看待正在谈论的问题。视频可以调动对方多种感官的积极性；照片可以唤起对方的记忆，产生联想；绘画可以给对方以视觉感受，激发其情感反应；分类卡片可以帮助对方对某些概念进行命名和分类，厘清思路等。

三、访谈过程中应注意的事项

（一）营造访谈氛围的注意事项

1. 选择一个能令受访者感到安全的环境。
2. 访谈时不要迟到。
3. 自我介绍。
4. 感谢受访者能抽空接受访谈，简明扼要地向受访者说明访谈的目的及所花时间。
5. 事先告知受访者在访谈过程中会做记录，并说明记录这些数据信息的用途。
6. 如有必要，可向受访者重申访谈内容会严格保密。

（二）交谈时的注意事项

1. 注意力要集中，表示对受访者的尊重。
2. 要让受访者有交谈的意愿，不要咄咄逼人。
3. 要多为受访者考虑。
4. 要保持适当的眼神接触。
5. 灵活应对，不完全拘泥于访谈提纲，在适当的时候也可完全抛弃访谈提纲。
6. 要注意把握时间，可视情况选择提纲中的问题。

（三）探究问题时的注意事项

1. 尽可能少说，鼓动对方提供更多信息。
2. 通过点头或中性词语表达自己的态度。
3. 明确要陈述真实的条例或具体的事实。
4. 逐字重复，检验理解是否正确。

5. 保证对一个问题进行充分讨论后再转入下一个问题。

（四）聆听时的注意事项

1. 用心聆听并用关键词总结听到的信息，要广泛地联想。
2. 细心聆听，从长篇大论中收集有价值的信息。
3. 要注意受访者的潜台词，或找出没有用语言表达出来的线索。
4. 不断地总结、归纳并及时与受访者核实。

（五）应对特殊情况时的注意事项

1. 受访者紧张焦虑。
（1）解释此次访谈的目的及受访者将获得的益处，打消其顾虑。
（2）要与受访者建立相互信任的关系。
2. 受访者滔滔不绝。
（1）避免提开放式问题。
（2）尽可能提一些具体明确的问题。
（3）提醒受访者时间有限。
3. 受访者态度不好，充满敌意。
（1）与其建立相互信任的关系，找出共同语言及共同经历。
（2）避免提封闭式问题，利用开放式问题引导思路。
（3）对受访者予以肯定，鼓励对方交谈。

（六）结束访谈时的注意事项

1. 访谈结束时，应及时总结要点。
2. 提出最后一个开放式问题："有没有什么没有谈到的问题是您想补充的？"
3. 为今后进一步采访留有余地。
4. 谢谢受访者，表示此次的访谈很有意义。
5. 访谈结束后，要立即整理访谈纪要。

（资料来源：徐秦法. 高校思想政治理论课实践教程［M］. 北京：中共中央党校出版社，2021：150-152，221-223. 节选）

第四节　社会调查的步骤

　　社会调查是一项系统性工作，要想获得预期的成果，必须按照一定的规范和程序进行。关于社会调查的具体步骤，不同学者提出了不同的主张，比如四阶段说（江立华、郭健彪等）和五阶段说（风笑天、郝大海等）。而在四阶段说或五阶段说当中，同样也存在着一些差异。这些主张从其自身来看，各有其合理性所在，但总体上而言，可以用大同小异来概括。虽然学者主张有一些差异，但概括而言，关于开展社会调查的必经阶段还是有章可循的。为便于理解和应用，我们主张按过程论三阶段方式对社会调查的步骤进行分解，分别是事前的调查准备阶段、事中的调查实施阶段以及事后的调查总结阶段，而在这三个阶段里面，又可以根据具体工作需要和任务划分出不同的子阶段。

一、调查准备阶段

该阶段是调查的前期工作，所有为了调查顺利进行的步骤和任务都属于这个阶段。一般而言，其主要任务至少有以下内容。

1. 确定研究课题。正确选择调查课题是搞好社会调查的首要前提。选择调查问题是任何一项社会调查的起点，调查问题的确定将影响整个调查活动的目标和方向，甚至在一定程度上决定着调查工作的成败和调查成果的好坏。因此，应当高度重视社会调查的选题这一程序，慎重对待这一看似简单、其实不简单的工作。选题阶段的工作主要包括三点：（1）提出和界定问题。这个调查问题可能来自现实生活，也可能来自文献阅读的灵感，对调查问题的要求是有价值（理论价值或现实价值）、有创新并且有可行性。（2）开展文献综述。文献综述是对别人已做研究的学习、借鉴和比对，从中找到自身研究的支点和亮点。（3）进一步明确研究任务和目标，即将调查问题具体化、精确化。研究者提出的调查问题有时可能会比较宽泛、笼统或含糊，因此通过对某一主题、专题相关文献的综述，可以对自己所要开展调研的课题有进一步的明确，比如调查问题的范围、主题、对象等。

2. 进行研究设计。（1）提出研究假设。这是做好调查设计的必要条件。（2）科学设计调查方案。这是保证调查取得成功的关键步骤。首先要以书面形式形成一份关于调查工作总体规划的计划书，包括工作任务、时间安排等，越具体明确越好执行。其次，如果是问卷调查，还需要做好抽样设计，比如要界定总体的范围、样本规模，确定是否需要分阶段或者分层次等，以及问卷的试抽样等。如果是访问调查，则需要区别是结构性的还是非结构性的，如是结构性的，则需要做好访问提纲的准备和试调研工作。

3. 组建调研团队。（1）组建队伍。这是顺利完成调查任务的组织保证。组建调查队伍是社会调查准备阶段必须完成的最后一项任务。（2）专门培训。要在依据特定标准选择调查人员的基础上对其进行专门培训，以此进一步提升调研团队的团队意识和工作规范。

二、调查实施阶段

在调查准备工作完成后，就正式进入了调查实施阶段。该阶段的主要任务是开展调查，收集资料和信息，为后续统计分析提供数据支撑。虽然前期的调查准备阶段已做好了十足的准备，但在具体实施过程中，往往会出现一些意想不到的新情况，所以调查人员要懂得随机应变，在不改变大的调查准则的前提下，保证调查过程的顺利开展。这其中，涉及调查组织、协调、沟通等多方面的工作，所以需要在调查前做好分工。如果是问卷调查，还需要对所获得的问卷进行初步的筛查，最大限度确保问卷的有效性和真实性。

三、调查总结阶段

在调查实施完成后，就进入了调查总结阶段。如果说调查准备是选材备材、研究菜谱阶段，实施阶段是具体菜品烹制阶段，那么调查总结阶段就是最后的品鉴阶段。这一阶段是结果、结局和结论，好的调查，不仅要准备好、实施好，也要总结好。具体而言，至少有以下几个子步骤或任务。

1. 整理和分析资料。按照不同调研方式所得资料、材料和信息的类型，选择合适的资料统计和分析工具，进行数据编码、录入和统计分析。在这一阶段，要注意确保每一个环节的正确性，如果编码错误，或者录入错误，都将直接影响后面的分析。

2. 解释发现。选择和应用合适的软件和研究方法，对通过调查所获取的数据和资料所呈现出的相关关系进行判断推理，并做出合理性解释。

3. 得出结论。在解释相关调查发现的基础上，运用科学思维方法和专门学科的理论与方法，进一步分析研究数据，检验研究假设，进而得出研究结论。如果是应用性调查课题，还应在得出结论的基础上提出进一步的对策性建议。

4. 撰写并发表研究成果。撰写报告可以分为两种形式。一种形式是对调查数据的说明，包括对调查抽样、问卷、资料搜集过程、数据编码的说明，以及对数据信度和效度的分析结果、调查局限性分析等。该种形式的报告主要是为数据使用者提供的，通常被公布在互联网上，供数据使用者查阅。简单来说，该种报告实质是对该次调查活动的总体说明，多为记叙性和描述性陈述，意在告诉他人自己做了什么调研、做得如何等，其描述对象是调查活动本身。另一种形式的报告是向调查委托方提交的有关调查问题或事项的分析报告，既包括对研究问题的界定、对相关文献的讨论、对相关概念和变量的定义说明，也包括对数据分析结果的讨论等内容。该类报告通常以学术论文的形式出现，带有较强的价值判断和意识形态性，而前一类则更多属于活动事项说明书式的文本。

需要注意的是，社会调查是一个具有规律性的科学研究活动，其在具体执行中，往往并不仅仅依靠某一种方式或方法进行，而且是根据具体需要，综合、灵活采用不同的技术和策略。也就是说，不论是在起初的研究设计上，还是在中间的具体实施上，抑或是在最后的数据分析和总结上，都可以采取多种研究方法的综合使用，以此提升研究的成效，但必须注意研究方法和方式选择的科学性。思想政治理论课社会实践常用的方式是问卷调查或访问调查，但这两种方式也可以同时使用，并且除了这两种方法外，其余社会调查方法也可根据具体需要灵活采用。

☞ 【推荐阅读】

实现高效的社会调查关键步骤之研究（节选）

……

三、实例说明社会调查的关键步骤

为了更好地说明以上关键步骤的具体内容，下面举一个实际的社会调查准备阶段产生的社会调查规划的例子作为参考。

第一步：选题。根据要研究的问题，进行社会调查的需要分析。本例是党校中对干部信息化能力的调查，希望根据本次调查获得三方面信息：一要了解领导干部对信息化知识和技能的需求；二要了解领导干部现有的信息化能力和水平；三要了解他们对已开的信息化课程的满意度及意见。学校根据调查结果，做出相应的课程更新与调整，更切实地满足领导干部信息化能力提高的需求。确定了调查目的后，确定调查题目为"领导干部信息化技能水平及需求调查"。

第二步：准备。根据调查目的和题目，进行调查前的准备。首先，确定调查对象，确定调查时间、调查实施部门和具体人员职责，确定调查方式；其次，确定调查工具，即调查问卷；再次，进行相应的调查前培训。

调查方式可以有多种，包括访谈、座谈、电话访谈、问卷调查等。本例因为调查的人员比较多，希望了解的信息比较普及，所以选用调查问卷的方式。

调查问卷的设计与制定需要非常科学的方法，问题不能太多，最多让填写答案的人在半个小时内完成。问卷涉及的问题要有针对性，并要覆盖要调查的内容。语言要简洁易懂，尽量减少专业用语，如果有专业用语，需要加以说明。

调查前的培训工作，是针对实施调查的工作人员进行的，主要是要讲解如何进行调查前的指导语的陈述，如何辅助调查，还要针对可能发生的情况进行如何处理的培训，这个培训关系到是否能获得全面而真实的调查数据。

第三步：调查。实施调查期间，需要认真执行计划中的步骤，调查员要组织好被调查的学员，宣读调查问卷填写规则，并负责说明解释。最后，收回整理调查问卷并统计回收率。

第四步：分析。统计分析可以通过专门的软件进行，当前，用于社会科学调查比较好的统计软件有 SPSS（Statistical Package for the Social Sciences，即"社会科学统计软件包"）。SPSS 是世界上最早采用图形菜单驱动界面的统计软件，它最突出的特点就是操作界面极为友好，输出结果美观漂亮。SPSS 采用类似 Excel 表格的方式输入与管理数据，数据接口较为通用，能方便地从其他数据库中读入数据。其统计过程包括了常用的、较为成熟的统计过程，完全可以满足非统计专业人士的工作需要。

第五步：总结。调查报告是整个社会调查工作非常重要的环节，它描述了整个调查工作，也体现了调查结果。通过调查结果，提出存在的一些问题，分析一些结果的产生原因，并提出相应的对策。

下面是该实例准备阶段的规划文档。对党校学员的信息化能力调查规划：

第一，调查目的：领导干部信息化水平是否达到一定标准，让学员了解自己的信息化水平和应达到的标准之间的差距。另外，通过对学员信息化水平的调查，给党校计算机课程设置和课程的侧重点提供依据。

第二，调查标题：领导干部信息化技能水平及需求调查。

第三，调查范围：在党校学习的全体学员。

第四，调查时间：入校初期（培训前）和毕业前期（培训后）。

第五，调查内容：详细内容请参见"信息化能力调查问卷"（略）。操作系统的基本操作能力；办公软件 Word、Excel、PowerPoint 的应用能力；局域网组件、维护、管理的能力；现代网络媒体（物联网、微博）的使用；电子商务与电子政务（网上购物、预订机票和酒店）；数字图书馆的使用和信息检索能力；办公安全管理能力；工作计划进度管理软件 Project 的使用能力；社会调查与统计软件（SPSS）的使用；常用软件（如杀毒软件、压缩软件 winRAR、备份软件 ghost、PDF 阅读器、聊天软件 QQ 或 MSN、图片处理软件、人力资源管理软件、多媒体播放器）的使用能力；常用办公设备（打印机、扫描仪、刻录机、数码相机、移动存储设备）的使用能力；综合应用能力。

第六，调查形式：调查问卷（或电话访谈）。

第七，调查统计、分析内容：根据培训前调查确定哪些知识需要确定为信息化能力培训课程的重点内容；分析培训后调查问卷结果，与培训前的调查问卷比较，得到培训效果评估结果；分析哪些培训内容完成较好，哪些培训需要加强，哪些内容需要调整。

第八，调查数据分析软件：SPSS。

第九，调查报告：调查报告的读者是校级领导、教务处、计算机教研室教师。

第十，组织调查部门及人员：计算机教研室教师及教务处教学管理人员。

从这个例子看出，要想实现高效的社会调查，必须从两方面入手，既要抓好组织实施社会调查的管理工作，又要运用好统计方法和统计软件，具体内容要经过深思熟虑，问题设计要能体现现实情况，并能反映正确的信息。规划必须周密，尽力将社会调查中可能遇到的问题都在规划中设计出来。只有将五个关键步骤的工作都认真执行了，才能够得到预期的结果。

〔资料来源：王东燕. 实现高效的社会调查关键步骤之研究 [J]. 中国集体经济. 2010（30）：193-194. 节选〕

☞ 【拓展阅读一】

习近平：谈谈调查研究
——在中央党校秋季学期第二批入学学员开学典礼上的讲话

调查研究是做好领导工作的一项基本功，调查研究能力是领导干部整体素质和能力的一个组成部分。到中央党校学习培训的都是县以上党员领导干部，党校不少班次都有专题调查研究的教学安排。现在到了年终岁末，各地各部门都要总结今年的工作，谋划明年的工作，加强调查研究很有必要。

一、调查研究不仅是一种工作方法，而且是关系党和人民事业得失成败的大问题

重视调查研究，是我们党在革命、建设、改革各个历史时期做好领导工作的重要传家宝。马克思主义的辩证唯物主义、历史唯物主义世界观和方法论，党的实事求是的思想路线，党的从群众中来、到群众中去的根本工作路线，都要求我们的领导工作和领导

干部必须始终坚持和不断加强调查研究。只有这样，才能真正做到一切从实际出发、理论联系实际、实事求是，真正保持党同人民群众的密切联系，也才能从根本上保证党的路线方针政策和各项决策的正确制定与贯彻执行，保证我们在工作中尽可能防止和减少失误，即使发生了失误也能迅速得到纠正而又继续胜利前进。回顾我们党的发展历程可以清楚地看到，什么时候全党从上到下重视并坚持和加强调查研究，党的工作决策和指导方针符合客观实际，党的事业就顺利发展；而忽视调查研究或者调查研究不够，往往导致主观认识脱离客观实际、领导意志脱离群众愿望，从而造成决策失误，使党的事业蒙受损失。

调查研究的过程，是领导干部提高认识能力、判断能力和工作能力的过程。经常走出领导机关，深入实际、深入基层、深入群众，进行各种形式和类型的调查研究，非常有益于促进领导干部正确认识客观世界、改造主观世界、转变工作作风、增进同人民群众的感情，有益于深切了解群众的需求、愿望和创造精神、实践经验。现在的交通通信手段越来越发达，获取信息的渠道越来越多，但都不能代替领导干部亲力亲为的调查研究。因为直接与基层干部群众接触，面对面地了解情况和商讨问题，对领导干部在认识上和感受上所起的作用和间接听汇报、看材料是不同的。通过深入实际调查研究，把大量和零碎的材料经过去粗取精、去伪存真、由此及彼、由表及里的思考、分析、综合，加以系统化、条理化，透过纷繁复杂的现象抓住事物的本质，找出它的内在规律，由感性认识上升为理性认识，在此基础上做出正确的决策，这本身就是领导干部分析和解决问题本领的重要反映，也是领导干部思想理论水平和工作水平的重要反映。领导干部不论阅历多么丰富，不论从事哪一方面工作，都应始终坚持和不断加强调查研究。

为什么对领导干部的调查研究，要强调"始终坚持"和"不断加强"呢？一是因为我们所肩负的任务是不断变化的，原有的任务完成了，新的任务又摆到了面前，又需要重新学习和调查研究。二是因为我们党的领导干部是要不断地进行新老交替和不断地调换工作岗位的，老干部离开了领导岗位，新一批干部上来了，老干部学习和调查研究的经验可以供新上来的干部学习借鉴，但代替不了新上来干部的学习和调查研究。领导干部从一个地区和部门到另一个地区和部门，都必须进行调查研究。即便是回到曾经熟悉的工作岗位和工作环境，也不能刻舟求剑，还需要重新调查了解新情况。三是客观事物总在不断变化，新矛盾新问题每日每时都在出现，在当代中国社会主义现代化事业蓬勃发展的形势下，在当今世界多极化、经济全球化深入发展和科学技术突飞猛进的条件下更是如此。这也要求领导干部必须坚持不懈地进行和加强调查研究。

应该看到，当前在领导干部中，不重视调查研究、不善于调查研究的问题还是存在的。有的走不出"文山会海"，强调工作忙，很少下去调查研究。有的满足于看材料、听汇报、上网络，不深入实际生活，坐在办公室关起门来做决策。有的自认为熟悉本地区本部门情况，对层出不穷的新情况新问题反应不敏锐，对形势发展变化提出的新课题新挑战应对不得力，看不到事物的发展变化是一个由量变到质变的过程，凭经验办事，拍脑袋决策。有的调研走过场，只看"盆景式"典型，满足于听听、转转、看看，蜻蜓点水、浅尝辄止。凡此种种，严重影响决策的科学性，妨碍党的路线方针政策的贯彻执行，也损害领导机关、领导干部的形象。

胡锦涛同志在党的十七届六中全会上再次明确要求，各级党委要立足我国社会主义初级阶段基本国情，以宽广的眼界观察世界，组织力量开展调查研究，努力回答对我国经济社会发展带有全局性、战略性的重大问题。各级领导干部要充分认识调查研究的重要性，按照胡锦涛同志提出的要求加强和做好调查研究工作。

二、学习和掌握正确方法，努力提高调查研究水平和成效

做好新形势下的调查研究工作，要坚持以中国特色社会主义理论体系为指导，紧紧围绕党的路线方针政策和中央重大决策部署的贯彻执行，坚持解放思想、实事求是、与时俱进，深入研究影响和制约科学发展的突出问题，深入研究人民群众反映强烈的热点难点问题，深入研究党的建设面临的重大理论和实际问题，深入研究事关改革发展稳定大局的重点问题，深入研究当今世界政治经济等领域的重大问题，全面了解各种新情况，认真总结群众创造的新经验，努力探索各行各业带规律性的东西，积极提供相应的对策，使调查研究工作同中心工作和决策需要紧密结合起来，更好地为各级党委和政府科学决策服务，为提高党的领导水平和执政水平服务。

调查研究，是对客观实际情况的调查了解和分析研究，目的是把事情的真相和全貌调查清楚，把问题的本质和规律把握准确，把解决问题的思路和对策研究透彻。这就必须深入实际、深入基层、深入群众，多层次、多方位、多渠道地调查了解情况。既要调查机关，又要调查基层；既要调查干部，又要调查群众；既要解剖典型，又要了解全局；既要到工作局面好和先进的地方去总结经验，又要到困难较多、情况复杂、矛盾尖锐的地方去研究问题。基层、群众、重要典型和困难的地方，应成为调研重点，要花更多时间去了解和研究。只有这样去调查研究，才能获得在办公室难以听到、不易看到和意想不到的新情况，找出解决问题的新视角、新思路和新对策。领导干部搞调研，要有明确的目的，带着问题下去，尽力掌握调研活动的主动权，调研中可以有"规定路线"，但还应有"自选动作"，看一些没有准备的地方，搞一些不打招呼、不做安排的随机性调研，力求准确、全面、深透地了解情况，避免出现"被调研"现象，防止调查研究走过场。党的十七届四中全会《决定》明确规定："领导干部下基层调查研究，要轻车简从，不扰民，不搞层层陪同，不组织群众迎送。"这个要求，各级领导干部要认真贯彻落实。

搞好调查研究，一定要从群众中来、到群众中去，广泛听取群众意见。人民群众的社会实践，是获得正确认识的源泉，也是检验和深化我们认识的根本所在。调查研究成果的质量如何，形成的意见正确与否，最终都要由人民群众的实践来检验。毛泽东同志1930年在寻乌县调查时，直接与各界群众开调查会，掌握了大量第一手材料，诸如该县各类物产的产量、价格，县城各业人员数量、比例，各商铺经营品种、收入，各地农民分了多少土地、收入怎样，各类人群的政治态度，等等，都弄得一清二楚。这种深入、唯实的作风值得我们学习。领导干部进行调查研究，要放下架子、扑下身子，深入田间地头和厂矿车间，同群众一起讨论问题，倾听他们的呼声，体察他们的情绪，感受他们的疾苦，总结他们的经验，吸取他们的智慧。既要听群众的顺耳话，也要听群众的

逆耳言；既要让群众反映情况，也要请群众提出意见。尤其对群众最盼、最急、最忧、最怨的问题更要主动调研，抓住不放。这样才能真正听到实话、察到实情、获得真知、收到实效。

调查研究必须坚持实事求是的原则，树立求真务实的作风，具有追求真理、修正错误的勇气。现在有的干部善于察言观色，准备了几个口袋，揣摩上面或领导的意图来提供材料。很显然，这样的调查是看不到实情、得不到真知、做不出正确结论的。调查研究一定要从客观实际出发，不能带着事先定的调子下去，而要坚持结论产生在调查研究之后，建立在科学论证的基础上。对调查了解到的真实情况和各种问题，要坚持有一是一、有二是二，既报喜又报忧，不唯书、不唯上、只唯实。有些干部，不是不了解情况，也不是看不到问题，而是不愿正视现实，不敢讲真话，报喜不报忧。这些现象都是违背实事求是原则的。在调查研究中能不能、敢不敢实事求是，不只是认识水平问题，而且是党性问题。只有公而忘私，把党和人民利益放在第一位，才能真正做到实事求是。在领导机关、领导干部中，要进一步营造和保持讲真话、讲实话、讲心里话的良好氛围，鼓励如实反映情况和提出不同意见，积极开展批评与自我批评，坚决反对上下级和干部之间逢迎讨好、相互吹捧，坚决反对把党内生活庸俗化。

调查研究，包括调查与研究两个环节。衡量调查研究搞得好不好，不是看调查研究的规模有多大、时间有多长，也不是光看调研报告写得怎么样，关键要看调查研究的实效，看调研成果的运用，看能不能把问题解决好。从目前领导干部开展调查研究的实际情况看，有调查不够的问题，也有研究不够的问题，而后一个问题可能更突出。有的同志下去，只调查不研究，装了一兜子材料，回来汇报一下写个报告就了事；有的领导干部连调研汇报也不听，调查材料也不看。这种调查多、研究少，情况多、分析少，不解决什么问题的调查研究，是事倍功半的。我们要充分认识到，调查研究的根本目的是解决问题，调查结束后一定要进行深入细致的思考，进行一番交换、比较、反复的工作，把零散的认识系统化，把粗浅的认识深刻化，直至找到事物的本质规律，找到解决问题的正确办法。

调查研究方法也要与时俱进。在运用我们党在长期实践中积累的有效方法的同时，要适应新形势新情况特别是当今社会信息网络化的特点，进一步拓展调研渠道、丰富调研手段、创新调研方式，学习、掌握和运用现代科学技术的调研方法，如问卷调查、统计调查、抽样调查、专家调查、网络调查等，并逐步把现代信息技术引入调研领域，提高调研的效率和科学性。

三、建立和完善制度，保证调查研究经常化

我们党有重视调查研究的优良传统，在新的形势下要大力弘扬。在坚持和加强调查研究方面，我们党相继制定了一系列行之有效的制度，要在实践中不断健全完善，切实抓好贯彻落实，使调查研究真正成为各级领导干部自觉的经常性活动。

坚持和完善先调研后决策的重要决策调研论证制度。陈云同志说："领导机关制定政策，要用百分之九十以上的时间做调查研究工作，最后讨论做决定用不到百分之十的时间就够了。"这是很有道理的。决策是一个提出问题、分析问题、解决问题的过程。

为了防止和克服决策中的随意性及其造成的失误，提高决策的科学化水平，必须把调查研究贯穿于决策的全过程，真正成为决策的必经程序。该通过什么调研程序决策的事项，就要严格执行相关调研程序，不能嫌麻烦、图省事。对本地区、本部门事关改革发展稳定全局的问题，应坚持做到不调研不决策、先调研后决策。提交讨论的重要决策方案，应该是经过深入调查研究形成的，有的要有不同决策方案做比较。特别是涉及群众切身利益的重要政策措施出台，要采取听证会、论证会等形式，广泛听取群众意见。要在建立、完善落实重大项目、重大决策风险评估机制上取得实质性进展，使我们的各项工作真正赢得群众的理解和支持，从源头上预防矛盾纠纷的发生。

坚持和完善领导机关、领导干部的调研工作制度。领导干部要带头调查研究，拿出一定时间深入基层，特别是主要负责人要亲自主持重大课题的调研，拿出对工作全局有重要指导作用的调研报告。为什么要强调各级领导机关的主要负责人亲自下去做调查，亲自主持重大课题的调研呢？因为对各种问题特别是重大问题的决策，最后都需要主要负责人去集中各方面的意见由领导集体决断，而主要负责人亲自做了调查研究，同大家有着共同的深切感受和体验，就更容易在领导集体中形成统一认识和一致意见，更容易做出决定。20世纪60年代初，为了度过当时国民经济的严重困难，全党同志就当时一些重大问题同时开展调研，尤其是各级领导机关的主要负责人都参与了调研，结果很快就形成了解决一系列重大经济社会问题的正确决策，使困难局面迅速得到扭转。那次全党大调研给我们留下了宝贵经验。中共中央办公厅去年印发的《关于推进学习型党组织建设的意见》明确要求："建立健全调查研究制度，省部级领导干部到基层调研每年不少于30天，市、县级领导干部不少于60天，领导干部要每年撰写1至2篇调研报告。"对这些要求，各级领导干部要认真执行，各级领导机关要经常督促落实。

坚持和完善领导干部的联系点制度。建立领导干部联系点，是防止领导干部脱离群众的一种重要手段，也是发现和解决问题的有效途径。各级领导干部要坚持这一制度，并注意总结经验，不断加以完善。党政主要领导干部要以身作则，率先垂范。不仅要"身入"基层，更要"心到"基层，始终关心基层联系点，关心联系点的群众。到联系点调查研究，要真心实意地交朋友、拉家常，通过面对面交流，直接了解基层干部群众的所想、所急、所盼。同时，还可有选择地开展蹲点调研。蹲点调研、解剖"麻雀"是过去常用的一种调研方式，在信息化时代依然是管用的。要注意选择问题多、困难大、矛盾集中，与本职工作密切相关的农村、社区、企业等基层单位，开展蹲点调研，倾听群众心声，找准问题的症结所在。近年来，有些领导干部包括有的省部级干部不打招呼、不要陪同，一竿子插到底，直接深入基层和群众之中进行调查研究。一些省区市和中央部委开展"领导干部下基层""进千村入万户"等活动，每年安排一批干部到村镇、社区和其他基层单位蹲点。中央组织部近两年组织开展万名组织部长下基层活动，推动各级组织部长深入基层、深入一线，与群众零距离接触、与干部面对面交流，实地考察基层经济社会发展和党的建设情况，解决了一批影响和制约地方科学发展的突出问题，发现和总结了许多基层党建新经验，结交了普通百姓朋友，密切了党群、干群关系，同时也发现了一批优秀人才。今年8月以来，中央宣传部、中央外宣办、国家广电总局、新闻出版总署、中国记协等五部门在新闻战线开展"走基层、转作风、改文风"活动，大批编辑记者深入基层蹲点调研、采访写作，采写的新闻报道令人耳目一新，在了解基层实际、反映群众意愿、树立良好形象、推动具体工作上取得了积极进展，受到广大干部群众的普遍好评。浙江省嘉善县从 2008 年起，每年分批选派近 200 名部门中层干部到基层单位开展为期 3 个月的蹲点调研，采取"菜单式点题""承诺式蹲点""全程式联挂"等形式，组织机关干部集中下基层开展服务、调研活动。3 年来，参与调研的干部每年都提出了一批好的工作建议，并为基层和群众解决了一批突出问题，办了不少实事，群众赞誉"党的好传统、好作风又回来了"。像这样的例子在中央机关和地方还有不少。以上这些做法，都有助于了解实际情况、听取群众意见、发现和解决问题、密切党群关系，值得学习和借鉴。

[资料来源：中共中央党校（国家行政学院），网址：https://www.ccps.gov.cn/xxsxk/zyls/201812/t20181216_125680.shtml，2011 年 11 月 21 日]

☞【拓展阅读二】

一篇震撼人心的大学生社会调查——李强和他的《乡村八记》

一篇社会调查引发强烈震撼

2005 年 4 月 3 日，一篇题为《二姨家的年收支明细账》的大学生社会调查，以半个版篇幅在《人民日报》5 版显著位置刊出，引起社会关注。

在这篇文风朴实的文章中，作者对二姨家的年收支明细账进行了分析，结果大吃一惊：二姨家辛劳一年，竟然入不敷出！二姨家的收入情况在村子里算比较好的，她家的工商业收入已经占到全年总收入的一半以上，而村里大部分人家是以农业为主，相当多的农民家庭的收支状况很不乐观。

《人民日报》"编者的话"说，这里披露的是我国中部地区一个普通农民家庭的"财政状况"，具有一定的代表性。它反映了我国大多数农民以怎样的状态努力地劳动和生活着。他们追求幸福生活的道路日渐光明，却并不平坦。

更为引人注目的是作者的身份和调查方式。"编者的话"特别说明："这篇文章的作者是清华大学新闻与传播学院二年级的学生。他利用春节假期，回乡调查，形成了长篇调查报告，我们节选了其中最平实、精彩的一部分。拿到厚厚一摞文稿，我们受感动的，不只是这些文字，更难得的是，学子对土地、对父老乡亲那份厚重的情义。"

敏感的新闻鼻对这篇报道迅速做出反应，一些新闻媒体先后转载；有些高校把它列为优秀新闻作品；统计工作者赞赏作者"小处着眼"的调查方法；社会学者关注他深入调查的作风和讲真情实话的勇气；一位网民从作者的"二姨账"联想到自己的"父亲账"，称父亲多年积攒下来的几十个账本的背后"是父亲面朝黄土背朝天的肯干精神，是父亲精打细算的持家辛劳，更是父亲人生心路的历历再现"……一时间，《二姨家的年收支明细账》形成了一轮舆论冲击波。

这篇文章的作者叫李强，一个朴实憨厚的山西学子。《二姨家的年收支明细账》节选自他的乡村调查《乡村八记》，原作共有三万五千字。事实上，在《人民日报》刊登李强文章之前，他的《乡村八记》已在老师和同学中间广为流传，并引发了许多人心中的共鸣和震撼。

　　李强的指导老师、清华大学新闻与传播学院副院长李彬教授看到这篇社会调查之后，非常激动，马上把它介绍给新闻界前辈、清华大学新闻与传播学院院长范敬宜。范老读后也"激动得不得了"，这位有广泛影响的老报人专门撰文推介说："我怀着惊异的心情，用了整整一个晚上和一个早晨的时间，一口气读完了李强同学这篇农村调查报告，内心受到强烈的震撼。一位在校学习的大二学生，能够利用短短的假期，如此深入地到农村进行实地调查，写出这样一篇客观、深刻、翔实、生动地反映当前农村现状的报告，令人振奋，也令人深思。"

　　学院把《乡村八记》印刷成册，正式推荐给全体师生做学习参考材料；请李强为全院师生做汇报讲座，重点讲新闻与传播教学如何更紧密地结合实际；更多的同学通过学院内部网阅读了这篇乡村调查。尽管《乡村八记》在内部网只挂了几天，但却好评如潮。大家说，看了李强的乡村调查，我们一下子就找到了差距。他那么深入，见解深刻，而我们参加社会实践的时候，却只是找些有意思的故事，显得很肤浅……

震撼力之源在于"实事求是"

　　一篇大学生社会调查，何以引起广泛关注？其震撼人心的魅力何在？让我们听一听作者在《后记》中吐露的心声："在写这篇调查报告（或曰乡村实录）时，我总是带着一种极其饱满的感情，一种不吐不快的感觉始终占据着我的大脑，而眼前也总是呈现着一幅画面：一个处于社会转型期的乡村世界的形象——一个被主流话语权逐渐边缘化的角落。它太需要人们去关注了，因为它始终是中国社会的主体，事实上、物质上的主体。没有它的现代化，我们所谓的现代化将永远是观念上的现代化，一种局部的现代化。"

　　李强出生在山西太原，小时跟随父母在农村长大。作为从农村走出来的幸运儿，这位清华学子对农村教育的关注渗透在字里行间。他关注二姨家的教育支出，关注村里的小学和县里的重点中学，和退休教师、和村支书谈教育状况。他说："对于出身农家的子弟，若想离开农村，改变自己的命运，读书上大学可谓是唯一的出路，但教育的成本之高已使一部分农家子弟望而却步，使大部分农家不堪重负。"在二姨家的年收支明细账中，2004年的总收入是14866.5元，总支出是15785.26元，全年结余是负数：-918.76元，其中教育支出高达8200元，占全年总支出的一半以上。李强不止一次地发出疑问："村民往往寄希望于教育脱贫，但教育往往又成为致贫的主要原因，投资教育对村民来说近似一种赌博。这个悖论向我们提出了几个问题：上学究竟要花多少钱？这个钱究竟应该谁来出？"

　　他得出结论：中国的现代化的进程，归根到底要取决于农村现代化的进程，而教育是提高农民素质，使其行为方式、意识形态向现代化转轨的最重要的手段。但是我们在每天喊口号的时候，要充分考虑到教育的目的。办教育需要钱，但是也要充分考虑农民的承受能力，毕竟教育是一项没有钱都要办的事业，教育不为赢利。

李强关注农村奔小康的出路和途径。就像马克思研究商品经济从货币开始一样，他从二姨家的 13 亩耕地（10 亩承包地、3 亩自垦地）开始考察，玉米收入、黄豆收入、万寿菊收入、副业收入、工商业收入等等，一笔一笔记得清清楚楚。他说，在农村，各家各户如果单从土地（主要指传统种植业）想办法，那么收入差距是不会拉开很大的。要想较大幅度地提高收入，那么从事工商业，使家庭经济收入的重心由农业向非农方向转移，应该是一条出路。但从事工商业需要一定的条件，一方面需要经营者具备一定的头脑和素质，更重要的是，附近城市工商业的繁荣与否直接制约着农民是否能够大规模地通过工商业致富，这恐怕是村里大部分人家以农为主、收入较低的重要原因。

李强说，其实单从土地上想办法，收入也是可以提高的。万寿菊是一种制造色素的农作物，其亩产收入是玉米的 8 倍、黄豆的 11 倍多，若大规模种植，增收是没有问题的。但村里种得最多的一户也只有 3 亩，远远形不成规模效益。

李强问原因，姨父说，万寿菊虽然收入很高，但是种植、管理需要投入大量精力，太麻烦……

李强问，为何不把各种植户组织起来，全村行动，进行大规模种植，集中管理，集中采摘销售，既提高了效率，又形成了规模效益？

姨父说，各户都是各顾各的，没人出来张罗这事。而且收入一旦分配不公，这种组织极易解体。

李强慨叹，土地家庭承包责任制的确使农民劳动的积极性提高了，农民自由了，但传统的自主经营的小农经济及其意识在农村仍然占据着统治地位。尤其是分田单干之后，这种意识更加强烈。中国的农民，历来善分不善合，家庭利益、亲友关系构建了他们的习惯行为方式，他们缺乏平等协商的意识，无法通过合作组织来实现他们的共同利益，而这恰恰是现代社会所必需的基本意识，也是市场经济条件下的必然产物。

他得出结论："市场经济这股潮流似乎仅仅停留在乡村的上空，而没有真正波及这个有着五千年农耕文化的核心——传统的小农经济下农民的处事方式及意识形态。我想，中国的现代化，恐怕要从农民思想的现代化而始。"

李强关注农村改革和基层组织建设。他走访县城企业，调研青椒产业，了解农民负担和干群关系，和颇有见地的乡党委书记畅谈乡政建设。有一点引起了他的注意，就是乡里好多重大举措都发生在 2004 年。乡党委书记解释说，2003 年实行了费改税，乡政府没了收入，如果不自谋出路，就无法生存下去。

他得出结论：这场浩浩荡荡的税费改革，的的确确抓住了现今乡村的一个关键症结，它不仅仅直接减轻了农民的税费负担，而且间接地促使基层政府由不作为转向作为，使得乡村经济得到主动的、自觉的发展，从而使农民获益，正所谓政策推动转变。

一位读者以《何时让"二姨"们不再期盼？》为题评述说，李强的文章较许多"欢欣鼓舞"的报道要低调得多，然而"这是基本符合实际的"。尽管当前多数农民的生活状况大有好转，但"温饱型"仍为主流。

大学生怎样进行社会实践

4 月下旬，记者来到清华大学新闻与传播学院，就大学生怎样进行社会实践和李强面对面交谈。

谈起这次乡村调查的初衷，李强说，我的指导老师李彬教授常说，读万卷书，行万里路。他向我们开列了100种必读书目。许多中外名篇如《共产党宣言》《毛泽东著作选读》《万历十五年》《乡土中国》《黄河边的中国》《熵：一种新的世界观》《范长江新闻文集》《穆青传》《混沌：开创新科学》等都脍炙人口。

他说，上学期读了曹锦清先生的《黄河边的中国》以及费孝通先生的《乡土中国》，还参与了校"三农"学会的讨论，对于"三农"问题有了一些了解，但"纸上得来终觉浅，绝知此事要躬行"。曹锦清先生赴河南农村考察，写出《黄河边的中国》已经是近10年前的事情了。如今乡村又有什么新变化，需要我们再去进行一番调查。

记者问李强为什么选择山西农村做调查对象。他说，这里是我的家乡，各方面都熟悉。一个外人是很难进入乡村社会的。

记者问李强乡村调查的方式。他说，许多东西都是从《黄河边的中国》和《乡土中国》中学来的。我想按照"户—村—乡—县"的思路展开调查，可是到了县里就困难了。一是春节临近，县领导很忙；二是我这样一个普通大学生，也难有机会和县领导见面。于是我就借助《沁县志》和《铜鞮之光》等资料，对"纸上的沁县"做考察研究。

记者问李强抱着怎样的心态参加社会实践。他说，大学生参加社会实践，首先要摆正身份和心态。现在很容易采取"居高临下"的态度，以为"我给你们带来了什么，我为你们做了什么"等等，这是很不成熟的，也是很危险的。在中国，最大的国情在农村。大学生对农村的理解，仅限于媒体，了解甚少。自己看，不一样。所以还是抱着虚心学习的态度才会有帮助。

记者问李强最感困惑的是什么。他说，不看不知道，社会现象之复杂，远非我们这些在校学生所能明白。就说教育吧，大家都知道希望工程，在人们的印象中，贫困地区的人上不起学，是因为穷，于是纷纷捐款。实际上，这个问题没有那么简单。它牵涉到农村教育体制、经费来源和管理、收费制度收多少由谁出，牵涉到农村计划生育、产业结构调整、城乡二元体制变革等等，远非"贫穷"二字和一个"钱"字所能解释。他认为，如何使在校期间的学生能够了解社会，使其不至于在离校踏入社会之时无所适从，实为当今大学教育需要考虑的重大问题。

记者问李强感触最深的是什么。他说，城市和乡村之间的差别、隔阂太大了。乡下人张口闭口"你们城里人"，叫人听起来很不舒服；反过来，城里人张口闭口"你们乡下人"，同样叫乡下人心里不舒服。

八天的乡村调查结束了，李强在《乡村八记》的最后写道：大山渐渐远去，村庄渐渐远去，走出革命老区太行山区，穿过当年富商大贾聚集的晋中平原，走进了省会太原，霓虹灯似乎已在向我招手。两个小时的车程，近似于一部活生生的社会发展史，把我从一个传统的乡村世界带入了灯红酒绿的现代工业社会，我的手机又有了信号，我可以品尝众多的美食，我可以舒舒服服地洗澡……欣喜之余，不免自问：一部从传统乡村社会到现代工业社会的发展史，仅仅持续两个小时，是不是过快了一些呢？

他说，今年暑假，他还想参加社会实践。这一次要约几个志同道合的同学一起去，人多力量大，好好谋划，争取完成更高质量的社会调查。学院有很多同学，也都在谋划着各自的暑期社会实践行动计划。

新闻背景：

长篇调查报告《乡村八记》生动反映了处于社会转型期的西北农村的风貌和现实。李强同学用实际行动为文科学生参加社会实践树立了榜样，他的调查报告也为我们正在探讨的"如何加强学生收集利用信息资料的能力"提供了很好的范例。

(资料来源：《科技日报》，2005 年 5 月 24 日)

☞ 【思考题】

1. 什么是问卷调查？问卷调查有什么意义？其开展步骤是什么？
2. 什么是访谈调查？访谈调查需要注意哪些事项？其开展步骤是什么？
3. 以小组为单位，做一个劳模或者工匠的人物访谈，并撰写访谈报告（不少于 3000 字）。

☞ 【参考文献】

[1] 风笑天. 社会调查方法 [M]. 3 版. 北京：中国人民大学出版社，2019.

[2] 郭健彪，等. 新时代　新福建　新青年：大学生思想政治理论课社会实践指南 [M]. 厦门：厦门大学出版社，2019.

[3] 郝大海. 社会调查研究方法 [M]. 4 版. 北京：中国人民大学出版社，2019.

[4] 江立华，水延凯. 社会调查教程 [M]. 7 版. 北京：中国人民大学出版社，2018.

[5] 江立华，水延凯. 社会调查教程精编本 [M]. 2 版. 北京：中国人民大学出版社，2020.

[6] 卢小广. 社会调查研究实务教程：基于 SPSS 20 [M]. 北京：人民邮电出版社，2016.

[7] 徐秦法. 高校思想政治理论课实践教程 [M]. 北京：中共中央党校出版社，2021.

[8] 张晓丹，石攀峰. 大学生思想政治理论课社会实践指导教程 [M]. 北京：科学出版社，2017.

第三章 思想政治理论课社会实践的选题与方案设计

> 凡事豫（预）则立，不豫（预）则废。言前定则不跲，事前定则不困，行前定则不疚，道前定则不穷。
> ——《礼记·中庸》

好的开始是成功的一半。科学合理的选题是思想政治理论课社会实践取得成功的第一步，也是关键一步。成功的选题应做到"四个坚持"，即坚持与社会现实、民生热点相结合，坚持与国家重大事件相结合，坚持与思想政治理论课的重点难点问题相结合，坚持与学生的个人实际情况相结合，努力帮助大学生在社会课堂中锤炼思想、开阔视野、增长知识、培养责任感、提升职业能力。此外，为确保方向不偏航、任务不落空，大学生还需要掌握方案设计的步骤与方法，对整个实践过程进行全面而有针对性的方案设计。

> 高校学生支教、送知识下乡、志愿者行动等活动，都展现了学生的风貌和服务社会、报效国家的情怀。许多学生正是在这样的社会实践和社会活动中树立了对人民的感情、对社会的责任、对国家的忠诚。当年，我在梁家河插队，实际上就是在上社会大学，向群众学习，向实践学习，那段经历让我受益匪浅。
> ——2016年12月，习近平在全国高校思想政治工作会议上的讲话

第一节 思想政治理论课社会实践的选题

完整的思想政治理论课社会实践通常要经过确定选题、实践方案设计、开展调查研究、整理和分析调查数据及材料、总结撰写社会实践报告这五个阶段。其中，选题是第一步，也是关键的一步，科学合理的选题是社会实践取得成功的必要条件，对实践活动具有整体统筹的意义。

一、思想政治理论课社会实践选题的内涵与类型

思想政治理论课社会实践选题是指为社会实践项目选择一个科学合理的研究主题。科学合理的选题主要由选题视角、选题对象、研究内容等三个方面构成。选题视角可以

从宏观、中观、微观等不同角度切入；选题对象可根据研究内容的不同而选择不同群体或事物，如高校女大学生、农村留守儿童、乡村红色资源、社会主义新农村等；研究内容按类型划分主要包括思想政治类、经济发展类、社会民生类等，具体包括乡村振兴、脱贫攻坚、产业发展、文化传承、社会治理、环境保护等。主要开展形式有参观学习、社会调查、志愿服务、就业见习等。

思想政治理论课社会实践选题不是一步到位的，在初步确定选题的基础上，需要进一步查找资料，搜集尽可能多的与该选题相关的信息，在掌握了前期研究情况后，需要与指导教师联系沟通，对选题进行充分论证和分析，从而确保选题符合要求，提高选题质量。

二、思想政治理论课社会实践选题的原则

（一）思想性原则

合格的思想政治理论课社会实践选题应该具有思想导向功能。思想性是思想政治理论课社会实践区别于其他类型社会实践（如专业实践）的本质所在，旨在展现当代大学生良好的精神风貌，反映改革开放以来社会发生的重大变化，贯彻党的理论、方针政策，弘扬社会主义核心价值观，提高大学生的思想政治觉悟，努力培养能够担当民族复兴大任的中国特色社会主义建设者和接班人。

（二）实践价值原则

价值指向是大学生社会实践选题的逻辑基础和目标归宿。选题的实践价值可以是对社会的应用价值，也可以是对学生的育人价值。选题要关注现实，对当代国内外具体的社会问题、现实问题能够做出详细解释，并且提出科学的对策和建议，能够对现实生活提供启示和指导，从而服务社会、服务群众。选题要能帮助学生树立正确的世界观、人生观、价值观，提高学生运用马克思主义立场、观点和方法去发现、分析和解决问题的能力，从而加深学生对社会的了解，培养家国情怀，提高社会责任感。

（三）可行性原则

可行性原则是指在社会实践选题阶段，要根据实际具备的或经过努力可以达到的条件来选择实践项目，选题策划时要对预期完成项目的主客观条件尽可能进行周密的评估，既要尽力而为，又要量力而行。选题既要主观可行，也要客观可行。同时，选题不能太宽泛，题目过于宽泛会导致社会实践质量不高。选题切勿贪大，选题越大越空，越难把握。由于学生用于社会实践的时间、精力、财力、能力都有限，所以在选题时应该"小题大做"，从大处着眼，小处着手，要逐渐增强以小见大的功力，使调研做得更细致，质量也更高。比如把选题确定为"大学生生活习惯的研究"就无法下手，如果改为"××市大学生熬夜情况调查"就比较具体。

（四）科学性原则

科学性原则是指社会实践项目的选择必须要有依据，具体包括选题的理论依据和现实依据。一方面，选题要以科学理论为指导，选题目的明确，立论依据充实、合理。没有一定的科学理论依据，选题则会存在起点低、盲目性大的问题，使撰写实践报告成果

阶段无从下笔、无法成文。思想政治理论课社会实践的选题要坚持以马克思列宁主义、毛泽东思想、邓小平理论、"三个代表"重要思想、科学发展观和习近平新时代中国特色社会主义思想为指导。"基础"课、"纲要"课、"原理"课、"概论"课的具体理论都要认真学习研究，从中为社会实践选题找到理论依据。

另一方面，选题时要密切联系自身实际，可以联系自己平时的学习和生活实际，也可以与专业结合，发挥专业优势，尽量找自己平时关注多、感兴趣的选题，还要关注时事政治，关注国家大事，关注社会发展走向，在观察和总结中寻找社会亟须解决的问题为选题，从而增强社会实践的现实针对性。缺乏现实依据，会导致进入实践阶段后现实跟想象差异巨大而无法开展下去。

（五）创新性原则

创新性原则是思想政治理论课社会实践项目选题的重要原则。培养学生的创新意识和创新能力是思想政治理论课社会实践的一个重要育人目标。创新性原则是指选题要新颖，所选定的问题应是前人未曾解决或尚未完全解决的问题，通过研究而有所创新，有新意和时代感。选题要有新意，就要了解新情况，研究新问题，要有自己的独到之处。

三、思想政治理论课社会实践选题的创新

（一）选题创新的常见问题

当前，难见创新是思想政治理论课社会实践常见的一个选题问题，具体表现为选题陈旧和选题重复。首先，选题与当今社会时代的发展脱节，再研究已经没有意义。其次，有的社会实践项目选题已经有很多人去做，且网上已有大量相关的社会实践报告。如果只是重复他人的研究，没有自己的见解，那么这样的选题也缺乏价值。

（二）为什么学生的选题很难做到创新

究其原因，主要有以下四个方面。其一，部分学生思维懒惰，不愿创新。他们不愿意在选题上多花时间、多费功夫，只是简单地从网上照搬一个题目就确定选题。其二，部分学生害怕接受挑战，不敢创新。研究新情况、探索新问题、改进实践方法，这一过程远比简单重复别人已有的选题难度要大、遇到的困难要多，他们的畏难情绪阻碍了选题创新。其三，部分学生由于认识水平或实践能力有限，不能创新。他们的个人能力客观上制约了选题创新，很难发现新问题，或者很难对问题提出新的解决方案。其四，还有部分学生由于没有做详细的资料收集，并不了解研究现状，自以为选题有创新性，但其实很多人已经做过相关的调查研究，从而错过创新机会。

（三）怎样提高学生的选题创新能力和水平

第一，学生要愿意创新、敢于创新。选题成功意味着社会实践已经成功一半，陈旧的选题不可能得到教师的较高评价。学生们要舍得花时间、克服思维惰性，多花心思多琢磨选题；要敢于迎接挑战，克服畏难情绪，只有这样才能发现隐藏在众多社会现象背后的新问题、新规律、新方法等，找到有价值的新颖选题。

第二，教师要帮助学生提高创新能力和水平。一是要立足新时代，发现社会实践新问题。我们要正确了解和把握新的时代特征。当前中国特色社会主义进入了新时代，要

围绕新时代的新内涵、新特点、新动力、新任务等，捕捉时代发展新变化，发现新问题。时代的飞速发展，中国社会的快速变化，为选题创新提供了巨大的空间。如果我们做不到"人无我有"，我们可以在"人有我新"上多下功夫。在前人实践成果的基础上寻找突破点，便可以有新的研究视角、开拓新的研究领域、运用新的研究方法、收集新的材料和数据、补充新的观点或发现新的规律等。二是要深入研究，找准社会实践新选题。我们对社会实践选题进行深入研究，通过广泛查阅相关文献资料来详细了解该选题当前的研究状况，了解是否有人已经或者正在研究类似的问题，这个问题已经有了哪些成果。前人已经做过的调查研究和已有的实践成果是我们进行社会实践选题设计的基础。弄清楚该问题的研究现状，才能避免重复研究，确定实践探索的突破点，进而做到选题创新。三是要整合资源，拓展社会实践平台。我们主动对接，善于借助全国或者学校所在地的优质社会资源，依托革命圣地、革命老区、博物馆、纪念馆、科技馆、爱国主义教育示范基地（详见附录"全国爱国主义教育示范基地名单"）等实践平台，引导学生有计划、分批次地到这些实践平台参观和学习，在实践中亲身感受，强化学生的革命情感，增强学生的民族自信心和自豪感，提升学生的爱国热情，使学生在社会实践活动中受教育、长才干、做贡献。

☞【推荐阅读】

福建省大学生社会实践基地名单

福建省大学生社会实践基地是由福建省委教育工委、省教育厅和团省委负责共同审核和确定的，从 2011 年 7 月至 2017 年 12 月，先后分 5 批公布了福建省大学生社会实践基地名单，总数累计达到 90 个。其主要目的是更好地发挥大学生社会实践基地作用，更加深入地推进实践育人工作，大力开展形式多样、富有特色的实践活动，帮助广大学生在社会实践中了解福建新农村发展的变化，感受福建跨越发展、科学发展的成就，接受革命传统的教育。省级大学生社会实践基地重点选择与高校联系广泛、合作成效突出、有典型示范意义的街道社区、农村乡镇、爱国主义教育基地、党政机关、企事业单位、部队与军事机构、社会服务机构等。实践基地面向全省高等学校免费开放，以充分挖掘育人功能。具体名单如下：

第一批福建省大学生社会实践基地（10 个）

1. 厦门网宿科技社会实践基地
2. 漳州境外生民俗文化教育实践基地
3. 莆田大洋乡支教实践基地
4. 明溪大学生社会实践基地
5. 古田会议会址及古田会议纪念馆
6. 福建省好思惠农业发展有限公司
7. 福州台江区鲲鹏青少年社工社会实践基地
8. 集美服务社会管理社区实践基地

9. 泉州民营企业大学生社会实践基地
10. 武夷山洋庄乡新农村建设暨爱国主义教育基地

第二批福建省大学生社会实践基地（10个）
1. 海军厦门水警区"文化拥军"社会实践基地
2. 紫金矿业集团股份有限公司社会实践基地
3. 仓山林浦暑期大学生社会实践基地
4. 福州大熊猫研究中心大学生社会实践基地
5. 万好国际集团ECO健康城社会实践基地
6. 长泰二中实践基地
7. 闽东红土地——立峰村爱国主义教育基地
8. 福州市茶园街道洋四社区大学生社会实践基地
9. 中国重汽集团福建海西汽车有限公司实践基地
10. "后山（马山）夜校"社会实践基地

第三批福建省大学生社会实践基地（15个）
1. 厦门大学——漳江口红树林国家级自然保护区大学生社会实践基地
2. 华侨大学——侨生实践育人基地
3. 福州大学——家训家风传承教育实训基地
4. 福建师范大学——金洲社区大学生艺术服务实践基地
5. 福建农林大学——福州科技馆大学生社会实践基地
6. 福建医科大学——附一青年福州市盲协志愿服务合作基地
7. 福建中医药大学——南溪土楼沟革命教育基地
8. 集美大学——东南国际航运中心厦门航运交易所社会实践基地
9. 福建工程学院——大学生社会实践鼎屿社区基地
10. 武夷学院——五夫朱子文化生态园大学生社会实践基地
11. 三明学院——三明市客家文化艺术中心实践基地
12. 仰恩大学——基层警营实践教学基地
13. 福建农业职业技术学院——相思岭大学生社会实践基地
14. 黎明职业大学——"安踏"社会实践基地
15. 福建师范大学协和学院——阿里巴巴闽汕大区实践基地

第四批福建省大学生社会实践基地（30个）
1. 福建民俗博物馆社会实践基地
2. 船政文化大学生社会实践基地
3. 福建省档案馆大学生社会实践基地
4. 冰心文学馆教育实践基地
5. 闽侯大湖乡大学生实践教育基地
6. 龙程水产养殖技术实践基地
7. 向阳乡校外实习实践基地

8. 泰宁开善大学生社会实践基地
9. 港澳台侨学生"三下乡"志愿服务实践基地
10. 光泽县"精准扶贫青年先行"大学生社会实践基地
11. 培田古居民大学生社会实践基地
12. "文艺扶贫"暑期社会实践基地
13. "追寻红色足迹 践行青春梦想"大学生社会实践基地
14. 海西春雨行动基础教育服务与实践基地
15. 赤溪小学大学生社会实践基地
16. 鼓山镇社区志愿服务大学生社会实践基地
17. 洋头口社区居家养老服务站实践基地
18. 厦门湖里区金尚社区实践基地
19. 中航工业实践育人创新创业基地
20. 厦门软件园（二期）企业联盟大学生社会实践基地
21. 漳州长泰绿港园服务"三农"示范基地
22. 体验式生命教育实践基地
23. 闽侯县浦口小平小葵科普服务实践基地
24. 闽侯新希望康复中心大学生社会实践基地
25. 漳浦县仁爱中华文化教育中心大学生社会实践基地
26. 长泰龙人古琴文化村大学生社会实践基地
27. 蚶山书院大学生社会实践基地
28. 中软国际软件人才实践基地
29. 安溪县松香苑生态农业园实践基地
30. 河洛大学生社会实践基地

第五批福建省大学生社会实践基地（25个）

1. "归根情·情暖归国华侨侨眷志愿服务"实践基地
2. 宁德市霍童镇美丽乡村建设社会实践基地
3. 闽侯县蔗洲小学志愿服务实践基地
4. 福州动物园大学生社会实践基地
5. 福建博物院青年志愿服务基地
6. "政务我帮您"志愿服务集美大学社会实践基地
7. 大学生社会服务能力发展实践基地
8. 泰宁新桥乡大学生社会实践基地
9. 前坪村"三下乡"志愿服务实践基地
10. 泉州市"美丽社区科普行"大学生社会实践基地
11. 南平博爱村社会实践基地
12. 中华妈祖文化研究院大学生社会实践基地
13. 中央苏区红军标语爱国主义教育基地

14. 邓子恢纪念馆大学生社会实践基地
15. 武夷新区大学生社会实践基地
16. 仓山区青少年社会工作社会实践基地
17. 下党希望学校大学生社会实践基地
18. 厦门市湖里区金山街道金海社区大学生社会实践基地
19. 惠安县爱心社志愿服务实践基地
20. 寿宁县下党乡大学生思政教育实践基地
21. 中国闽台缘博物馆社会实践基地
22. 蔡襄纪念园学生社会实践基地
23. 福建省VR+红色教育大学生社会实践基地
24. 永春县吾峰镇大学生社会实践基地
25. 集美鳌园"嘉庚文化"实践基地

（资料来源：福建省教育厅，网址：http://jyt.fujian.gov.cn/，整理）

第二节 思想政治理论课社会实践的方案设计

一份成功的思想政治理论课社会实践方案能为社会实践活动指明方向，也能提高社会实践项目质量、提升实践育人成效，是社会实践活动成败与否的关键。大学生需要了解思想政治理论课社会实践方案设计的特点，掌握方案设计的步骤与方法。

一、思想政治理论课社会实践方案设计的含义

方案设计，是单位、部门或个人，在未来一定时期内对学习、工作或是生活方面制定的目标任务及其完成的时间、步骤、方法等的设计和安排，并用文字和指标等形式表达出来。思想政治理论课社会实践方案设计是大学生在开展社会实践活动前撰写的一份予以指导、规范实践行为的计划书。一份完整的社会实践方案设计主要包含：活动主题、活动背景、目的及意义、活动时间与地点、活动日程、人员安排、活动预期效果、安全应急预案以及实践活动后的总结与宣传等。当然，撰写一份具体的社会实践方案也需要根据实际项目情况而定。

二、思想政治理论课社会实践方案设计的特点

（一）目的性

确立明确的目的是顺利进行思想政治理论课社会实践活动的首要前提。为什么要开展社会实践活动？进行社会实践活动要达到一个什么目的？学生心中首先要清楚这些问题，然后把目的通过一定的形式贯穿下去。思想政治理论课社会实践方案设计是在社

实践活动开展前必须完成的工作，需要明确社会实践项目的主题、目的及预期成果，让团队成员朝着既定目标共同努力。

（二）针对性

大学生社会实践方案是高校针对党和国家的方针政策、上级部门的工作安排和指示精神而定的，是针对本校的工作任务、主客观条件和相应能力而定的。预先根据可能出现的问题制订若干对应的方案，并且在实现目标的过程中，根据形势的发展和变化制订新的方案，或者选择相应的备选方案，最终实现社会实践目标。因此，制订任何一项方案，必须明确在一定时间内需要完成什么任务，获得什么效益。此外，社会实践还必须基于社会热点、客观事实，并通过实践为社会做出一定贡献。

（三）预见性

预见性是方案设计最显著的特点之一。提前制订实践方案不是对已经形成的事实和状况的描述，而是在行动之前对行动的任务、目标、方法、措施所做的预见性确认。但这种预见不是盲目的、空想的，而是以上级部门的规定和指示为指导，以本单位的实际条件为基础，以过去的成绩和问题为依据，对今后的发展趋势做出科学预测之后做出的。可以说，预见性是否准确决定了方案设计的成败。

（四）可行性

社会实践方案设计应该具有可操作性，才能在具体实践过程中更好地实现它的作用。对于目标的设定应该适度：如果目标定得过高，措施无力实施，这个方案就是空中楼阁；相反，如果目标定得过低，措施没有创见性，虽然很容易实现，却不能取得有价值的成就，那也算不上有可行性。因此，对未来的预测应建立在客观实际的基础上，以现有的条件为基础，以过去的成绩为依据，并切忌盲目地、无根据地制订方案。一般来说，预见性准确、针对性强的方案，在现实中的可行性更高。

（五）灵活性

人们常说，计划赶不上变化。这句话有一定道理，但它的意义不是叫你不要做计划，而是叫你做多套备选计划。事实上，计划不能保证你成功，但能够引导你为将来做更好的准备。如果在计划执行的过程中，客观环境发生了变化，就要适时地予以修订。所以，方案设计既要有指导性，也要有可变性。同时，考虑到未来的变化，方案设计还应该有弹性，可以预测未来可能的变化，辅以备选的多套方案。

由于社会实践方案是在活动开展前制订的，只是对社会实践活动的初步安排，具有不确定性，无论是活动日程安排、人员安排还是资金支出都是对实践活动的一种规划或者设想。因此，具体活动事项和细节要根据实际情况而定，当实际情况发生了变化，社会实践方案也要随着具体实际情况的变化做出相应的调整。

三、思想政治理论课社会实践方案设计的步骤

（一）目标的确定与分解

社会实践方案的设计是为了完成具体的社会实践目标，而根据社会实践目标的时间跨度和范围，要将社会实践目标进行分解。如果是长期目标，则需要划分成若干个短期

目标；如果是大的团队目标，则可以分解成小的个人目标。这样，分解后的社会实践目标就为具体社会实践方案的设计提供了坐标。

目标的分解就是将一个大目标划分成若干个小目标，再把小目标分解成多个更小的目标，这样一直分解下去，直到知道能干什么、该干什么。注意目标分解的原则是：小目标是大目标的条件；小目标是大目标实现的桥梁；大目标是小目标的结果。

（二）事项或任务的排序

思想政治理论课社会实践目标的实现均对应着具体的工作事项或任务。面对需要解决的众多事项或任务，总有个轻重缓急。如大学生在进行社会实践调研时，需要完成电话预约、查询路线、准备资料、拜访社会实践相关单位的人员、填写差旅或交通发票、撰写社会实践日志等事项。另外，可能还有其他事情要处理，比如到社会实践相关单位进行实地查看、对社会实践相关单位的人员进行拍照等。为了促使社会实践活动顺利进行，各种实践任务得到妥善完成，就要对相关的事项或任务进行适当排序，为此，需要注意以下两点：

1. 轻重缓急，要事第一

运用时间管理的"四象限法则"，把事项按照紧急程度和重要性两个维度划分出四个象限，其中，以事情的紧急程度为横坐标，以事情的重要性为纵坐标。

（1）紧急又重要的事情：非常重视，立即去做，直到问题解决或任务完成时为止。例如，设备出故障，与重要人物进行访谈等等。

（2）重要但不紧急的事情：未雨绸缪，高度重视，制订计划，下苦功夫，从容完成。我们要花80%的精力做这个象限的事情，因为多投入一些时间在这个象限，有助于提高整体效率，避免其随着时间推移转变成第一象限紧急又重要的事情。例如，社会实践规划的制订，社会实践技能的提升与创新，队伍建设与人才培养，人际关系的建立，新机会的发掘，安全隐患的防范等等。

（3）紧急但不重要的事情：可授权他人去做或另约时间做。这一象限由于紧急，具有很大的欺骗性。这类事情也需要师生快速处理，但不宜花过多时间。例如，临时会议及邀约，某些无谓的电话，日常文件批阅，不速之客到访等等。

（4）既不紧急又不重要的事情：可不浪费时间。例如，无谓的闲聊，无谓的交际应酬，个人嗜好的沉迷（如上网或看娱乐视频）等等。

2. 追求效率，统筹安排

运用"先装石头还是先装沙子才能发挥罐子的最大容量"的故事模型，类比到时间的统筹安排上，就是要利用大块的时间处理大块的事情，利用琐碎的时间处理琐碎的事情，利用等待的时间兼做其他的事情（比如在旅途中可以打电话或者构思计划）。

（三）制订详细的社会实践方案

对事项或任务排序以后，要对每个事项或任务拟订具体、清晰的行动方案。

1. 社会实践方案的名称

尽可能具体地写出社会实践活动的名称，如"关于三明清流县留守儿童问题的调研活动方案"。也可以在写出正标题后，再添加一个副标题写在下面，如"温暖留守儿童，关爱农村教育——关于清流县留守儿童问题的调研活动方案"等。

2. 社会实践活动背景

社会实践活动的背景可以从以下几个方面阐述：基本情况简介、主要执行对象、近期状况、组织部门、社会实践活动开展原因、社会影响以及相关目的和动机。紧接着应全面分析问题的环境特征，如环境的内在优势、弱点、机会及威胁等因素，对实践活动所涉及的环境情况进行详细描述。如对环境情况掌握不明，则应该通过调查研究等方式进行分析。

3. 社会实践活动的目的、意义

目的和意义要用最简洁明了的语言将其要点表达清楚。在陈述目的时，该社会实践活动的核心构成或策划的独到之处及由此产生的意义（经济效益、社会利益、媒体效应等）都应该明确写出。社会实践活动的目的要具体化，并需要满足重要性、可行性、时效性等要求。

4. 社会实践活动所需资源

社会实践活动需要的人力资源、物力资源、场地等都要详细列出，并且可以按已有资源和需要资源分类。

5. 社会实践活动开展

作为社会实践方案的正文部分，表现方式要简洁明了，使人容易理解。这一部分，不要局限于用文字表述，也可适当加入统计图表等。但表达内容上，要力求详尽，写出能设想到的每一点东西，避免遗漏。对方案中的各项任务，应按照时间的先后顺序排序，绘制实施时间表用于方案核查。此外，人员的组织配置、社会实践活动对象、相应权责及时间地点也应在这部分加以说明。

6. 社会实践活动经费预算

社会实践活动所需要的各项费用，应该根据实际情况进行具体、周密的计算后，用清晰明了的形式列出。

7. 社会实践活动中应注意的问题及细节

内外环境的变化，不可避免地会给方案的执行带来一些不确定性因素，因此，当环境变化时是否有应变措施、损失的概率是多少、造成的损失多大等也应考虑在内。

8. 社会实践活动负责人及主要参与者

在方案中要注明社会实践活动的组织者、参与者以及社会实践走访的单位及联系方式等。

(四) 撰写社会实践方案

思想政治理论课社会实践方案主要包括三个部分：标题、正文、结尾。

1. 标题

标题有三种类型：

（1）全称标题。全称标题包含以下四项：制订计划单位的名称、计划的适用时间、计划的主体内容和计划的类型，如"体育学院 2021 年大学生暑期社会实践活动方案"。

(2) 简称标题。简称标题是全称标题的缩写。有的省略时间，如"外国语学院大学生思想政治理论课社会实践活动方案"，有的省略单位，有的省略单位和时间。

(3) 文章式标题。文章式标题按照策划的内容或要达到的目标来制定，如"开展社会实践活动，提高学生的实践能力"。如果该计划尚未得到批准，则要在标题后或正下方注明其成熟度，如"草案""讨论稿"等字样，并加上圆括号。

2. 正文

正文一般有两种写法：一般常规性单项工作是按"指导方针""主要目标（重点）""实施步骤""政策措施""要求"几个较固定的程序来写；特殊性的单项工作则采用变项写法，即根据实际需要加项或减项的写法。不管哪种写法，"主要目标""实施步骤""政策措施"这三项是必不可少的，实际写作时的称呼可以不同，如把"主要目标"称为"目标和任务"或"目标和对策"等，把"政策措施"称为"实施办法"或"组织措施"等。"主要目标"一般还要分为总体目标和具体目标；"实施步骤"一般还要分为基本步骤和关键步骤，关键步骤里还有重点工作项目；"政策措施"一般还要分为"政策保证""组织保证""具体措施"等。

正文一般由前言、主体和结语构成。

(1) 前言（指导思想）。前言是计划书的总纲，回答项目"为什么做"和"能不能做"的问题，语言应该准确鲜明、简练扼要。

(2) 主体（计划事项）。主体是计划的核心内容，要求任务具体、目的清楚、落实到人、措施得力、时限明确等。

(3) 结语（执行希望）。结语一般写希望和意见两项，也有的不写结语。如有结语，要有鼓动性和号召力。

3. 结尾

结尾一般包括两项：制订计划的单位名称和完成计划的日期。日期写在正文的右下方，包括年、月、日，最后应加盖公章。

☞ 【推荐阅读一】

福建技术师范学院
大学生思想政治理论课社会实践活动实施方案

实践教学既是思想政治理论课教学的重要组成部分，也是理论课堂教学的有益延伸与扩展。为深入贯彻落实2017年中共中央、国务院《关于加强和改进新形势下高校思想政治工作的意见》，按照教育部印发的《新时代高校思想政治理论课教学工作基本要求》（教社科〔2018〕2号）等文件和习近平总书记在学校思想政治理论课教师座谈会上的重要讲话精神，做到理论性与实践性相统一，提高我校思想政治理论课的教学实效性和学生社会实践能力，增强理论的说服力和可信度，帮助大学生树立科学的世界观、人生观和价值观，拓展大学生的人文素质，结合我校实际，制订各专业学生的思想政治理论课社会实践课实施方案，具体如下：

一、时间安排

根据我校各专业人才培养方案，学生的思想政治理论课社会实践一般安排在大二暑期进行组织实施，大二全体同学都应积极参加，按时保质完成实践教学任务。

二、实践形式

思想政治理论课社会实践教学分两种形式：自主实践和集中实践。参加集中实践（即组建社会实践小分队）的学生由教师带队到实践教学基地或其他地方开展实践教学活动。自主实践的学生由自己联系实践教学单位，独立开展实践教学活动。学生根据自身实际情况和教师的安排参加集中实践或是自主实践。各学院可选取与思政课相关的主题（亦可按照马院指导教师给出的实践课题），关注当今社会的热点、难点问题，将专业实践、校团委的"三下乡"社会实践活动和思想政治理论课社会实践三者有机结合起来，培养学生对党和祖国的热爱、对人民和社会的责任感，以培养能够担当民族复兴大任的中国特色社会主义建设者和接班人。

三、实践要求

1. 各学院要充分重视思想政治理论课社会实践教学活动，安排详细的实践教学计划，认真加以实施。有组织的集中实践必须有教师带队，并在暑假前将参加集中实践的名单与方案报送马克思主义学院和校团委。

2. 暑期实践完毕后，学生要按照思想政治理论课社会实践的要求填写好社会实践登记表（详见附录），必须加盖所在实践单位公章，表格到马克思主义学院网页下载，没有上交社会实践登记表的学生成绩为不及格。同时，完成实践调查报告（论文）的撰写，字数不少于2000字。参加实践的各班学习委员应于新学期开学后两周内将学生的实践调查报告（论文）以班级为单位（附学生班级名单，相关材料需按学号顺序排列）收集好，上交马克思主义学院，由马克思主义学院教师批阅后登记上传学籍管理系统。

四、成绩评定

思想政治理论课社会实践为全校学生必修课，作为一门独立课程列入各专业培养方案，计1个学分。社会实践成绩评定在9月底开展，由马克思主义学院负责组织教师评阅，10月初将成绩登录到教务处学籍管理系统，并将成绩上报教务处和各学院教学秘书存档。由于学生本人原因没有参加社会实践，没有在规定时间内提交调查报告（论文）而导致没有该门课程成绩，责任由学生本人负责。社会实践成绩评定采用百分制度：

优秀（90～100）评定标准：学生参与实践，深入实际调查研究，文章理论分析与自己的实践内容紧密结合，有自己的观点和视角，分析深入，逻辑性强，行文语言流畅，调查报告（论文）格式规范，文章字数达2500字以上。

良好（80～89）评定标准：学生参与实际调查，文章理论与实际结合，有自己的观点，语言较流畅，调查报告（论文）格式较规范，文章字数达2000字以上。

中等（70～79）评定标准：学生参与实践，文章能结合自己的实践内容撰写，但分析欠深入，文章逻辑性不强，行文语言欠流畅，调查报告（论文）格式欠规范，文章字数达1500字以上。

及格（60～69）评定标准：学生参与实践，但文章没有结合自己的实践来开展研究，纯属理论性文章，没有自己的观点，文章字数1500字以上。

不及格（60分以下）评定标准：学生没有参与实践，没有上交社会实践登记表，提交的文章明显脱离实践活动的内容，且有明显拼凑或网络下载抄袭痕迹或与别人雷同的，或者字数少于1000字的。思想政治理论课成绩被评定为不及格的学生，按学校学籍管理规定进行补考或重修。补考或重修时间安排在当年的寒假，进行程序与暑期实践一致。思想政治理论课社会实践课程成绩不及格者不予毕业。

五、做好疫情防控

各学院要在社会实践活动开展前进行一次疫情防控教育，不得到中高风险地区开展实践活动，严格遵守当地疫情防控相关规定，认真做好个人防护，确保师生身体健康，保证实践活动顺利进行。一旦出现异常情况，应第一时间停止实践活动，并按相关规定及时报告。

六、其他事项

1. 为了顺利地完成实践教学，马克思主义学院向各学院实践队派出指导教师，全程参与，确保实践任务顺利进行；并给每个学院5000元的实践经费补贴，用于学院实践队开展活动开支。

2. 结合党史学习教育，深入挖掘地方特色资源和红色文化，开展内容丰富、形式多样的社会实践活动，具体实践地点可参考全国爱国主义教育示范基地（详见附录）和福建省大学生社会实践基地名单。还可以到马克思主义学院的三个实践教学点开展实践活动，这三个实践教学点分别是：莆田市涵江区大洋乡原闽中革命根据地旧址、福清市港头镇草柄村、宁德市古田县黄田镇凤亭村。

3. 请各学院认真组织实践教学活动，把实践活动抓小抓实抓细，要求同学们积极参加。实践时不坐无牌无证的非法营运车辆，不到不安全的水域游泳，做好防暑降温工作，注意交通安全及人身财产安全。

☞ **【推荐阅读二】**

"阳光体育·情暖童心"
——2021年暑期农民工随迁子女素质拓展训练营活动策划书

一、活动背景

为进一步关爱城市农民工随迁子女，增强身心素质，激发运动潜能，培养运动兴趣，福建技术师范学院体育学院面向福清市农民工随迁子女，开展以篮球、足球、跆拳道、啦啦操等体育运动为主要内容的素质拓展训练营活动。

二、实践队名称

阳光体育·情暖童心——福建技术师范学院体育学院2021年暑期农民工随迁子女素质拓展训练营志愿服务队

三、活动时间

2021年8月28日（星期六）至29日（星期日）

上午 8：30—10：30；下午 15：30—17：30

四、活动地点
福建技术师范学院乐森田径场、球类馆、向高园报告厅

五、参加对象
福清市外来农民工随迁子女（8～10 岁小学生）

六、招生人数
20 人

七、活动目标
（一）总目标

营造积极阳光的训练营氛围，帮助福清市外来农民工随迁子女培养团队意识，获得团队归属感，并通过一系列的素质拓展训练活动逐步认识自我、接纳自我、相信自我，树立自信，呵护其健康快乐成长。

（二）具体目标

1. 让参训学员全面认识自我，提升自信，克服消极心理；
2. 让参训学员学会关怀、学会合作，增强团队意识。

八、课程内容安排
（一）2021 年 8 月 28 日（星期六）

上午：

1. 全体志愿者集中，召集小朋友到校球类馆集合；
2. 破冰热身：啦啦操运动；
3. 建立团队：队旗、队名创意大比拼。

下午：

1. 趣味运动会：指压板抱篮球、拔河比赛、履带作战、花样跳绳、水枪射击等项目；
2. 教练志愿者跆拳道、啦啦操精彩展示互动；
3. 篮球、足球、跆拳道等教学推广普及。

（二）2021 年 8 月 29 日（星期日）

上午：在校球类馆面向小朋友开展"小童心 大梦想——畅想未来"主题教育；

下午：每一个小朋友由家长接回家，保证安全到达。

九、任务分工安排
（一）活动负责人：叶艺红（联系方式：×××××××）、冯林杰（联系方式：××××××）

（二）参训志愿者

团建活动教练：叶艺红、叶愈辉、李华强、黄欣怡；

篮球教练员：黄伟、李华强、陈楠茜、侯思诗；

啦啦操教练员：叶愈辉、胡逸智、陈楠茜、黄欣怡；

跆拳道教练员：田富富、叶艺红、赖清苏、叶愈辉；

竹节绳教练员：冯林杰、李华强、叶愈辉；

"小童心　大梦想——畅想未来"主题教育：赖清苏、叶艺红、侯思诗；

照片拍摄与后期制作：许炯、罗海燕、叶聿灶、林惠莎；

视频拍摄与后期制作：陈周婷、罗海燕、廖其勇、许家伟；

机动人员：罗海燕、叶聿灶；

安保人员：吕弘、严泽锋。

十、招募方法

（一）与周边街道、社区联系，由社区协助推荐符合条件的适龄学员；

（二）与周边小学的校领导、教师联系，由学校教师在班上宣传招募；

（三）与福清市义工协会联系，共同招募符合条件的学员；

（四）如果人数不够，可通过微信公众号推送招募信息，邀请符合条件的家长进行网上报名。

十一、活动用品与道具

跆拳道护具12套、篮球22个、竹节绳3条、A4纸1包、彩色水笔10盒、勾线笔20支、马克笔5支、指压板16块、拔河绳1条、足球20个、口哨10个、矿泉水5箱、小蜜蜂扩音器5台、音响话筒1套、志愿者红马甲20件、活动宣传横幅1条、活动海报5张（用于小学和社区宣传招募）、校旗1面、院旗1面、志愿服务队队旗1面、旗杆3根。

十二、活动礼品与奖品

比赛设团体一、二、三等奖各1名，奖品设置：学习用品、体育用品、玩具若干。参与活动的每位小朋友都能获得精美纪念品一份。

十三、活动宣传

活动过程中安排7名人员负责活动摄影摄像和后期制作。活动结束后及时撰写活动新闻稿，并积极推送有关新闻媒体进行宣传报道。坚持"线上＋线下"相结合的宣传方式，剪辑制作一段不超过5分钟的活动视频和不超过1分钟30秒的活动短视频上传微信公众号等网络媒体平台，扩大宣传范围，提升活动影响力。

十四、活动经费预算

活动道具：竹节绳（54元）、A4纸1包（15元）、彩色水笔10盒（200元）、勾线笔20支（25元）、马克笔5支（7元）、指压板16块（140元）；

活动宣传物料：志愿者红马甲20件（360元）、活动宣传横幅1条（40元）、活动海报5张（150元）、志愿服务队队旗1面（50元）；

活动奖品：一、二、三等奖奖状（15元），奖品（500元），精美纪念品20份（200元）；

活动用水：5箱（165元）；

保险费：41人（1230元）；

合计费用：3151元。

十五、应急预案

（一）招募不到足够的参加者

解决方法：积极和社区工作人员、小学教师联系，取得他们的支持；去符合条件但不愿来参加的儿童家中走访，并取得监护人的同意。

（二）活动期间的安全问题

解决方法：活动过程安排机动安保人员全程参与，维持秩序。给参训教练和学员买保险；邀请家长、义工协会工作人员共同看护。

（三）参加者积极性不够、气氛不好

解决方法：积极倾听参训学员的需要，尽量安排一些孩子感兴趣的活动，吸引孩子的兴趣，可根据孩子们的需求临时调整游戏，或者使用小礼品进行激励。知识性的介绍尽量以图片、视频、音频为主，以提高教学吸引力。

（四）参加者不按时按量参加活动

解决方法：在第一次活动中就定下活动规则，希望他们能够按时参加，并承诺对于完成任务的孩子给予适当奖励。如果实在不能来参加，应提前请假。

（五）参加者过分依赖工作人员

解决方法：实践队教练要遵循"自我教育、自我管理、自我提高"理念，发挥参训学员的学习主动性，帮助学员养成独立人格和独立思考的能力。

（六）环境嘈杂，沟通不顺畅

解决方法：为每位教练配备小蜜蜂扩音器、音箱等设备，提前一日充满电。

（七）因下雨，室外活动无法完成

解决方法：将活动搬至校球类馆（室内）开展。

【思考题】

1. 简述思想政治理论课社会实践选题的原则。
2. 请联系实际谈谈如何创新思想政治理论课社会实践选题。
3. 思想政治理论课社会实践方案设计的步骤有哪些？
4. 请尝试撰写一份思想政治理论课社会实践方案。

【参考文献】

［1］边水燕，葛莉. 思想政治理论课社会实践的选题原则［J］. 学园，2021（21）.

［2］边水燕，葛莉. 思想政治理论课社会实践的选题策略［J］. 学园，2021（22）.

［3］陈少平. 新时代大学生社会实践教程［M］. 厦门：厦门大学出版社，2020.

［4］刘煜. 大学生社会实践导论［M］. 杭州：浙江大学出版社，2018.

［5］檀江林，葛士新. 大学生社会实践选题"体验—场域"模式的整体构建［J］. 学术探索，2019（2）.

第四章 思想政治理论课社会实践的准备与实施

> 生活里最重要的是有礼貌，这比最高的智慧、比一切学识都重要。　　——赫尔岑
> 居安思危，思则有备，有备无患。　　——左丘明

大学生在思想政治理论课社会实践中，还有两个值得特别注意的事项：一是礼仪规范；二是权益维护和安全防范。就礼仪规范方面而言，大学生在社会实践中将接触到不同职业、年龄和阶层的人，学会与人相处，了解和掌握不同场合的行为礼仪，培养自己成熟优雅的行事方式，也是社会实践应有的收获之一；就权益维护和安全防范方面而言，不论是在社会实践中，还是在将来的工作和生活中，大学生都要全面地、有意识地了解相关法律法规，时时绷紧安全这根弦，切实维护好自身的合法权益，保障好自身安全。当自身的安全、健康或权益受到侵害时，要学会用法律的手段维护自身合法权益。

> 广大青年要自觉践行社会主义核心价值观，不断养成高尚品格。要以国家富强、人民幸福为己任，胸怀理想、志存高远，投身中国特色社会主义伟大实践，并为之终生奋斗。要加强思想道德修养，自觉弘扬爱国主义、集体主义精神，自觉遵守社会公德、职业道德、家庭美德。要坚持艰苦奋斗，不贪图安逸，不惧怕困难，不怨天尤人，依靠勤劳和汗水开辟人生和事业前程。"看似寻常最奇崛，成如容易却艰辛。"青年的人生之路很长，前进途中，有平川也有高山，有缓流也有险滩，有丽日也有风雨，有喜悦也有哀伤。心中有阳光，脚下有力量，为了理想能坚持、不懈怠，才能创造无愧于时代的人生。
> ——2016年4月26日，习近平在知识分子、劳动模范、青年代表座谈会上的讲话

第一节　思想政治理论课社会实践的准备工作

要做好社会实践，准备工作是十分重要的。做有准备的事，打有准备的仗。实践前周密详尽的准备，是社会实践活动圆满成功的基础。思想政治理论课社会实践的选题确定和方案设计后，如何做好社会实践的准备工作，既能节省有限的财力、物力、人力，又能利用有限的资源取得最大的实践效果，成为整个实践活动能否顺利进行的关键环

节。本节将从团队建设、联系实践单位、了解社情民俗、身体准备、物资准备五个方面简要说明社会实践的准备工作。

一、团队建设

团队是由基层和管理层人员组成的一个共同体，它合理利用每一个成员的知识和技能协同工作，解决问题，达到共同的目标。团队建设精神是大局意识、协作精神和服务精神的集中体现。思想政治理论课社会实践的形式包括个人实践和团队实践，这两种实践形式在细节要求上各有不同，实践团队应该根据学生的身体状况、个人能力、经济条件、实践目标等客观因素理智地选择实践形式。

实践团队的负责人要求具有较强的组织协调能力和服务意识，要有大局观和责任心，要勇于承担责任，要具备较强的心理素质，做事要果敢冷静，要有吃苦耐劳的精神，要做好统筹规划和责任分工，使整个实践团队团结协作，共同完成好社会实践工作。

团队组建起来后，应重点加强团队建设。

第一，明确团队分工，做到责任明确。每个人都有自己的具体工作内容，分工协作，共同完成社会实践整体任务。

队长——负责统筹规划团队的实践方向、进程，负责对实践项目相关的规划和方向性问题的决策。

宣传员——负责拍摄、记录实践过程，撰写每日实践日志，以及对相应媒体进行投稿。

后勤员——需要细心、耐心、踏实地为团队成员做好后勤保障工作，安排食宿、统筹资金、配备活动用品、准备常用药品等。

后期制作员——需要对实践资料进行汇总整理、提炼升华，撰写通讯稿、调研报告，制作 PPT、视频等。

安排团队具体活动时，成员职责可有合并和交叉，视具体人员数量和个人特长而定。

第二，建立制度，包括定期会议商讨制度、团队财务管理制度、团队安全管理制度及团队纪律等。

第三，商讨策划，统一全队思想，为后续制订实践实施计划、方案，明确实践内容做好准备。

第四，团队建设还应该包括团队成员在社会实践中角色转换和对吃苦耐劳的心理准备。

二、联系实践单位

根据确定好的思想政治理论课社会实践选题，实践团队通常以某机构、单位作为实践地点，尽快选择适合的调查或服务对象，有些实践活动还需要得到社会实践地相关单位的支持，比如支教、参观、调研等活动。实践团队在实践地点的选择上，一要考虑服务对象的密集度、服务地点的需求度、成员人身安全等方面因素。二要综合考虑实践活动的规模、形式、内容,然后与相应的部门或单位进行联系,如到乡村调研,则应与农村基层组织村委会或者乡镇一级的单位进行联系;如到企业参观学习体验,可与其党团组织、公共关系事务等部门进行联系。

联系实践地可采取个人直接联系或者他人介绍的方式。个人直接联系是指参与实践的同学发挥自己的主观能动性,积极主动联系实践地相关单位。这种方式可以锻炼学生的社会交际能力,但如果准备工作没有做好,或者在一些礼节方面准备不足等,可能会导致联系的成功率不会很高,易打击学生开展实践的积极性。他人介绍的情况是指很多学生在确定选题和方案设计的时候,会着重选择把实践地点、调研的范围与家庭所在地区结合起来,通过家里的亲戚朋友在当地帮助联络,这样不仅节省了时间和实践费用,还可以借助亲戚朋友的推荐,更好地收集资料和开展实践活动。比如开展暑期志愿支教活动时,一定要争取到支教学校的支持或所在乡镇等基层政府部门的支持,因为支教的学校通常会放暑假,而开展志愿支教活动则需要把学生重新集中起来,涉及学生的住宿、用餐、教室等方面的工作,同时还要考虑到志愿者支教时期内就餐住宿等事项的安排,若没有校方或者基层政府部门的支持,则很难开展。因此,在实践活动开展前,应综合考虑各方面情况,通过多种途径进行前期联络,确定社会实践的单位。

实践团队同相关单位的负责人取得联系,说明此次社会实践活动的意义,并取得对方的同意后,方可开展实践活动。为保证实践团队的合理合法性,在正式开展活动前,实践团队需要准备好相应的资质证明、单位介绍信等材料。在初次同社会实践单位负责人见面时,实践团队还应当携带先前准备好的专业性材料及实践计划书。双方对实践流程进行整体协商,达成一致意见后,方可正式开展社会实践活动。

三、了解社情民俗

社情民俗是指某一个时期社会发展状况及该区域的民间习俗。在此方面实践团队需要做好相应的资料收集和相关知识的储备工作。

首先,需要了解实践地的背景知识。主要包括实践地的地理环境、气候条件、人文观念、风土人情、习俗禁忌、宗教信仰、饮食习惯等。俗话说,入乡随俗。这既是与实践地区基层群众沟通交流的基础,同时也可以避免由于自己的某些行为触犯当地群众的忌讳,而使整个社会实践难以顺利完成的情况出现。对于实践地的背景知识,可以通过当地的同学师长及亲友进行了解,也可以通过当地的网站、论坛和相关的报纸进行学习。

其次,应该了解近期的时事热点和与实践题目相关的国家政策。近些年来,随着经济的快速发展,我国已成为世界第二大经济体。但这一时期,也是我国各种矛盾和问题的凸显期。因此,如何正确看待和分析社会上出现的问题,是当今社会一个十分重要的话题,同时也是我们开展社会实践前需要研读的热点范围。如收入差距如何缩小、房地产调控如何坚持、看病费用如何降低、"双减"政策如何推进、道德风气如何提升、食品安全如何保障、环境污染如何遏制、反腐倡廉如何深化等问题,都是与群众生活直接相关、社会舆论密切关注的热点问题，也是我们社会实践选题的重点。全面地了解这些问题，能为我们实践活动的开展提供理论的支撑，比如研究新疆和福建等地的经济发展和社会民生情况的社会实践，就无法避开"一带一路"倡议。

社会问题纷繁复杂，热点问题更是繁复多样，每个人对时事热点的认识也有不同，要想将社会实践中时事热点的辩证思维、务实精神贯穿于全过程，那么在任何时候实践者都要积极地从正面看待各类社会热点问题，要善于学习、正确对待、理性分辨，保持全面、客观、辩证的态度，这对我们的社会实践具有重要的指导意义。

最后，实践者要了解和掌握与实践相关的专业知识，这既是开展社会实践活动的理论支持，也是将专业知识学以致用的具体体现。只有充分掌握所涉及领域的现有专业水平、研究进展和存在的问题，才有可能知道这个选题应该怎样做。这是一件需要时间、条件和方法才能做好的事情，需要充分利用学校图书资料和互联网上的有关信息。当然，更应该积极主动地向有关教师咨询。

社会实践是指大学生要走出学校，投身社会，要对社会动态、现状进行观察体验和调查研究，在具体的实践活动当中，或许会经历理想与现实的差别，但只有这种差别才能引发更好的思考。无论社会实践所确定的选题是哪一个方向，我们都应该更深入了解当下的社会和现实的生活，都应该更加深入地学习社会实践选题的相关知识，包括背景、历史沿革、政策、基础知识素材等。如果跟自身专业相关，可进一步查阅专业的理论依据，用于后期调研报告的撰写。

☞【推荐阅读】

心系"农"情调研队前期工作战略准备进行时

心系"农"情调研队进行了社会实践的前期准备工作。党的十九大报告中历史性地提出要"实现小农户与现代农业发展有机衔接"，在这一政策思路引导下，小农户与现代农业发展关系的议题亟待重新检视，中国特色的现代农业发展道路也有待思考和探索。曲阜师范大学经济学院心系"农"情调研队基于淄博地区、潍坊地区、济南地区、临沂地区的企业农户进行调研走访，分析小农户与现代农业社会化服务衔接所产生的困境，并提出解决的适当途径。

团队通过查找相关资料发现，农业农村部为深入贯彻习近平总书记的重要指示精神和中央有关决策部署，在2019年至2020年中推介出44个农业社会化服务典型案例。心系"农"情调研队通过对多个地区的分析和评定，综合考虑进行实地调研的可行性，最终决定将针对淄博、潍坊、济南、临沂展开调研，通过发现其小农户与现代农业社会化服务的差距，进而分析我国现阶段小农户与现代农业衔接的基本问题所在。进行资料分析及确定调研地区后，团队紧接着进行团队分工、行程安排、住宿安排等工作，将前期准备工作进一步落实。

团队先联系到了淄博思远农业公司白经理，通过电话交流的方式咨询了公司近几年来在扶农方面的模式和成就。白经理向实践队员们介绍，淄博思远农业公司主要进行的是"一站式"服务平台助力小农户科学种植，利用互联网、大数据、终端服务团队向种植者提供全程种植服务。同时，团队选取济南市山东丰信农业有限公司为调查对象，着重通过查阅文献和分析有关数据，对山东丰信农业有限公司土地托管模式有了初步的了解，形成了全方位立体的实践方案，并在确定实践地点后及时与实践地取得联系与沟通。

实践队伍此行针对"小农户与现代农业之间有多远"的课题分别对淄博、潍坊、济南、临沂的农村地区进行调研，调查探究小农户农业发展的现状，通过走访、问卷形式深入基层，分析农业发展存在的问题及解决方法，做到精准扶农、科学扶农，将农业推向更高的水平。心系农情，砥砺前行，实践队员们在接下来的实践中必将不负韶华，勇担使命，为探索中国特色的现代农业发展道路而不断奋斗。

（资料来源：当代大学生，网址：https://www.dddxs.com/news/show-105718.html，2021年8月15日）

四、身体准备

参加社会实践活动需要一定的体力作为支撑。调研访谈工作，无论搭乘交通工具，还是徒步行走等都需要消耗大量的体力。因此，在社会实践前，实践成员都要做好身体的调整和准备工作。首先，调整作息时间，养成早睡早起的好习惯。为了顺利地完成好实践工作，成员要遵循当地的时间安排，提早进行作息时间的适应性调节。其次，加强身体锻炼，增强体质。健康的身体是成员开展各项工作的基础，对于社会实践尤为重要。团队的每名成员都有不同的任务分工，实践地区的气候条件各异，实践活动的时间短、内容丰富且时间紧凑，因此，在实践前有针对性地开展相应的锻炼是很有必要的，要尽快地适应新的生活方式。最后，若实践地不是家乡，可能还要尽快适应当地的饮食习惯，防止水土不服、生病影响正常社会实践的开展。

五、物资准备

物资准备充足与否是决定社会实践取得成功的必要客观条件。社会实践所需物资主要包括相关材料、必备用品及实践经费三部分。相关材料主要有问卷、宣传材料、登记表、记录手册和介绍信等；必备用品包括基本装备（身份证、洗漱用品、换洗衣物、雨伞）、指引装备（手机、当地地图）、安全装备（感冒、晕车等药品，保险）；实践经费要充足。

除做好上述各项准备外，在社会实践的准备过程中，实践团队应多与指导教师沟通，参考往年优秀实践案例，修正认识偏差，注意及时修订实践策划的合理性和可行性，详细了解实践地背景情况，不断优化实践方案，合理预算经费，减少人力、物力、财力的投入，加强实践安全教育培养，为圆满完成思想政治理论课社会实践工作奠定坚实的思想和物质基础。

第二节　思想政治理论课社会实践的礼仪规范

礼仪是人们在长期共同生活和相互交往中逐渐形成的共同遵守的最起码的道德规范。对一个人来说，礼仪是一个人的思想道德水平、文化修养、交际能力的外在表现；对一个社会来说，礼仪是一个国家社会文明程度、道德风尚和生活习惯的反映。大学生走出校园，参加思想政治理论课社会实践活动，一举一动将不仅代表个人，还代表新时代广大学子的风采和大学校园的整体形象。因此，大学生在社会实践中，应当从仪表、谈吐、行事等方面注意自身的礼仪，在遵守礼仪中不断提升并展现大学生应该具备的修养。

一、社会实践准备阶段的礼仪

日常生活中，当我们接触陌生人时，第一印象一般源于初次见面的仪表和谈吐，有时也源于未曾谋面的一通约访电话。第一印象影响到我们对一个人的总体评价，对我们是否愿意与其进一步深入交往起着至关重要的作用，甚至是决定性的作用。第一印象一旦形成就很难改变，因此我们在与他人接触的过程中，应当注意自己的一言一行，以获得他人的信任和欣赏，这是做事成功的第一步。毫无疑问，大学生在社会实践中给对方留下的第一印象，将会直接影响到实践是否能够顺利进行。因此，大学生参加社会实践的第一步，就是要给他人留下良好的第一印象。

（一）仪容仪表礼仪

1. 仪容礼仪

仪容主要是指一个人的外在容貌，即面部的形象。在人际交往中，仪容最容易引起交往对象的注意。仪容礼仪是指人们在社交场合应注意自己的仪容，给人以端庄、大方、整洁的良好形象。如果仪容端庄、整洁大方，就更容易给人留下良好的第一印象，为双方的交往打下良好基础。如果仪容不整，则令人不快，甚至会带来很多负面影响，为人际交往埋下不良的伏笔。

大学生在社会实践中仪容修饰的基本要求是：仪容要做到自然、协调、美观。仪容修饰的目的是适应大学生的内在美而创造相应的外在美。保持天生的自然美和质朴美是大学生自信的表现。同时，大学生的仪容修饰要和自己的年龄、体形、肤色、气质、个性特征相协调，必要时略施清新自然的淡妆，以此展示当代大学生富有阳光与活力的良好青春形象。

2. 仪表礼仪

仪表是指人的外表，包括容貌、姿态、服饰、风度和个人卫生等。仪表礼仪主要是指人在不同社会活动中穿着服饰方面的礼节与规范，着装要整洁、美观、得体，并与自身形象、出入场合相协调，是形成人的第一印象的基本要素。仪表是一个人精神风貌和生活态度的外在表现，是社会交往中打造美丽个人形象的基础。仪表可以真实地体现一个人的教养和品位，还能够如实地展现一个人对交往对象的重视程度。在社会实践活动中，如果大学生容貌端庄、姿态自然、穿着得体、表情丰富、风度良好、整洁卫生，不仅能赢得他人的信赖，给人留下良好的印象，而且能够提升个人的整体形象。因此，大学生平时应养成良好的卫生习惯，做到勤洗澡和勤更衣，进食后勤刷牙，勤洗头和清理指甲。总之，要保证外表干净清爽，没有异味。

服饰可以反映一个人文化素质的高低、审美情趣的雅俗。一个人的着装是否具有美感，并不一定在于服装的新奇漂亮、流行时髦，也不一定在于一个人有一副适宜装扮的漂亮身材，关键在于着装是否适合自己的身份。大学生在社会实践中着装配饰要遵守TPO原则，即穿着打扮应当与相应的时间、地点、场合、身份、职业等相一致，做到整洁得体、落落大方，避免肮脏或邋遢。如果是出席正式活动的场合，应着正装。如果是到野外或需要体力劳动的场合，则不宜穿着太华丽，而应当穿运动装或休闲装。在社会实践中，团队成员可以选择统一着装，或选择与活动相协调的服装，以展示良好的团队风貌。

☞【推荐阅读】

浓妆淡抹总相宜

王芳，某高校文秘专业高才生，毕业后在一家公司做文员。为适应工作需要，上班时，她毅然放弃了"青春少女妆"，化起了整洁、漂亮、端庄的"白领丽人妆"：不脱色粉底液，修饰自然、稍带棱角的眉毛，与服装色系搭配的灰度高偏浅色的眼影，紧贴上睫毛根部描画的灰棕色眼线，黑色自然型睫毛，再加上自然的唇型和略显浓艳的唇色。虽化了妆，却好似没有化妆，整个妆容清爽自然，尽显自信、成熟、干练的气质。

但在公休日，她又给自己来了一个大变脸，化起了久违的"青春少女妆"：粉蓝或粉绿、粉红、粉黄、粉白等颜色的眼影，彩色系列的睫毛膏和眼线，粉红或粉橘的腮红，自然系的唇彩或唇釉，看上去娇嫩欲滴，鲜亮淡雅，整个身心都倍感轻松。

心情好，自然工作效率就高。一年来，王芳以自己得体的外在形象、勤奋的工作态度和骄人的业绩，赢得了公司同事的好评。

【分析】

案例中的女主人公王芳很会搭配自己，让自己的工作和生活都丰富多彩起来，而不是一成不变的。作为白领丽人，干练、简单、大方、成熟、知性是工作中必不可少的。如果用"青春少女妆"的话就会显得整个人很轻浮，很单纯，完全少了女性的端庄。但节假日是个人放松的时刻，不需要把自己的工作带进休息中，这时"白领丽人妆"就略显古板了，没有一点青春活力。而"青春少女妆"给人一种朝气蓬勃的感觉，使人整个身心都从一周紧张的工作中放松下来，以便下周更好地投入工作。

（资料来源：百度文库，https://wenku.baidu.com/view/43a6d4c55fbfc77da269b14f.html，2011年4月12日）

（二）电话礼仪

在社会实践活动的整个过程中，经常会通过电话的方式进行各项事宜的联系。成功的电话沟通，不仅可以使对方产生好感，而且便于实践活动的成功开展。因此，在电话沟通中要注意以下事项：

1. 主动拨打电话的基本礼仪

打电话看似简单，有的人也许会说："不就是拿起手机拨，接通后通知对方自己拜访的时间和事由就可以了吗？"实际上，给自己不熟悉的人打电话，必须注意一系列的通话礼仪，而且关键是如何说、怎么说、说些什么，这里面是有学问的。打电话要牢记"5W1H"，即when（什么时候），who（对象是谁），where（什么地点），what（说什么事），why（为什么），how（如何说）。

（1）通话时间的选择。如果往对方家中打电话，以晚餐以后或休息日下午为宜；如果往办公室打电话，则以上午十点左右或下午上班以后为宜。人们通常在这些时间点相对比较空闲，此时打约访电话就不容易影响到对方的正常工作和休息。

（2）通话内容的准备。对于拜访事由、具体人数、可能时间以及需要了解的问题等都应在电话中表述清楚。对于对方可能提出的问题，也要事先有所考虑，并准备好自己的回答。因此，在通话之前必须先打一个腹稿，做到心中有数。如果内容比较繁多，也可以写一个提纲，以免打电话时遗漏需要沟通的问题。

（3）在电话接通后要主动问好，并问明对方单位或姓名，得到肯定答复后报上自己的单位、姓名。不要让接话人猜自己是谁（尤其是长时间没见的朋友），以免让对方感到为难。如果是出于私交去拜访认识的人，可以做简单的寒暄后再直奔主题，但如果是公务拜访就应直接进入主题，不要随意聊天和东拉西扯，偏离表达的主要意思。

（4）打电话时，姿势要端正，不能吃东西或做其他事情。最好在礼貌和开心的状态下打电话。虽然对方看不见，但这种情绪会通过语气传递给对方，并给对方留下良好的第一印象，从而使后面的约访更顺利地进行。

（5）说话态度要和蔼和自信，语言要清晰，既不装腔作势，也不娇声娇气，要做到不卑不亢。通话的全过程中，都要力求谈话简洁和抓住要点，既考虑到对方的立场，尊重对方，不给对方带来压力，同时又精炼地回答对方的提问。

（6）结束通话时，应使用礼貌用语，比如"谢谢""请您多多指教""抱歉，在百忙中打扰您"等，应在礼貌地结束谈话内容后再挂断电话，切勿在对方还未讲完时就仓促挂断。

2. 接听电话的基本礼仪

（1）电话的开头要使用礼貌用词，如"您好""请说"等等，尤其避免以"喂，喂""你找谁呀""有什么事儿呀"作为"见面礼"。

（2）电话铃响两遍就接，不要拖时间。一般是三声，拿起话筒问"您好"；如果电话铃响过四遍后，拿起听筒要向对方说："对不起，让您久等了。"这是礼貌的表示，可消除久等的不快心情。如果电话内容比较重要，应做好电话记录，包括单位名称、来电人姓名、谈话内容、通话日期、时间和对方电话号码等。

（3）万一对方拨错了或串了线，要保持风度，切勿发脾气耍态度。确认对方拨错了，应先自报一下"家门"，然后再告之拨错了。对方如果道了歉，不要忘了以"没关系"去应对，而不要教训人家"下次长好眼睛""瞧仔细些"。如果有可能，不妨问对方是否需要帮助他查一下正确的电话号码。真的这样做了，不是"吃饱了撑的"，而是借机宣传了我们以礼待人的良好形象。

（4）在接听电话时，不要对着话筒打哈欠、咳嗽或做其他小动作，不要和他人谈笑，不要用手捂住听筒与他人谈话。如果不注意这些小细节，对方会感到自己所说的话无足轻重。如果不小心或不得已有一些小动作，一定要向对方道歉，或者请对方稍候，过一会儿再与对方通电话。

（5）要注意自己的声音、语速，以及准确表达。声音不宜过大，时间不宜过长，以免影响其他人工作。

（6）要学会配合别人谈话。我们接电话时为了表示认真听对方说话，会说"是，是""好，好的"等，一定要用得恰到好处，否则会适得其反。要根据对方的身份、年龄、场合等具体情况，应对方式各异。

（7）对方要找的人不在时，不要随便传话以免引起不必要的麻烦。如必要，可以做好记录，记录内容包括什么人、什么时间打的电话、大概是要说什么事（如果对方不愿意不必强问）、对方有什么要求（一看到字条马上回电话，还是晚上再打电话等）。确认对方姓名时，尽量用褒义词语，不要脱口而出用习惯用语去确认对方的姓名。比如："您姓孙，是孙子的孙吗？""您姓冷，是冷淡的冷吗？"诸如此类，让对方听了感到不快。其实可以改成："是《孙子兵法》的孙吗？""是冷热的冷吗？"在记录对方电话号码时，则一定要重复，以免记错。

（8）在通话时，接电话的一方不宜率先提出中止通话的要求。万一自己正在开会、会客，不宜长谈，或另有其他电话打进来，需要中止通话时，应说明原因，并告之对方："一有空闲，我马上回电话给您。"免得让对方觉得我方厚此薄彼。

（9）挂电话前的礼貌也不应忽视，向对方说声"谢谢""再见"等等。

二、社会实践行动阶段的礼仪

大学生在思想政治理论课社会实践中表现出来的风貌，无疑体现了学校的整体精神面貌、教育水平和能力素质。因此，每位大学生都应尽量在社会实践中表现得讲礼貌、能自律和落落大方，每到一处都应表现出符合自己身份的礼仪。

（一）住宿礼仪

住宿是大学生社会实践中必须解决的基本问题，既可以由实践团队联系，也可以由实践基地帮助联系或提供住宿。大学生社会实践的常见住宿地点包括学生宿舍、民宅、招待所或宾馆等。

1. 预约住宿礼仪

大学生应在出发之前预定好住宿地点，以便到达时能够顺利入住。实践团队根据活动的具体要求联系入住地点，或与实践基地商议后确定入住地点。之后，通过电话、邮件等方式告知入住信息，具体包含入住和停留的时间、入住的性别和人数、需要的房间类型，并确定费用和支付方式。如有其他住宿方面的需要，可以在预定时和住宿地商议；如果到达时间比预定时间晚，则应与对方保持沟通，以防预定被取消。

2. 登记入住礼仪

实践团队到达住宿地点后，应先到学生宿舍、民宅的管理部门或宾馆的前台进行登记，主动出示证件，耐心回答工作人员的询问，按规章制度办理登记手续，入住工作人员为其安排的房间。如果登记的顾客较多，应安静地等候，与其他客人保持一定的距离，切勿插队、推挤或采取其他无礼的态度。

登记结束拿到钥匙之后，在去房间的过程中，如果走楼梯，就尽量靠右，为身后的客人留下左面的快速通道；如果乘电梯，则应主动为后来的客人扶住门，并尽量减少给他人带来麻烦。

3. 入住礼仪

办理好相关的登记手续之后，在住宿的过程中也应当遵守住宿地相应的规章制度和民俗习惯，让自己成为受欢迎的住客或邻居。

（1）入住学生宿舍的礼仪

学生宿舍不同于宾馆等商业场所，有相应的规章制度和住宿要求，大学生必须认真了解并遵守。

①遵章守纪。住宿期间，要遵守学生宿舍的管理制度，不做学校禁止的行为。

②互相尊重，互相关心，团结友爱。要自觉遵守宿舍生活秩序，按时就餐、起床；上下床动作轻，拿东西或开关门窗要轻，上铺翻身要轻，下铺要多给上铺同学方便；不在宿舍内吸烟；作息时间规律，不大声喧哗，保持适宜音量，不影响他人休息。

③保持宿舍的清洁。要注意搞好个人卫生，同时也要主动搞好公共卫生，保持宿舍内整洁美观，垃圾及时清理，爱护公共财物，节约用水，随手关水龙头、关灯、关门窗，不向窗外、楼下扔杂物、泼污水。

（2）入住民宅的礼仪

实践团队入住民宅，是对他人住宅和生活不得已的打扰。俗语说"客随主便"，保持安静、注意公共卫生、讲究文明礼貌、尊重主人会赢来更多的尊重和更好的服务。居住民宅必须非常注意不要侵犯主人的私人领域，尊重主人特定的民族习惯和宗教信仰。这不仅仅是个人素质的体现，更是在异地他乡与当地人和谐相处所应具备的基本素质。此外，还可以在闲暇时间，在不影响对方工作生活的情况下，和民宅主人适当沟通，这不仅有利于了解当地的风土人情，为社会实践提供较大帮助，还有利于丰富和积累个人阅历。

（3）入住招待所或宾馆的礼仪

招待所和宾馆虽然是付费住宿的商业场所，但同时也是公共场所。大学生在入住期间有义务遵守公共场所的秩序，遵循相关行为礼仪，与他人和周围环境和谐相处。

①熟悉和了解自己入住的房间。进入房间后，要查看房间各处，清点房间物品，区分有偿使用和无偿使用的物品，避免产生不必要的费用。要留意客房门背后的"逃生路

线图",了解紧急出口、安全出口和疏散通道的位置,若有问题或有额外的需要,可及时联系服务员解决。

②保持必要的安静,不影响他人休息。在旅馆内部公共场所,一定要注意调低自己说话的音量,走路轻手轻脚。在自己的房间里,也要保持安静,不要大声喧哗或长时间打电话,也不要将电视机的音量调得太大。如果外出深夜才回,务必保持动作轻柔和言语安静,不要大声谈笑,大声开关房门,以免影响他人休息。

③注意保持客房的干净和有序。私人物品尽量摆放整齐,废弃物及时丢弃,爱护房内设施,尽量不在房内吸烟。如果连续住宿,尽量重复使用一次性用品如牙刷、头梳、沐浴露等,并告知服务人员不需要每天更换床单和毛巾,既环保,又减轻他人工作负担。

④对他人以礼相待。不论是对其他客人还是对工作人员和服务人员,都应充分尊重和体谅,有合理要求和意见建议都可以礼貌地提出。不给他人添麻烦也是一种美德。

⑤正确应对来访客人。他乡遇故知,与朋友相聚、会见亲人也是人之常情,但不提倡擅自离开集体、单独行动。在约见亲人和朋友时,可请他们来驻地见面。如需外出,必须向团队负责人请假。不要忘记按时归队,并向负责人及时销假。不提倡在客房会晤来访者,特别是异性来访者。如果在客房里接待来访者,人数不宜过多,时间不宜过久,还应注意交谈的音量,不要影响到他人的休息。

⑥随时要有安全防范意识。外出时,不要将现金或贵重的物品放在房间里,可以自身携带或者寄存前台。有些旅馆提供保险箱,也可以存放于保险箱,但退房离开时务必记得取出带走。不轻易相信陌生人,不把陌生人带回房间,不吃陌生人提供的饮食。时时提高警惕,保证自己的人身和财物安全。

4. 离宿礼仪

离开宿舍或民宅之前,应当自觉清理房间,尽量恢复到自己入住时的状态;离开招待所或宾馆之前,要注意清点物品。对于有偿使用的物品,如已使用,则必须付费;如未使用,千万不要带走,如果带走,需为此额外付款。

如果不小心弄坏了住宿地的物品,要勇于承担责任,主动提出并加以赔付。隐瞒是毫无意义的,这样可能导致更多的麻烦,甚至损害个人和学校的声誉。

结账之后,应保留好住宿发票,然后礼貌致谢并道别。

(二)工作礼仪

社会实践通常需要在工作现场1~2周。大学生应与实践单位职工或实践所在地居民经常接触,彼此之间要有深入的了解。大学生优雅的言谈举止,将是更好地融入实践地的工作和生活、更深入地获得第一手资料的通行证。因此,根据实践内容的不同,大学生应当在不同工作场合遵守相应的礼仪要求。

举止言谈指人的动作、表情和语言。日常生活中,从一个人的举手投足间、一颦一笑中、只言片语里,我们都可以感受到他的性格、人品和修养。大学生优雅的举止、得体的言谈,无一不给人留下深刻美好的印象,进而缩短相互之间的距离,使沟通变得更顺畅,也能更多地获得实践所需要了解的资料。然而,优雅得体的举止言谈并非天生,需要大学生不断地观察、学习和践行。

1. 肢体语言

俗话说，站如松，坐如钟，行如风。这三个姿势无疑是我们最常用的。

站，体现的是一种静态的美。站立时，身体应与地面垂直，双脚微微分开，重心放在两个前脚掌上，挺胸、收腹、沉肩、脊背挺直，双臂自然下垂或在体前交叉，双眼平视前方，给人以自信的感觉。注意不要歪脖、斜腰、屈腿等，也不要频繁转移重心摇来晃去。在一些正式场合不宜将手插在口袋里或交叉在胸前，更不要下意识地做些小动作，那样会显得拘谨、不自信，也有失仪态的庄重。

坐，端庄优美的坐，会给人以文雅、稳重、自然大方的美感。上身自然挺直，肩放松，双臂自然下垂放在双膝上，或两手半握放在膝上，手心向下。谈话时，可以侧坐。侧坐时上体与腿同时向一侧。要把双膝靠拢，脚跟靠紧。女性应两膝并拢；男性膝部可分开一些，但不要过大，一般不超过肩宽。不论何种坐姿，都要持上身端正，腰背挺直。切勿出现摆弄手指、拉衣角、整理头发等懒散的姿态，也不要架二郎腿，不要在静坐过程中不断抖动双腿。在正式场合，入座时要轻柔和缓，起立时要端庄稳重，不可猛起猛坐，弄得桌椅乱响，造成尴尬气氛。

走，体现的是一种动态的美。脚步轻快而平稳，挺胸收腹，两眼平视，面带微笑，自然摆臂。步子大小适中，自然稳健，节奏与着地的重力一致。切忌左右摇摆或摇头晃肩。多人一起行走时，不要排成横队，不勾肩搭背。与女士同行，男士步子应与女士保持一致。

2. 言谈礼仪

言谈作为一门艺术，也是礼仪的一个重要组成部分。在社会实践中注意以下几点：

（1）选择合适的称呼

称呼指的是人们在日常交往应酬之中，所采用的彼此之间的称谓语。在社会实践中，选择正确、适当的称呼，反映着自身的教养、对对方尊敬的程度，甚至还体现着双方关系发展所达到的程度和社会风尚，因此对它不能随便乱用。

（2）谈话姿势要端庄

谈话的姿势会反映出一个人的性格、修养和文明素质。交谈时，不论是站姿还是坐姿，双方要互相正视、互相倾听，不能东张西望、看书看报、面带倦容、哈欠连天；否则，会给人留下心不在焉、傲慢无理等不礼貌的印象。咳嗽、打喷嚏，最好先用手帕捂住嘴，不要朝着别人。

（3）保持合理的谈话距离

谈话过程中，保持合理、适当的谈话距离也是一种礼貌。距离太远，会使谈话双方产生距离感，使对方觉得生分而疏远；距离太近，会让人感觉紧张、不自在，有拘束感，同样影响谈话效果。说话时可适当做些手势，但动作不要过大，更不要手舞足蹈，不要用手指指人。因此，保持礼貌而不过于亲近的距离，是基本原则。

（4）注意谈话态度

谈话的表情要自然，语气要和气亲切，表达得体。手势要适当。态度要诚恳、谦逊,不扭捏造作,不粗暴无礼,控制好自己的情绪。口气要谦和,切勿随便教训、指责别人。谈话时需要目视对方,全神贯注,如果有心不在焉的表情,会让对方感到很不舒服。交谈中要礼让对方,以对方为中心,尊重对方,尤其注意以下几点:不要独白,不给他人说话的机会;不要冷场,万一出现冷场,可以转移话题,引出新话题;不要插嘴,等对方把话讲完再说;不要抬杠,无理辩三分。

(5) 文明用语和礼貌用语

谈话中要使用礼貌语言,如"你好""请""谢谢""对不起""打搅了""再见"等等。分别时常说:"很高兴与你相识,希望再有见面的机会。""再见,祝你周末愉快!""请代问全家好!"等等。杜绝有失身份的话"溜"出口,切忌说一些脏话、粗话。

(6) 选择谈话的主题和内容

谈话是一种有意识的语言交际活动,谈话时要注意选择有益的主题,并围绕主题进行交流。在必要的寒暄之后,尽快进入主题,准确地表达自己的思想和意图。交谈的内容要真诚实在,实事求是,不要口若悬河、夸大其词,让人觉得不可信,也不要漫无目的,内容空泛,让人不知所云,既浪费时间也无法取得好的谈话效果。

(7) 准确地表达自己的思想和意图

准确地表达自己的想法和感情能使别人了解自己的意图,避免产生不必要的误会和麻烦。谈话时发音准确、语速适中、内容简明、少用方言,要说清楚自己的感受、需要以及原因,绕弯子或让别人猜测、揣摩说话者的心思不仅浪费时间和精力,而且会造成误会。

(8) 把握好谈话的分寸和时间

谈话不是简单地"说",不能毫无顾忌、没有分寸,应该注意谈话对象的年龄、身份、地位以及说话的场合等,尽量让自己的谈话使别人感到愉快,不要提及一些别人忌讳或令人尴尬的话题,如疾病或死亡。涉及有关别人隐私的话题或对方不愿回答的问题不要深究,不刨根问底。开玩笑要适度,雅而不俗,注意不同的对象和场合,尽量避免误会。交谈要见好就收,适可而止,不要闲聊。

(9) 保持微笑

除非特殊的严肃场合,应随时面带微笑。微笑是善良、友好和赞美的表示,亲切和温馨的微笑能迅速缩小彼此间的心理距离,创造出交流和沟通的良好氛围。如果出现尴尬或出现语言障碍时,微笑是迅速达到预期交流的"润滑剂"。永远不要忘记,微笑是最美好的语言。

☞ 【推荐阅读】

小小接待有学问

小李刚参加工作不久,学校举办了一次全国高校校长联席会议,国内很多高校校长参加。小李被安排在接待工作岗位上。接待当天,小李早早来到机场,当等到来参加会议的人时,他便开口说:"您好!是来参加全国高校校长联席会议的吗?麻烦告知您的单位及姓名,以便我们安排好就餐与住宿问题。"小李有条不紊地做好了记录。后来在会场，小李帮客人引路。小李一直小心翼翼，虽然自己一向走路很快，但是他放慢步伐，很注意与客人的距离不能太远，一路带着客人。电梯上下，小李也是走在前面，做好带路工作。原本心想很简单的事情，却几次被上级批评。

【分析】

在接待过程中，小李与客人职位和身份并不相当，他应主动向客人做出礼貌的解释，而小李没有做出任何解释，容易引起客人误会。接到客人后要主动打招呼，握手表示欢迎，同时说些寒暄辞令、礼貌用语等，而小李没有事先了解要接待客人的相关信息，张口就问，十分不礼貌。在引导客人时，应主动配合客人步伐，保持一定距离。在出电梯时，应改为客人先走出电梯，自己在后面，以保证客人安全，而小李出电梯时，自己走在前面也是不恰当的。小李既破坏了客人的心情，也被上级批评了，因此他的接待是失败的社交事件。

（资料来源：陈少平. 新时代大学生社会实践教程［M］. 厦门：厦门大学出版社，2020）

（三）见面礼仪

见面礼仪是指日常社交礼仪中最常用与最基础的礼仪，掌握一些见面礼仪，能给人留下良好的第一印象，为以后顺利开展工作打下基础。

1. 握手礼仪

握手，是人与人之间在交往上近距离的亲密接触。因此，对体察彼此的交际心理，起着非常重要的作用。眼睛失明、耳朵失聪的海伦·凯勒，曾经谈过她与别人握手的感受：有的人握手可以使你感到拒人于千里之外，有的人握手却使你感到温暖；有些人的手像凛冽的寒风，有些人的手却充满阳光。海伦·凯勒只能通过握手感受到别人的心，她的描述无疑是真切的、准确的。

（1）握手正确方法

①通常用右手握手，时间一般以1～3秒为宜。

②一般距离约一步，上身稍向前倾，伸出右手，四指齐并，拇指张开，握住对方的手。

③握手顺序：一般"尊者决定"，即年长（尊）者伸手后，另一方及时呼应。年轻者、职务低被介绍给年长者、职务高者时，应根据年长者、职务高者的反应行事，即当年长者、职务高者用点头致意代替握手时，年轻者、职务低者也应随之点头致意。和女士握手一般男士不要先伸手。女士同外国人握手时，手指与肩部要自然放松，以备男宾可能要行吻手礼。

④握手时，年轻者对年长者、职务低者对职务高者都应稍稍欠身相握。有时为表示特别尊敬，可用双手迎握。男士与女士握手时，一般只宜轻轻握女士手指部位。

⑤握手时双目应注视对方，微笑致意或问好。若要与许多人握手，先长辈后晚辈，先主人后客人，先上级后下级。

（2）握手禁忌

①不要用左手相握，尤其是和印度人等打交道时要牢记，因为在他们看来左手是不

洁的，只能用于洗澡等。

②不要在握手时戴着手套或墨镜，只有女士在社交场合戴着薄纱手套握手，才是被允许的。

③不要在握手时另外一只手插在衣袋里或拿着东西。

④不要交叉握手，即越过其他人正在相握的手同另外一个人相握。

⑤不要在握手时面无表情、左顾右盼或长篇大论、点头哈腰，过分客套。

⑥不要相互攥着不放，也不要在握手时仅仅握住对方的手指尖，好像有意与对方保持距离。

⑦不要在握手时把对方的手拉过来、推过去，或者上下左右抖个没完。

⑧不要拒绝和别人握手，即使有手疾或汗湿、弄脏了，也要和对方说一下"对不起，我的手现在不方便"，以免造成不必要的误会。

⑨不要在握完手之后当着别人的面擦手。

☞【推荐阅读】

话"礼"话外

李扬是某单位的经理，有一天，他被邀请参加一场晚宴。此次晚宴规模巨大，聚集了职场上的成功人士。在宴会上，李扬被朋友介绍给一位曹女士。为了表示自己的友好，他先把手伸出去了，可是那位曹女士居然没有反应，还在与一旁的朋友说说笑笑。李扬觉得非常尴尬，觉得手不能再缩回去了，撑了大概20多秒，那位女士还是不配合，后来他一着急说："蚊子！"转手去打莫须有的蚊子。这种场面让周围的人都不禁捏了把冷汗。李扬也是满脸通红地离开了。

【分析】

案例中，李扬的尴尬就是因为不懂得握手礼仪常识，不明白男士和女士握手时是要女士先伸手，男士再与之握手。如果女士不主动伸手，男士也不要冒昧地伸手。同时在长辈和领导面前也一样，只要长辈和领导不伸手就不要提前伸手，但是如果女士、长辈或者领导伸出手就要立刻伸出右手与之握手。

（资料来源："文明江西"微信公众号，2017年7月19日）

☞【拓展阅读】

握手礼仪的形成

关于握手礼仪的形成众说不同，但是最常见的有两种：

第一种说法：握手之礼起于中世纪的欧洲。而当时恰是身着戎装的骑士侠客盛行的时代，一个个头顶一顶铜盔，身披一身铠甲，腰挂一柄利剑，就连一双手也罩上了铁套，方以示人，这身豪气，让人敬而远之。可见了亲朋好友怎能还这般冰冷待人，于是免去铜盔，脱下铁套，与之握手，同时表示我的右手不是用来握剑杀你的。这正是握手之起源。

第二种说法：握手最早发生在人类"刀耕火种"的年代。那时，在狩猎和战争时，人们手上经常拿着石块或棍棒等武器。他们遇见陌生人时，如果大家都无恶意，就要放下手中的东西，并伸开手掌，让对方抚摸手掌心，表示手中没有藏武器。这种习惯逐渐演变成今天的握手礼节。

中国古代对握手的记载，最早见于《后汉书·李通传》，可见中国古人曾用握手相互表达悲欢离合。

晚清李伯元《文明小史》中，记载了意大利地质专家与中国县官初次相见，县官错把左手伸出来，意大利地质专家便拒绝与之握手，反映了不懂西洋礼节的中国人当时的尴尬。中国古人有传统的见面礼节，也就是"抱拳之礼"。其讲究不亚于握手礼。

将握手作为见面礼节引入中国的，应首推孙中山。孙中山认为，在我国流行了数千年的跪拜礼，是封建等级礼教制度的象征，推翻清朝封建统治，一定要摧毁它的礼制。用新式的体现平等理念的握手礼取代跪拜礼，是辛亥革命任务的一部分。

现今握手已成为标准的国际礼仪。

（资料来源："文明江西"微信公众号，2017年7月19日）

2. 问候礼仪

问候要有顺序：一般来讲位低的先行，下级首先问候上级，主人先问候客人，男士先问候女士。

称呼有别：适当提及对方的称呼，以示尊重，慎用简称。

礼貌致意：面带微笑，礼貌问候，如"您好""久仰"等。在各种场合，可适当用举手、点头、欠身、脱帽等方式向对方打招呼或致意。

☞【推荐阅读】

迟来的尊敬

某货运公司财务刘女士有过这样的经历：我们公司的场地构造有点特殊，进门的玄关旁边有一个座位，因为我是财务，不用和他们项目组的同事坐在一起，所以玄关旁边的位子就是我的座位。公司前几个月新来了一个大学毕业生，每次进门首先看见的是我，她招呼不打一声，头也不点一下不说，还直瞪瞪地看我一眼就走进去了。我怀疑她可能以为我只是一个前台的阿姨，所以如此不屑一顾。后来过了几天，大概她终于搞清楚我并非接接电话、收收快递的阿姨，而是掌管她每个月工资的"财政大臣"，猛地就开始殷勤了起来，一进门"刘老师"叫得山响。可是，我心里的感受却不一样了，即使她现在对我再怎么尊敬，毕竟是有原因的，我对她也生不出什么好感来。我就很纳闷，怎么一个堂堂大学生，刚进社会就学会了势利？如果我真的是前台阿姨，是不是她这辈子都不打算跟我打招呼？

【分析】

礼仪是一个人乃至一个民族、一个国家文化修养和道德修养的外在表现形式，是做人的基本要求。加强个人礼仪修养，处处注重礼仪，恰能使你在社会交往中无往不利；使你在尊敬他人的同时也赢得他人对你的尊敬，从而使人与人之间的关系更趋融洽，使人们的生存环境更为宽松，交往气氛更加愉快。新人刚进职场，礼貌很关键，人际关系一定要妥善处理，不能以貌取人或者想当然，要记得地位低下的员工同样也是前辈或者长辈。哪怕是打扫卫生的阿姨，如果正好清理到自己的纸篓什么的，不忘记对她说一声"谢谢"，就会平添自己很多的亲和力与人缘。

（资料来源：刘煜. 大学生社会实践导论［M］. 杭州：浙江大学出版社，2017）

（四）介绍礼仪

介绍是人们在社会活动中相互结识的一种常见形式，它是指把同行者或自己的简要情况和思想性格通过明示或暗示的方式告诉对方。从礼仪的角度来讲，社会实践活动中遇到的介绍礼仪主要有自我介绍、介绍他人两种情况。

1. 自我介绍

在社交活动中，如无人引见，即可向对方自报家门，自己将自己介绍给对方。若有介绍人在场，自我介绍则被视为是不礼貌的。自我介绍时应先向对方点头致意，得到回应后再向对方介绍自己的姓名、身份、单位等。自我介绍的具体形式如下：

介绍时间：一般在一分钟之内，以半分钟左右为佳。介绍时还可利用名片、介绍信加以辅助。

讲话态度：态度要亲切，语气要随和，语速要正常，语音要清晰。

内容：介绍要简单明了，实事求是，真实可信，不可自吹自擂、夸大其词、无中生有。可分为以下几种：

（1）一般式：适用于某些公共场合和一般性的社交场合，往往只包括姓名一项即可。如：

A. 你好，我叫张强。

B. 你好，我是李波。

（2）工作式：适用于工作场合，包括姓名、单位及部门、职务或从事的具体工作等。如：

A. 你好，我叫刘刚，是××大学××学院思想政治理论课社会实践团的团长。

B. 你好，我叫李强，是××大学××学院的学生。

（3）交流式：适用于社交活动中，希望与交往对象进一步交流与沟通，大体应包括介绍者的姓名、工作、籍贯、学历、兴趣及与交往对象的某些熟人的关系。如：

A. 你好，我叫刘刚，我在××大学××学院读书。我是李强的老乡，都是福建省福州市人。

B. 你好，我叫张涛，是李强的同学，也在××大学××学院学××专业。

（4）礼仪式：适用于讲座、报告、演出、庆典、仪式等一些正规而隆重的场合，包括姓名、单位、职务等，同时还应加入一些适当的谦辞、敬辞。

如：各位同学，大家好！我叫刘刚，我是××大学××思想政治理论课社会实践团的团长。我代表实践团热烈欢迎大家光临我们的招募会，希望大家……

（5）问答式：适用于应试、应聘和公务交往。问答式的自我介绍，应该是有问必答，问什么就答什么。如：

A．先生，您好！请问您怎么称呼？

B．您好！我叫刘刚。

2．介绍他人

（1）谁是介绍人

除了公务交往中有接待员、秘书等做介绍人之外，在社交场合中一般由与双方均有一定交情者来担任介绍人。

（2）介绍的先后顺序

尊者有权先了解情况，一般把身份低、年纪轻的介绍给身份高、年纪大的；把男同志介绍给女同志；把熟悉的人介绍给不熟悉的人，把家人介绍给同事、朋友；如果有好多人同时需要介绍，就要按照职务的高低，按顺序介绍。

（3）介绍的内容

作为第三者为他人介绍时，要先向双方打一声招呼，让被介绍的双方都有所准备。为他人介绍的内容，大体与自我介绍的内容相仿。时间宜短不宜长，内容宜简不宜繁。同时避免给任何一方厚此薄彼的感觉。

（五）递物礼仪

递物与接物是常用的一种动作，应当双手递物、双手接物（五指并拢），表现出恭敬与尊重的态度。

递物的注意事项：

1．两臂夹紧，自然地将两手伸出。

2．递上剪刀、刀子或尖利的物品，应自己用手拿着尖头部位递给对方，让对方方便接取。同时，还要注意递笔时，笔尖不可以指向对方。

3．递书、资料、文件、名片等，字体应正对接受者，要让对方容易看清楚。这些微小的动作能显示出你的聪明与教养。

☞【推荐阅读】

她为什么受到冷遇？

张女士是位商务工作者，由于业务成绩出色，随团到中东地区某国考察。抵达目的地后，受到东道主的热情接待，并举行宴会招待。席间，为表示敬意，主人向每位客人递上一杯当地特产饮料。轮到张女士接饮料时，左利手的张女士不假思索地伸出左手去接。主人见此情景脸色骤变，不仅没有将饮料递到张女士的手中，而且非常生气地将饮料重重地放在餐桌上，并不再理睬张女士。这是为什么？

【分析】

《礼记》云："入境而问禁，入国而问俗，入门而问讳。"从事多年商务工作的张女士，理应对中东地区的忌讳习俗有一个基本的了解，但她却忽略了这一点。中东地区是伊斯兰教教徒最为集中的地区，不少国家还把该教定为国教。按伊斯兰教教规，左手是拿不干净东西的，故在人际交往中，忌用左手递接物品。当东道主用右手递送饮料时，张女士应用右手接取，但她仍然习惯用左手去接，这是犯了中东地区不用左手的忌讳，而且是对主人的极大侮辱，难怪东道主满脸怒容，不再理睬她了。

（资料来源：豆丁网，网址：https://www.docin.com/p-2255089624.html，2019年9月19日）

（六）会议礼仪

在社会实践中，大学生经常会参加实践单位组织的座谈会、茶话会、培训会等。这些场合会让人感觉环境相对轻松，但即便如此也依然不能随意对待，必须以饱满的精神状态，积极开朗地参与。因此，相应的会议礼仪不可或缺。

1. 遵守时间

守时是一种美德。大学生社会实践团队的全体成员必须统一准时入场，进出有序，切忌迟到。

2. 衣着整洁

团队尽量穿统一服装，不要穿看上去夸张的服装和令人分心的装束，避免穿奇装异服。

3. 座次有序

一般会议组织者会事先安排好座位，摆好相应的座位牌，或有工作人员引导大家按序入座。在这种情况下，务必服从组织者的安排，按座位牌或工作人员的引导安静入座。若无具体指示也无人引导，可等待主人和重要人物坐好后，在靠近他们的两边座位上坐下，动作要轻。

4. 保持安静

会议开始前应该主动将手机关闭或者调整为静音振动状态。会议开始后一般不要接电话，实在有需要时可去会场外面接。

5. 举止大方

坐姿自然，文雅大方，保持较好的精神状态，不要趴着、倚靠、打哈欠、胡乱涂画、低头睡觉、来回走动，更不要私下小声说话或交头接耳。

6. 注意聆听

开会时，每个人都应精神饱满地认真听讲，随身携带纸笔记录下与自己相关的内容或要求。

7. 礼貌应答

如果有人提问，应礼貌应答，对不能回答的问题，应机智而礼貌地说明理由。对提问人的批评和意见应认真听取，即使提问者的批评是错误的，也不应失态。

8. 言谈得体

如果有讨论环节,最好不要保持沉默,可以礼貌地表达自己的看法。想发言时要讲究顺序和秩序,不能争抢发言,而应当事先用手或目光向主持人示意或直接提出要求,获得允许后方可发言。发言时,应吐字清晰,语调和声音大小恰当,简明、清楚、有条理地表达自己的观点,控制好发言时间,不要聊与主题无关的内容,否则会影响效率和浪费时间。对他人的发言有不同意见时,不能随意打断对方,应等待对方讲完再阐述自己的见解。他人对自己的观点有不同看法时,要虚心听取,理性讨论,态度平和,不要急于与之争执,不能只顾自己。

9. 遵守秩序

开会过程中,尽量不要随意离开会场。如果必须离开,也要轻手轻脚,尽量不影响发言者和其他人。如果是长时间离开或提前退场,应与会议组织者打招呼,说明理由,征得同意后再离开。

10. 适时鼓掌

每位发言人发言结束时,应该鼓掌以示肯定和支持。

☞ 【推荐阅读】

铃声终于激怒了老总

"开会了,开会了!"大家都来到了会议室。总经理召集各部门经理开会,布置下一个季度的营销任务。老总刚清了清嗓子准备说话,一阵刺耳的电话铃声响了起来,李经理忙不迭地站起来跑出去接电话。老总脸上显出了愠色。会议继续进行,可不是这里在低头小声接电话,就是那里突然一声铃声。老总突然一拍桌子,把大家吓得一哆嗦。"把手机关了,我不相信关一会儿手机会死人!"

【分析】

当你正在出席会议时,接听一连串的电话肯定是会让他人反感的。如果真碰到了什么急事,最好是能及时挂断电话,调成震动避免铃声再次响起,然后安静迅速地离开会场回复电话。一般来说,在会议中或在与别人洽谈的时候,最好的方式是把手机关掉或者调到震动状态,这样既显示出对别人的尊重,又不会打断正在发言者的思路。

(资料来源:百度文库,https://wenku.baidu.com/view/43a6d4c55fbfc77da269b14f.html,2011年4月12日)

(七) 参观礼仪

参观实践场所,是大学生社会实践的重要内容。因此,在参观过程中,大学生同样需要注意相应的礼仪。

1. 遵守规定

实践团队在参观前,务必事先了解并自觉遵守参观场所的规定。对于有一定危险性或有严格安全卫生要求的生产性企业,务必要遵守明确严格的操作规程;爱护设施,勿动手随便触摸，未经允许不得动手操作演示，以避免造成不必要的危险和意外事故。如果一些场所对参观者的服装和发式有明确的规定，应该主动按照要求着装，以免发生危险。凡标明"谢绝入内"的场所，则不要擅自闯入。凡不准拍照的设施和物品，也不要私自拍照或摄像。同时，不要随地吐痰、乱扔垃圾、乱刻乱画。

2. 保持安静

参观过程中，要时刻保持安静，不要高声谈笑，自觉将手机调成关机或震动状态，不接电话，不闲聊，不讨论与参观内容无关的事情，把全部注意力集中到参观上。

3. 做好记录

参观的时候，要用心看、听和做记录，不能走马观花，更不能中途退出。在规定允许的前提下，还可以利用各种手段，如笔记、绘画、录音、拍照、摄像等形式，记录下参观内容，为后期社会实践任务积累素材。

4. 虚心请教

当介绍人讲解时，应耐心听取，不要轻率插话。遇到不懂的可以礼貌请教，如果讲解员的答复不能使自己满意，也应向其表示感谢，不可流露出不满意的神情，或一声不吭地走开。

5. 服从组织

在参观过程中，每个成员均要紧跟讲解员有序参观，避免掉队。个人要服从集体，听从指挥，不允许随意自行其是，不允许中途擅自离队。外出要请假，归队要准时，尽量不要在集体参观时个人独自行动。

(八) 就餐礼仪

在社会实践活动的整个过程中，就餐礼仪包括学生餐厅礼仪、快餐礼仪、自助餐礼仪、中餐礼仪和西餐礼仪五部分。

1. 学生餐厅礼仪

（1）在学生餐厅就餐时，要按时就餐，自觉排队，不要冲跑挤，不要夹塞。

（2）要保持安静，在就餐座位紧张的时候，要互相谦让，互相宽容。

（3）要爱惜食物，勤俭节约，尽量不要剩菜剩饭，如有要将剩菜剩饭倒入指定地点。

（4）要文明就餐，坐姿自然，严禁把脚踩在凳子上。吃东西或喝汤时要小口吞咽，闭口咀嚼，尽量不发出响声。

2. 快餐礼仪

（1）礼貌等位：在就餐高峰期，快餐厅内人比较多，有时座位不够。等座位时不要直接站在正在就餐客人的身后，而应该在不影响他人就餐的区域等候，或请服务人员帮忙寻找座位。

（2）快速点餐：在人多时要注意排队，提前想好要点的食品，准备好相应的钱，这样可以节约自己和其他顾客的时间。点餐后端着食物走向座位时，要注意安全。一定不要只顾寻找座位忘记看路，如果撞到别人身上，热饮料或热食物容易烫到自己和别人，也容易弄脏衣物。

3. 自助餐礼仪

(1) 进入餐厅后，先扫视一圈。对菜点的摆布和服务设施有个基本的了解，这样在取菜时可做到心中有数。

(2) 取用每种菜点时，都不要贪多，如果是大家都爱吃的东西就更要如此。

(3) 取菜时要有秩序，不要挤在一起取菜。如果人多，可在一旁适当等一会儿。

(4) 取菜点时要依菜点原来摆放的样子取用，不要在盘中来回翻找，这样既不雅观，也不礼貌。

(5) 热菜、冷食要分开放入自己的盘中，切勿堆放在一起。

(6) 凡取到自己盘中的菜点，即使不合口味，也绝不能再倒回去，可剩在盘中，放在桌子边上，待服务员取走。

(7) 尽量做到吃什么取什么，吃多少取多少，不够可以再取，不要造成浪费，不要因一次性取食物过多又无法处理而让人笑话。

(8) 取完食物后，应回到座位上用餐，不要迫不及待，就近站着就开始食用，显得吃相极不雅观。

4. 中餐礼仪

(1) 准时出席，应等长者、女士坐定后，方可入座。

(2) 入座后姿势端正，与餐桌的距离保持得宜，脚踏在本人座位下，不可任意伸直，手肘不得靠桌缘，或将手放在邻座椅背上。

(3) 用餐时须温文尔雅，从容安静，不能急躁。送食物入口时，两肘不要碰及邻座。吃东西时不要发出声音，要闭嘴嚼。鱼刺、骨头、硬壳等，不要直接外吐，应用筷子取出，然后放在骨盘内，不要放在桌上。

(4) 用餐时，自己食盘内不要盛太多。如遇本人不能吃或不喜欢的菜，服务员上菜或主人劝菜时，不要拒绝，可取少量放在盘内，并及时致谢。对不合口味的菜，切勿露出难堪的表情。

(5) 取菜舀汤时，应使用公筷公匙，自用餐具不可伸入公用餐盘。在夹取菜肴时，不要翻来覆去，挑挑拣拣。够不到的菜或调味品，可以请人帮忙传递，不可伸手横越、起身甚至离座去取。

(6) 用餐期间，切忌用手指掏牙，应用牙签；并以手或手帕遮掩。不要当众修饰，如不要梳理头发、化妆补妆、宽衣解带、脱袜脱鞋等。

(7) 积极参与同桌人的交谈，特别是左右邻座，不能仅同熟人或只同一两人交谈。邻座如不相识，可先做自我介绍。进餐的速度宜与大家同步，不宜太快，亦不宜太慢。

(8) 食毕，餐具务必摆放整齐。离席时，应帮助隔座长者或女士拖拉座椅，等主人离席后，方可离席。

5. 西餐礼仪

(1) 穿着得体：不要穿休闲服，男士穿整洁的上衣和皮鞋，尽量打领带；女士要穿套装和有跟的鞋子。

(2) 女士优先：进入西餐厅时，男士应先开门，请女士先进入。如果有服务员带位，也应请女士走在前面。入座、餐点端来时，都应女士优先。

（3）吃西餐时，入座时应从左侧进入。当椅子被拉开后，身体在几乎要碰到桌子的距离站直，领位者将椅子推进来，腿弯碰到后面的椅子时，自然落座。用餐时，上臂和背部要靠到椅背，腹部与桌子保持约一个拳头的距离。

（4）进食应该噤声，也就是说，在吃喝过程中尽量不要弄出声响，即使是交谈，也不要放声，不要引起他人的注意，更不要妨碍他人。

（5）吃西餐时，各种餐具名目繁多，应该正确使用。如果不懂，可以在现场"慢半拍"，即不要急于动手，也不要四处去问他人，可注意观察别人，然后效仿。

①正确使用刀叉的基本原则是右手持刀或汤匙，左手拿叉。若有两把以上，应由最外面的一把依次向内取用。刀叉的拿法是轻握尾端，食指按在柄上。可一边切割，一边叉而食之；也可一气呵成先将餐盘里的食物全部切好，然后开始食用。忌讳在切割食物时，因用力过猛或用力不匀而发出声响。

②正确摆放刀叉。如果暂时放下刀叉略做休息，刀右叉左，刀口向内，叉齿向下，呈汉字的"八"状摆放在餐盘之上。但要注意，摆放刀叉时，不可将其交叉放成"十"字状，因为许多西方人认为，这种形状是会令人晦气的。如果用餐完毕，则可刀口向内，叉齿向上，刀右叉左地并排纵放。

（6）餐巾的使用：用餐前就可以打开餐巾，平铺在腿上，盖住膝盖以上的双腿部分。在进餐中，可以用来擦拭嘴巴、手、手指，也可以在剔牙，打嗝，吐出嘴中骨、刺等异物时遮住口部，但是不能用来擦汗或是擦鼻涕。如果暂时离开座位，将餐巾折好放在餐桌上或是椅子上。用餐结束，将餐巾折好后放在桌子上就可以了。

☞ 【推荐阅读】

吃相太难看影响全局

某贸易有限公司项目主管郝先生：我带的那个小伙子过了三个月试用期后，我们基本对他还是挺满意的。之后正逢一个挺大的项目紧跟而来，公司里人手有点紧，于是我想不如让他锻炼锻炼，见见大客户，也好上手快一点。虽然这一举动有点冒险，但通过几个月的观察考核，我当时还是相信他可以做好的。没想到，一顿饭的工夫，我就发现这次让这小伙子跟我去真是冒失之举了。平时看他挺注意形象的，每天来上班干干净净，做事情稳稳妥妥，遇到紧急关头也没有气急败坏，可是关键时刻却失了足。那天去见重要客户，上了一家很高级的餐厅，其实是我们经常去的地方，但是对于他来说可能是第一次经历这样高级的场所。大家点的都是牛排之类的西餐，我猜想他大概也没接受过什么正规的西餐礼仪的培训，饭桌上使用刀叉很笨拙之外，吃相也越来越难看。本身和客户吃饭，主要目的是联络感情、拉拢生意，又不是真的让你去大饱口福的。后来，不知道是不是他吃相的关系，客户给我们下的订单少了将近30%。尽管不能一棒子打死说是他的原因，但是这样的手下带出去真的叫人在一旁擦汗啊。无论如何，在进入社会之前职场礼仪还是多多少少应该了解一下的。

【分析】

在诸多的礼仪规范中，就餐礼仪又以它的不可回避性日益凸显出学习它、掌握它、运用它的重要性。中西方就餐礼仪由于双方文化、地域、宗教、习俗等的不同有着巨大的差异。学习好就餐礼仪，有助于我们成长为学礼知礼的现代人，更有助于我们体现教养，成为受欢迎的人。案例中的那位职场新人，第一次陪重要客户吃饭，且吃的是西餐，西餐中最重要的就是刀叉的使用，如果第一次吃西餐，又不熟悉西餐的礼仪，最要紧的就是后下手，也就是先看别人的举止，看别人怎么吃，怎样使用刀叉。结果他把一次陪客户的宴请当成了自己的一次高档享受，笨拙的刀叉使用，不雅的吃相，给公司形象丢了分。

（资料来源：百度文库，https://wenku.baidu.com/view/43a6d4c55fbfc77da269b14f.html，2011年4月12日）

（九）社会调查时常用礼仪

开展思想政治理论课社会调查实践，访谈和发放问卷是获得第一手资料的关键，而礼仪的作用直接影响着访谈沟通能否顺畅和问卷回收率高低以及社会实践的效果。随着"互联网+"时代的到来，越来越多的学生选择利用新媒体发放网络问卷，网络问卷不同于现实入户访谈和问卷礼仪要求，在问卷设计中用语礼貌、内容合理即可。下面只针对当面问卷礼仪进行简要介绍。

1. 落实前期准备工作

确定易于沟通、有更多闲暇时间认真填写问卷且生活比较乐观的年轻人和老年人为调查问卷的人群。若问卷有针对的人群应选择特定人群进行。

2. 入户调查要领

首先敲门数为三声，注意轻重缓急，同时注意门口不是谈话之所，而被调查者很容易在门口予以拒绝，这时候调查者应该做尽量简洁、可信的自我介绍。当被调查者打开家门时，调查者不要迅速踏进一只脚，这样被调查者会不好意思拒绝，而是要保持和谐的谈话氛围，同时说："我想进去和您交流几个问题。"在此提醒，尽量不要采取入户访谈、发放问卷的形式，建议提前预约访谈对象或在特定地点、区域随机发放问卷。一方面是为了节约沟通上的时间成本，另一方面也是考虑调查者自身人身安全。

3. 和谐的谈话氛围

通过攀谈迅速地发现被调查者的心理需要，与被调查者建立认同感，以被调查者所关心的问题为话题进行交谈，真诚地关心被调查者，同时善于发现被调查者的优点。当然，在整个访谈和问卷调查过程中应保持亲和力，并且礼貌大方，打消被调查者的顾虑，比如要说明本研究只是用于科研，对个人信息绝对保密。

进行问卷发放时，调查者同时需要在一旁耐心地解释问卷中的不明白之处，或依据访谈提纲进行访谈记录，在此过程中如需录音要征求被调查者的意见。

4. 调查结束

在结束访谈时要给被调查者一个提问的机会：请问您还有什么不明白的地方吗？针

对此问题您还有什么意见建议吗？调查者可以在问卷结束后发放事先准备好的小礼物（笔、便签本等即可，切忌零食，以免因食品安全问题造成不必要的纠纷）作为答谢，让被调查者感受到花时间接受调查是值得的。整个过程中调查者要表现得彬彬有礼。

☞ 【推荐阅读】

日常客套用语

对于社会实践中的学生来讲，多使用礼貌用语是顺利完成实践的前提，有道是"礼多人不怪"，分享一则日常客套用语，与各位共勉。

初次见面说"久仰"；麻烦别人说"打扰"；
陪伴朋友说"奉陪"；赞人见解用"高见"；
向人祝贺说"恭喜"；求人原谅说"包涵"；
客人到来用"光临"；与人分别用"告辞"；
归还原物用"奉还"；老人年龄用"高寿"；
请人勿送用"留步"；等候帮忙说"劳驾"；
看望别人用"拜访"；请人解答用"请教"；
赠送作品用"斧正"；很久不见说"久违"；
请人指点用"赐教"；求人方便说"借光"；
中途先走说"失陪"；托人办事说"拜托"；
对方来信用"惠书"；说己家时用"寒舍"。

（资料来源：陈少平. 新时代大学生社会实践教程[M]. 厦门：厦门大学出版社，2020）

三、社会实践结束阶段的礼仪

思想政治理论课社会实践结束后，实践团队可与实践地工作人员合影留念。大学生应当事先征得对方领导的同意，并约好具体时间。全体成员必须提前到达，准备好标旗，摆好队形，并留出重要位置，请领导或指导教师入席合影。合影之后，全体成员应礼貌地向当地领导、工作人员和居民等告别并表示感谢，表示欢迎对方到自己所在学校进行交流，同时可以提出将来继续合作的想法。

最后，为表示诚挚的谢意，大学生等返回学校后，应该再致感谢信。

☞ 【测一测】

你是一个有修养的人吗？

回答下面的问题，只回答"是"和"不是"。

1. 你是不是很容易就会生别人的气？
2. 当别人帮你做完事的时候，你是否会说声"谢谢"？
3. 你在超市买东西的时候，是否对里面的服务员会像对待你朋友一样有礼貌？
4. 你是不是有时认为礼貌用语对一个男子汉来说无所谓？
5. 跟别人谈话的时候，你是否能够始终注视着对方？
6. 在你和朋友的谈话中，你是不是经常提到自己？
7. 当有人遭到愚弄时，你是否跟着其他人一起哄笑？
8. 在陌生人面前，你是否能够始终保持微笑？
9. 你是不是会主动关心别人？

【分析】

1. 不是。一个动不动就生气，而且睚眦必报的人怎么会有修养呢？
2. 是。受人恩赐，要怀感恩的心，是修养者的心态。
3. 是。一个有修养的人不会把人分成三六九等，不管是朋友还是陌生人，对他们始终都是彬彬有礼。
4. 不是。良好的礼貌是每个人都要具备的基本修养。
5. 是。注视是对对方的一种尊重。
6. 不是。一个刻意在别人面前展示自己的人是没有风度可言的，又怎么会具备很深的修养呢？
7. 不是。幸灾乐祸、乘人之危是典型的小人行为。
8. 是。微笑的人总是显得风度翩翩而容易被人接受。
9. 是。主动关心别人是一个人成熟的标志，也是一个人具有修养的基础。

（资料来源：知乎，网址：https://zhuanlan.zhihu.com/p/35685153，2018年4月14日）

第三节 思想政治理论课社会实践的权益维护

开展思想政治理论课社会实践既是高校思想政治理论课的有益补充和延伸，也是高校思想政治教育的重要内容，在思政育人工程中发挥着至关重要的作用，同时思想政治理论课社会实践也能让大学生走进社会，促进社会经济发展和精神文明建设。不过，大学生在参与社会实践的过程中也产生了一些问题，特别是有关权益受损问题，出现合法权益被侵犯的现象。然而不少权益被侵犯的大学生面对如此问题却无所适从，不知道或者知道被侵害却不知从何维护自己的合法权益。本节重点介绍大学生的主要法律权益，分析大学生在参加社会实践过程中可能会遇到哪些权益纠纷以及实施救济的途径。

一、大学生的主要法律权益

在了解权益纠纷之前,需要明晰大学生的法律权益主要有哪些。大学生作为公民,享有《中华人民共和国民法典》(以下简称《民法典》)、《中华人民共和国教育法》、《普通高等学校学生管理规定》等法律规范文件所规定的权利和利益。大学生在社会实践中需要重点关注并予以保护的法律权益多数属于民事权利范畴。民事权利是指由国家强制力保障的民事主体所享有的利益。根据权利的内容和性质的不同,民事权利可以分为三类,即人身权、财产权和综合性权利(既有财产属性又有人身属性)。因此结合社会实践的情况,就大学生社会实践中的法律权益做如下分析。

(一) 财产权

财产权,是指以物质财富为对象,直接与经济利益相联系的民事权利,包括静态财产权物权和动态财产权债权。物权是特定的权利人依法对特定的物所享有的直接支配并排除他人干涉的权利。债权是特定人请求另一特定人为或不为特定行为的权利,下面对物权及债权的主要内容做简要介绍。

1. 物权

根据权能不同,物权大致可分为所有权、用益物权、担保物权。所有权,规定在《民法典》第二编物权第二分编第四章和第九章共计83条文中。根据《民法典》第240条的规定,所有权是指所有人依法对自己的财产享有占有、使用、收益和处分的权利,它是最重要的物权形式。《民法典》第267条规定:"私人的合法财产受法律保护,禁止任何组织或者个人侵占、哄抢、破坏。"《物权法》也再次强调个人财产所有权的保护,第四条规定:"国家、集体、私人的物权和其他权利人的物权受法律保护,任何单位和个人不得侵犯。"即公民在法律规定的范围内行使其物质财富的所有权,受法律的保护。用益物权,规定在《民法典》第二编物权第三分编第十章至第十五章共计63条文中。它是指用益物权人对他人所有的不动产或动产,依法享有占有、使用、收益的权利。例如建设用地使用权、土地承包经营权、宅基地使用权、居住权和地役权。担保物权,规定在《民法典》第二编物权第四分编第十六章至第十九章共计72条文中。它是指为了确保债权的实现,债务人或者第三人在其不动产、动产或者财产权利上设定的,当债务人不履行到期债务或者发生当事人约定的实现担保物权的情形时,债权人可就该担保财产变价并优先受偿的限制物权。通俗而言,担保物权就是用他人之物或者财产权利担保自己债权实现的限制物权。担保物权分为抵押权、质权和留置权。

2. 债权

债权是得请求他人为一定行为(作为或不作为)的民法上权利。基于权利义务相对原则,相对于债权者为债务,即必须为一定行为(作为或不作为)的民法上义务。债权是典型的相对权,在债权人和债务人两个法律主体之间才发生法律效力,所形成的权利义务关系内容不能对抗善意第三人。依据债的发生原因不同,债权分为意定之债、法定之债和自然之债。意定之债是指依据当事人的意思表示而发生的债,含单方允诺之债和合同之债;法定之债是指法律直接规定的债,含侵权之债、无因管理之债、不当得利之债和缔约过失之债；自然之债是指缺乏法定之债的原因，不产生法定义务，不能经由诉讼获得满足，但债务人自愿履行的，不得请求不当得利返还的债，含已过诉讼时效之债、赌债、毒资等违法之债，彩礼，限定继承超出遗产继承范围以外之债。

（二）人身权

人身权，又称非财产权利，是我国公民和法人的人身关系在法律上的体现和反映。人身权是不直接具有财产内容的，不能以金钱来衡量其价值，一般不具有可让与性，受到侵害时主要需以非财产的方式予以救济。人身权包括人格权和身份权。下面对人身权主要的权利内容做简要介绍。

1. 人身自由权

人身自由权是指民事主体享有身体行动的自由和自主决定的自由的权利，是自然人自主参加社会各项活动、参与各种社会关系、行使其他人身权和财产权的基本保障，是自然人行使其他一切权利的前提和基础。例如，在社会实践过程中，实践单位在大学生进出车间的时候无故进行非法搜查身体、强制高强度工作等违背学生意愿的行为，就是侵犯了学生的人身自由权。

2. 生命权和健康权

生命权是指自然人享有以生命安全和生命维持为内容的人格权，其内容主要为生命安全维护权。自然人享有生命权，有权维护自己的生命安全和生命尊严。任何组织或者个人不得侵害他人的生命权。健康权是指自然人维护其机体生理机能正常运行和机能（功能）正常发挥，进而维持人体生命活动的权利。健康权的核心即生理或心理机能（功能）的正常运转和发挥。如果行为人的侵权行为导致受害人的生理机能无法正常运转和发挥，即构成侵犯健康权。例如，在社会实践过程中，学校与实践单位提供给学生可以安全实践实习的工作环境，不得指派从事超高强度的体力劳作等损害学生生命健康的工作任务，从而保障大学生的生命权和健康权。

3. 姓名权

姓名权是指自然人决定、使用或者许可他人使用自己的姓名的权利，是自然人独有的精神性人格权。根据《民法典》第1017条规定，具有一定社会知名度，被他人使用足以造成公众混淆的笔名、艺名、网名、译名、字号、姓名和名称的简称等，参照适用姓名权和名称权保护的有关规定。例如，学生办理购买社会实践意外保险时，校外业务经办人员收集了学生的身份证复印件后私下在银行办理信用卡，恶意透支金额，以周转单位的临时资金困难问题，数月未还贷款利息导致学生个人不良信用被记录到征信系统。该行为属于未经允许，为谋取不正当利益，擅自利用他人姓名，侵害了学生的姓名权。

4. 肖像权

肖像权是指自然人以在自己的肖像上所体现的人格利益为内容，享有的一种人格权。任何组织或个人不得以丑化、污损，或者利用信息技术手段伪造等方式侵害他人的肖像权。未经肖像权人同意，不得制作、使用、公开肖像权人的肖像，但是法律另有规定的除外。未经肖像权人同意，肖像作品权利人不得以发表、复制、发行、出租、展览等方式使用或者公开肖像权人的肖像。例如，在社会实践过程中，实践单位未经学生本人的同意，用其工作证件照进行商业宣传，或者私自销售证件照的侵权行为。

5. 名誉权

民事主体享有名誉权。任何组织或者个人不得以侮辱、诽谤等方式侵害他人的名誉权。名誉是对民事主体的品德、声望、才能、信用的社会评价。侵权的形态一般有文学、艺术作品侵权，报刊、网络媒体侵权。例如，在社会实践中，实践单位工作人员对学生完成的实践工作质量进行品头论足，甚至使用侮辱性言辞等贬损学生的侵权行为。

6. 荣誉权

荣誉权的主体乃自然人和法人，而荣誉权的侵权即非法剥夺他人的荣誉称号。任何组织或者个人不得非法剥夺他人的荣誉称号，不得诋毁贬损他人的荣誉。获得的荣誉称号应当记载而没有记载的，民事主体可以请求记载；获得荣誉称号记载错误的，民事主体可以请求更正。在社会实践过程中，实践单位非法剥夺学生获得评优评先的机会，拒绝提供相关实践证明材料，或者是学校单方以学生社会实践不在校为理由否定其参评在校相关的荣誉评比的资格，这些都是侵犯学生荣誉权的体现。

7. 隐私权

自然人享有隐私权。任何组织或者个人不得以刺探、侵扰、泄露、公开等方式侵害他人的隐私权。隐私是自然人不愿为他人知晓的私密空间、私密活动、私密信息。例如，在社会实践过程中，实践单位未经学生同意，私自拆开学生信件、检查学生私人用品等行为，或是将学生提交的个人信息资料在未经同意情况下私下传阅或者公开挂网发布，这些同样都是侵犯学生隐私权的表现。

（三）知识产权

知识产权是关于人类在社会实践中创造的智力劳动成果的专有权利。知识产权属于民事权利，是基于创造性智力成果和工商业标记依法产生的权利的统称。它的客体是智力成果或是知识产品，是一种无形财产或者一种没有形体的精神财富，主要为专利权、商标权和著作权。

在社会实践过程中，大学生通过自己的劳动能力，结合专业知识创新性地设计出产品，取得了喜人的科研成绩，但是这一成果有时会被导师据为己有，或者未经学生本人同意授权，产品就被其他单位销售量产，此类行为就是在侵犯学生的知识产权。为强化知识产权的保护，我国也制定了《专利法》《著作权法》等相关法律法规，予以强有力的国家法律制度保障。同时，习近平总书记也在党的十九大报告中指出要"倡导创新文化，强化知识产权的创造、保护、运用"。

二、社会实践过程中频发的权益纠纷

根据我国现行法律规定，纠纷是指当事人就法律规范的权利或义务所表示的具体事由产生了误会或者一方刻意隐瞒事实，导致双方无法达成一致同意的情形。大学生在社会实践过程中时常发生的纠纷主要为民事纠纷、行政纠纷和刑事纠纷等。

(一) 民事纠纷

民事纠纷是作为平等民事主体的公民、法人及其他组织等就人身和财产关系等属于民法调整范围的法律关系发生的各种纠纷。民事纠纷分为两大类：一类是财产关系方面的民事纠纷，另一类是人身关系的民事纠纷，如债权债务、合同担保、损害赔偿、婚姻继承等纠纷。民事纠纷具有如下特点：民事纠纷主体在民事法律关系中的地位平等。纠纷的主体具有平等的民事主体权利、平等的程序主体地位，双方享有同等或者对等的权利；纠纷的内容是对民事权利义务的争议。此特点将民事纠纷与行政纠纷、刑事纠纷等其他性质的纠纷相区别。民事纠纷的主体对自己的民事权利享有处分权，决定了其有权在解决纠纷过程中对自己享有的民事程序权利继续处分。

在社会实践过程中，大学生与实践单位或者指导教师等其他主体可能会产生关于民事权利和义务内容之间的纠纷，发生自身民事权利与义务受损的现象，导致生命权、健康权、知识产权等相关权益受损。

(二) 行政纠纷

行政纠纷，也称行政争议，是指国家行政机关之间或者国家行政机关同企事业单位、社会团体及公民之间由于行政管理而引起的纠纷。行政争议的基本特征：行政争议起因于国家行政机关的行政管理活动；行政争议的双方当事人中必有一方是行政机关，如法律、法规授权的组织或者行政机关委托的组织。行政争议是产生于行政法律关系主体之间的争议，这一特点决定了行政争议不可能产生于没有行政机关参加的组织或者个人之间；行政争议的焦点在于国家行政机关的行政行为是否合法和适当，是由相对人不服行政机关的具体行政行为而引起的，例如在行使行政管理职能过程中，行政人员非法使用暴力致人伤残。

大学生也是重要的行政相对人，他们的学习和生活与行政管理存在密切的关系，如学历学位的授予、户籍管理、治安管理等。在社会实践过程中，大学生也有可能发生行政纠纷。

(三) 刑事纠纷

刑事纠纷是指加害人与被害人之间由于利益、情感等方面的原因并通过犯罪这一特殊的外在形式表现出来的不协调的关系。刑事纠纷的外在表现形式是犯罪，主体限于加害人与被害人。刑事纠纷是一种受到法律评价的纠纷，是属于所有纠纷中对社会影响较大而需要国家通过正式的法律来调整的纠纷，这一点区别于其他未受到法律评价的纠纷。在受到法律评价的纠纷内部，刑事纠纷也因其受到直接关涉公民基本权利的刑事法律的评价及其外在表现形式是犯罪而显得与众不同。

在社会实践过程中，大学生可能由于本人或者对方侵犯了刑法所保护的社会关系引发了相应的刑事纠纷，发生侵害法益的行为现象，其中大学生可能是被害人，也可能是加害人。不过，在社会实践过程中发生的刑事纠纷相对较少，多数是民事纠纷。

三、权益纠纷的救济途径

大学生在参与社会实践过程中发生了上述权益纠纷的时候，应该如何维护自身的合法权益，如何实施救济？根据我国《民法典》《侵权责任法》等相关规定，当发生侵权行为时，被侵权人有权依据法律规定实施救济，要求侵权行为人承担赔偿或者恢复原样等责任。一般而言，侵权行为的构成要件包括有加害行为、有损害事实的存在、加害行为与损害事实有因果关系、行为人主观上过错。因此，实施救济的时候，要确定社会实践过程中存在侵权行为，权益遭受侵害的大学生才可提出实施救济的请求。主要救济途径如下。

（一）诉讼救济

诉讼是指国家审判机关即人民法院，依照法律规定，在当事人和其他诉讼参与人的参加下，依法解决诉争的活动。诉是指告诉、申诉、控告的意思和行为；讼是指要由人民法院裁决的法律行为。诉讼的功能不仅限于对过去发生之历史事实的发现，而且更要通过诉讼的过程建立起过错与责任、犯罪与刑罚之间的联系，从而向公民传递一种应当如何行为的信息，追究责任。诉讼是国家强制力保障实施的一种有效的"公力救济"方式。目前，大学生社会实践过程中遇到权益纠纷，可采取的诉讼救济主要分为民事诉讼、行政诉讼和刑事诉讼。

1. 民事诉讼

民事诉讼是指民事争议的当事人向人民法院提出诉讼请求，人民法院在双方当事人和其他诉讼参与人的参加下，依法审理和裁判民事争议的程序和制度。民事诉讼一般具有如下特征：民事诉讼是一种当事人对立，法院居间审理、裁判的等腰三角形结构；民事诉讼依靠国家强制力来解决民事纠纷；民事诉讼解决的争议是有关民事权利义务的争议；民事诉讼是依照《民法典》《民事诉讼法》等法律规范，严格按照预定的程序和方式进行的。我国民事诉讼的法定程序主要包括简易程序、一审程序、二审程序、审判监督程序、特别程序、督促程序和公示催告程序等。大多数情况下，大学生社会实践过程中涉及的民事纠纷，适用的法定程序是简易程序或一审程序。

2. 行政诉讼

行政诉讼是指公民、法人或者其他组织认为行政机关的行政行为侵犯其合法权益，向人民法院提起诉讼，人民法院依法予以受理、审理并做出裁判的活动。简言之，行政诉讼是人民法院适用司法程序解决行政争议的活动。行政诉讼具有如下特征：行政诉讼的内容具有特殊性，解决的是行政争议，对构建和谐社会、建设法治政府发挥着关键作用；行政诉讼的当事人具有恒定性，原告只能是公民、法人或者其他组织，被告则只能是行政机关；行政诉讼的主导者是人民法院，决定着整个行政诉讼程序的开始、进行与终结。行政诉讼是一种重要的救济方式，不仅能矫正行政机关的违法或不当的行为，也能充分保护行政相对人的合法权益，实现权利的救济。例如，大学生张三在社会实践过程中创造了智力劳动成果，向当地的专利局申请注册专利，专利局工作人员不予理睬，最终未能申请成功专利，损失了本可以享有的专利费用。因此，张三可以要求专利局对其不作为的行为承担责任，给予相应的行政赔偿。若专利局拒绝承担责任，张三可以向当地人民法院提起行政诉讼，从而实现对自己合法权益的救济。

3. 刑事诉讼

刑事诉讼是指人民法院、人民检察院和公安机关在当事人及其他诉讼参与人的参加下，依照法律规定的程序，解决被追诉者刑事责任问题的活动。刑事诉讼由人民法院、人民检察院和公安机关主持进行，分别行使一定的专门职权。刑事诉讼是实现国家刑罚权的活动，对实施了犯罪行为的人加以刑事处罚，具体的内容就是依法查明犯罪事实是否已经发生，谁实施了犯罪及其有关情节，并通过适用刑法予以处罚。刑事诉讼必须按照法律规定的程序和规则进行，以防止权力滥用。由于刑事诉讼的核心内容就是解决被追诉人的刑事责任问题，除少数特别程序外，刑事诉讼都必须有犯罪嫌疑人、被告人参加。刑事诉讼的目的是保证刑法的正确实施，惩罚犯罪、保护人民，保障国家安全和社会公共安全，维护社会主义社会秩序，以及保障社会主义建设事业的顺利进行。因此，刑事诉讼中被害人的权益保护是备受重视的，在刑事诉讼过程中被害人享有相应的权利。具体而言，被害人享有其他当事人共有的权利，如申请回避、控诉申诉、使用本民族语言文字、参加庭审等；对不立案（向做出不立案决定的公安机关）申请复议；享有申诉权，对公安不立案申诉、对检察不起诉申诉、对生效的裁判申诉；委托诉讼代理人；向法院直接自诉的权利；申请第二审抗诉的权利；对法院做出的强制医疗决定不服，向上一级法院申请复议；作证安全被保护的权利。

（二）非诉讼救济

诉讼救济是解决权益纠纷的一种公力救济方式，具有强制性、权威性等特点，但是并非所有的权益纠纷都需要诉以公力救济，也可以通过非诉讼救济的方式得以解决。一般来说，非诉讼救济是指纠纷当事人因各种原因不向对方提出起诉而寻求的维权手段，比如自行和解、通过第三方调解、申请仲裁、信访等。因各种方式或者手段的利弊不同，要根据具体的案情决定采取相应的方式。非诉讼救济对于保护合法权益也有着重要的意义。"遇事找法、解决问题用法、化解矛盾靠法"的法治思想，并不意味着任何纠纷都要"打官司"，而是应当激发社会自治、自主、能动力量，畅通诉讼外解决纠纷的渠道，为当事人提供更便捷、更高效、低成本、跨地域的多元解纷方式。现就大学生在社会实践过程中可以采取的非诉讼救济主要手段做如下具体的分析。

1. 和解

自行和解是指当权益纠纷发生后，诉讼当事人之间为处理和结束诉讼而达成的解决争议问题的妥协或协议；也指当事人在自愿互谅的基础上，就已经发生的争议进行协商并达成协议，自行解决争议的一种方式。一般来说，和解的结果是撤回起诉或中止诉讼而无须判决。在这种情况下，和解作为当事人之间有约束力的契约，可以防止重新提出诉讼。当事人双方也可以将和解的条款写入一个协议判决，由法院记录在卷。和解成立后，当事人所争执的权利即归确定，所抛弃的权利随即消失。和解一经成立，当事人不得任意反悔要求撤销。但是，和解所依据的文件，事后发现是伪造或涂改的；和解事件已为法院判决所确定，而当事人于和解时不知情的；当事人对重要的争执有重大误解而达成协议的，当事人都可以要求撤销和解。

社会实践过程中，学生与学校、实践单位、指导教师等主体间可能会发生矛盾或者纠纷，如学生不服从指导教师安排等，其中大多数引发的纠纷能够以和解的方式平息。目前，通过和解方式解决大学生社会实践过程中的权益纠纷具有可行性，能够快速解决当事人之间的分歧，不影响学生继续开展社会实践的工作，不打乱学生社会实践的进度，不影响学校与实践单位间的和谐紧密的合作关系，有利于司法资源的节约。

2. 调解

调解是指双方或多方当事人就争议的实体权利、义务，在人民法院、人民调解委员会及有关组织主持下，自愿进行协商，通过教育疏导，促成各方达成协议、解决纠纷的办法。调解一般有人民调解、司法调解、行政调解、亲朋好友调解等。其中，一般在居民委员会、村民委员会和企业、事业单位或者街道、乡、镇司法行政部门设置有人民调解委员会，遵循的原则有：必须严格遵守国家的法律、政策进行调解；必须在双方当事人自愿平等的前提下进行调解；必须在查明事实、分清是非的基础上进行调解；不得因未经调解或者调解不成而阻止当事人向人民法院起诉。经调解达成的协议不具有法律效力。司法调解亦称诉讼调解，是我国《民事诉讼法》规定的一项重要诉讼制度，是当事人双方在人民法院法官的主持下，通过处分自己的权益来解决纠纷的一种重要方式。司法调解以当事人之间私权冲突为基础，以当事人一方的诉讼请求为依据，以司法审判权的介入和审查为特征，以当事人处分自己的权益为内容，实际上是公权力主导下对私权利的一种处分和让与。司法调解属于诉讼内调解，其他属于诉讼外调解。行政调解是行政机关依法对有关行政争议和民事纠纷，通过劝导、说服、教育等方式，促进当事人平等协商、互谅互让，自愿达成调解协议或者形成共识，从而化解争议和纠纷的活动，是我国多元化纠纷解决机制的重要组成部分。亲朋好友调解是指当事人通过与其关系好的亲戚和朋友居中协调沟通解决纠纷的私人调解行为，所达成的调解决定是没有法律约束力的。

3. 仲裁

平等主体的公民、法人和其他组织之间发生的合同纠纷和其他财产权益纠纷，可以仲裁。仲裁具有更大的选择性，仲裁当事人可以协议选择仲裁机构、选任仲裁员、选择审理的方式。仲裁解决争议的范围小，在实践中多数是法人之间的合同纠纷。仲裁的审理以不公开为原则，实行一裁终局制，即一旦做出裁决就发生法律效力。仲裁一般分为民商事仲裁和劳动仲裁。民商事仲裁是专门解决在市场经济中合同和其他民事纠纷的机制。劳动仲裁是当事人将劳动争议提交给争议之外中立的劳动争议仲裁委员会，由其对当事人的纠纷居中调解，并做出裁断的行为。在我国，劳动仲裁是劳动争议当事人向人民法院提起诉讼的必经程序。因此，大学生在社会实践过程中，如果创造了作品，并与实践单位签订了授权销售相关的商事合同，约定双方发生纠纷的时候适用仲裁手段，则发生权益纠纷后双方当事人可以通过约定的民商事仲裁进行解决。根据《劳动法》等的规定，劳动者是劳动力的所有者和支出者，劳动关系中的主体者，通常被称为职工、雇员等，在校大学生在行为自由方面受限，一般不得成为招工对象，无法成为《劳动法》规范意义上的劳动者。因此，一般大学生在社会实践过程中不会与实践单位产生报酬纠纷问题，如果真有发生，也不能申请劳动仲裁。

4. 信访

信访是指公民个人或群体以书信、电子邮件、走访、电话、传真、短信等多种参与形式与国家的政党、政府、社团、人大、司法、政协、社区、企事业单位负责信访工作的机构或人员接触，以反映情况，表达自身意见，请求解决问题，有关信访工作机构或人员采用一定的方式进行处理的一种制度。不过，信访要把握好分寸，不宜过激。因为我国《信访条例》规定，信访是公民维护自己合法权益的合法途径，并不违法，但是如果信访的方式过激就违反了《信访条例》第二十条的规定，可能会被公安机关按照《治安管理处罚法》追究法律责任，一般是行政拘留。信访是除法律以外的又一种解决问题的非诉讼救济方式，是比较直接的利益表达形式。由于信访的有关信息一般要经过信访办公室工作人员的筛选，然后递交给有关领导、有关机关，从这个意义上来讲，它也是一种间接的利益表达形式，是我国权利救济的重要途径之一。因此，大学生在社会实践过程中，发生权益纠纷后寻求上述正常渠道后仍未得到解决，同时又想通过私下反馈意见来真正维护自身的合法权益，就需要通过信访的方式实施救济。目前，作为新时代的大学生，尤其是"00后"学生不论在思想观念上还是在行为方式上都有着鲜明的时代性特征。对于个人的合法权益，他们敢于伸张、敢于争取，多数通过网络方式进行信访，表达出"利益共同体"的意见与建议，期待学校或者相关单位正视诉求，在双方之间找到平衡点，从而化解矛盾纠纷。同时，高校学生信访工作对和谐校园的建设具有重要的意义，是维护高校稳定、实现和谐发展的安全阀，能调节与改善师生关系，形成良好的校园秩序，能激励学生主动、积极参与校园实践的各项管理，有效化解社会实践过程中产生的权益纠纷，维护大学生的合法权益。

第四节　思想政治理论课社会实践的安全防范

大学生在思想政治理论课社会实践过程中，离开学校，走向社会，到机关事业单位、企业、社区等开展实践。其间，由于社会实践安全机制不够完善、大学生安全意识薄弱等原因出现了些安全问题，其中部分安全问题给学生及家庭带来了无可挽回的损失。因此，加强大学生社会实践的安全防范显得尤为重要，需要完善安全机制，明确相关主体的责任，提高安全防范意识，普及安全防范教育，预先学习好有关交通、财产、住宿、饮食等方面的安全防范知识与技能，为更好地开展社会实践创造安全有效的保障。

一、社会实践存在的主要安全问题

大学生社会实践的形式主要包含经典研读、主题演讲、课堂报告、人物访谈、社会调查、生产劳动、志愿服务、公益活动和勤工助学等。一些社会实践，如经典研读、主题演讲、课堂报告等，可以直接在课堂或者校内完成；而大部分社会实践，如人物访谈、社会调查、生产劳动、志愿服务、公益活动等，都需要在校外完成。个别学生在外出参加这些社会实践过程中，由于往返无专车接送，继而贪图便捷或便宜就搭乘无运营执照的"黑车"，出现交通事故伤亡等生命健康受损的情况。这些安全事件向学生、家庭、学校及社会敲响了警钟，提醒着我们要重视大学社会实践的安全问题，要有"防范为重，安全第一"的观念，预先考虑好安全问题，避免安全隐患的发生，确保实践安全。在学习社会实践相关安全知识时，要仔细阅读《学生伤害事故处理办法》以及关于外出活动安全保障方面的书籍，了解自己应承担的责任和拥有的权利，做好各项预防和准备措施。当发生意外伤害等安全事件时，首先要保持冷静，理性分析，沉着应对，切勿消极悲观，做好现场前期的应急救治处置等措施，积极配合相关部门的处理，同时第一时间告知家长、学校及实践单位等相关主体。在此，我们梳理了大学生社会实践过程中可能会遇到的六种主要安全问题，并就此说明需要注意的相关事项。

（一）交通安全问题

大学生在社会实践过程中，往返于学校与实践场所之间，需要乘坐交通工具。其间，由于个人不重视或客观环境的影响，可能会遭遇交通事故或者意外的伤害，发生交通安全问题事件。例如，大学生在道路中间招呼车辆、乘坐车时将头伸出窗外、强行上下车、一边玩手机一边穿越马路、乘坐超载车辆、在马路上嬉戏玩耍等。又如，广西某高校3名男生参加社会实践后同乘一辆助力车，在返校途中和一辆摩托车猛烈对撞，最终导致1名学生死亡，2名学生重伤。所以，我们要乘坐正规的有安全保障的交通工具，坚决抵制非正规交通工具；严格遵守安全乘载规定，服从乘务人员的管理，不给自己、他人和车辆造成安全隐患；自觉遵守交通规则；注意乘坐具有合法客运资格、安全可靠的客运车辆，切勿为贪便宜或方便而乘坐无营运资质的私家车，或乘坐超载车辆；乘坐长途交通工具可考虑购买人身意外等保险；禁止吸烟、随意操作车内设施等违规行为，以免承担违反交通安全的法律责任。

（二）住宿安全问题

大学生若不住在学校宿舍，外出住宿的话，最好选择离实践单位近的住宿单位，方便往返。住宿单位应是正规的酒店、民宿或者招待所等，可通过正规渠道预订房间以及查看营业执照来验证是否正规。住宿的时候，将房间灯关闭后打开手机摄像扫描等方式，确认没有被非法录音录像；要将贵重物品保管好，贴身存放或者暂存服务台储物柜；最好和其他同学合住一间，互相照应从而使安全更有保障；夜间尽量不外出，待在住宿的地方；入寝时要将门窗锁好，若遇到陌生人敲门坚决不开，必要时报警求助；住宿的地方不乱拉或私拉电线，确保用电安全；出门需要及时断水断电断气等，避免火灾等次生灾害的发生。

（三）野外安全问题

大学生在社会实践过程中也有前往户外进行活动，特别是野外实践调研考察。其间，学生有可能要走很长的路，建议穿舒适的运动鞋或者登山鞋；室外天气多变，应随身带好雨伞、雨衣等用具，在泥泞的道路上要注意行走安全，若突发大风大雨时就近寻找躲避处，不要在树下、高压变速箱附近接打手机，等待恢复正常后再外出行走开展考察活动；出门前，学生团队要充分协商好相关分工，提前做好实践路线的攻略，熟悉实践地的天气变化、地理环境、人文特色等情况，并做好突发事件的应急预案；野外实践活动过程中，尽量集体作战，避免个体分散进行实践，引发迷路走散等意外事件；实践过程中，禁止前往沼泽、火山口附近等危险地区，不得在河湖、池塘中游泳；在可用火地区生火做饭之后，及时扑灭火源，打包处理好生活垃圾，保护生态环境。

（四）交际安全问题

社会实践过程中，初出茅庐的大学生可能会撞见社会上形形色色的人员，在不得不打交道的时候，需要提高警惕，避免上当受骗，在保证基本的人际交往文明礼仪之外，要有保护自身的防范意识。例如，不轻易相信陌生人的言语，不轻易与陌生人交友，避免被欺骗或被甜言蜜语迷惑，不随便搭陌生人的车，不随便吃喝陌生人给的食物，不随便赴约等。

（五）财产安全问题

大学生在社会实践过程中，要加强财物安全防范意识，不要随身携带过多现金（可手机线上支付），只带上少量零钱以备不时之需；不戴或少戴贵重首饰，外出乘坐交通工具时，贵重物品注意贴身存放，睡觉期间更加要留心看管，不将贵重物品放置在自己视野之外或者委托陌生人保管，避免丢失或者被侵占的可能性。

（六）健康安全问题

外出实践的时候，要带上小型药箱，里面装些跌打损伤、感冒或发烧等常用药物，若服药后症状未缓解要就近寻找诊所或医院及时就医，避免加剧病情。大热天的时候，要做好个人的防晒，如涂抹防晒霜、戴防晒帽之类，避免长期在阳光下暴晒，及时补充水分，以免发生脱水中暑等不适之症。要在正规卫生的餐饮店就餐，不吃三无产品，不饮用生水，确保饮食健康卫生，避免拉肚子、中毒等饮食安全问题；若因饮食产生不适问题，不能强撑着，要第一时间采取措施，就近联系医院，对症下药进行治疗，确保个人及时恢复健康。

二、社会实践安全问题产生的主要原因

（一）高校社会实践管理制度不科学

大多数高校的社会实践工作都是由团委负责具体落实实施的，或者思政课社会实践由马克思主义学院组织牵头。但像社会实践这样一种复杂的教育工作，单依靠团委或某一学院的力量是很难完善和落实好的，需要在科学的管理制度下，协同学校相关职能部门（如学生处、教务处、保卫处等）共同参加，并制定一整套科学的管理制度，从社会实践开始到结束都有具体的规范和指导，做到多管齐下，提高领导对社会实践的重视度，才能使社会实践有规可循，有章可依。但是实际中，很多高校在组织社会实践时只注重活动过程的开展以及活动成果的收集，对于活动过程中可能出现的安全问题不够重视，活动开始前的安全教育工作也不够系统，安全预案停留在表面。

（二）高校社会实践基地建设不完善

社会实践基地是大学生开展社会实践活动的重要平台，是大学生步入社会前提高能

力、锻炼自我、适应工作的锻炼场所。实际上，部分高校没有建立长期稳定的社会实践基地，或者建立的实践基地数量远远无法满足学生的专业实际需求。因此多数学生都是靠自己或者家里介绍分头寻找实践单位，导致学生实践单位比较分散，难以统一管理，存在安全监督隐患，不利于学校和实践单位对学生的安全齐抓共管。有的高校与实践单位共建社会实践基地，但是双方没有签署具体的合作协议，有关主体应尽的职责和义务内容界定模糊。同时，学校和实践基地日常的沟通交流比较少，有的学校只知道派学生假期到基地实践，后续很少关心基地建设开展的情况，而基地在接收、安排大学生社会实践时也存在敷衍了事或者长期安排非专业工作内容的现象，没有关心学生的实际需求，从而使大学生社会实践基地建设失去实效，学生在实践期间的安全工作缺乏组织保障。

（三）社会实践指导教师配备不到位

社会实践活动中指导教师配备往往无法满足学生的实际需求，存在人员单一、流动性大、工作缺乏连续性和系统性的问题，部分教师只关注实践专业性和知识性的指导，对实践过程中遇到思想、生活、安全问题关心不够，无法及时防范和解决安全问题。实际上，对专业知识要求或是危险性比较高的实践活动，必须由专业教师担任，才能预防一些安全隐患的发生。例如某项关于化学类的实践，学生随意填写了辅导员作为指导教师，即便辅导员在场，学生在实践过程中若发生一些失误，指导教师也无法第一时间洞悉或解决。有的时候往往会由于缺乏指导教师的协调，部分社会实践活动因为发生安全意外事件而草草结束，这样既无法满足学生参加社会实践的意愿，也给学生在社会实践中的安全管理带来挑战。

（四）大学生自身社会经验较为欠缺

多数大学生都是在家庭的各种保护关注下成长起来的，父母的过度关爱导致他们自身的社会阅历与复杂的社会环境之间的反差很大。在参加社会实践过程中需要面对诸多不确定的环境因素，如可能会遇到地震、洪灾、火灾，不幸遭遇车祸，外出被狗、蛇咬伤等，如果平时没有进行相关应急知识的学习，在面对这些情况时就很难及时有效地应对。同时，大学生思想相对比较单纯，看待问题的角度比较单一，明辨是非的能力不强，在复杂的社会环境中，容易上当受骗，理性有限的他们遇到突发事件时往往容易冲动，导致许多不必要的事情发生。

（五）大学生自身安全意识较为薄弱

大学生在用电、交通、饮食、防诈骗等方面的安全意识不容乐观。高校中普遍存在对寝室违规电器的严格查处和管理，尽管各级部门再三强调、宣传大功率电器、违禁电器的危害，并制定各项制度加以约束，但在学生寝室中仍然存在使用电热锅、电暖气等现象，学生对可能出现的安全隐患麻痹大意。例如，浙江某高校一实践团队在暑期社会实践的过程中，队员在海边玩水、嬉戏而不慎落水身亡。再比如，社会实践过程中，盲目相信别人的花言巧语，被欺骗或者背地里被使绊子，使自身权益受到损害。大学生在社会实践过程中，正是因为自身的安全意识不强，导致安全事件屡有发生。

（六）大学生自身安全防范技能不高

如今的大学生大多为"00后"，平日学习理论知识较多，实践能力较弱。如面对社会实践中突发意外事件的处理技能欠缺的话，会造成不必要的后果。有的高校每年例行消防逃生演练，但在实际操作中，学生扮演的往往只是"演员"角色，并没有真正达到"演练"的目的，对于相关消防设施的使用依旧不明白、不了解。在社会实践中，特别是在工厂实践，大学生由于参加实践的时间不长，工作经验少，对于一些设施设备的操作不够熟练，加上安全意识不强，有时会导致安全事故发生。有些事故不仅对个人，也对实践企业造成了一定经济损失，这也造成相关专业的实践基地在接收大学生实践的问题上存在进退两难的局面。

（七）大学生自身法律意识淡薄

大学生群体理应是遵纪守法的代表，但由于少数大学生法律意识淡薄，违法乱纪事件时有发生。例如，在手机等电子设备价值迅速提升的时代，内部失窃事件也日渐频繁，甚至有极少数学生认为，这是"借"而不是"偷"，被发现后归还即可。有的大学生盗取同寝室同学预交学费的银行卡，并通过聊天得知密码后，取款消费。有的大学生利用自身的专业特长，通过互联网实施高科技、高智能犯罪，在触犯法律、身陷囹圄后才悔不当初。有的大学生在外出实践的过程中，受到校外不法人员的利诱，提供自己的身份信息及银行卡用于来路不明资金的流转，例如帮助非法分子"洗钱"，从中收取一定的好处费，在被公安机关发现以后才恍然大悟，知道自己触犯了法律，但是已经造成无法挽回的影响。

三、社会实践安全问题的应对措施

（一）高度重视大学生的社会实践工作

学校要统一思想，强化认识，高度重视大学生的社会实践工作，要明确责任，加强职能部门的联动，做好安全防范教育，并形成相应管理机制，制定相应的安全防范措施。切实提高学生在交通安全、财产安全、住宿安全、野外安全、交际安全、健康安全等方面的防范意识和技能，防患于未然。同时，可以考虑将大学生社会实践活动列入教学计划，放到与思想品德教育、专业理论课程教育同等重要的位置，引起全校上下对社会实践工作的高度重视。根据学校的实际情况和专业特色制定社会实践活动大纲和配套制度，使大学生社会实践活动拥有制度保障，从上至下设计载体，共同推进实践活动的改革和发展。同时，可加强对大学生的引导和教育，使大学生自身重视社会实践活动，在校园内通过实践分享会、实践报告会等形式让大学生充分体会社会实践的意义和收获。另外，也可将大学生参加社会实践活动的成绩反映在学籍档案中或者作为学生综合测评的一项重要指标等。

（二）加强大学生安全教育和法制教育

大学生安全教育是高校教育的重要组成部分，是以相关法律法规、方针政策为依据，以增强大学生安全防范意识，掌握必要的安全知识和安全防范技能，减少安全隐患为目标，使在校大学生更好地适应大学生活和顺利走向社会而进行的教育。高校可以定期开展安全教育周，有计划、有针对性地对大学生进行安全教育，并强化全过程安全教育，从新生入学到大四毕业实习，根据不同年级学生参加实践活动的不同类型进行分类教育指导,特别是要针对大学生在社会实践过程中可能面对的各种安全隐患,通过案例进行安全防范知识教育。安全教育和法制教育主要通过责任、意识和知识教育相结合,通过典型案例分析和学习,全面提升大学生安全、法制意识。同时,将教育融入第二课堂活动中,寓教于乐,努力将消防演练、火灾逃生等活动落到实处,力求活动中有收获、演练中受教育。

(三) 完善大学生社会实践的管理制度

根据社会实践内容事先制订安全应急预案。由于各项社会实践内容、具体形式不同,涉及面广,且地域、环境、需侧重考虑的因素各不相同,为了更好地保障实践过程中的各方安全,保证实践成效,可在社会实践活动开展前,在高校统一的安全制度规范下,参与社会实践的指导教师要细化内容,有针对性地制订各实践项目的应急处理预案,同时开展社会实践动员大会,让参与社会实践的大学生知晓内容并做好充足的心理准备,确保能够镇定、冷静地应对和处理实践过程中遇到的突发事件或意外伤害。预案应包括对社会实践队伍管理的具体要求、社会实践途经路线的注意事项、人员构成及联系方式、出现突发事件时如何应对等。对交通、财产、住宿、野外、交际、疾病、滋扰防范、饮食等方面的安全问题,要有明确的应对细则。在开展实践前,要充分掌握实践活动地点的治安状况、风俗习惯和实践对象等相关信息。实践过程中,要保持手机畅通,定时和家长、辅导员联系。学校保卫处可对学生进行急救知识的普及培训,在理论培训之后,可进行一定的实操来加强学生的动手能力。未完成培训课时和未通过实操考核的学生不可参与实践。这种方式可以确保学生在出发前具备一定的急救知识和能力。

学校开展安全动员大会,并与学生签订安全责任书。在每次组织集体社会实践活动前召开安全动员大会,动员大会拒绝形式主义和空洞说教,主要宣讲生动的内容以及经典的案例,吸引学生注意力并且能引起学生足够重视社会实践的安全问题。同时,需要明确主体之间的责任,签订风险责任的相关协议。协议应当约定校方承担的责任和学生自己承担的责任。协议书应该包含以下内容:一是学生自愿参加社会实践活动,二是学生保证遵守国家的法律法规和学校的有关规章制度,三是要明确一些明令禁止的事项。对较特殊的社会实践活动,还需告知学生家长,经家长签字表示同意。

购买意外伤害校方责任险和学生平安系列保险。保险作为一种特殊的社会稳定器,能将学生在学校学习期间面临的各种不确定性风险通过市场分担,是市场经济条件下进行风险管理和控制的基本手段,是解决安全问题的有效保障措施。实践活动中可能会发生一些意外事件或自然灾害,损害学生健康,为了能在事件发生后更加及时、有效地处理相关事务,可以在实践活动开始前统一购买保险,保险的费用可以由学校和学生协商后进行支付。意外伤害指意外来的突发的非本意的非疾病的客观事件为直接且单独的原因致使身体受到的伤害。意外伤害险可分为个人意外伤害保险和团体意外伤害保险两类,校方责任险属于团体保险,直接保障的是校方的利益,间接保障的是受害学生的利益。学生平安系列保险含学生平安保险、学生住院医疗保险、学生住院补贴保险等,如果学生购买了该保险,学校又购买了校方责任险,在社会实践过程中发生意外,学生就有了双重保障。

(四) 加强社会实践指导教师队伍建设

学校强化社会实践指导教师的培训和考核机制，提升教师指导能力，建立具有丰富实践经验、专业技能高、责任心强、吃苦耐劳的社会实践指导教师队伍，对确保大学生社会实践的顺利开展有重要意义。队伍可以由专业教师、思政辅导员、教育行政管理人员、实践单位相关人员等组成。同时，通过"指导教师与实践队伍"的"一对一"精准指导，不仅保障了专业实践的实效性，也更加保障了实践过程中的安全问题。

(五) 加强社会实践基地的稳定性建设

学校与实践单位应该建立相对稳定的社会实践交流合作关系，这样对社会实践的安全也有着积极的作用。因为稳定的实践基地可以使实践单位和学校相互之间知根知底，对学生长期的社会实践过程有宏观上的把握、微观细节上的经验提炼，能提供有效的安全保障。同时，稳定的实践基地也保障了社会实践的效果，学生能在相对稳定的社会实践环境中真正做到实践中学习、快乐中成长。秉承"互惠互利、双向受益"的原则，高校满足了教育的需要，学生得到了实际锻炼，计划得以顺利完成，实现产学研的有力合作，也满足了社会的需求，服务地方经济建设，进而达到良性循环。学校可组织团队定期深入实践基地开展调研交流，看望进行社会实践的学生，听取实践单位反馈的意见，不断优化并巩固双方的合作关系，建立双方共建共发展的相对稳定的社会实践基地。

社会实践安全工作是一项需要不断完善、长期坚持的任务与系统性工程。面对社会实践的安全问题，高校不能为了规避问题而减少或者不开展社会实践活动，从而阻碍学生社会实践能力的提升，淡化了思政大课堂的实践性意义。开展好社会实践，确保社会实践的安全，需要多方主体协同并进，明晰职责，勇于担当，一起为学生提供安全的社会实践环境。

☞ 【推荐阅读】

暑期社会实践，安全提醒小贴士

疫情期间防护提示：严禁进入中高风险区域开展活动，在低风险地区须在条件允许的情况下开展；如遇突发情况，应立即暂停相关活动，妥善做好有关安排。活动开展前，要充分研究形势，做好安全预案，根据形势动态调整。活动过程中，严格遵循实践地主管部门的指示和相关防疫要求；同时关注疫情防控形势变化，一旦实践地变为新增加的中高风险地区，实践团队须立即停止实践活动。外出实践尽量减少前往人员密集场所，尽可能避免在通风不良场所活动。坚持戴口罩、勤洗手、常清洁等良好生活习惯，咳嗽、打喷嚏时注意遮挡。每天进行自我健康监测，出现发热、干咳、乏力、咽痛、腹泻等不适症状时，立即前往就近的具有发热门诊（诊室）的医疗机构就诊，如实告知流行病学史，就诊过程中要做好佩戴口罩等个人防护措施，避免搭乘公共交通工具。

防范气象灾害提示：各实践团队在前往社会实践基地前，要做好气象方面的攻略，备好相关的防护设备。例如，社会实践基地若在汛期，应严格服从各地根据防汛形势做出的统一安排，禁止在暴雨天气及汛期开展线下社会实践活动；遇到突发性暴雨时，应停止户外活动，立即寻找安全建筑躲避，等待降雨停止；遇到汛情时及时寻找高地，避免进入河堤、地下建筑、山坡及下坡道等危险区域，远离广告牌、电线杆、路灯等设施。保持个人通信畅通，在户外遇险，要确保手机能支持到救援人员抵达，确保自己在安全后还有能力和亲友联系。如果周围水情已经导致自己无法离开，可以立刻向警方汇报自己所处位置、有多少人、周围水情、紧急通信方式等，然后停止使用手机，等待救援。

交通安全提示：实践过程中应乘坐状况良好、具有合法营运资格的汽车，不乘坐"黑车"；横过道路或通过车流量较大的路段、路口及上下坡时应注意交通安全；暴雨天气、夜间等照明不良的情况下应特别注意。

财产安全提示：和陌生人接触要提高警惕，不参与陌生人的争吵、娱乐游戏；注意防范诈骗案件，识别犯罪团伙的设陷行骗或抢劫盗窃行为，不向陌生人泄漏自己的身份证号码和联系方式；文件、钱包不要放在一起；背包内有贵重物品时要做到包不离身，且置于胸前，贵重物品不要放在易被刀子划开的塑料袋中；上下交通工具时注意清点物品，避免遗失并记录车号，便于出现问题时查找和联系；不携带大量现金，并且尽量不要集中一处存放；使用ATM机时应注意周围是否有可疑人员，注意ATM机上是否有可疑的附加设备；ATM机吞卡时应持回单，及时和ATM所在银行联系或者向发卡行挂失。

野外实践安全提示：注意实践地点的天气、水文和地质情况，了解当地的雨雪灾害和地质灾害高危地区，不在有灾害隐患的地点长时间活动，出门须预备雨伞等日常用具；野外活动避免在危险地带活动，严禁参加野外登山、探险活动，注意预防蚊虫叮咬；注意实践地点的治安状况，减少在案件多发地区和多发时间的活动；禁止酗酒、赌博；不参与、不围观打架斗殴行为，避免和他人发生冲突；避免卷入各种群体性事件，防止被人利用和胁迫；谨防溺水，不靠近河边、亲水平台、工地水塘等区域，不在河道、湖泊等无安全设施及救援人员的场地逗留。

卫生健康安全提示：合理饮食，充足饮水，尽量减少中暑等情况的发生；合理安排作息，避免过度劳累，保证睡眠时间；注意饮食卫生，尽量少食用生冷食品，尽量不要饮用生水，外出就餐注意选择具有一定卫生条件的场所；根据当地情况准备合适的个人衣物及个人卫生用具并妥善保管；适当备一些常用药，自己用药时一定要有充足的把握，不能滥用药物。

住宿安全提示：应在安全卫生且具有营业许可证的正规宾馆、旅店住宿；住宿需将房门反锁，不轻易给陌生人开门；贵重物品随身携带，妥善保管，退房前检查好是否带齐物品，特别注意证件和贵重物品；注意防火及电器安全，出门须切断充电器等电器电源，出入酒店房间随手关门，勿将衣物披在灯上，不在床上吸烟，遇火情提醒，请由紧急出口迅速离开，切勿搭乘电梯。

实践安全提示：实践出行前，务必向学生强调安全问题的必要性，并在全队范围内就安全问题进行讨论和研究，务必使每一位同学了解实践过程中可能遇到的安全事件以及相应的处理方法；实践团队应当使用各种方式保证队员之间可以方便取得联系，参加实践的每个人都有实践队伍中其他任何人的手机号码；实践团队负责人每天活动结束后必须清点队员人数并确定队员的身体健康和财物安全情况，并对安全状况进行评价，同时通过各种信息渠道了解实践地点的天气预报等情况并进行第二天活动的安全准备；实践过程中，原则上不允许单个队员脱离实践队伍单独行动，必要情况下，有队员单独行动时，必须向队伍说明事由、前往地点、返回时间以及确保联络畅通；实践队伍尽量减少夜间外出，尤其禁止队员夜间单独外出，特别是女生单独外出行动。

（资料来源：共青团广西师范大学委员会官网，网址：www.tw.gxnu.edu.cn/main.htm，2021年7月22日，整理）

【思考题】

1. 大学生在思想政治理论课社会实践中有哪些需要遵守的基本礼仪？
2. 当发生权益纠纷时，你最愿意选择哪一个救济途径？
3. 大学生在社会实践过程中，如何有效减少或者避免安全问题的发生？
4. 你认为提高大学生社会实践安全意识最有效的举措是什么？

【参考文献】

[1] 白云，张文卿. 高校思想政治理论课社会实践设计与应用研究［M］. 青岛：中国海洋大学出版社，2019.

[2] 陈飞. 新时代大学生就业指导：课程思政版［M］. 厦门：厦门大学出版社，2020.

[3] 陈少平. 新时代大学生社会实践教程［M］. 厦门：厦门大学出版社，2020.

[4] 郭健彪，等. 新时代 新福建 新青年：大学生思想政治理论课社会实践指南［M］. 厦门：厦门大学出版社，2019.

[5] 韩路. 社会实践：新时代高校思政课教师的根本遵循［J］. 教育理论与实践，2021（27）.

[6] 金劲彪，刘斌. 大学生实习实践权益保护的困境与实现路径：基于浙江省60所高校章程的实证分析［J］. 江苏高教，2020（1）.

[7] 孔养涛. 大学生安全教育理论与实践［M］. 北京：九州出版社，2019.

[8] 刘煜. 大学生社会实践导论［M］. 杭州：浙江大学出版社，2017.

[9] 《民法学》编写组. 民法学［M］. 北京：法律出版社，2019.

[10] 秦帅. 高校社会实践安全风险影响因素研究［J］. 中国安全科学学报，2021（1）.

[11] 屈陆. 大学生思想政治理论课社会实践指南［M］. 北京：科学出版社，2015.

[12] 谢贵兰. 高校思政课社会实践教学安全问题的"三解"［J］. 湖北经济学院学

报（人文社会科学版），2013（9）．

[13] 徐国苓．礼仪案例分析[EB/OL]．[2011-04-12]．百度文库，https://wenku.baidu.com/view/43a6d4c55fbfc77da269b14f.html．

[14] 许国成．大学生社会实践教程[M]．杭州：浙江大学出版社，2021．

[15] 佚名．大学生社会实践基本礼仪[EB/OL]．[2022-01-27]．https://wenku.baidu.com/view/0cf2569280d049649b6648d7c1c708a1284a0aaa.html．

第五章　思想政治理论课社会实践常用文体的写作

故文章之于人生，其为用决不次于衣食、宫室、宗教、道德。————鲁迅

由工业社会向信息社会过渡中，有五件"最重要"的事应记住，而其中一件就是在这个文字密集的社会里，我们比以往更需要具备基本的读写技巧。————约翰·奈斯比特

思想政治理论课社会实践常用文体是指大学生在参加社会实践过程中，根据学校要求必须掌握和应用的常见文体形式。古人云："文如其人。"鲁迅先生也曾强调："故文章之于人生，其为用决不次于衣食、宫室、宗教、道德。"可见写作对人生的重要性。从某种意义上说，一个人写作的能力和水平不仅代表着一个人的文化层次，而且能反映出一个人的思想境界。同样，在社会实践活动中，掌握常用文体的写作形式、结构、风格和技巧具有重要意义。因此，本章主要介绍思想政治理论课社会实践过程中涉及的实践论文、实践调查和实践心得的写作要求。

要深刻把握民族复兴的时代主题，把人生追求、艺术生命同国家前途、民族命运、人民愿望紧密结合起来，以文弘业、以文培元、以文立心、以文铸魂，把文艺创造写到民族复兴的历史上、写在人民奋斗的征程中。要树立大历史观、大时代观，把握历史进程和时代大势，反映中华民族的千年巨变，揭示百年中国的人间正道，弘扬以爱国主义为核心的民族精神和以改革创新为核心的时代精神，弘扬伟大建党精神，唱响昂扬的时代主旋律。要从时代之变、中国之进、人民之呼中提炼主题、萃取题材，展现中华历史之美、山河之美、文化之美，抒写中国人民奋斗之志、创造之力、发展之果，全方位全景式展现新时代的精神气象。

————2021年12月，习近平在中国文联第十一次全国代表大会、中国作协第十次全国代表大会上的讲话

第一节　实践论文写作

思想政治理论课社会实践论文（以下简称实践论文）与学术论文在特点、结构和写作要求上是一致的。实践论文是一种以议论为主，以叙述、描写、说明等为辅，运用概

念、判断、推理和证明等逻辑思维形式，对客观事物或者现实问题进行分析和论证，直接表达作者的思想、观点、见解和主张，最后形成学术研究成果的文章。思想政治理论课社会实践是以高校马克思主义学院为依托，以马克思主义学科理论为基础和载体，具有很强的思想性和理论性，这就决定了与其相关的论文不仅要坚持问题导向，紧密联系时代，体现出实践性的特点，还要坚持理论与实际相结合，紧密联系课程基本理论，体现出理论性的特点。因此，学习好实践论文的写作，有助于大学生更好地总结实践经验，更好地用马克思主义立场、观点、方法去观察问题、分析问题和解决问题，从而提升大学生的社会实践能力。

一、实践论文写作的主要步骤

实践论文的写作过程应包括以下几个主要步骤：确定选题、收集资料、拟定提纲、撰写初稿、修改完善和定稿投稿等。

（一）确定选题

选择合适的角度，确定实践论文的选题和方向是撰写实践论文的第一步。著名的科学家爱因斯坦曾指出："提出一个问题往往比解决一个问题更重要，因为解决一个问题也许仅是一个数学上的实验或实验的技能而已，而提出一个新问题、新的可能性，则需从新的角度看待同一问题，这需要具有创造性的想象力，同时也标志着科学的真正进步。"因此，不论是自然科学还是社会科学，坚持问题导向，联系实际，提出新问题和新的可能性至关重要。从某种意义上讲，确定好的选题，实践论文写作就成功了一半。在确定实践论文选题的过程中，要力求有新意，力求反映社会现实，最好能从小问题入手，以小见大。

（二）收集资料

资料是撰写实践论文的重要基础。确定实践论文选题后，应通过各种途径，尽量收集与实践问题相关的文献资料，为确立论文的论证内容和具体范围提供重要参考和依据。收集资料的途径主要有：一是利用中国知网、维普等数据库资源，进行检索；二是通过校内外图书馆或资料室查找；三是进行相关问题的实地调查。

【推荐阅读】

实践论文写作常用的数据库推荐

一、网站类

1. 维普资讯——中文期刊服务平台

维普期刊资源整合服务平台由重庆维普资讯有限公司出版，收录中文期刊 8000 种、中文报纸 1000 种、外文期刊 4000 种，分为社会科学、自然科学、工程技术、农业科学、医药卫生、经济管理、教育科学和图书情报 8 个专辑。

2. 中国知网

其中收录了 6000 多种中文期刊，1994 年以来的数百万篇文章，并且目前正以每天数千篇的速度进行更新。数据库提供期刊导航、初级检索、高级检索、专业检索、分类检索等检索方式。这也是我们经常用的一个中文资料库，PDF版本和CAJ版本都可以下载阅读。

3. 万方数据

期刊资源包括国内期刊和国外期刊，其中国内期刊共8000余种，国外期刊共包含40000余种世界各国出版的重要学术期刊；同时还包括学位论文、会议论文、专利、标准、法规和地方志等。

4. 超星发现系统

超星发现系统以数十亿海量元数据为基础，资源包括图书、期刊、报纸文章、学位论文、会议论文、专利和视频等。

5. HighWire Press

HighWire Press是提供免费全文的、全球最大的学术文献出版商之一，于1995年由美国斯坦福大学图书馆创立。目前已收录电子期刊882多种，文章总数已达282多万篇，其中超过103万篇文章可免费获得全文，这些数据仍在不断增加。

6. Science Direct

Science Direct每年出版大量的学术图书和期刊，大部分期刊被SCI、SSCI、EI收录，是世界上公认的高品位学术期刊。该数据库涉及众多学科：计算机科学、工程技术、能源科学、环境科学、材料科学、数学、物理、化学、天文学、医学、生命科学、商业及经济管理、社会科学等。

7. EBSCO

EBSCO数据库是EBSCO公司提供的学术信息、商业信息网络版数据库。目前中国用户通过该系统可以访问十余个全文数据库，其中最主要的是学术期刊数据库和商业资源数据库。

8. 全国报刊索引综合数据库

全国报刊索引综合数据库由上海图书馆《全国报刊索引》编辑部负责研制，从1993年开始发行，2000年分成哲学社会科学版和自然科学技术版两个版本发行。收录了全国包括港台地区的中文报刊资源，涉及所有哲学、社会科学、自然科学以及工程技术领域，包括我国各省市自治区党政军、人大、政协等重大活动、领导讲话，法规法令，方针政策，社会热点问题，各行各业的工作研究、学术研究，文学创作，评论综述以及国际、国内的重大科研成果等。

9. PQDT——博硕士学位论文全文数据库

PQDT是世界著名的学位论文数据库，主要收录了来自欧美国家2000余所知名大学的优秀博硕士学位论文，涉及文、理、工、农、医等多个领域，是学术研究中十分重要的信息资源，对于研究和更新世界最新科学前沿有着不可替代的作用。截至2019年底，平台上论文文摘数量为300万余篇，全文数量为80万余篇，并且每年以6万余篇全文的数量持续增加。

二、微信公众号

1. iNature

"iNature",由中国科学院上海生科院、哈佛大学、北京大学、清华大学、南京大学等团队打造。资深科学传播团队,为您提供前沿、实用的科研资讯服务。

2. 学术志

"学术志"是"学术中国"公众号的延续,在这里你可以看到论文写作技巧、文献阅读技巧、各专业书单汇总、各大高校发展史及高校热点实时追踪等等。

3. 不发表就出局

专注于为科研人员提供精准服务,解读论文写作与发表策略,分享论文写作与发表经验,交流科研动态,帮助您成功发表论文。

(资料来源:"华中师范大学研究生会"微信公众号,2020年4月23日)

(三)拟定提纲

拟定实践论文提纲,不仅有利于建构论文写作的整体框架和体系,而且有利于从整体上把握论文写作的总体走向。学生在拟定实践论文提纲后,还可请指导教师审阅修改。

(四)撰写初稿

实践论文提纲确定后,可以根据提纲撰写初稿。在初稿行文过程中,要紧紧围绕论文提纲和整体框架组织论文内容,并注意论文各部分内容的内在逻辑联系,力争做到逻辑清晰,层次分明,纲举目张。在文字表述上,要注意用语的严谨性,做到语言通俗易懂,文字表达顺畅。

(五)修改完善

一篇优秀的实践论文需要不断打磨,千锤百炼。只有反复修改,不断完善,才能发现论文在文字使用、语言表述和段落逻辑等方面存在的问题和纰漏,确保精益求精,做到万无一失。

(六)定稿投稿

实践论文经过多次修改完善和反复推敲之后,建议还可以请实践项目其他成员进行全文通读和检查,确认无误后,就可以最终定稿。好的实践论文要争取能够在正式期刊公开发表,这既是对实践项目的总结和提升,也有利于更好地分享和传播实践项目研究成果。在投稿环节,首先要提前了解拟投期刊栏目设置、审稿周期和用稿的可能性,特别要注意实践论文内容与期刊要求的稿件类型是否相符合;其次要严格按所要投稿期刊要求调整实践论文格式,并通过期刊官网或电话等联系方式明确投稿方式,确保通过官方途径进行投稿;最后,要严格遵守学术规范,严禁出现一稿多投情况。

二、实践论文写作的结构模式

实践论文要求观点明确、论证严密、数据正确、结论合理、层次清楚、文字通顺、图表清晰,有独立的观点和见解。其主要由题目、作者署名、摘要、关键词、引言、正文、结论和参考文献等部分组成。

三、实践论文写作的具体要求

（一）题目

实践论文的题目要准确、简练和新颖，应能概括文章主题，要通过题目把实践活动的内容和特点概括出来。题目字数要适当，一般不宜超过 20 个字，简单明了，必要时可加副标题。

如果实践论文有获得大学生创新创业训练计划等学生科研项目资助，可在题目末尾用上标"＊"号注出，并把基金项目注释语列于首页脚注处。

（二）作者署名

实践论文作者署名列于题名下方，内容包含所在学院、年级专业、学号、姓名以及指导教师，其中所在学院和年级专业要写全称。

（三）摘要

实践论文的摘要要以提供文章内容梗概为目的，要简要说明论文所涉及的内容、目的、方法、结论、主要成果和特色，最好不要加评论和补充解释。字数一般应在 200～300 字之间。

摘要在写作时应特别注意五个问题：一是摘要应具有独立性和自明性，有与文章同等量的主要信息，达到即使不阅读全文也能获得主要的信息；二是摘要不仅要精炼更要全面，还要力求涵盖研究的目的、采用的方法、试验的结果、得出的结论和创新点或独到之处；三是摘要在语言表达方式上要如实地反映社会实践所做的研究内容，提供尽可能多的定量信息，不可进行自我评论，不应有如"……属于首创""……尚未见报道"等词语；四是摘要应采用第三人称的写法，不用"本文""作者""笔者"等；五是摘要中不要使用图、表，且一般不分段落。

（四）关键词

实践论文的关键词是从论文的题目、摘要和正文中提炼和精选出来的，能够准确体现论文中心思想和内容的词语或短语。数量一般为 3～7 个，而且不能是题目中心词的简单重复。关键词也是论文在计算机系统中的文献检索标识，方便其他人检索和查找，一般要另起一行，排在"摘要"的下方，多个关键词之间要用分号分隔。

（五）引言

实践论文的引言是论文的前言，要求要短小精悍，紧扣主题。一般要概括地指出研究的目的和意义，简要介绍论文的选题依据、理论基础、研究方法以及预期的结果。应言简意赅，不要成为摘要的注释，但对正文中出现的比较专业化的术语或缩写词要进行必要界定和说明，后文中出现时不必再解释。前言字数一般不超过 1000 字。

（六）正文

实践论文的正文是最核心内容，是对实践项目的全面总结和详细描述，包括实践项目的目的和意义、研究背景、研究对象、研究过程以及研究结论等内容。正文的写作重点要把握三个方面内容：一是要坚持实践论文的理论性原则，用"马克思主义基本原理""毛泽东思想和中国特色社会主义理论体系概论""中国近现代史纲要""思想道德与法治""形势与政策"等 5 门思想政治理论课所学的马克思主义相关理论联系实际，观照现实，对当前社会问题要有指导作用和借鉴意义，最好能够通过实践项目的研究，针对现实存在的问题和难点，提出具有针对性和建设性的意见和建议；二是要坚持实践论文的科学性原则，要学会用马克思主义立场、观点和方法分析和解决问题，在呈现实践项目研究内容时，要做到逻辑清楚、条理清晰，结构合理、层次分明，观点鲜明、重点突出，文字顺畅、通俗易懂；三是要坚持实践论文的创新性原则，创新性是实践论文的生命，也是能够体现实践论文的意义和价值所在。正文是实践论文的主体，要注重创新性，突显新观点、新思路和新对策。

正文字数一般控制在 5000 字以内。为了使正文更加规范化，通常将正文的写作层次标题分成两个类别。

第一类是哲学社会科学类论文，其正文中的层次标题一律用汉字数字连续编码，如下列格式所示：

  一、…
    （一）…
  1. …
  2. …
  二、…
    （一）…
  1. …
  2. …
  三、…
    （一）…
  1. …
  2. …

第二类是自然科学类论文，其正文中的层次标题一律用阿拉伯数字连续编码，并左顶格书写，如下列格式所示：

1…
1.1…
1.1.1…
1.1.2…
2…
2.1…
2.1.1…
2.1.2…
3…
3.1…

3.1.1……

3.1.2……

（七）结论

实践论文的结论是结尾部分，也是整篇实践论文的最终总结，因此，结论的语言要力求准确精练、简洁有力，避免出现模棱两可、含糊其词的语句，一般可单独安排一段。结论一般具有以下功能：呈现整个实践项目的收获和感悟；归纳总结实践项目的研究成果或新发现；提出实践项目的建议、研究设想或尚待解决的问题；突出研究的独创性。

（八）参考文献

参考文献是将在实践论文写作的过程中，引用（包括直接引用和间接引用）的其他专家学者的观点、数据和成果按国家相关规范要求列于实践论文的末尾。它既能够反映出实践论文的参考信息来源及可信度，也是对相关专家学者已发表知识成果的尊重和认可。一般一篇实践论文应列出10篇以上参考文献，未正式发表的文献不能列入。实践论文中参考文献标注的具体规范可参考《信息与文献　参考文献著录规则》（详见附录）。

☞ **【实践论文写作范文一】**（哲学社会科学类论文）

泉州"海丝文化"建设中大学生志愿服务常态化研究[*]

文化传媒与法律学院　2015级汉语言文学

118××××××　何海峰　指导教师：曾欣虹

摘　要：泉州"海丝文化"历史悠久，源远流长，从宋元的鼎盛辉煌到明清的没落，再到近现代的快速发展，具有极大的历史价值和重要意义。深入研究大学生在泉州"海丝文化"建设中的志愿服务现状，研究当今大学生志愿服务"海丝文化"的长处与不足，从个人、学校、政府、社会四个层面构建常态化体系，鼓励大学生参与志愿服务"海丝文化"，加大志愿服务的宣传力度和正确导向。对于传承传统文化，弘扬社会主义核心价值观，具有重大的现实意义。

关键词：海丝文化；传承发展；志愿服务

泉州位于中国福建南部，靠近沿海，是一座拥有深厚人文历史底蕴的城市，其中泉州"海丝文化"历史悠久，源远流长，具有浓厚的闽南文化氛围。从宋元的鼎盛辉煌到明清的没落，再到近现代的快速发展，其在漫长悠久的历史积淀中给泉州留下来丰富的文化遗产以及浓厚的文化底蕴，具有极大的历史价值和重要意义。在泉州"海丝文化"的大背景下，我们尝试选取大学生在泉州"海丝文化"建设中的志愿服务现状作为暑期

---

[*] 基金项目：福建省大学生创新创业训练计划项目：泉州"海丝文化"建设中大学生志愿服务常态化研究（201610394034）。

思想政治理论课社会实践的选题,深入了解和分析当代大学生志愿服务"海丝文化"的主要优势以及存在的不足,并从个人、学校、政府和社会四个层面提出在泉州"海丝文化"建设中构建大学生志愿服务常态化体系,从而更好地传承传统文化,更好地服务"海丝文化"。

一、泉州"海丝文化"的重要意义

(一)传统文化的传承与发展

泉州一些"海丝景点"历经千年岁月与自然的考验,仍然完好。如清源山老君像、洛阳桥、晋江草庵、城南德济门遗址等,依然在向世人展示它们的独特风采。而这些著名景点又是"海丝文化"发展与繁荣的最好见证。泉州是我国著名港口,也是古代海上丝绸之路的重要起点,是中国古代海外贸易的枢纽区和中心点。刺桐港在我国古代宋元时期已经声名远播,被称为"东方第一大港"[1],足见当时泉州对外贸易的兴盛。

在20世纪80年代中后期,国际"海上丝绸之路"研究兴起,泉州就备受世人关注,并且以其独特历史地位得到了良好的发展机遇。2013年国家主席习近平创造性地在哈萨克斯坦与印度提出了"一带一路"重大倡议。习近平非常重视"一带一路"建设,并将其摆在重要战略位置。现如今,从国务院到泉州各级政府,对于挖掘和共建"海丝文化"极为重视。泉州也及时适应国家与世界潮流,继续为"海丝文化"建设努力。早在1989年泉州就被列为"海上丝绸之路考察点"之一,泉州市还举办了"东亚文化之都·2014泉州活动年"系列活动,以及首届"中国阿拉伯城市论坛"等,让更多的人感受到泉州"海丝文化"的独特魅力。

(二)"海丝文化"助力泉州城市建设

虽然历史的源远流长成就了泉州的辉煌灿烂文明,但是由于现代文明的冲击与对传统文化的保护不足等原因,泉州传统文化逐渐消亡,并且受到一定的侵蚀。而近年来,城市品牌建设越来越成为城市之间竞争的重要条件。作为海上丝绸之路起点的泉州拥有丰富的历史文化资源与经济地理资源,应该充分利用已有的优势,来补原有的短板,突出泉州的"海丝文化",打造城市品牌,加强泉州的城市文化竞争力。《泉州市"十三五"旅游业发展规划》由泉州市旅游局进行审议通过,构建"海丝泉州"旅游品牌产品体系,发挥全国知名的清源山景区的宣传力,以泉州源远流长的文化作为切入点,加快海丝世博城、惠安海丝文化旅游城、泉州美食城等经典文化的传承和发展,同时推进具有泉州本地文化特色的城市旅游服务配套建设。

以泉州老城区文化作为一个发展的切入点,发展古城旅游文化;以海丝为笔绘宏章,改造提升西街片区、进行城南片区业态更新和建设新门街的特色。同时,大力开发古城朝圣谒祖游、古城文化创意游、古城街巷游、古城文化体验游,将客源定位引导到有小资情调以及具有文化爱好的旅游者,将古厝民宿、特色食品、传统文化等引入大街小巷。

中央的"一带一路"计划是泉州发展千年不遇的时机,这座东南沿海重要港口城市得以飞速发展,凭借传统的优质文化加上优惠的政策,相信会有更加美好的文化生活在泉州呈现。

(三) 拓展大学生志愿服务平台,助推"海丝文化"构建

虽然对高校大学生志愿服务的研究已经长达100多年,但涉及将大学生志愿服务与文化建设相结合的研究仍十分缺乏。当前学术界对于高校大学生在参与地方文化建设方面的研究比较少,主要有两方面原因:一是文化建设与志愿者服务结合度不够,尽管高校大学生志愿者为地方提供志愿服务已经非常普遍;二是地方特色不足,目前很少研究有涉及地方城市在其文化建设过程中如何积极利用高校大学生志愿者的优势和作用。事实上,这是由于缺乏相关常态化和机制化建设。而作为文化名城、21世纪国家的重点"一带一路"项目的中心城市,泉州具有深厚的文化底蕴[2],拥有许多文化设施。在推动"海丝文化"建设的同时,必须充分发挥泉州高校大学生志愿队伍的作用,若能够通过建立健全大学生志愿服务常态化体系,那么必定能为泉州的发展和21世纪海上丝绸之路的建设贡献力量,同时还能帮助当代大学生提升内在价值。不仅可以大力拓宽大学生志愿服务平台所能发挥的社会正能量,更能够践行好社会主义核心价值观。

二、泉州"海丝文化"建设中大学生志愿服务现状

(一) 注重大学生志愿服务与"海丝文化"建设有机结合

泉州市注重大学生志愿服务"海丝文化"与社会主义核心价值观宣传教育有机结合,通过舆论宣传"造声势"、社会宣传"浓氛围"、典型宣传"引方向"的方式,形成一个弘扬大学生志愿服务"海丝文化"精神的氛围。在各大媒体大力宣传和弘扬志愿服务的精神,持续报道志愿服务活动,有效凝聚志愿合力;52个志愿团队在《海丝志愿者》专题报道;开展"互联网+志愿服务"活动,开通"文明泉州"微信公众号,设立手机"志愿泉州"微信群;开发全市网络文明传播系统,组建10000多名大学生的传播队伍,在中国文明网等网站发表文明博客10万篇,微博发(转、评)帖30万篇,泉州市被列为全国首批网络文明传播工作试点城市。同时,泉州市融合习近平新时代中国特色社会主义思想、社会主义核心价值观、中国梦等,弘扬奉献、友爱、互助、进步的志愿精神。

(二)"海丝文化"涵养大学生志愿服务意识的优越性

随着大学生们对加入"海丝文化"建设的热情日益增高,泉州市通过严把"三道关口"(注册关、培训关和考核关),提高队伍建设水平。据了解,泉州市依托全国志愿服务信息系统组织志愿者注册登记,层层审核把关,确保志愿者质量,志愿者注册、服务"卡"、"册"和星级制度等逐步规范,泉州市把文化传承作为主题,通过现场教育,立足"真"字下功夫、传承文化,紧扣"育"字做工作、见证发展,着眼"治"字抓落实三方式,突出文化传承、培育良好的志愿服务精神,营造大学生志愿服务的良好环境。

简言之,这种优越性可以归结为以下三点。其一,持续性。大学生志愿服务常态化体系本身就具有持续性的特点,将文化建设与大学生志愿服务体系相结合,实现了当地大学生参与"海丝文化"建设常态化。其二,互利性。鼓励大学生参与文化建设的常态化志愿服务,既能够增强大学生对文化的认同感,有利于文化的传承,又能提高大学生的思想道德修养并不断提升大学生的实践能力,促进大学生的成长成才。其三,时代

性。文化建设具有时代的特性,要坚持继承与发展相结合,紧跟时代刷新内涵,要充分利用大学生这一新鲜血液的原动力支持。

(三)"海丝文化"志愿服务存在不足

1. 大学生"海丝文化"志愿服务中心缺乏有效的管理机制

通过对泉州四所高校大学生的问卷调查,我们统计出有33%的泉州大学生志愿服务中心缺乏一定的管理机制进行制约或引导,大学生参与意识和自主性不强。多数志愿服务是按照上级文件精神和工作任务开展,有着强烈的行政色彩因素,没有唤起和汇聚学校资源和社会力量,欠缺富有活力的大学生志愿者组织,大学生对志愿服务意识淡薄,参与积极性不高。

服务"海丝文化"志愿者群体以学生干部居多,大学新生和普通同学参与比例不高,行政化氛围比较浓,很多大学生"海丝文化"志愿服务活动的组织、施行等带有行政化色彩,对学校资源和社会力量的利用不够。

2. 大学生志愿服务"海丝文化"时效性不强

志愿服务的实效性不强。由于大学生志愿者自身素质参差不齐,除了卫生、教育等少数几个系统的志愿者因职业特点具备相应大学专业服务技能外,多数志愿者从事的还是比较简单、缺乏一定专业技术含量的"大众性"的志愿服务工作,志愿服务效果不理想。

从社会层面来看,很多大学生对"海丝文化"志愿服务不了解、不重视、不参与,部分大学生对志愿者的认识有偏差,将志愿者当成免费劳动力,认为志愿活动过于形式化,在一定程度上挫伤了志愿者的积极性,降低了志愿者的工作热情;从个体层面来看,少数志愿者服务意识不够,没有形成"我要服务"的主观意愿。

3. 大学生"海丝文化"志愿服务机制不健全

志愿服务机制不够健全。志愿者的注册极为简单,而后的深入工作却难以为继,并且尚未形成规范统一的大学生志愿者项目、培训、激励、档案文件的管理制度等,导致大学生志愿服务团队凝聚力弱,积极性低,分工繁杂且混乱的现状,很大程度上使志愿者服务的发展产生滞后甚至停滞状态。

绝大部分大学生"海丝文化"志愿活动属于免费劳动,缺乏物质支持。很多专业化、规模化的志愿服务活动需要一定的工具、专业技能和经费支出,而这些条件往往无法得到支持导致志愿活动无法顺利开展。在缺乏学校、社会提供相应的经济支持的情况下,大学生志愿者虽然参与"海丝文化"志愿服务的热情较高,但很难长期坚持。

将大学生"海丝文化"志愿服务常态化体系运用到在文化建设过程中去具有深远的意义。[3]从主体来看,我们可以从个人、学校、政府、社会这四个主体来探讨将"海丝文化"建设与大学生志愿服务常态化体制联系起来的重要意义。

三、泉州"海丝文化"建设中大学生志愿服务常态化研究

通过调研,我们得知影响大学生常态化参与文化建设中去的因素包括以学校的重视程度、大学生自身对志愿服务的认识为主的内部因素,和以社会与政府所提供的平台和

保障为主的外部因素。只有协同好内外部因素才能实现大学生常态化地参与到"海丝文化"建设中去。

(一)个人层面:学习"海丝文化",提升自身文化素养

从个人角度来看,大学生参与到文化建设的常态化志愿服务中来能够满足个人心理发展,提升自我素养。大学生参与志愿服务,能够很好地实现大学生的理念和信念。大学生参与到与泉州"海丝文化"建设相关的常态化志愿服务中来,能够使大学生在城市文化建设方面的思想意识得到提高。在长期的志愿服务中,大学生们通过自己的行动服务社会、回馈社会,可以增强学生的使命感与责任感,帮助学生提升个人素养,为大学生成长成才提供契机。此外,参与志愿服务的学生还能够增强对文化的认同感,有利于自觉传承我国优秀传统文化。

(二)学校层面:挖掘"海丝文化",引导大学生树立正确的志愿服务观

从学校角度来看,引导学生参与"海丝文化"建设志愿服务活动,应当成为学校社会实践教育的一部分。传统文化的流失已经成为当今社会不可忽视的重要问题。学校作为培养社会人才的基地,也必须将文化传承落实到学校日常教育中来,地方文化的传承尤其不可忽视。因而积极引导学生参与"海丝文化"志愿服务,应该成为学校教育的重要一环,这对学校教育具有现实意义。推进高校大学生志愿服务常态化建设,让志愿活动成为新时期高校开展思想政治教育工作的新载体和推动德育教育的新手段,也不失为一种创新。因此,高校在大学生志愿服务常态化体系建设过程中,可以将社会实践活动作为衡量学生综合素质的重要考量,建立以量化考核为基础的评估激励制度。鼓励高校大学生参与到常态化的文化建设中来,使大学生志愿服务的社会效益和个人提升得到完美融合。

(三)政府层面:支持"海丝文化",提高大学生参与"海丝文化"志愿服务的积极性与主动性

从政府角度来看,要推动高校大学生常态化参与"海丝文化"建设,就要提供平台和保障。首先,要完善相关法律保障制度,用法律手段保障志愿活动。其次,要实现专项基金保障,用资金保障志愿服务的长久开展。再次,要加强对文化建设志愿服务项目的指导,规范文化建设项目管理,挖掘文化建设项目典型,支持文化项目品牌。最后,要建立校地合作机制、协同机制、队伍共育机制、基地共建机制等,为大学生常态化地参与到文化建设中去搭台。要推进文化建设中大学生志愿服务的常态化发展,政府还需要以一定的奖励机制来辅助,从而提高大学生的积极性和稳定性。但是,我们发现在奖励机制方面还存在很多不足之处:其一是激励的定位不准确。大多数单位只在乎自身的需求,没有去考量大学生参与志愿活动对他们自身发展的作用,应该要注重利用,积极引导。其二是激励的方式不够合理,应该要学会恰如其分地使用激励措施,既不打击志愿者的主动性,也不助长贪婪之气。

(四)社会层面:宣传"海丝文化",形成志愿服务良好氛围

从社会角度来看,推动大学生参与到"海丝文化"建设的常态化志愿服务中去,对社会稳定发展具有特殊的作用。大学生志愿服务体系体现出高校服务回报社会的

功能，有利于构建社会主义和谐社会。社会的进步离不开文化的进步，地方的发展同样需要文化的滋养，而地方文化的保护也就显得尤为重要。大学生作为新时代的主人肩负着发展的重任，是文化建设中的一股新鲜血液。因而，若能将大学生志愿服务体系与当地文化建设相结合，定能有效弥补政府和市场文化服务不足，有针对性地提供文化服务，提升文化建设的质量和效果。所以，社会要重视对大学生"海丝文化"志愿服务常态化体系的宣传，引导大学生积极参与到文化建设中去。社会要最大限度地挖掘大学生的志愿服务精神，宣传"奉献、友爱、互助、进步"志愿精神，使之与新时代的中国梦相辅相成，形成符合当代大学生志愿服务的价值观，努力将大学生"海丝文化"志愿服务队伍打造成为推进泉州文化建设的生力军。[4]

【参考文献】

[1] 周文宝. 浅析宋元时期泉州港对外贸易的兴盛 [J]. 青年与社会，2013 (6)：239.

[2] 周建标. 泉州建设东亚文化之都发展文化旅游业的路径选择 [J]. 湖南工程学院学报（社会科学版），2015（1）：11-12.

[3] 马蔓蔓. 当前我国大学生志愿服务活动存在的问题及对策研究 [D]. 郑州：郑州大学，2013.

[4] 蔡琼. 大学生志愿服务常态化建设探析 [J]. 赤峰学院学报（自然科学版），2016（8）：221-223.

☞【实践论文写作范文二】（自然科学类论文）

中国大学生在东南亚面孔识别中异族效应的实验研究

文化传媒与法律学院　2015级汉语言文学
118××××××　叶迷　指导教师：曾欣虹

摘　要　目的：探究中国大学生在东南亚面孔识别中的异族效应。方法：以"学习—再认"范式考察中国大学生对中国和东南亚中性面孔的识别能力。结果：东南亚面孔识别正确率和辨别力指数 d' 显著高于中国面孔（$t=4.163^{***}$，$t=3.338^{**}$），东南亚面孔识别反应时显著低于中国面孔（$t=-2.536^{*}$），但中国和东南亚面孔识别的判断标准 β 不存在显著差异。结论：中国大学生在东南亚面孔识别中出现异族优势现象。

关键词　东南亚；异族效应；大学生；面孔识别；实验

1　引言

在我们的日常经验里，观看外国电影时，开场后往往要耗费很长一段时间才能分辨清楚谁是"Tom"，谁是"Jim"。在我们眼中，西方的白人长得一个样，非洲的黑人长得一个样，连自己国家的少数民族姑娘也长得一模一样。不仅如此，我们还分不清猴脸，也分不清人类婴儿的脸。但我们却能很快记住国内电视剧里谁是"媳妇"，谁是"小姑"，新认识的同学、朋友，新来的同事我们也都不会混淆。这一现象称之为异族效应（other-race effect，ORE），也称跨文化效应（cross-race effect，CRE），或本族偏向（own-race bias，ORB），指的是人们对本族面孔的识别能力比对异族面孔的要好，这里的"本族"和"异族"一般指的是人种或族群。[1][2][3][4][5]

东南亚（Southeast Asia）是第二次世界大战后期才出现的一个新的地区名称，东南亚共有11个国家，分别是越南、老挝、柬埔寨、泰国、缅甸、马来西亚、新加坡、印度尼西亚、文莱、菲律宾和东帝汶[6]。东南亚人人种较杂，以黄种人为主，并融入黑种人和棕种人血统，属马来—波利尼西亚人种，从面部特征来说，肤色呈浅褐色、棕色至暗褐色，脸宽，眼睛通常不具蒙古褶，鼻宽但不扁平，唇阔。而位于东亚地区的中国，也以黄种人为主，属于蒙古人种的东亚类型和南亚类型，面孔的主要特征是肤色中等，脸扁平，颧骨突出，高眼眶，眼睑大多有内眦褶且眼角有角度（即蒙古褶），鼻宽中等，鼻梁较低，唇厚中等。东南亚人面孔与中国人面孔有着极大的相似，又有所差别，在这两个族群之间是否仍会出现异族效应恰是国内外实证研究中的空白点。

党的十八大以来，来华留学生数量持续增长。2016年留学生规模突破44万人，比2012年增长了35%[7]，如今东南亚到中国的留学生络绎不绝，中国已成为亚洲最大留学目的国。据统计，2016年来自泰国、印度尼西亚和越南3个国家的留学生分别位居排行榜第三、第七和第十。近几年来，"一带一路"沿线国家学生数量增长明显，2016年，沿线包括东南亚国家在内的64个国家的在华留学生达207746人[7]，由此可见，中国正日渐成为越来越多的东南亚国家青年学子求学之地。

本研究以异族效应为主题，探究中国大学生在东南亚面孔识别中是否存在异族效应。异族效应导致大学生在社会交往中误认外国人，可能会引起尴尬或社会指责，且异族效应与种族态度有着千丝万缕的联系，本研究将对大学生人际交往方面起到教育启示作用。此外，也为中国大学生和东南亚留学生的友好往来提供一些有益参考，以促进社会稳定和经济发展，对构建和谐社会有一定意义。

2 实验材料的制备

2.1 东南亚中性面孔图片的制备

2.1.1 东南亚中性面孔图片的拍摄与制作

照相机选用Nikon D 3200。拍摄对象为福州3所高校在校东南亚留学生94名，其中来自越南的20名，来自印尼的58名，来自菲律宾的16名，男生41名，女生53名，年龄范围为18～23岁。拍摄前，让拍摄对象摘掉耳环、项链等饰品，刘海统一向后梳理，露出完整面貌，并要求其做出平静表情进行拍摄，仅拍摄上半身齐胸照片。用PS 10.0软件对照片进行处理，同中国面孔表情图片制备一致[8]，图片采用黑白色，统一去掉头发、耳朵、脖子，以及明显的胎记、痣、刺青等外部特征，以避免肤色和外部特征对面孔识别的干扰。图片尺寸统一为615 cm × 715 cm，分辨率为102像素/英寸，并统一图片亮度和对比度。

2.1.2 东南亚中性面孔图片的评定

福州某大学30名心理学研究生担任评分者，采用 E-prime 2.0 软件编制程序，随机呈现94张图片各两次。每张图片呈现时，让评分者首先根据自己的感受判断面孔图片的情绪类型并按键反应，采用7点评分法，其中1代表负性强烈，4代表中性强烈，7代表正性强烈，分别对应电脑键盘数字键上的1到7的7个键。要求被试不做长时间的思考，按照瞬时感受进行按键反应。

2.1.3 东南亚中性面孔图片的评定结果

2.1.3.1 评分稳定性

94张图片两次呈现，将评分者对情绪类型前后判断一致的图片占所有图片的百分比作为评分稳定性，以评价评分者的认真程度。剔除低于60%的评分者1人，有效评分者为29名。

2.1.3.2 中性表情强度

采用7点计分法，得分越靠近4分，表明面孔情绪越中性，原则上选取平均分为3.5~4.5分的面孔图片，共选取32张，其中男性16张，中性情绪强度平均值为3.935；女性16张，中性情绪强度平均值为3.953。

3 中国大学生识别东南亚中性面孔的学习再认实验

3.1 方法

3.1.1 实验对象

福州某大学40名本科生（随机抽取10名被试完成实验前测，其余30名为正式实验被试）作为被试参与实验，年龄范围为20~22岁，所有被试裸视或矫正视力正常，均为右利手。根据信号检查论[3]，被试的 $P(A)$ 值只要大于0.5，其行为反应就认为是可信的 $[P(A) = （击中数+正确否定数）/刺激总数]$，据此剔除正确率小于50%的数据1名，有效被试29名，其中男生14名，女生15名，性别比例接近1:1。

3.1.2 实验设计

以不同类型（中国和东南亚）的中性面孔作为实验材料，使用"学习—再认"实验范式，考察中国大学生对东南亚面孔的识别是否存在异族效应。采用单因素被试内实验设计。自变量为不同类型的中性面孔图片（两个水平：中国、东南亚），因变量为被试再认的正确率和反应时，以及被试对不同类型面孔图片的辨别力和决策标准。

3.1.3 实验材料

实验材料为中国人和东南亚人的中性面孔图片，其中中国人的中性面孔图片来自中国面孔表情图片系统，该系统包括7种情绪类型（愤怒、厌恶、恐惧、悲伤、惊讶、高兴、平静）的面孔表情图片，每张图片都有其对应的认同率和情绪强度评分，采用9点量表评分法。选取中性面孔（即平静）32张，其中男性16张，愉悦度平均值为4.486；女性16张，愉悦度平均值为4.938。

东南亚人的中性面孔图片来自本研究自行拍摄制备，每张图片都有其中性情绪强烈程度，采用7点量表评分法，选取32张，其中男性16张，中性情绪强度平均值为3.935；女性16张，中性情绪强度平均值为3.953。具体详见表1和图1。

表 1　实验材料

阶段	中国男性	中国女性	东南亚男性	东南亚女性
学习阶段	8	8	8	8
再认阶段	16	16	16	16

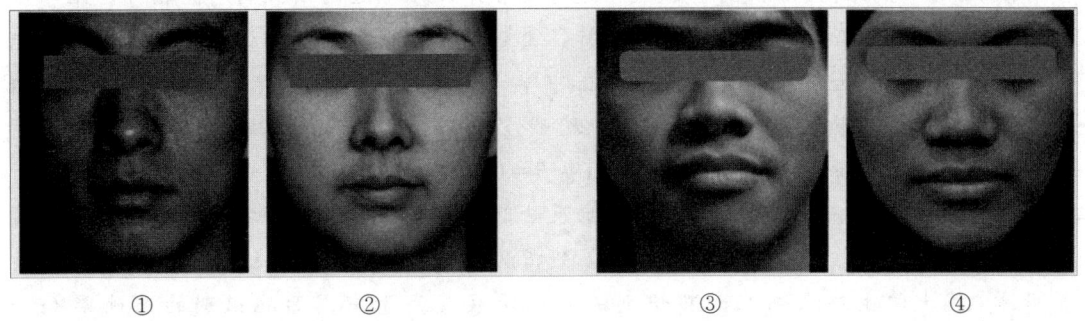

①　　　　　　②　　　　　　③　　　　　　④

注：①②为中国中性面孔，③④为东南亚中性面孔。

图 1　中性面孔图片材料示例

3.1.4　实验程序

实验程序采用 E-prime 2.0 软件编制。施测环境为福州某大学教室，采光良好，能保证实验在安静、舒适的环境中进行。实验设备为 5 台 14 寸惠普笔记本电脑，操作系统均为 Windows XP，调整每台电脑的亮度、颜色质量和屏幕分辨率一致，屏幕分辨率为 1280×800，颜色质量为最高 32 位。实验中有 1 名主试，2 名助手，每组对 5 名被试进行施测。

被试由主试领进实验教室，坐在距离电脑显示器 60 cm 处，熟悉实验环境并进行相关的测验说明。

被试先进行一组非实验图片练习，学习阶段呈现 5 张，再认阶段呈现 10 张，不计分数，确定被试正确理解指导语并熟悉该程序后，开始正式实验。

正式实验分为两个阶段。第一阶段是学习，首先在电脑屏幕上呈现一个注视点"+"，注视点呈现的时间为 500 ms，提醒被试实验开始，并集中注视电脑屏幕中央，接着随机呈现人脸图片，呈现的时间为 2500 ms。该阶段共呈现人脸图片 32 张，请被试努力记住它们，并告知被试该阶段的学习将有助于完成实验后续的任务。

学习结束后让被试休息 60 s，进入第二阶段再认。首先在电脑屏幕上呈现一个注视点"+"，注视点呈现的时间为 500 ms，接着随机呈现人脸图片，要求被试判断这些图片在上一阶段是否学习过，如果学习过请按键盘上的"J"键，如果没有学习过请按键盘上的"F"键，实验过程中要求被试将双手放在键盘上，把左手食指放在"F"键上，右手食指放在"J"键上。每张照片呈现时长为 5000 ms，如果被试在 5000 ms 之后仍未按键则自动进入下一张图片。该阶段共呈现人脸图片 64 张，其中 32 张是学习阶段呈现过的。图片呈现时间很短，请被试集中注意，又快又准确地做出判断。

正式实验中途不可退出、中断，实验结束后被试离开教室。

3.2 结果

实验收集被试再认阶段的反应数据，首先对原始数据进行筛选[2][12]，去掉以下不符合标准的数据：①正确率小于50%的被试的数据；②5 s内未做任何反应的数据；③超出平均反应时3个标准差以外的数据；④反应时小于400 ms的数据。

接下来，对筛选后所得的有效数据进行处理。以学习过的面孔材料为信号，未学习过的面孔材料为噪音，计算以下4个指标：①正确率，计算每个被试对不同类型面孔识别的击中率、正确否定率，则正确率＝击中率＋正确否定率；②辨别力，查询PZO转换表[9]得到Z击中和Z虚报，则辨别力 $d' = Z$ 击中 $- Z$ 虚报；③决策标准，查询PZO转换表得到O击中和O虚报，则决策标准 $\beta = O$ 击中 $/ O$ 虚报；④平均反应时，去掉所有错误反应，即虚报和漏报的反应，平均反应时＝所有正确反应时之和/正确反应次数。

采用配对样本 t 检验和重复测量方差分析两种统计方法对数据进行处理，结果一致表明，中国大学生对东南亚面孔识别的正确率显著高于中国面孔识别的正确率（$t = 4.163^{***}$，$F = 17.332^{***}$）；中国大学生对东南亚面孔识别的平均反应时显著低于中国面孔识别的平均反应时（$t = -2.536^{*}$，$F = 6.430^{*}$）；中国大学生对东南亚面孔识别的分辨力显著高于中国面孔识别的分辨力（$t = 3.338^{**}$，$F = 11.144^{**}$）；中国大学生对东南亚面孔和中国面孔识别的决策标准无显著差异，详见表2、表3。

表2 对不同类型中性面孔识别的四项指标的 t 检验结果（$M \pm SD$）

指标	东南亚人中性面孔图片	中国人中性面孔图片	t	P
正确率(%)	72.552±11.263	63.678±6.690	4.163	.000
反应时(ms)	1106.880±203.187	1166.320±230.109	−2.536	.017
辨别力 d'	.669±.851	.393±.486	3.338	.001
决策标准 β	1.696±2.563	.968±.536	1.507	.143

表3 对不同类型中性面孔识别的四项指标的方差分析结果

指标	变异来源	平方和	自由度	均方	F	P
正确率(%)	图片类型	1141.958	1	1141.958	17.332	.000
反应时(ms)	图片类型	51231.265	1	51231.256	6.430	.017
辨别力 d'	图片类型	2.206	1	2.206	11.144	.001
决策标准 β	图片类型	7.690	1	7.690	2.270	.143

3.3 讨论

从正确率、反应时和辨别力三大指标上看，中国大学生在中国和东南亚面孔的识别中并未出现异族效应，反而出现与异族效应相反的结果，即对异族的面孔识别要好于本族面孔，这一结果与异族效应以往研究有悖。

借鉴"异族分类优势（labeled other-race advantage, ORA）"，即对异族面孔的种

族类别的判断要比对本族面孔更快的现象[10],我们将在东南亚面孔识别中出现的这种与异族效应相反的现象称之为"异族优势"。异族优势并不是完全对立于异族效应,我们认为在异族面孔识别过程当中,异族效应和异族优势共同存在,当异族效应增强时,就掩盖了异族优势的作用,表现出异族效应;而当异族效应降低时,异族优势就凸显出来,表现为异族优势。二者此消彼长的关系均有赖于一定的条件,我们试图从以下两个方面来解释本研究结果。

一方面是由于中国大学生在东南亚面孔识别中的异族效应降低甚至消除。基于异族效应的理论机制,有如下解释:

第一,基于认知编码理论和特征选择假说,本异族面孔的加工深度影响着记忆效果。

本异族面孔加工深度和编码方式有很大的差别。因为异族面孔至少会共享一个明显的特征,如白种人的高鼻梁或深眼窝,对异族面孔的识别着重于这种单一的特征,将其表征为一个种族群体[11],注意资源主要分配在种族群体特征上,忽视了面孔所携带的个性化的具体特征[12],这样的话只能进行浅层加工[13],因而记忆不会太深刻;识别本族面孔时则恰与之相反,将注意资源集中于一组或者几个相关的个性化特征,这往往需要细微观察,分散表征,进行深层次加工,从而加深了记忆,因而产生异族效应。

东南亚面孔与中国面孔在脸型、鼻宽、鼻梁和嘴唇上存在差异但并不明显,而眼睑内眦褶的有无也属细微差异,因此东南亚面孔相较于本族面孔不具有明显的种族群体特征。在东南亚面孔识别当中,个体的注意资源不再大量集中于种族群体特征,也平均分配到面孔个性化的具体特征的加工上,加深了认知加工深度,提高了记忆效果,相应降低了异族效应。

第二,基于多维空间理论和知觉经验假说,日常的接触和交往降低了异族效应。

个体对面孔的识别是在一个多维度的心理空间中进行[14],包括面孔的结构特征,眼鼻口等具体特征,及肤色、质地、性别、年龄等多个维度。个体将看到的面孔特征与储存在心理空间中原有的面孔特征进行提取和比较,从而做出判断。本族面孔在这个多维空间中的集中程度较小,而异族面孔的集中程度较大[14],集中程度越大,从心理空间中提取到正确的面孔就越困难,因而产生异族效应。

Chiroro和Valentine(1995)研究证实接触能够降低异族面孔的集中程度[15],另有多项研究证实与异族人的交往也可以减弱或者消除异族效应[3]。我们认为与异族人的接触和交往能够增加心理空间中对异族面孔的储存量,使异族面孔的集中程度变小,从而降低异族效应。本研究中东南亚面孔的被采集者和中国大学生被试来自同一所高校,二者接触的频率和交往的可能性都更高,大学生被试的心理空间中对东南亚面孔具有一定的储存量,在进行面孔识别时,东南亚面孔的集中程度降低,较容易进行提取和比较,抑制了异族效应的发生。

第三,基于社会态度假说,种族偏见或歧视的消除降低了异族效应。

个体对待不同族群的态度影响其面孔识别能力,当个体对某个族群持有偏见、厌恶或歧视态度时,往往不愿意与之接触和交往,也不愿意仔细区分这些异族面孔[16],识别和再认成绩较差，因而产生异族效应。

随着前来求学的东南亚国家学生的增加，目前已有多所高校建立了专门为东南亚、南亚国家留学生服务的机构，如云南财经大学的东盟学院、昆明理工大学的东南亚与南亚人才培训中心、云南师大的东南亚留学生见习基地等。东南亚留学生的专业选择面也越来越广，除了学习汉语外，还有学习医学、财经、旅游、冶金等专业。学校在生活上也尽可能让东南亚留学生感到温暖，已连续七年举行东南亚文化艺术节暨新年泼水节，开通绿色通道方便东南亚留学生回家和返校等。学校的这些举措无疑加强了中国大学生与东南亚留学生的交流和接触，促进文化融合，也无形中塑造了中国大学生对东南亚留学生的友好态度，种族偏见现象少之又少。

另一方面是由于东南亚面孔的"异族优势"凸显。同样基于异族效应的理论机制，有如下解释：

第一，基于社会分类假说，异族面孔的新异性影响了短时记忆效果。

异族面孔比本族面孔具有更为显著的分类标识，使人们自动倾向将其归于一组，因此相对于本族面孔形成了组外和组内[17]，组外成员比组内成员更加具有相似性，因此，组外较组内更容易混淆，产生异族效应。

日常生活当中我们不乏这样的经验，对人群当中的异族面孔，大到不同人种、不同洲际，再到不同国家、不同民族，小到只是一国的南北方之差，我们一定会首先发现与自己相异的面孔，并引起我们的兴趣，加以关注。同样的经验也出现在面孔识别的学习阶段，尽管东南亚面孔与中国面孔差异较小，不具备明显的分类标识，个体仍能够迅速而敏锐地感受到"这是外国人的面孔"或"这不是中国人的面孔"。此时，异族面孔的新异性发挥了极大的作用，不仅引起我们的兴趣和关注，而且使短时记忆的效果更好，产生异族优势。

第二，基于内在刺激差异假说，不同族群面孔自身的相似率影响着记忆难度。

不同族群的面孔在物理特征上存在天然的差异，相较于其他族群，某些族群面孔相似性更高，属于同质刺激，因而可记忆程度不同。[18]有研究表明，对欧洲被试而言，亚洲面孔之间的相似率高于欧洲面孔，以亚洲被试为对象的实验获得了同样的结果[19]，这很好地证明了不同族群面孔识别本身相似率不同，导致面孔识别的难度差异。

东南亚人种复杂，作为一个族群其面孔的相似率低于中国面孔，因而识别难度较低，较容易分辨，形成了异族优势。

综合上述，东南亚面孔与中国面孔特征差异较小，加之中国大学生与东南亚留学生的接触和交往较多，且能够友好相处，从而降低了异族效应，但东南亚面孔作为异族面孔的新异性并未减少，且东南亚面孔本身的相似率较低，加大了异族优势，因而中国大学生在东南亚面孔识别中不但没有产生异族效应，反而对东南亚面孔的识别能力更好。

【参考文献】

[1] MALPASS R S, KRAVITZ J. Recognition for faces of own and other-race faces [J]. Journal of personality and social psychology, 1969, 13: 330-334.

[2] 刘晶晶. 维吾尔族大学生面孔识别异族效应的实验研究 [D]. 乌鲁木齐：新疆

师范大学，2010.

[3] 杨红升，黄希庭. 面孔识别异族效应的研究［J］. 心理科学，2008，31（6）：1450-1453.

[4] JOHNSON K J，FREDRICKSON B L."We all look the same to me"：positive emotions eliminate the own-race bias in face recognition［J］. Psychological science，2005，16（11）：875-881.

[5] 裴燕红，隋光远. 情绪对面孔识别中本族偏向影响的眼动研究［C］//第十二届全国心理学学术大会论文摘要集，济南：第十二届全国心理学学术大会，2009：270.

[6] 百度百科. 东南亚［EB/OL］.（2013-08-14）［2013-08-19］. http：//baike.baidu. com/view/20086. htm.

[7] 中国新闻网. 2016 年度中国逾54 万人出国留学 44 万人来华留学［EB/OL］.（2017-03-01）［2017-04-19］. http：//www. chinanews. com/gn/2017/03-01/8162951. shtml.

[8] 龚栩，黄宇霞，王妍，等. 中国面孔表情图片系统的修订［J］. 中国心理卫生杂志，2011，25（1）：40-46.

[9] 郭秀艳. 实验心理学［M］. 北京：人民教育出版社，2004.

[10] 张敏，杨昭宁. 面孔知觉中的异族分类优势［J］. 心理研究，2011，4（2）：13-17.

[11] SIMON B. On the asymmetry in the cognitive construal of in-group and out-group：a model of egocentric social categorization［J］. Eur j soc psychol，1993，23：131-147.

[12] LEVIN D T. Race as a visual feature：using visual search and perceptual discrimination tasks to understand face categories and the cross-race recognition deficit［J］. Journal of experimental psychology：general，2000，129：559-574.

[13] SPORER S. Recognizing faces of other ethnic groups：an integration of theories［J］. Psychology，public policy & law，2001，7：36-97.

[14] VALENTINE T. A unified account of the effects of distinctiveness，inversion，and race in face recognition［J］. Quarterly journal of experimental psychology，1991，43A：161-204.

[15] CHIRORO P，VALENTINE T. An investigation of the contact hypothesis of the own-race bias in face recognition［J］. Quarterly journal of experimental psychology，1995，48A：879-894.

[16] CARROO A W. Recognition of face as a function of race attitudes，and reported cross-racial friendships［J］. Perceptual and motor skills，1987，64：319-325.

[17] LINVILLE P W, FISCHER G W, SALOVEY P. Perceived distributions of the characteristics of the characteristics of in-group and out-group members: empirical evidence and a computer simulation [J]. Journal of personality and social psychology, 1989, 57: 165-188.

[18] GOLDSTEIN A G, CHANEE J E. Measuring psychological similarity of faces [J]. Bulletin of the psychonomic society, 1976, 7: 407-408.

[19] BYATT G, RHODES G. Identification of own-race and other-race faces: implications for the representation of race in face space [J]. Psychonomic bulletin & review, 2004, 11: 735-741.

第二节　实践调查写作

　　思想政治理论课社会实践调查报告（以下简称实践调查）是在学校的统一安排和指导下，根据前期组织、策划和实施的社会实践调查和调研，获取大量的第一手项目调查数据和资料，并运用马克思主义立场、观点和方法指导实践项目，对社会上存在的某一客观事物、现象或问题进行全面、深入、细致的调查研究和系统分析，最后将调查结果按一定的规范进行整理所形成的文字报告。实践调查是建立在大量调查研究的基础上，是全面、深入和系统地对项目进行调查研究的产物和成果，具有客观性、针对性、典型性和系统性等特点。其主要类型包括现象呈现型调查报告、政策建议型调查报告、理论研究型调查报告和综合型调查报告等。早在1930年5月，毛泽东在撰写《反对本本主义》一文中，就鲜明地提出"没有调查，就没有发言权"的著名论断。可见，一篇好的实践调查，能够通过其大量的数据、严密的逻辑和综合的分析对某一客观事物、现象或问题进行系统论证，具有较强的针对性和说服力，能够为相关部门和单位进行科学决策提供重要的参考和依据。因此，学习好实践调查的写作，不仅有助于大学生更好地深入社会、了解国情，也有助于激发大学生的主人翁意识，通过调查研究，如实反映问题，更好服务社会。

一、实践调查写作的主要步骤

　　实践调查的写作过程应包括以下步骤：确定选题、收集资料、拟定提纲、撰写初稿、修改完善和定稿等。其各个步骤的具体做法和要求与撰写实践论文基本一致，详见本章第一节实践论文写作的主要步骤。

二、实践调查写作的结构模式

　　实践调查要求选题新颖、观点鲜明，数据翔实，案例丰富，论述有力，其结构形式多种多样,没有固定的格式。一份完整的实践调查主要由题目、作者署名、摘要、关键词、引言、正文、结束语、参考文献和附件等部分组成。

三、实践调查写作的具体要求

(一) 题目

题目是一篇实践调查的主题和精髓,也是整篇实践调查的重心所在。因此,题目要求简短、明确、有新意,力争通过题目能够把社会实践项目最重要的内容和特点呈现出来。题目字数要适当,一般不宜超过20个字。调研报告的题目一般有两种写法:一是规范式题目,其基本格式为"……的调查报告""……调查""……调查研究"等,例如《关于大学生及所在高校环境保护与法治意识的调查报告》《新时代大学生志愿服务活动现状调查报告》《应用型本科院校学生英语学习现状调查》《大学生网络强迫性购物的调查研究》。二是自由式题目,其主要包括三种类型:第一种是陈述式题目,一般是用一个句子直接陈述社会实践调查的范围、对象及主要内容,例如《当代大学生对习近平生态文明思想认同的调查报告》《大学生体育素养的现状调查与对策》《新时代大学生劳动教育的现状调查与对策研究》。第二种是双标结合式题目,一般是由主标题和副标题相结合共同构成,主要是为了更好地呈现调查的范围、对象或方法等细节。采用双标结合式题目,既避免了实践调查题目字数太多,也有利于使题目更加清晰全面、重点突出。例如《"95后"女大学新生心理健康状况调查及对策——以福建师范大学福清分校为例》《高校贫困生主观幸福感调查及提升策略——基于福州地区五所高校的实证分析》《乡村调查与郑杭生农村社会学思想研究——基于理论自觉的视角》。第三种是设问式题目,一般是用设问或提问的方式来设计题目,以达到吸引眼球的目的,例如《抵制日货就是爱国吗?》《中国特色社会主义生态文明何以可能——福建长汀生态文明建设经验启示》《为什么少数民族大学生获得更高的教育满意度——体验还是增值?》。

(二) 作者署名

实践调查作者署名应列于题目下方,内容一般要包含所在学院、年级专业、学号(可省略)、学生姓名以及指导教师,其中所在学院和年级专业要写全称。

(三) 摘要

摘要是对实践调查内容的高度凝练和概括,是对社会实践活动中获得的基本观点、方法、成果和结论的简要阐述。其主要内容包括三个方面:一是简要介绍调查的目的和意义;二是简要介绍调查对象、调查方法和调查内容;三是简要介绍调查研究的结论、对策或建议。摘要的内容既要简短和精练,又要能够反映全文最重要的观点或者成果,只有这样才能吸引读者进一步阅读全文。因此,摘要不宜太长,字数要严格控制,一般200字左右最佳,最多不能超过350字。如果实践调查最终要发表,一些期刊会要求将摘要和关键词翻译为英文。

(四) 关键词

关键词是能够反映实践调查主旨或中心思想的词语,其通常是实践调查的核心词汇,一般会在正文中反复出现。关键词最重要的作用是用于文献检索,是表达文献主题概念的重要词汇。关键词的数量不宜太多，一般 3~6 个即可，关键词与关键词之间通常要用分号隔开。

（五）引言

引言是能够在实践调查中起画龙点睛作用的前言，一般要简要地说明实践调查相关背景和目的意义，力求精练概括，直奔主题，能够为整个实践调查的写作打下坚实的基础。引言的写法主要有以下三种：1. 陈述式写法，其主要是用概括叙述的方法写出实践调查的基本情况（包含调查的起因、时间、地点、对象、范围、经过和方法）以及实践调查的主要目的、意义和影响，从中引出中心问题或基本结论来。2. 说明式写法，其主要是先说明调查对象的历史背景、现实状况和存在的突出问题，进而再叙述实践调查的主题，提出主要观点。3. 结论式写法，是开门见山，在一开头就先写出实践调查的主要结论，然后再分别进行论述。

（六）正文

正文是实践调查的核心和主体，是对社会实践调查的全面论述，主要是介绍社会实践的调查对象、调查方法、调查程序、调查结果、分析讨论和对策建议等。重点应介绍对社会实践调查中发现问题的分析、讨论和思考，提出解决问题的对策建议。调查结果是呈现社会实践成果的重要内容，在撰写时要做到客观具体、实事求是，尽量利用调查数据和图表的形式来呈现，只有这样才能使调查结果更加形象生动。分析讨论是针对调查存在的问题进行全面思考，在撰写时要做到有重点、有层次、有依据，只有这样才能使实践调查更有针对性和说服力。实践调查最后所提出的对策建议是反映和评价实践调查报告水平的重要依据，在撰写时要做到观点鲜明、对策科学，只有这样才能更有可操作性和借鉴性。总的来说，在写作过程中，要坚持实事求是和理论联系实际的原则，要有新观点、新对策和新建议，做到层次分明、结构合理、主题突出、论证充分、语言通俗、文字流畅。字数一般控制在 4000~5000 字。

为了使正文更加规范化，通常将正文的写作层次标题分成两个类别。第一类是哲学社会科学类论文，其正文中的层次标题一律用汉字数字连续编码；第二类是自然科学类论文，其正文中的层次标题一律用阿拉伯数字连续编码，具体编号方法详见本章第一节。值得注意的一点是，正文分级的编号一般不超过四级。

（七）结束语

结束语是一篇实践调查的结尾部分，主要是概括陈述实践调查的结论、对策或建议。结束语的写法主要有以下三种：1. 总结式，紧扣正文内容，总结全文的主要观点，进一步深化主题。2. 对策或建议式，用于解决问题型的实践调查的结尾，对在调查过程中发现的问题，提出相应对策或下一步改进工作的建议。3. 感悟式，对整个调查过程进行归纳和综合而得到的收获和感悟。

（八）参考文献

参考文献是在实践调查写作的过程中，将引用（包括直接引用和间接引用）的其他专家学者的观点、数据和成果按国家相关规范要求列于实践调查的末尾。它既能够反映出实践调查的参考信息来源及可信度，也是对相关专家学者已发表知识成果的尊重和认可。一般一篇实践调查应列出6篇以上参考文献，未正式发表的文献不能列入。实践调查中参考文献标注的具体规范可参考《信息与文献 参考文献著录规则》（详见附录）。

（九）附件

附件是指一些无法放在实践调查正文之中，但又与正文紧密相关，具有参考价值的内容。附件是实践调查主体的补充部分，包含实践调查的相关背景资料、测量量表、调查问卷等。

☞【推荐阅读】

习书记邀请我们返家乡搞农村调研——习近平与大学生朋友们（一）

采访对象：曹兵海，男，1963年1月生，河北正定人，河北农业大学畜牧兽医系1981级本科生，1985年毕业留校工作，后留学日本信州大学、岐阜大学，获农学博士学位，现任中国农业大学动物科学技术学院教授、博士生导师，国家现代农业（肉牛牦牛）产业技术体系首席科学家。

采访组：石新明　王丽莉　曹钰　闫拓时

采访日期：2018年10月4日　2019年5月1日

采访地点：中国农业大学动物科学技术学院曹兵海教授办公室

采访组：曹兵海教授您好！1983年12月，时任正定县委书记习近平给河北农业大学正定籍的学生写了一封信。作为当时就读于河北农业大学的在校生和事情的亲历者，您能说说当时收到信的情形吗？

曹兵海：好的。我是1981年秋到河北农业大学读书，1985年7月毕业留校任教。1983年年底，河北农业大学正定籍的同乡要组织聚会。这次聚会，我们邀请了正在河北农业大学进修的时任正定县委副书记吕玉兰参加。吕玉兰同志是当时全国闻名的劳动模范，1983年9月她到河北农业大学农经系进修学习。其间，她就住在女生宿舍，平时和我们正定籍的大学生交流比较多。

那天聚会前，我们同乡会的会长肖玉良和几名同学一起去保定火车站接吕玉兰。吕玉兰来到学校就请我们到路边的饭铺坐下，为大家点了包子，自己从书包里拿出自带的馒头、咸菜。吕玉兰一边吃着馒头，一边兴奋地说："县委书记习近平，给大家捎来了一封信。"

随即她让肖玉良同学给我们大家读了习书记的来信：

河北农大全体正定籍的同学们：

　　你们好！

　　玉兰同志曾同我谈过你们的情况。我作为在你们家乡任职的县委书记，过去对你们一直关心未及，深感抱歉，望得到谅解。

　　我想，当同学们课余饭后、晨明夜静之时，一定是非常挂念家乡的。这里我想高兴地向大家报告，今年以来，在党的十一届三中全会路线指引下，经过全县人民的共同努力，经济建设又取得了可喜的成绩。据初步测算，今年全县农业总产值可达 18200 万元，比去年增长 28%；工业总产值可达 8755 万元，比去年增长 35.7%。以同学们最关心也是联系最密切的农村而言，可以说是全面大发展。今年粮食亩产 1300 斤，总产可达 42700 万斤，比去年增产 16%；棉花预计亩产 160 斤，总产可达 2240 万斤，比去年增产 81.8%；社队企业两级纯收入可达 2200 万元，增收 11%；社员家庭副业纯收入可达 6400 万元，增收 12%；全县可分配总收入可达 17300 万元，增长 42%；社员人均收入（含集体分配和家庭副业）可达 380 元，增长 25%。上述各项指标均创历史最好水平。目前，我县的经济工作已经逐步纳入商品生产的轨道，精神文明建设以及机构改革等其他各项工作都在顺利开展。可以说，依靠着党的路线、方针和政策，一个政通人和、百业欣欣的局面已经初步形成。

当然，我们的工作还有困难，有阻力，有缺陷，不可能尽遂人意。特别是在农村，文化落后、科技落后的状况并未根本改变，陈旧的小生产经营方式的束缚并未取得根本性的突破。而要改变这一切，建设社会主义的现代化大农业，靠什么？很关键的一条就是靠现代科学技术的推广和应用，就是靠掌握这些科学技术的专门人才。虽然"科技热"的浪潮正在广大农村蓬勃兴起，但是心有余而力不足啊，人才更不足啊！农村迫切需要农大学生，农大学生同样也离不开农村。可以说，家乡的 40 多万父老乡亲都在翘首以待，盼望着你们早日以优异成绩成就学业，为祖国的四化建设挑梁扛柱，竭智尽才。

古人"十年寒窗"，是为了金榜题名，功成名就，衣锦还乡，光宗耀祖。这一套陈腐的观念，当然为我们社会主义新时代的大学生所不齿。相信同学们都有着明确的学习目的，都有着奋发图强、献身四化的远大志向，一定是不会辜负这"黄金时代"的宝贵时光的。

祝同学们学习顺利！

你们的同志　习近平
1983 年 12 月 18 日

读完这封信，现场掌声响起，大家欢呼雀跃，心情非常激动，这一情景就像是发生在昨天。大家一一传阅来信，后委托肖玉良同学妥善保存。

采访组：您和同学们看完习近平同志的来信有什么感受呢？

曹兵海：大家看完信后十分激动。收到习书记的这封信，是我们没有想到的惊喜。这封信代表了县委、县政府和全县人民对我们正定籍同学的关怀，体现了习书记对人才的重视和珍爱，使我们感受到了家乡的温暖与我们肩负的责任。

习书记的来信有两点对我们触动很大。一是习书记非常谦虚，信里说"过去对你们一直关心未及，深感抱歉，望得到谅解""这里我想高兴地向大家报告"，特别是信的末尾署名是"你们的同志　习近平"，一下子就拉近了我们之间的距离，现在回忆起来仍然对这个落款印象深刻。二是习书记在信中说"农村迫切需要农大学生""家乡的 40 多万父老乡亲都在翘首以待"，让我们感受到"挑梁扛柱"的责任，增添了"奋发图强"

的力量,激发了"献身四化"的决心。

来而不往非礼也。后来我们商议,请肖玉良同学执笔给习书记回信,表达我们的感动和决心:"尽管我们现在的知识面还很窄,但是如果咱县生产在农艺、农技及农经管理方面遇到什么问题,我们还是希望能尽自己的绵薄之力,与您们一起研究,或者利用在校的有利条件,请老师帮助解决。"事过不久,我们就收到了小客村的农民发来的求助信息:"正定小客村种植的苹果树树龄已经十几年了,正处于盛果期,但果树一个劲儿疯长,就是不怎么结果。"接到求助信后,我们园艺系的师生齐上阵,出手一修剪,第二年果树便果实累累。

1984年3月13日《中国青年报》以《县领导关怀负笈者 大学生不忘故乡情——中共正定县委书记与本县籍大学生的通信》为题,报道了习书记与河北农业大学全体正定籍学生之间的书信往来,并全文刊登了这两封信。

习书记不仅给我们河北农大的正定籍同学写了信,而且也给全国各大学的正定籍同学写了信。在给各大学正定籍同学的信中,习书记表达了殷切的期望:"国家需要你们,正定的各项建设事业同样需要你们,家乡四十五万人民热忱地期待着你们,殷切地希冀你们为正定繁荣出力献策。"他表示,如果毕业以后在外地工作,希望同学们能尽量想办法和家乡挂钩,为家乡作贡献。如果能回家乡工作,政府将尽可能地为同学们创造好的工作条件,在各方面给予支持。这些内容在报告文学《"而立"之年》中都有记载,这篇反映习近平同志主政正定的报告文学发表在1984年7月的《河北青年》上,在同学们中产生了很大的反响。

采访组:在来信之后,听说习近平同志还邀请大家暑期返家乡做农村调研,实际体验家乡的社情、民情和发展,您能具体说说调研的情况吗?

曹兵海:那是1984年暑假前的一次同乡会上,肖玉良同学和大家说:"县委书记要邀请大家暑期回乡做社会调研。"听到这一消息,大家都很兴奋,当时就有20多人报了名,县里已预先为我们做好了调研方案,所以一放暑假,我们这20多人就到县教育局去报到了。

当时的县教育局挺简陋的,在一个类似学校的地方办公。因为我们人太多,天气又特别热,教育局的同志就把我们带到了一棵梧桐树下,每人给了把椅子围坐在一起,也没有桌子,就这样开会了。我记得那是棵特别大的梧桐树,枝叶繁茂,我们所有人围成一圈就都在树荫底下了。

习书记到来后跟我们每位同学都握了手,之前我们没见过县委书记,一开始大家都感到特别地拘谨。我记得习书记当时穿着一件海蓝色的短袖衬衫,干净整齐,发型精干,笑脸盈盈,让我们感到非常亲切。习书记先是与我们进行拉家常式的漫谈,他说话语速较慢、言语温和,特别平易近人,我们的拘束瞬间就无影无踪了。

这次我对习书记的直接印象比上次来信的间接印象更要深刻:一个是因为这个县委书记非常年轻,那时他刚30岁,也就比我们大七八岁;另一个是习书记高大帅气,尤其是他的手特别温暖——那种厚厚的感觉,跟我们讲话一点儿"官架子"也没有。当时教育局也没有给习书记准备桌子,他就拿把椅子坐在我们中间,给我们做动员。现在回想起来，我们和习书记这次面对面的交谈对我后来的成长影响是很大的。

采访组： 这次动员会上，习近平同志和大家都讲了什么呢？

曹兵海： 习书记与我们座谈了近两个小时，习书记讲了很多，既讲了这次调研的背景意义，也讲了做好调研的方式方法。他没有稿子，直接坐那儿就开始讲，很生动，不枯燥，非常实在，又有高度，大家听得很认真。那时候也没有人录像录音，现在找不到当年记录的笔记本了，真有点儿可惜。

给我印象最深刻的是习书记讲学习。他说，我们学东西要学无止境，所有学到的东西都是有用武之地的。学习的同时要想办法应用，在应用中再总结，再用于学习。搞这种乡村调研，就是一个学习的过程，也是自我提高的过程。后来我自己当了老师，越来越觉得习书记讲得有道理。知识要学，学了之后就要用，知识就会越学越深，即便是刚开始学的知识，也会找到能应用的地方。

习书记说，大家搞调研，既可以深化课堂所学的知识，还可以发现很多课堂之外的事情。他举例说，不要小看了一粒化肥，化肥的用量、离根的远近、播种的深浅、用肥的时候浇不浇水，化肥的效果都是不一样的。通过调研发现的问题，对我们正定的发展有作用，对你们自身的提高更有作用。

在谈到如何调研时，习书记还特别强调，调研不要只看表面的东西，而要通过表面的东西发现背后的机理，然后找到解决问题的办法。寻找和思考解决问题的办法的过程就一定会用到大家所学的知识。他风趣地说，你们去调研可能开始群众不欢迎，那么，如何让群众欢迎你就是一个能力提高的过程。

最后，习书记还说了两点：第一，没有一分钱补贴，大家自带干粮；第二，交通工具是自行车，骑自己家的自行车去调研。那时候，习书记有个爱好就是骑自行车，乡村开车也不方便，他就喜欢骑着自行车走村串乡地调研。

采访组： 在这次调研动员会上，习近平同志是否给大家介绍了县里的情况和发展思路？

曹兵海： 习书记在正定时，曾在《中国青年》杂志发表了《知之深　爱之切》一文，文章写道："要热爱自己的家乡，首先要了解家乡。深厚的感情必须以深刻的认识作基础。唯有对家乡知之甚深，才能爱之愈切。"

在这次调研动员会上，习书记除了讲学习、讲调研，还给我们介绍了正定县的发展思路，展望了正定县的未来，不仅让我们更深刻地了解了家乡，同时也让我们感受到了这张蓝图的宏伟和一气绘到底的壮志。他说，我们中国的经济肯定要大发展，正定县的经济也肯定要大发展。他坚定地告诉我们：正定要走"半城郊型"经济的发展路子，要走科技兴县、工业兴县、人才兴县、旅游兴县的路子。他还谈到了正定县推出的人才政策，谈到了正定县精神文明建设和文化旅游的设想。

习书记说："一方水土养一方人，但如何才能一方水土富一方人？正定的经济怎么发展？千里之行，始于足下。那么，我们一开步是迈左脚还是迈右脚？我们不知道现状，不掌握实际，就没有办法迈。"他的讲话就这么明白，就这么通俗，就这么富有逻辑，我对习书记讲的这些话印象特别深。

习书记还说，县里要根据大家这次调研出来的实际情况做出实际的决策。人都是要吃饭的，先要吃饱，再要吃好，要一步一步上台阶，所以我们必须先把农业的状况摸清楚，做好农业调研。

后来，我们了解到习近平同志在正定工作时非常注重调查研究，非常善于调查研究。他曾在县城大街上临时摆桌子，听取群众意见；在街头亲自发放民意调查表；写信给正定县委、县人大常委会、县政府、县政协四大班子同事，要求大家实实在在地调查研究。习书记的这些做法，使得正定当年的政风为之一新。

采访组： 听说习近平同志在动员会后还请大家吃了顿肉包子，您能说说当时的情景吗？

曹兵海： 习书记讲完之后已近中午，他就和教育局的局长熊振立带我们吃了顿中午饭。从教育局到饭店的路上，习书记与大家有说有笑。习书记虽然年轻，但我印象中大家称他"老习"，在正定这是一种尊称，可见他与大家相处得非常融洽和亲近。到了饭店，习书记表示这顿饭由他做东，他说："学子们回来了，家乡就是这样的家乡，现状就是这样的现状，没有什么特别好的，就请大家吃顿包子吧。"

那天，我们就餐的饭店是正定县最好的一家饭店，叫"开元饭店"，是非常有名的包子铺。说是最好的一家饭店，是当时正定县的标准，就是饭桌多一些，板凳多一些，没有空调，天花板上有个老旧的电风扇咣咣咣地转，感觉来回摇晃快要掉下来似的，噪音很大。习书记请我们吃的这顿包子，是肉馅的，同学们吃得非常香。我当时又瘦又矮，吃得有点儿腼腆，没有与习书记坐在一桌，习书记站起来喊我："曹兵海，多吃点儿，包子随便吃。""吃完后，我们数一数看总共吃了多少笼屉。"习书记没吃多少，他总是招呼大家，让大家别客气。同学们见习书记这么热情，也就不拘束了，敞开吃了一顿，真是香啊！能吃上一顿肉包子，而且是随便吃，这对我来说简直是梦里的事。我记得饭毕习书记对大家说，这是家乡最好的饭店了，如果有更好的饭店，我还会请大家去更好的饭店吃饭。

那天午饭后，我们20多个同学被分配到各个调研单位。搞畜牧的去畜牧局，搞植保的、搞栽培的到农业局报到。现在想想，全县这么大，就30来天，不可能进行全面调研。习书记心中提前有了规划，并根据我们的专业划定了调研分工。畜牧局安排我去韩家楼乡调查养兔和养鸡的情况，这个乡是我们县西北角的一个地方，大概离县城20多公里。

采访组： 你们去调研，乡里村里知道吗？他们有准备吗？

曹兵海： 现在有的调研是领导打好招呼，人过去就行了。那时候我们调研，乡里村里根本不知道，习书记就是要了解最真实的情况。我记得那时候我们还有疑惑，这村里乡里都不知道，我们去调研会不会不受欢迎？习书记就和我们说："别人不欢迎你，你让别人欢迎了，这也是长本事。"

我调研的时候，一进村，不管男的女的，见到人就打听：你们乡有多少个村？紧挨着的是哪个村？村里谁家养鸡养兔了？谁家养得好，谁家养得不好？韩家楼乡有十几个村子，我走遍了每个村子。有的村子养殖形态多种多样，不是一天就能调研完的。我花了一个月时间靠着打听问出路线图，然后顺着路线图去看实情、做记录，再进行分类比较、分析、归档。这些调研实践，让我掌握了调查研究的基本功。

采访组：听说您重点调研养鸡、养兔的情况，能和我们说说具体的调研和感受吗？

曹兵海：我接受的是有关养鸡、养兔情况的调研任务。这一个月，我每天早晨都是从家里骑着自行车去走乡串户，到晚上返回家里。打听好了谁家养鸡、养兔，有时候再问问如何养的，然后到人家家里先看鸡舍、兔舍是什么样子，再问养了多少只，养得如何？

经过调研，我更加深刻地体会到了"实践出真知"的道理，比如说养鸡，有的鸡舍用破砖砌成一个小笼子状，人即使蹲着也进不去，只能鸡进去，这算条件好的。有的人家住在村外，墙外面就是农地，早晨把鸡赶到地里，晚上鸡自己就回来了，要是丢了就去地里找。饲养的类型都要弄清楚，那时候我去调研都是画图的，真正有规模的养鸡是什么样的鸡舍，尺寸是多少，养了多少，喂的是什么，最后要算一笔经济账。因为习书记给我们动员时，强调了有些事情不要仅看些表面的东西，要看到事情背后都有一定的成因。比如说，你要知道他为什么盖这么大的鸡舍，为什么能养这么多只鸡？为什么不再多养？等等。不同的规模都有一个制约它的平衡点。习书记说：不要小看外面跑的一只鸡，一只鸡如果跑到地里吃了掉落在夏收麦田里的麦粒，鸡生成的肉没有饲料成本，但可能下的蛋不规律，下的蛋少。如果鸡是圈养的话，不让鸡出去，鸡吃的东西都要人工自己给，这个成本就高一点，但是鸡的产蛋多一点儿，长得快一点儿，在当时的价格下，这个养殖方法合适不合适？对于这些，习书记要我们用自己的专业知识去算明白这笔经济账。

再比如说，养兔子。有的家就盖两层兔舍，有一人高，跟小楼房似的。但是有的家就直接在地下挖个窖、打个井。兔子有个习性，就是生小兔子的时候要挖洞，它就跑到这个窖里面再打洞，一般打个几米远，把干草铺进去，把自己两排乳房的毛都撕下来做成窝，这样就成了产房。兔子生了小兔子之后，在洞里喂好奶，出来的时候就把洞用土堵上，等下次喂奶的时候，再去把土扒开，里面的空气能够保证小兔子的呼吸，小兔子是死不了的。等到兔子断了奶，大兔子就把小兔子领出来了。第二种方法比较"土"，但非常省钱，这就是民间的智慧。对这些实况我都仔细画了图，窖里面有多少个洞，我们都要趴下去看看有多少个眼。每一家有多少只兔子，有多少只母兔，挖多大直径的窖，有多大直径的洞，兔子一次生几只，小兔子出洞的时候有多长？长多大？出来后喂的是什么，多长时间卖？卖多少钱……都调研得清清楚楚。

这些兔子、鸡养成了都卖给谁呢？当时，也是我们的调研问题。由供销社到各个村里去收购，农民也可自己拿着兔子卖给供销社。那时候兔子不管肥瘦、不管大小，你想卖就随时能卖。其实兔子再喂喂再长长可能会卖更多的钱，但是有的人家急着用钱，就卖得早点儿，鸡、鸡蛋也是这样的，供销社的人走村串乡去收购，农民能及时获得资金。

习书记要求我们的任务不是专门的单一调研，而是要求我们延展视野做更宽广的社会调研。他说，调研中必要时甚至要掀开锅看看——人口有多少，锅有多大，吃的是什么,要对调研的家庭进行全面了解。调研期间,我们有时要到老乡家搭伙,习书记说,"你们吃人家的饭,一定要付钱""你们不能嫌弃人家的饭不好吃,因为他们就是那样吃的"。他们家的饭好坏,实际上与他们家养的鸡、兔是密切关联的,与他们家的收入是关联的,饭不好肯定收入少。

调研的一个月,我每天早晨都是骑着父亲的二八自行车带着馒头去,晚上回家整理一天看到和听到的内容,最后写成调研报告,这也是我学术生涯的第一份调研报告——《正定养鸡养兔产业调查报告》。现在看来,这份报告对正定县的发展未必有多大的作用,但对于我却是一个里程碑式的提升。习书记独到的视野、方法和分析问题的思维方式,对待下属和他眼中的"人才"所表达的格局与情怀,让我受用终身。

之后,调研报告用复写纸誊写了3份交给了畜牧局。听说畜牧局、农业局把我们20来个人的报告都给习书记看了,他看了之后挺高兴,就正定的农牧业发展与他们进行了讨论。我的调研报告,可能是因为图文并茂,比较生动,还得到了习书记的表扬。

采访组: 通过这次与习近平同志的工作接触,您有什么感受?

曹兵海: 第一感受是"实"。我感觉习书记是这样一个人:对事情不看表面,看实实在在的效果。对于我们的调研,他是一个要"干货"的人。他要求我们"老老实实地调研,在调研中提高自己","调研报告要写得'实实在在'——不要写赞美的话,多写政府部门没掌握的情况和哪些方面需要改进"。习书记在正定工作期间说得少、做得多,一心一意求发展。他把求发展变成了真正地做事、真正地解决问题。

第二个感受是"韧"。我们当时就从习书记身上感受到了一种内在的韧劲和坚持,我觉得这是他的性格。我非常能理解他现在所说的"以壮士断腕的勇气、凤凰涅槃的决心,把改革进行到底",所要表达的"我将无我,不负人民"的崇高追求和伟大情怀。

第三个感受是习书记很善于做青年学生的工作。习书记给我们做动员,是一次启发式动员。他只是给方向,不给画框,不给答案。他给我们提出可能遇到的困难,比如,"怎么让农户喜欢并配合你的调研就看自己的本事啦",一语点醒梦中人。他深知农村情况复杂,看问题不能眉毛胡子不分,不能以偏概全。针对我们这帮正在读大学的青涩"马驹子",习书记的教育方法很是灵验,充分发挥了我们每个人的主观能动性。这个过程给了我们自主和自信,既有压力又有动力,是我们对自己认识的一次升华。后来我当了老师,越发感到他的启发的宝贵。

第四个感受是习书记很有战略眼光和科学精神。多年以后,我才悟出习书记让我们返乡调研的深意。他要抓正定的农业和农村工作,不拍脑门决策,需要得到农村最真实、第一手的信息。我们农大的学生大多来自农村,到大学受过一些教育后,再回来看问题的角度就不一样了。让大学生返乡调研,既给我们提供了锻炼的机会,又能给县里决策提供可靠的信息。那个时候,刚刚30岁出头的他就表现出了这样的战略思维和稳健的工作方法。

采访组: 习近平同志带领并指导您进行农村调研,对您现在的工作产生了怎样的影响?

曹兵海: 影响非常大。习书记带着我们做调研,一方面我自己对畜牧特别是养鸡养兔了解得更多了，专业知识水平得到了提高，调研的方法、思考的逻辑都有提升；另一方面，习书记实干、坚韧、科学的作风让我印象深刻，这对我之后做人、做事、做学问影响很大。

我担任了全国肉牛牦牛产业技术体系的首席科学家之后，经常和体系里的专家们交流，要形成一种理念——做事要实。我们专家和企业打交道，你说得再好，你技术再高，有这个奖那个奖的，放到企业去，牛不长肉，企业就不会用。企业是要赚钱的，企业也是要"干货"的。我就总和体系里的专家说，别吹得那么好，只有企业用的技术，才是好技术。

记得我们曾到新疆塔城的一个屠宰场去参观，厂长把刚杀好的牛肉给我看，让我评价一下这个肉怎么样。我说，这个肉看着很不错，其实很一般，因为牛没养好。当时我说，你这个牛在去年的时候曾经缺过饲料，牛没吃好所以肉就没长好。如果吃好了吃够了，这块肌肉应该是多大面积什么形状。牛身上能赚钱的肉有110块，哪个月没吃好，相应的肉都会有所反映。每一块肌肉从小到大，都有它的发育最盛期，在最盛期缺了饲料，后面再怎么补也是补不回来的。所以，从这头牛的年龄往前推，就应该是去年缺的饲料。这个厂长不信，当时就问下面养牛的人，结果人家说，去年塔城干旱，农作物旱得差不多了，牛就没有吃够。

采访组： 您觉得您当年做农村调研的经历，对现在的大学生来说有什么借鉴意义呢？

曹兵海： 我现在带着不少的硕士生博士生，就是本着习书记当年对我们务实求真的要求，以身教为先，力求把他们培养成为现代社会需要的复合型人才。

我们有自己的养牛场，大牛、小牛、母牛都有。育牛的全过程学生都要参加，牛病了要学着给牛看病，牛要配种要学着给牛配种，接生也要学，牛栏坏了要修牛栏，完完全全置身在一个养牛的世界。牛要吃的玉米饲料，一头牛一天吃多少，牛场的租金是多少，养一头牛一天多少成本，学生们要自己算一笔经济账，让学生想办法降低成本，学生完全在实战中学习。你不实实在在的，牛会告诉你，你欺骗我了，我就不好好长肉了。

我也经常去，大年三十我就住在牛场，和留守的两三个学生一起把全牛场的粪都清出去，堆得像小山似的；夏天要是没有女生，我就穿着大裤衩子、光着膀子、戴个草帽、穿着破凉鞋和学生一起干。当地的农民说，谁都不会认为你是大博士、大教授。

虽然比较辛苦，但在这种实战的环境下，学生学到了真正能应用于实际的知识和技能。有一个博士生，从小牛到长大，到杀牛、分割、餐饮，全程都参与了，博士毕业后就到首农当了肉牛的一把手；有一个硕士生，一个企业出年薪120万聘用他，但他没去，而是自己一毕业就创办了肉牛公司，他希望带动更多的养牛户脱贫致富。

当初习书记带领我做社会调研，再加上自己后来的成长，总的来说就是要求实求真，做调研要求实求真，做学问要求实求真，做人做事都要求实求真，我希望现在的一些学生能够自觉扭转追求名利的思想，实实在在地去学习和实践。

采访组： 听说你们当年一起聆听习近平同志来信的1984届至1987届河北农业大学

正定籍的51名大学生中有26名回到正定工作，您能谈谈这封信对大家成长的影响吗？

曹兵海：这封信对我们的影响肯定是很大的，当时我也想回正定，但因为我日语好，学校希望我留校到图书馆情报部工作，负责搜集各个国家的农业信息，所以我就只好留校工做了。

首先，这封信就像一股暖流，在每个人心里涌动，一方面是县里各项工作大发展引发了我们由衷的自豪，激发了我们毕业后投身家乡建设的愿望；另一方面从习书记的这封信里，我们看到了县里对大学生的迫切需求，真心觉得回去是大有可为的。听说有非正定籍的学生听闻这件事后，说："你们真好，有这样的县委书记，我们也想到你们那儿工作。"

其次，得益于习书记的"人才经"。习书记在正定时倡导建立"人才账"、建"人才楼"，聘请专家学者给正定当顾问，推出"内用、外招、上请、下挖、近补、远育"等一系列举措，打开了人才开发工作的新局面。在河北农大读书时，我就听说过正定县破格录用农民黄春生为国家干部的"新闻"，黄春生因刻苦钻研培育出优种"冀棉2号"，被正定县评为助理农艺师，并安排到县农科站工作。

说到习书记重视人才，我印象最深的一个故事是"习书记夜寻武宝信"。习书记曾亲自起草了一个正定"人才九条"刊登在《河北日报》上，当时石家庄车床附件厂的工程师武宝信看到新闻后，就给习书记写了信，信里说愿意到正定来工作。听说当时习书记收到信就很晚了，但是他连夜就赶到了石家庄去找武宝信。虽然习书记知道武宝信住在哪个小区，但到底住在哪栋楼是不清楚的。他当时和县长程宝怀一起去找，逢人就打听，听说打听到10点多了还没找到。程县长和习书记说："算了吧，今天找不着，明天再说吧！"习书记说："不行，今天必须找到武宝信。我从南往北喊，你从东往西喊。"他们俩就在小区里扯开嗓子喊"武宝信""武宝信"，后来武宝信终于听到了喊声，从楼里走了出来。习书记和他座谈了很久，最后把武宝信的项目落户在正定，听说投产不到一年，就实现纯利润30万元。这件事给我的触动很大，我想我要是县委书记肯定做不到，多没面子啊！习书记真正是为了正定的发展，内心装着"为人民谋事""为正定求才"的想法，丢掉了所谓的"架子""面子"，为正定办实事、办好事。我们许多同学后来都回到正定工作，我想这也是受到习书记和县委重视人才这种氛围的感召吧。

第三，习书记邀请同学们返乡做社会实践的实战经历对大家的影响比较大。不少同学在村里面看到十来年的果树，在旺果期都不结果子而是疯长，乡亲们却不知道是什么原因，不会修剪果树，也没有修剪的技术。当时在学校的老师还有临近毕业的学生都已经掌握了这些技术，如果回去的话，解决果树不结果的问题不是一件难事，但是这却是乡亲们面临的一个大难题。社会实践对大家的思想触动比较大，同学们认识到农村需要知识，需要人才，认识到应该到最需要我们的地方去，去实现我们农业大学生的价值。

我认为，基于以上几个原因，那几届河北农大的正定籍同学返回家乡工作的比例非常高。据初步统计，1984届至1987届河北农业大学正定籍的大学生一共有51名，后来有26名回到正定工作，他们大多是所到部门分到的首位大学生，他们所学更是涵盖了农学、农经、农机、牧医、植保、园艺等各个专业，如今大都在当地农业、畜牧、林业等一线部门独当一面。他们当中，走出了多位石家庄市、河北省乃至全国的专家。比如，河北省农业厅总兽医师冯雪领、石家庄植保站站长李润需、正定县委常委祁立广、植保专家王金凤、小麦专家仝建伟等。

（资料来源：本书编写组. 习近平与大学生朋友们［M］. 北京：中国青年出版社，2020：1-25）

☞【实践调查写作范文一】

高校贫困生感戴与自尊关系调查研究
——基于福州地区五所高校的实证分析

海洋与生化工程学院　2015级应用化学
118××××××　戴思颖　指导教师：陈飞

摘　要：为了解高校贫困生的感戴现状，并进一步探究其与自尊的关系，选取福州地区五所高校1000名在校贫困生作为研究对象，采用马云献等（2004）编制的大学生感戴量表与罗森伯格（Rosenberg, 1965）编制的自尊量表（SES）进行问卷调查，并对数据进行相关分析和回归分析。结果显示高校贫困生感戴总均分较高；理工类贫困生的感戴总分显著高于文史类和艺术类贫困生；贫困生感戴总分及其各维度与自尊存在显著正相关；自尊对感戴具有显著的正向预测作用，感戴对自尊同样具有显著的正向预测作用。高校贫困生的感戴与自尊关系密切，相辅相成。

关键词：感戴；自尊；高校；贫困生

感戴（gratitude），作为一种积极向上的情绪体验，有感激、感恩、爱戴的意思，是在自己感受或获得他人的帮助后而产生的一种感激爱戴之情和回报他人之行。[1]作为高校贫困生，当得到帮助时，他们是否会有感激之情和回报之行，这正是我们一直想探究的一个问题。自尊（self-esteem）指个体对自我的价值、能力、优势和重要性的评价与情感体验，是反映个体心理健康水平的重要指标之一。对于高校贫困生来说，自尊是一个非常重要的心理因素，会对其心理和行为产生重要的影响，因此，在高校的教育管理过程中，都很重视对贫困生自尊的培养。本文借鉴前人有关研究结果，选取福州地区五所高校共1000名在校贫困生作为研究对象，了解高校贫困生的感戴现状，考察高校贫困生感戴与自尊之间的关系，借以评估高校贫困生自尊的培养对其感戴生成与提高的价值与意义，为更好开展高校贫困生心理健康教育和思想政治教育工作提供科学依据。

一、方法

（一）研究对象

本研究选取福州地区福建师范大学、福建中医药大学、福建工程学院、闽江学院、福建师范大学福清分校等5所高校共1000名在校贫困生作为研究对象。共发放问卷

1000份,其中有效问卷943份,回收率为94.3%,样本的具体分布如表1所示:

表1 样本分布情况

性别		民族		是否独生		生源		科别			政治面貌		年级			
男	女	汉	少	独	非	城镇	农村	理工	文史	艺术	党员	团员	大一	大二	大三	大四
343	600	896	47	205	738	272	671	449	372	122	352	591	158	244	250	291

(二) 研究工具

1. 大学生感戴量表[2]

采用国内学者马云献与扈岩(2004)基于麦卡洛(McCullough)的感戴层面理论所制量表,分成4个维度:感戴深度、感戴频度、感戴广度和感戴密度。深度量表主要反映个体对诱发感戴的生活事件体验到的强度程度;频度量表主要反映个体体验到感戴的次数和频率;广度量表主要反映诱发个体感戴的生活事件层面的数量;密度量表主要反映个体在某个诱发感戴的生活事件上表示感激的对象数量。正式量表包含14个题目,其中有4个反向计分题,采用5点计分法,"完全不同意"记1分,"完全同意"记5分。该量表信效度良好,在感戴研究领域得到了较多的应用。本研究中,其内部一致性信度系数为0.83。

2. 自尊量表[3]

为评定青少年对自我价值的感受和自我接纳程度,罗森伯格(1965)编制了自尊量表(the self-esteem scale,SES),共包含10个题目,采用4点计分法,"非常符合"记1分,"很不符合"记4分,总分越高,自尊程度越高。该量表经广泛应用,公认具有良好的信效度,简明且易于评分。本研究中,其内部一致性信度系数为0.74。

(三) 数据处理

问卷进行回收、筛选、录入、校对后,采用SPSS 22.0软件进行处理,数据处理方法主要是独立样本t检验、方差分析、相关分析和回归分析。

二、结果

(一) 高校贫困生感戴现状

高校贫困生感戴总体得分在49.96~64.77之间,总体平均分为57.37,4个维度的平均得分由高到低依次为感戴密度、感戴广度、感戴深度和感戴频度。参照理论中值法,大学生感戴量表采用的是5点计分法,因此单个项目的理论中值为3分,计算出各维度的理论中值,并以此为标准,发现感戴总体均分显著高于理论中值($t=63.75^{***}$),4个维度的平均得分也均显著高于理论中值($t=45.19^{***}$~70.03^{***})(见表2)。

表2 高校贫困生感戴及各维度分布($M\pm SD$)

维度	感戴深度	感戴频度	感戴广度	感戴密度	感戴总分
平均数+标准差($M\pm SD$)	12.54±2.10	12.01±2.05	13.00±1.76	19.81±3.25	57.37±7.40
t	51.73***	45.19***	70.03***	45.50***	63.75***

注:***表示$p<0.001$。

(二) 高校贫困生感戴的差异检验

通过独立样本 t 检验和方差分析，探讨不同性别、民族、是否独生、生源、政治面貌、科别、年级和学院的高校贫困生感戴情况。结果发现：

第一，不同性别、是否独生、年级、生源、科别的高校贫困生在感戴总分及 4 个维度上均未存在显著的统计学差异；

第二，不同政治面貌在"感戴深度"这一维度上差异显著（$t=-2.07^*$），贫困生中党员的得分（12.36 ± 2.28）显著低于团员（12.65 ± 1.99）；

第三，除了"感戴广度"这一维度外，不同科别在感戴总分及其他 3 个维度上均存在显著差异，感戴总分由高到低依次为理工类大学生、文史类大学生和艺术类大学生（$F=5.36^{**}$），如表 3 所示：

表 3 高校贫困生感戴的差异检验（$M\pm SD$）

维度	科别			F	多重比较
	理工	文史	艺术		
感戴深度	12.76±1.84	12.45±2.28	12.03±2.37	6.39**	文史＜理工* 艺术＜理工**
感戴频度	12.04±1.99	12.13±2.06	11.50±2.15	4.574*	艺术＜理工** 艺术＜文史**
感戴广度	13.08±1.71	13.01±1.81	12.70±1.72	2.28	
感戴密度	20.01±3.07	19.77±3.48	19.20±3.09	3.06*	艺术＜理工*
感戴总分	57.89±6.76	57.37±7.95	55.43±7.67	5.36**	艺术＜理工** 艺术＜文史*

注：* 表示 $p<0.05$，** 表示 $p<0.01$。

(三) 高校贫困生感戴与自尊的相关分析

通过相关分析，探究高校贫困生的感戴与自尊之间的关系，结果表明，感戴总分及其各维度与自尊总分存在显著正相关，相关系数在 0.40~0.57 之间（见表 4）：

表 4 感戴及其各维度与自尊的相关（r）

	感戴深度	感戴频度	感戴广度	感戴密度	感戴总分
自尊总分	.45***	.43***	.40***	.53***	.57***

注：*** 表示 $p<0.001$。

(四) 高校贫困生感戴与自尊的回归分析

通过线性回归分析，进一步探究高校贫困生的感戴与自尊之间的关系。以自尊总分为自变量，感戴总分为因变量，建立回归方程为 $y=a+bx$，采用强迫进入法进行回归分析，反之亦然。结果表明，自尊对感戴具有显著的正向预测作用，感戴对自尊同样具有显著的正向预测作用，回归系数均为 0.57（见表 5）。

表5 自尊与感戴的回归分析

因变量	自变量	R^2	Adjusted R^2	F	P	B	Beta	t	P
感戴总分	自尊总分	.33	.33	456.11	.000	1.02	.57	21.36	.000
自尊总分	感戴总分	.33	.33	456.11	.000	.32	.57	21.36	.000

三、讨论

本研究结果显示，高校贫困生感戴得分最高分为64.77分，最低分49.96分，可知高校贫困生在感戴方面还是存在一些差异。但从总体上来看，高校贫困生感戴总体平均分为57.37，处于中等偏上水平，说明高校贫困生总体感戴情况良好。究其原因主要是贫困生家庭经济条件不好，他们渴求通过学习改变自己的命运，他们也比其他同学更加珍惜学习的机会，对于家人能够支持他们上大学心存感激，对于国家和社会为贫困生提供奖、助、贷、勤、补、减等多元化资助政策，帮助他们顺利完成大学学业，也心存感恩。这些感激和感恩的情感，作为一种积极向上的正能量，促进了其感戴水平的提高。

不同科别贫困生在感戴总分及感戴深度、感戴频度、感戴密度这三个维度上均存在显著差异，感戴总分由高到低依次为理工类、文史类和艺术类。这可能是理工类的贫困生在校学习的过程要经常分组讨论和做实验，完成这一过程，既需要小组成员之间的精诚合作，也需要专业老师的精心指导和帮助，因为经常会得到帮助，所以自然心生感激。而文史类和艺术类贫困生，都属于文科类学生，相对于理工类学生而言，他们在校学习相对自由和独立，很多的学习依靠的是自己，只要通过自己的勤奋刻苦和努力拼搏，就有可能取得较好的成绩，因此他们较少进行团队合作，获得别人帮助的机会也较少，在一定程度上也影响了其感戴的水平。

本研究表明，高校贫困生的自尊与感戴关系密切。一方面，贫困生自尊能够显著正向预测感戴。自尊水平较高的贫困生，对自我的价值、能力和优势持肯定态度[4]，而这种肯定离不开来自周围老师、同学和朋友的支持、认可和帮助。他们在得到他人帮助和认可后，会更大程度激发其感戴之情来回馈他人及社会，因此高自尊的贫困生有着较高的感戴。另一方面，感戴也能显著正向高预测自尊。感戴水平较高的贫困生在生活和学习中更加懂得感激、感恩，他们的社交网络会越来越大，认可他们的老师、同学和朋友也会越来越多。在人际交往过程中，高感戴的贫困生会不断得到他人的认可和肯定，他们会更加积极地看待自己，更加相信自身的实力，其自身各方面的能力会得到进一步加强和提升，最终自我价值也会不断得到实现，这样反过来又提高其自尊水平。

四、对策和建议

高校贫困生是大学生中最弱势的一个群体，也是最需要关照和服务的一个群体。他们不仅需要经济上的帮助，更需要精神上的鼓励和支持。高校要更加重视贫困生的心理健康教育和引导：一是鼓励参加活动，提升贫困生的自我认同。通过开展丰富多彩的心理健康教育活动和户外心理素质拓展活动，引导贫困生正确认识自我、肯定自我，提升自我的认同感。二是积极创造平台，实现贫困生的自我价值。想方设法积极创造机会，让贫困生能够参与学校各级党团学组织和社团协会的学生工作，让他们主动承担更大的责任，在工作中引导他们、培养他们，让他们在工作中服务学校、服务师生，在工作中锻炼能力、提升水平，在工作中获得肯定、得到认可，在工作中实现价值、提升自尊水平。

感戴是一种美德，也是一种素养，更是一种力量。高校要更加重视贫困生的感恩教育，加强顶层设计，把感恩教育融入学校的教学、管理和服务工作全过程，通过感恩教育提升贫困生的思想水平和道德品质，使贫困生真正成长为"德才兼备、全面发展"的国家栋梁。精心组织设计，通过开展形式多样、内容丰富、寓教于乐的感恩主题教育活动，让贫困生在活动中认知感恩、内化感恩、践行感恩，让感恩入心入脑，并成为自己生活的习惯。用心教育引导，通过一线辅导员的言传身教和朋辈同学的相互影响，引导贫困生学会"感恩于心，回报于行"[5]，立志勤奋学习，用知识改变命运，用行动回报家人、回报老师、回报学校、回报社会。

【参考文献】

[1] 舒亚丽，沐守宽. 大学生感恩和幸福感的关系：自尊的中介作用 [J]. 牡丹江大学学报，2014，23（2）：171-174.

[2] 马云献，扈岩. 大学生感戴量表的初步编制 [J]. 中国健康心理学杂志，2004（5）：387-389.

[3] 汪向东，王希林，马弘，等. 心理卫生评定量表手册（增订版）[M]. 北京：中国心理卫生杂志社，1999：318-320.

[4] 雷榕. 自尊在军校大学生感戴与亲社会行为间的中介作用 [J]. 武警工程大学学报，2013（6）：63-68.

[5] 陈飞. 同享阳光 共担风雨：一位高校辅导员的工作感悟 [M]. 青岛：中国海洋大学出版社，2013：87.

【附件】

高校贫困生感戴与自尊关系调查问卷

亲爱的同学：

您好！本次调查主要是为了了解高校贫困生的感戴现状，并进一步探究其与自尊的关系，选项没有标准答案，没有对错好坏之分，请您根据自己的真实感受作答，并在符合和认同的项目上打"√"，请勿遗漏。本次调查采取不记名方式，仅作为调查研究之用，资料绝对保密，请您放心填写。感谢您的参与和支持！

思想政治理论课社会实践调研小组

2016 年 7 月

第一部分：个人基本信息

性别	①男	②女	专业			
民族	①汉族	②少数民族	科别	①理工	②文史	③文体艺术
是否独生子女	①是	②否	籍贯	（如：福建福州）		
是否学生干部	①是	②否	生源地	①城市	②乡镇	③农村
政治面貌	①党员	②团员	年级	①大一	②大二	③大三 ④大四

第二部分：大学生感戴量表

编号	题　目	完全不同意	不同意	介于不同意与同意之间	同意	完全同意
1	取得学业上的进步，我要感谢我的父母、老师、同学以及其他人的帮助。	1	2	3	4	5
2	他人的帮助会使我感激不尽，总想在日后给予回报。	1	2	3	4	5
3	一想到现在拥有的一切（家庭、学业、健康……），我内心充满了感恩之情。	1	2	3	4	5
4	生活中使我感激的事情非常多。	1	2	3	4	5
5	这个世界已经没有多少让我感激的事情了。	1	2	3	4	5
6	受人滴水之恩，应当涌泉相报。	1	2	3	4	5
7	随着年龄的增长，我学会了对周围的人和事以及伴我成长的环境表示感恩之情。	1	2	3	4	5
8	有很长一段时间我对周围的一切感觉很冷漠。	1	2	3	4	5
9	考上大学主要是我自身努力的结果，与他人关系不大。	1	2	3	4	5
10	以前他人对我的帮助，很多我已经不记得了。	1	2	3	4	5
11	和一般人相比，我是一个更加容易感动的人。	1	2	3	4	5
12	每天都会有很多使我感激的事情发生。	1	2	3	4	5
13	我感激生活给予我许多美好的东西。	1	2	3	4	5
14	我拥有珍贵的亲情、友情和恋情，对此我表示感激。	1	2	3	4	5

第三部分：自尊量表

编号	题目	非常不符	不符	符合	非常符合
1	我感到我是一个有价值的人，至少与其他人在同一水平上。	1	2	3	4
2	我感到我有许多好的品质。	1	2	3	4
3	归根结底，我倾向于觉得自己是一个失败者。	1	2	3	4
4	我能像大多数人一样把事情做好。	1	2	3	4
5	我感到自己值得自豪的地方不多。	1	2	3	4
6	我对自己持肯定态度。	1	2	3	4
7	总的来说，我对自己是满意的。	1	2	3	4
8	我希望我能为自己赢得更多尊重。	1	2	3	4
9	我确实时常感到自己毫无用处。	1	2	3	4
10	我时常认为自己一无是处。	1	2	3	4

☞ **【实践调查写作范文二】**

高校贫困生主观幸福感的调查研究
——以在榕五所高校为例

经济与管理学院　2015级金融学　118××××××　林丽娟
文化传媒与法律学院　2016级广播电视学　118××××××　杨君涵
指导教师：陈飞

摘　要：为了探析高校贫困生主观幸福感现状，本文采用总体幸福感量表（GWBS），选取在榕高校1000名大学生进行问卷调查。通过调查我们得出以下结论：（1）当前我国高校贫困生总体幸福感水平中等偏上；（2）但文史类专业贫困生显著较低，大一贫困生显著较高，而大四贫困生显著较低。高校应该根据贫困生个体的不同特点，从不同的角度和层次制定符合实际情况的策略、方针来提升高校贫困生的主观幸福感。

关键词：主观幸福感；贫困生；高校；调查；满意度

1　引言

　　近年来，党和政府出台了一系列的资助政策和措施，不断建立健全高等学校家庭经济困难学生资助政策体系。目前我国已建立了奖、助、贷、勤、补、免等多元化资助政策体系，为家庭经济困难的学生接受高等教育提供经济支持，帮助他们顺利进入大学并完成学业。党和政府高度重视家庭经济困难学生的资助工作，高校学生咨询政策体系日益完善，高校贫困生获得资助的人数增多，社会整体的资助力度增大。在这样的一个时代背景下,高校贫困生可以获得来自国家、学校等社会各界的支持和帮助。身处在这样的时代背景下高校贫困生的心理感受如何?他们是否感受到幸福?他们的幸福感是否得到了提升?这里所说的幸福感主要是指主观幸福,是个体依据其自己制定的标准,对其生活质量做出的一种整体评价。本项目研究想通过问卷调查,了解高校贫困生的主观幸福感现状,这不仅将有助于更好地掌握当前受助贫困生的思想状况和心理状态,也为有针对性地提升高校贫困生的主观幸福感提供理论依据。

2 研究方法

2.1 研究对象

选取在榕5所高校1000名贫困生进行调查,共发放正式问卷1000人,收回问卷976人,其中,男生300人,女生676人;在民族上,有929人是汉族,47人是少数民族;213位是属于独生子女,763位属于非独生子女;436位理工生,420位文史生,120位文体艺术生;按年级划分,大一学生189名,大二学生223名,大三学生280名,大四学生284名;516名是学生干部,460名是非学生干部;从政治面貌上看,有107位党员,195位积极分子,674位团员;在生源地方面,264位来自城镇,712位来自农村;在籍贯上,省内学生709名,省外学生267名。

2.2 研究工具

总体幸福感量表(General Well-Being Schedule,GWBS)是在1977年由国外学者法齐奥(Fazio)编制的,主要用于测量个体对自我幸福的主观体验和感受。在1996年,国内学者段建华根据法齐奥编制的总体幸福感量表修订了新量表。新量表共有6个维度,分别是对健康的担心、精力、对生活的满足和兴趣、忧郁或愉快的心境、对情感和行为的控制、松弛与紧张,该量表一共有33个项目,具有良好的信效度(性信度为0.740),在国内外教育的各领域运用非常广泛。

2.3 研究程序和数据处理

调查选择在榕的5所高校,通过抽样调查的方式,对贫困生进行问卷测试,要求调查对象根据本人意愿真实地、独立地完成测验。调查对象完成问卷测试后统一赠送纪念品一份,以表感谢。对问卷调查的结果,我们进行统一整理,并采用SPSS 13.0软件进行数据处理。

3 研究结果

3.1 高校贫困生主观幸福感的总体情况

总体幸福感量表得分越高,幸福度越高。各维度项目均分由高到低依次是:"精力""忧郁或愉快的心境""对情感和行为的控制""松弛与紧张""对健康的担心""对生活的满足和兴趣"。对比该量表常模,前18个项目平均得分在男性为75分,在女性为71分,结果表明:高校贫困生主观幸福感总体均分为112.261分,前18个项目均分为77.488分,其中男生均分为78.431分,显著高于常模($t=6.281^{***}$),女生均分为77.070分,显著高于常模($t=15.639^{***}$),详见表1、表2。

表 1 受助大学生主观幸福感的总体情况

维度	M	SD	项目 M	项目 SD
对健康的担心	14.248	2.813	2.938	.552
精力	14.731	3.134	4.983	1.118
对生活的满足和兴趣	17.480	1.800	2.591	.351
忧郁或愉快的心境	32.214	4.775	4.123	.693
对情感和行为的控制	17.828	2.157	3.654	.519
松弛与紧张	16.310	3.165	3.350	.721
主观幸福感总分	112.261	10.990	3.509	.440

表 2 前 18 个项目平均得分与常模对比分析

得分	M	SD	常模 M	常模 SD	t
男生平均得分	78.431	9.265	75.11	15.11	6.391***
女生平均得分	77.070	10.089	71.11	18.11	15.639***
平均得分	77.488	9.859			

注：* 表示 $p<0.05$，** 表示 $p<0.01$，*** 表示 $p<0.001$（下同）。

3.2 高校贫困生主观幸福感在人口学变量上的差异比较

3.2.1 主观幸福感在性别、民族、独生子女、生源地、学生干部上的差异比较

高校贫困生的主观幸福感总分及各维度得分在男女生上均无显著差异；在对情感和行为的控制这一维度上少数民族贫困生的得分显著高于汉族贫困生；独生贫困生的主观幸福感总分显著高于非独生贫困生，而在精力这一维度上独生贫困生的得分则显著低于非独生贫困生；在主观幸福感总分及忧郁或愉快的心境、对情感和行为的控制这两个维度上，城镇贫困生的得分显著低于农村贫困生；学生干部贫困生的总体幸福感总分及忧郁或愉快的心境这一维度的得分显著高于非学生干部贫困生（详见表3）。

表 3 主观幸福感在性别、民族、独生子女、生源地、学生干部上的差异检验($M\pm SD$)

项目	对健康的担心	精力	对生活的满足和兴趣	忧郁或愉快的心境	对情感和行为的控制	松弛与紧张	主观幸福感总分
性别							
男	14.203±2.810	14.933±3.234	17.440±1.820	32.553±4.632	17.817±2.105	16.923±3.144	113.320±10.343
女	14.268±2.816	14.641±3.086	17.498±1.791	32.063±4.833	17.833±2.180	16.038±3.138	111.791±11.239
t	−.456	1.504	−.501	1.627	−.228	4.325	2.140

续表

项目	对健康的担心	精力	对生活的满足和兴趣	忧郁或愉快的心境	对情感和行为的控制	松弛与紧张	主观幸福感总分
民族							
汉族	14.230±2.793	14.713±3.144	17.466±1.807	32.182±4.811	17.822±2.179	16.340±3.177	112.203±11.036
少数民族	14.621±3.195	15.089±2.935	17.748±1.648	32.833±3.998	17.961±1.670	15.706±2.890	113.408±10.073
t	−1.078	−.941	−1.226	−1.044	−.566*	1.500	−.851
独生子女							
是	14.124±2.897	14.673±3.599	17.472±1.881	32.425±5.129	18.091±2.057	16.312±3.398	112.547±12.409
否	14.283±2.790	14.747±2.993	17.482±1.777	32.155±4.673	17.755±2.179	16.309±3.099	112.181±10.566
t	−.868	−.424***	−.192	.857	2.235	.121	.544**
生源地							
城镇	14.140±2.942	14.265±3.066	17.409±1.892	31.792±5.188	17.710±2.310	16.049±3.297	111.826±12.712
农村	14.288±2.765	14.904±3.142	17.506±1.765	32.370±4.606	17.868±2.0971.097	16.406±3.111	112.793±10.235
t	−.870	−3.051	−.905	−1.831*	−1.118*	−1.733	−2.625***
学生干部							
是	14.215±2.794	14.988±3.206	17.614±1.824	32.554±4.946	17.899±2.182	16.286±3.121	113.005±11.469
否	14.286±2.837	14.443±3.026	17.330±1.761	31.832±4.550	17.749±2.126	16.336±3.218	111.425±10.374
t	−.522	2.932	2.742	2.530*	1.250	−.364	2.380*

3.2.2 主观幸福感在专业科别和年级上的差异比较

在科别上，高校贫困生的主观幸福感总分及精力、松弛与紧张这两个维度上存在不同程度的显著差异。多重比较后发现：文史类贫困生的主观幸福感总分显著低于理工类贫困生。其中，文史类贫困生的精力得分显著低于理工类贫困生；且文史类贫困生的松弛与紧张得分显著低于理工类和艺术类贫困生。

在年级上，除了对健康的担心这一维度外，高校贫困生的主观幸福感总分及其他各维度均存在不同程度的显著差异。多重比较后发现：大一贫困生的主观幸福感总分显著高于大二和大四贫困生；大四贫困生的主观幸福感总分显著低于大一和大三贫困生。其中，大一和大三贫困生的精力得分显著高于大四贫困生；大一贫困生对生活的满足和兴趣得分显著高于大四贫困生；在忧郁或愉快的心境维度上，大一贫困生得分显著高于大二和大四贫困生，大三贫困生得分也显著高于大二和大四贫困生；大四贫困生对情感和行为的控制得分显著低于其他三个年级；大一和大三贫困生松弛与紧张的得分显著高于大四贫困生（详见表4）。

表4 主观幸福感在科别、年级上的差异检验($M \pm SD$)

项目	对健康的担心	精力	对生活的满足和兴趣	忧郁或愉快的心境	对情感和行为的控制	松弛与紧张	主观幸福感总分
科别							
理工类①	14.399±2.694	15.046±3.077	17.491±1.792	32.372±4.784	17.920±2.111	16.709±3.016	113.385±10.379
文史类②	14.153±2.896	14.346±3.328	17.486±1.776	32.003±4.793	17.772±2.160	15.798±3.216	111.008±11.312
艺术类③	14.035±2.933	14.935±3.229	17.418±1.919	32.377±4.689	17.693±2.308	16.652±3.277	112.560±11.608
F	1.424	6.219**	.201	.861	.964	10.669***	5.315**
多重比较		①>②**				①>②*** ③>②***	①>②**
年级							
大一①	14.205±2.891	15.020±3.389	17.681±1.616	33.073±4.769	18.068±2.034	16.491±2.939	113.988±10.429
大二②	14.267±2.612	14.67±3.076	17.357±1.833	31.760±4.729	17.899±2.167	16.334±3.277	111.742±11.135
大三③	14.371±2.974	14.978±3.018	17.578±1.786	32.585±4.943	17.903±2.147	16.581±3.199	113.446±11.256
大四④	14.142±2.758	14.339±3.083	17.346±1.889	31.631±4.544	17.540±2.215	15.902±3.161	110.349±10.691
F	.467	2.941*	2.319	5.077**	3.087*	2.772*	5.983**
多重比较		①>④* ③>④*	①>④*	①>②** ①>④** ②<③* ③>④*	①>④**	①>④* ②>④** ③>④**	①>②* ①>④*** ③>④*

4 分析与讨论

4.1 高校贫困生主观幸福感的总体分析

通过研究分析得出的结论是：高校贫困生的主观幸福感总体水平均为中等偏上。这与以往调查研究的结论基本符合，各维度项目均分由高到低依次是："精力""忧郁或愉快的心境""对情感和行为的控制""松弛与紧张""对健康的担心""对生活的满足和兴趣"。由此可以得出受助的高校贫困生日常生活中精神饱满，心情总体上较为乐观，较少担心身体健康状况，能够调控自己不良的情绪和行为。上述的特征有利于促进大学生身心健康的发展。社会经济发展水平的不断提高，大大改善了人们的生活条件和生活质量，使人民的物质和精神需求能够得到有效的满足，人们的生活满意度提高后，更高的生活需要也随之出现。

4.2 高校贫困生主观幸福感在人口学变量上的差异分析

高校贫困生属于同质性群体，其主观幸福感，尤其是各个维度的得分在诸多人口学变量上的差异虽不明显，但仍存在局部的差异。

少数民族贫困生在对情感和行为的控制这一维度上的得分显著高于汉族贫困生。少数民族学生离开原本熟悉的生活环境，到了以汉族学生居多的高校学习生活，通过调整自己的行为习惯来融入新的生活环境。少数民族的贫困生大部分来自偏远的地区，日常比较注意表达自己的情绪和感情。言行的表现更加谨慎，自我控制能力相对较好。

独生贫困生的主观幸福感总分显著高于非独生贫困生，但是精力这一维度显著低于非独生贫困生。已有研究表明：家庭环境和家庭氛围对青少年主观幸福感影响显著。独生子女家庭构成单一，因此独生子女享有整个家庭中独特的关怀。相对而言，独生子女在家庭中获得的关心、帮助和支持要高于非独生子女。独生子女家庭成员之间的不稳定情绪和矛盾相对较少。因此独生贫困生的主观幸福感较高。独生子女普遍在以自我为中心的模式下成长，初次离开家庭的呵护来到陌生的学校，接连经历了生活环境的改变、集体宿舍的磨合、军训的考验、学习方式的适应等，在精力上的消耗要高于非独生子女，不过对新的生活环境有更强的适应能力，能更快地融入新的环境。

城镇贫困生的主观幸福感总分及忧郁或愉快的心境、对情感和行为的控制这两个维度得分显著低于农村贫困生。我国城市发展水平高于农村，在我国现阶段，城乡发展差异主要表现在经济、医疗、教育等方面。城镇贫困生与农村贫困生主观幸福感中的个别维度的差异与城乡发展差距呈负相关。在贫困生群体中，生活在城镇中的贫困生获得的经济资源、社会公共服务条件明显优于生活在农村的贫困生。但城镇中的贫困生群体和其他群体的差距更大，生活的压力大于农村的贫困生群体，所以主观幸福感相对较低，长期的压力难以让贫困生群体感受到身心愉悦。农村贫困生家庭大体可以分为两类：一类是父母在家务农，一类是父母常年在外地打工。两类家庭的孩子都具有共同的优秀人格。在青少年时期，家庭困难的经济条件要求农村的贫困生必须走向独立自主的生活，自立自强、艰苦奋斗，更早地分担家庭的经济压力。所以农村的贫困生群体的自我生活和学习能力更强，在大学中显著地表现出独立自主的生活状态，能通过自己的努力满足自我的物质和精神需求。

学生干部贫困生的总体幸福感总分及忧郁或愉快的心境这一维度的得分显著高于非学生干部贫困生。在大学期间担任学生干部，有更丰富的大学生活体验，能接触到较多类型的学生活动，与他人有较多的接触机会，拥有更广阔的人际交往范围、更强的交际能力。他们身处的平台更加广阔，与个人独立的平台不同，有更多的机会去表现自己的能力，在完成学生工作中积累人生经验，在策划和组织项目或活动中锻炼思维，所以更容易能获得满足感和成就感，实现自己的价值和抱负，从而提高自我的主观幸福感。

文史类专业的贫困生主观幸福感总分及精力、松弛与紧张这两个维度得分显著低于理工类贫困生和艺术类贫困生。调查研究发现：第一，理工类和艺术类学生的人才市场需求和薪资待遇普遍高于文史类学生，文史类学生面临的就业竞争压力更大，积极参加各级各类考级考证，学习期间倾向考公考研，学习压力非常大，专业与大学生现在和未来的生活满意度的关系变得更紧密,可能导致主观幸福感较低;第二,专业科别不同,性格差异较大,也可能与性别产生交互影响。理工类的学生男生居多,思维严谨有较强的逻辑性,具有更强的进取心和事业心,他们遇事较为沉着冷静,消极的情绪体验也比较少。艺术类的学生,拥有一定的特长,就业方向明确,可以通过运动、音乐、舞蹈、绘画等广泛而多样的途径宣泄消极情绪,受不良情绪的影响也较小。而文史类学生多为女生,日常言行倾向感性,情感的起伏波动较大,更容易受到环境的影响,不利于主观幸福感的提高。

大学各年级贫困生主观幸福感总分及各维度得分有明显差别,从高到低依次为大一、大三、大二、大四。

大一贫困生主观幸福感最高。首先,大学生活不同于高中高强度、压力大的学习生活,新生们通过高考成功地进入大学学习,开启了新的人生阶段。刚进去大学对周围的事物保持着高度热情,心态乐观积极,对生活充满兴趣和满足感;其次,刚刚接触大学的学习和生活,人际关系较为简单,没有了以往应试的巨大压力,有着较强的新鲜感,情绪基本保持良好态势;最后,贫困学生能克服经济压力顺利进入大学学习,很大的一部分来源于国家的助学金的经济支持,提高了贫困生的主观幸福感。

大三贫困生主观幸福感次之。适应了大学的学习生活环境后,个人阅历日渐丰富,专业素养逐步提高,有了一定的学生干部经历和社会实践经验。上进心强的贫困生达到了新的学习生活高度,通过努力逐渐实现自我的人生规划,在奋斗的历程中不断获得荣誉和成就,从而提升个人主观幸福感。大三临近大学毕业时期,学生更多地关注未来的就业方面。对于高校贫困生而言,他们面临着更大的就业压力,不满意自身的能力和条件,容易产生自卑感和紧张的负面情绪,会让他们迷失自己的方向。

大二贫困生的主观幸福感较低,主要是因为大学生活的新鲜感较低,学习的压力加大,人际交往中的矛盾也逐渐显示出来,不利于个人主观幸福感的提升。

大四阶段是大学中承受压力最大的时期。这个时期可以说是人生的一个转折点,面临着竞聘上岗和考公考研的人生抉择;无法逃避的就业压力,或是忙碌的备考生活状态,消耗了大量的精力,容易产生疲倦和失落情绪;一旦经历失败和挫折,大四贫困生面临正式就业或考公考研的巨大压力,会有痛苦和压抑的情绪,原有的优越感和成功体验对他们的作用逐渐减小,这些状况降低了大四贫困生的主观幸福感。

5 对策与建议

5.1 从国家层面:要建立健全相关政策,坚持正面导向,营造良好外部环境

一个较为完善的政策会具有较强的可行性,能够营造一个良好的环境氛围,取得良好的社会效益。一方面,国家要以学生的实际情况为参照,进一步完善高校奖、助、贷、勤、补、免等相关资助政策,加大资助投入的力度和广度,构建一个全面的、多样化的资助政策体系,帮助高校贫困生在学校成长成才、顺利完成学业。另一方面,国家要建立健全相关政策,把坚持正面导向作为高校资助工作的重点,想方设法调动一切积极因素,给高校贫困生更多的关心和温暖,为高校贫困生的身心健康成长营造良好的外部环境。

5.2 从学校层面:要注重教育引导,强化在实践中落实,提升获得感和幸福感

由于家庭经济条件的差异,部分高校贫困生会产生一些自卑、退缩等消极心理。因此,他们需要我们给予更多的关心和呵护。对于高校贫困生而言,他们认为顺利完成自己的学业将会对自己的命运和未来产生较大的影响。所以,首先,高校更不能忽视贫困生资助工作中的问题,要贯彻、落实好国家的政策,及时跟进高校的资助工作,发现并解决学生面临的经济困难等问题。在工作中我们要抓重点,具体问题具体分析,认识到贫困生的民族、专业等方面存在的差异,对非独生贫困生、城镇贫困生和文史类专业的贫困生给予更多的关心。其次,要注重教育引导,强化在实践中落实,把教育引导贯穿于大学四年发展的整个过程。通过教育,引导他们树立一个正确的目标,通过大学的知识教育和实践提升自我,在成长中提升获得感和幸福感。尤其是针对大四贫困生的情感和就业问题,高校可以多开展心理辅导、咨询等活动,缓解他们面临的压力,加强自己的心理素质建设。

5.3 从学生层面:要学会感恩于心,坚定实际行动,在行动中实现自我价值

内在因素是影响事物变化的根本原因,外部因素是影响事物变化的重要条件。对此,我们要注重内在因素产生的影响,引导学生激发自身的积极性,通过自己的努力去寻求更好的发展。并且,高校贫困生要怀有感恩之心,牢记国家和高校给予的帮助和支持。在接受资助的同时要学会以感恩之心去面对生活的事物,在生活中学会自立自强,加强自信心,以更好的姿态面对生活。滴水之恩,当涌泉相报,我们要付出加倍的努力,付诸实际行动,在实际行动中实现自我价值。在实现自我的过程中,不忘自己的社会责任和国家责任,奉献自己的一分微薄之力,让更多的人感受幸福、传递幸福,助力建设一个温暖、美好、和谐的社会。

【参考文献】

[1] 陈小红. 一般本科院校大学生主观幸福感调查研究 [J]. 国家教育行政学院学报,2014(1).

[2] 丁新华. 大学生社会支持状况与主观幸福感的相关研究 [J]. 中国健康心理学杂志,2007,15(9).

[3] 段建华. 总体幸福感量表在我国大学生中的试用结果与分析 [J]. 中国临床心理学杂志,1996,4(1).

[4] 李志,谢朝晖. 国内主观幸福感研究文献述评 [J]. 重庆大学学报(社会科学版),2006,12(4).

[5] 罗维铨. 贫困大学生主观幸福感的调查研究 [J]. 福建商业高等专科学校学报,2011(5).

[6] 梅慧娣. 少数民族贫困大学生主观幸福感影响因子及其提升策略 [J]. 丽水学院学报,2012,34(3).

[7] 商春艳. 上海市大学生主观幸福感的调查及团体干预研究 [D]. 上海:上海师范大学,2010.

[8] 汪向东,王希林,马弘,等. 心理卫生评定量表手册(增订版)[M]. 中国心理卫生杂志出版社,1999.

[9] 王雁,孙延超,李长江,等.医学生学业成绩、人格、心理健康与其主观幸福感关系的研究[J].中国健康心理学杂志,2005,13(4).

[10] 王怡清,师琦.贵州省大学生主观幸福感现状调查[J].新教育时代电子杂志,2015(3).

[11] 王怡清,师琦.贵州省贫困大学生主观幸福感现状调查及其影响因素分析[J].中文信息,2015(4).

[12] 王卓娅.大学生网络社会支持、现实社会支持与主观幸福感的关系研究[D].西安:陕西师范大学,2012.

[13] 吴成.蚌埠医学院在校大学生主观幸福感及影响因素研究[D].济南:山东大学,2015.

[14] 吴敏.地方师范院校大学生主观幸福感的调查探究[J].鸭绿江,2016(7).

【附件】

高校贫困生主观幸福感调查问卷

亲爱的同学:

您好!本次调查主要是想了解当前高校贫困生主观幸福情况,选项没有标准答案,没有对错好坏之分,请您根据自己的真实感受作答,并在符合的项目上打"√",请勿遗漏。本次调查采取不记名方式,仅作为调查研究之用,资料绝对保密,请您放心填写。您的回答将对我们深入了解高校贫困生心理状况提供很大的帮助,感谢您的参与和支持!

思想政治理论课社会实践调研小组

2017年6月

第一部分:个人基本信息

性别	①男	②女	专业				
民族	①汉族	②少数民族	科别	①理工	②文史	③文体艺术	
是否独生子女	①是	②否	籍贯	(如:福建福州)			
是否学生干部	①是	②否	生源地	①城市	②乡镇	③农村	
政治面貌	①党员	②积极分子	③团员	年级	①大一	②大二	③大三	④大四
获得资助情况	①特困	②一般贫困	③奖励	在校期间受助次数	①1次	②2次	③3次	④4次
在校生活费用	①300元以下	②300~500元	③500~800元	④800~1000元	⑤1000元以上		
总体来讲,你对国家的学生资助政策是否满意?	①非常满意 ②满意 ③一般 ④不满意 ⑤非常不满意						

第二部分：总体幸福感量表

序号	题目
1	你的总体感觉怎么样（在过去一个月里）？ ①好极了　②精神很好　③精神不错　④精神时好时坏　⑤精神不好　⑥精神很不好
2	你是否为自己的神经质或"精神病"感到烦恼（在过去的一个月里）？ ①极端烦恼　②相当烦恼　③有些烦恼　④很少烦恼　⑤一点也不烦恼
3	你是否一直牢牢地控制着自己的行为、思维、情感或感觉（在过去的一个月里）？ ①绝对的　②大部分是的　③一般来说是的　④控制得不太好　⑤有些混乱　⑥非常混乱
4	你是否由于悲哀、失去信心、失望或有许多麻烦而怀疑还有任何事情值得去做（在过去的一个月里）？ ①极端怀疑　②非常怀疑　③相当怀疑　④有些怀疑　⑤略微怀疑　⑥一点也不怀疑
5	你是否正在受到或曾经受到任何约束、刺激或压力（在过去的一个月里）？ ①相当多　②不少　③有些　④不多　⑤没有
6	你的生活是否幸福、满足或愉快（在过去的一个月里）？ ①非常幸福　②相当幸福　③满足　④略有些不满足　⑤非常不满足
7	你是否有理由怀疑自己曾经失去理智，或行为、谈话、思维、记忆失去控制（在过去的一个月里）？ ①一点也没有　②只有一点点　③有些，不严重　④有些，相当严重　⑤是的，非常严重
8	你是否感到焦虑、担心或不安（在过去的一个月里）？ ①极端严重　②非常严重　③相当严重　④有些　⑤很少　⑥无
9	你睡醒之后是否感到头脑清晰和精力充沛（在过去的一个月里）？ ①天天如此　②几乎天天　③相当频繁　④不多　⑤很少　⑥无
10	你是否因为疾病、身体的不适、疼痛或对疾病的恐惧而烦恼（在过去的一个月里）？ ①所有的时间　②大部分时间　③很多时间　④有时　⑤偶尔　⑥无
11	你每天的生活是否充满了让你感兴趣的事情（在过去的一个月里）？ ①所有的时间　②大部分时间　③很多时间　④有时　⑤偶尔　⑥无
12	你是否感到沮丧和抑郁（在过去的一个月里）？ ①所有的时间　②大部分时间　③很多时间　④有时　⑤偶尔　⑥无
13	你是否情绪稳定并能把握住自己（在过去的一个月里）？ ①所有的时间　②大部分时间　③很多时间　④有时　⑤偶尔　⑥无
14	你是否感到疲劳、过累、无力或精疲力竭（在过去的一个月里）？ ①所有的时间　②大部分时间　③很多时间　④有时　⑤偶尔　⑥无
15	你对自己的健康关心或担忧的程度如何（在过去的一个月里）？ 不关心 0　1　2　3　4　5　6　7　8　9　10 非常关心
16	你感到松弛或紧张的程度如何（在过去的一个月里）？ 松弛 0　1　2　3　4　5　6　7　8　9　10 紧张
17	你感觉自己的精力、精神和活力如何（在过去的一个月里）？ 无精打采 0　1　2　3　4　5　6　7　8　9　10 精力充沛

续表

序号	题目		
18	你忧郁或快乐的程度如何（在过去的一个月里）？ 非常忧郁 0　1　2　3　4　5　6　7　8　9　10 非常快乐		
19	你是否由于严重的性格、情感、行为或精神问题而感到需要帮助（在过去的一个月里）？ ①是的，曾寻求帮助　②是的，但未寻找帮助　③有严重的问题　④几乎没有严重的问题　⑤没有问题		
20	你是否感到将要精神崩溃或接近于精神崩溃？ ①是的，在过去的一年里　②是的，在一年以前　③无		
21	你是否曾有过精神崩溃？ ①是的，在过去的一年里　②是的，在一年以前　③无		
22	你是否曾因为性格、情感、行为或精神问题在精神病医院、综合医院精神病科病房或精神卫生诊所治疗？ ①是的，在过去的一年里　②是的，在一年以前　③无		
23	你是否因为性格、情感、行为或精神问题求助于精神科医生、心理学家？ ①是的，在过去的一年里　②是的，在一年以前　③无		
24—32	你是否因为性格、情感、行为或精神问题求助于以下人员？	是	否
24	普通医生（真正的躯体疾病或常规检查）	①	②
25	脑科或神经外专家	①	②
26	护士（一般内科疾病除外）	①	②
27	律师（常规的法律问题除外）	①	②
28	警察（单纯的交通违章除外）	①	②
29	牧师、神父等各种神职人员	①	②
30	婚姻咨询专家	①	②
31	社会工作者	①	②
32	其他正式的帮助：_____	①	②
33	你是否曾与家庭成员或朋友谈论自己的问题？ ①是的，很有帮助　②是的，有些帮助　③是的，但没有帮助　④否，没有人可与之谈论　⑤否，没有人愿意与我谈论　⑥否，不愿与人谈论　⑦没有问题		

☞ 【实践调查写作范文三】

大学生朋辈心理辅导调查研究

文化传媒与法律学院实践团队

指导教师：陈飞　曾欣虹

摘　要：为探究我校大学生朋辈心理辅导现状，选取500名在校大学生进行问卷调查。结果显示，我校大学生对朋辈心理辅导的知晓水平中等偏低，但有较高的接纳水平，也有较好的评价。可见，当前我校大学生对朋辈心理辅导工作有着良好的接纳、需求和预期，亟待加强推广。

关键词：朋辈；心理辅导；大学生；调查研究

1 引言

"朋辈"，顾名思义带有"朋友"和"同辈"的意思，指的是年龄相近、人生观相同、价值观相似、生活阅历相仿、受教育程度相当、兴趣爱好相同者。最早出现的是朋辈辅导（peercounceling）的概念，进而衍生出"朋辈心理辅导"（peer psychological counseling）。[1][2] 国外学者主要从以下三方面来解读朋辈心理辅导：一是所从事者为非专业人员；二是人际的帮助过程；三是提供安慰、开导、支持、鼓励和意见沟通等辅导内容。[2] 国内学者在此基础上，还强调朋辈心理辅导员的培训经历，及与受助者的朋辈关系。综合上述，本研究认为大学生朋辈心理辅导是一种自助和互助相结合的心理辅导形式[3]，主要指接受过一定培训的非专业大学生心理咨询员，向大学生受助者提供人际帮助，其内容包含心理咨询、心理辅导和引导教育等。

朋辈心理辅导作为高校心理健康教育工作的重要补充形式，自20世纪90年代中后期被引入中国后迅速得到了推广。[1][4] 至今，朋辈心理辅导尚未在我校得到较为系统的宣传和完善的推广。因此本研究以福建师范大学福清分校为例，实证探究我校大学生对朋辈心理辅导的了解和感受，弥补国内重理论轻实证的研究缺憾之外，旨在掌握我校大学生朋辈心理辅导的接纳、需求和预期，以便在工作中有针对性地推进我校朋辈心理辅导体系的建立和运行。

2 研究方法

2.1 研究对象

采用随机抽样法选取500名福建师范大学福清分校在校大学生为问卷调查对象，收回问卷467份，回收率为93.4%。整理并剔除无效问卷后，共得到有效问卷443份，有效率为94.9%。被试信息详见表1。

表1 正式被试基本情况表

性别		独生子女		生源地		年级				科别			学生干部	
男	女	是	否	城镇	农村	大一	大二	大三	大四	理工	文史	艺术	是	否
124	319	122	321	202	241	148	130	102	63	142	208	93	285	158

2.2 研究工具

2.2.1 基本情况问卷

主要用于了解被试的性别、独生子女、生源地、年级、科别、学生干部等人口学变量。

2.2.2 大学生朋辈心理辅导调查问卷

基于国内大学生朋辈心理辅导现状调查结果，借鉴相关调查类研究成果，编制具有针对性的大学生朋辈心理辅导调查问卷。该问卷共包含14个项目，围绕大学生朋辈心理辅导的知晓程度、接纳程度、形式与内容、素质要求、原因分析、效果期待6个方面展开调查。

2.3 研究程序

利用网络问卷调查平台进行问卷编辑与制作，一方面通过高校辅导员进行集中组织推广，另一方面在图书馆、教室、寝室及其他生活区随机扫码测试。网络页面上显示有统一的指导语和相关注意事项，引导被试真实、独立地完成测验。问卷施测为期一个月。

2.4 数据处理

采用 SPSS 13.0 软件进行数据录入和处理，包括题项的分类、频数分布分析和常用统计图分析。

3 研究结果

3.1 大学生朋辈心理辅导的知晓程度

关于大学生对朋辈心理辅导的知晓程度，共设置了2个题项。一是了解大学生是否知道什么是朋辈心理辅导，表示"知道"的有154人，占比34.76%，表示"不知道"的有289人，占比65.24%（详见图1）；二是了解大学生是否有过朋辈心理辅导的经历，在154名"知道"朋辈心理辅导的人中，有45人经历过朋辈心理辅导，占比29.22%，没有经历过的有109人，占比70.78%（详见图2）。

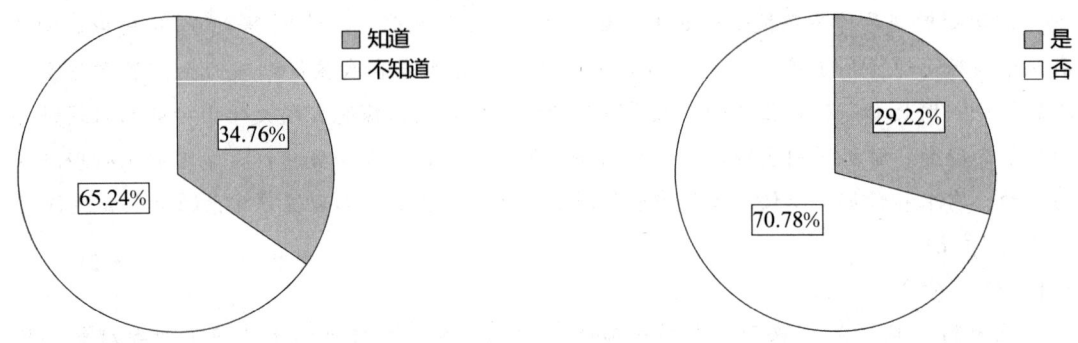

图1　您知道朋辈心理辅导吗？　　　　图2　您是否曾经有过朋辈心理辅导的经历？

3.2 大学生朋辈心理辅导的接纳程度

大学生遇到心理问题时，选择通过"自我调节"的有204人，选择"同学、朋友或同龄人"的有189人，分别占比46.05%和42.66%，选择"家人或亲属"的有39人，选择"辅导员或老师""专业心理咨询师"的分别仅有5人和6人（详见图3）。

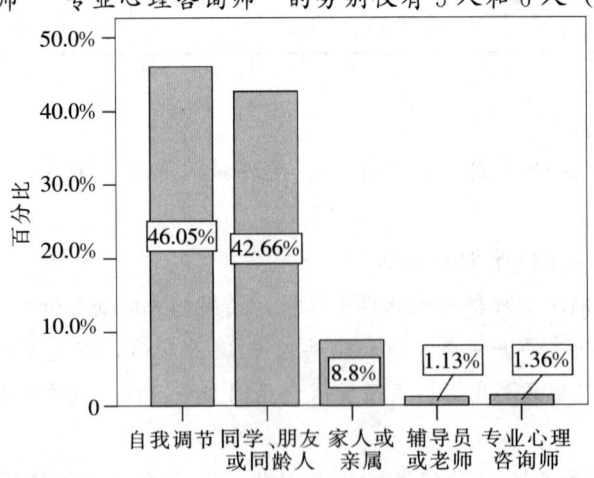

图3　当遇到心理问题时，您更愿意寻求谁的帮助？

大学生遇到心理问题时,愿意被动接受朋辈心理辅导的有375人,不愿意的有68人,分别占比84.7%和15.3%(详见图4);愿意主动寻求朋辈心理辅导的有271人,不愿意的有172人,分别占比61.2%和38.8%(详见图5)。

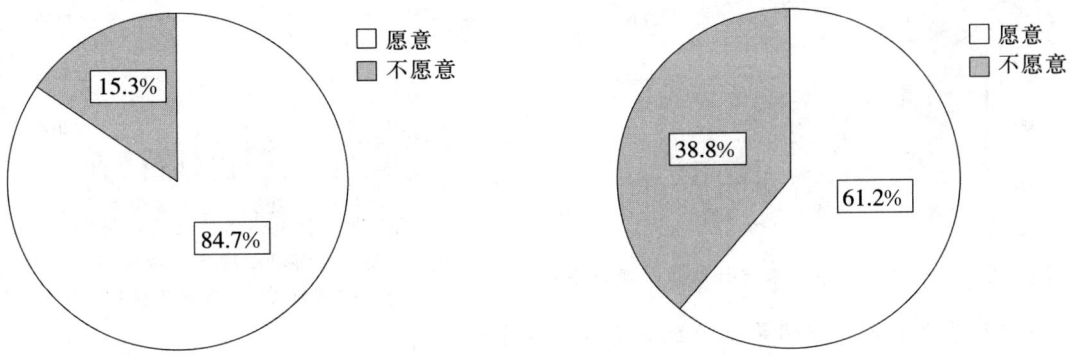

图4　您愿意接受朋辈的帮助吗?　　　　　图5　您会主动寻求朋辈的帮助吗?

关于大学生是否愿意成为朋辈心理辅导员,帮助身边有心理问题的同龄人的问题,有382人表示"愿意",占比86.2%,有61人表示"不愿意",占比13.8%(详见图6)。

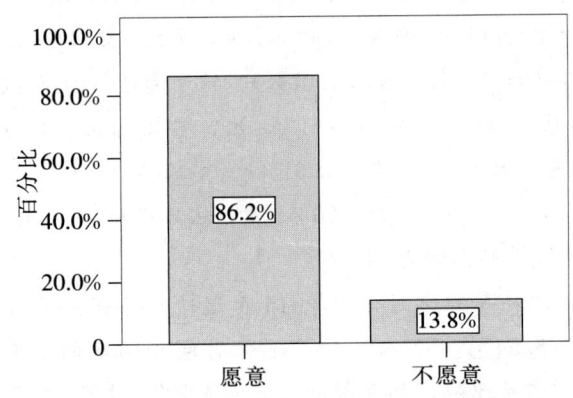

图6　您愿意成为一名朋辈心理辅导员,帮助身边有心理问题的同龄人吗?

3.3　大学生朋辈心理辅导的形式与内容需求

研究表明:大学生对朋辈心理辅导的方式、内容有不同的倾向。在朋辈心理辅导方式上,由高到低依次是面谈(252人,占比56.89%)、网络(154人,占比34.76%)、电话(37人,占比8.35%),大学生朋辈心理辅导方式以面谈和网络为主,加和占比近九成(详见图7);在朋辈心理辅导内容上,由高到低依次是人际关系紧张(295人/次,占比22.2%)、学习困扰(268人/次,占比20.17%)、就业迷茫(267人/次,占比20.09%)、学生工作问题(214人/次,占比16.1%)、新生适应(145人/次,占比10.91%)、恋爱失败(140人/次,占比10.53%),大学生朋辈心理辅导主要内容是人际关系问题、学习问题、就业问题和学生工作问题,加和占比近九成(详见图8)。

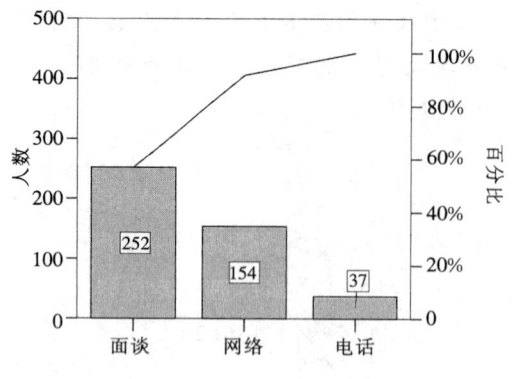

图7 您更愿意以什么方式来进行朋辈心理辅导?

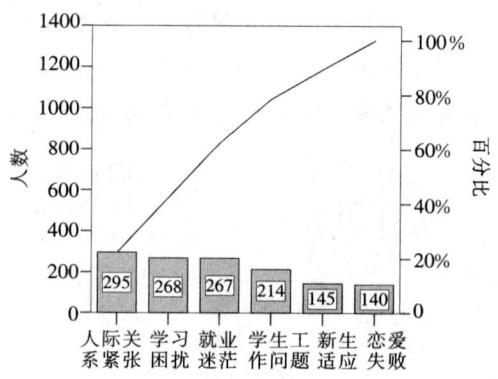

图8 您认为哪种心理问题适合寻求朋辈心理辅导?（最多三项）

3.4 大学生朋辈心理辅导员的性别与素质要求

研究表明：大学生对朋辈心理辅导员的性别和素质有不同的要求。在朋辈心理辅导员的性别要求上，有32名男大学生选择男性辅导员（占比25.81%），92名男大学生选择女性辅导员（占比74.19%），59名女大学生选择男性辅导员（占比18.50%），260名女大学生选择女性辅导员（占比81.50%）（详见图9）；在朋辈心理辅导员的素质要求上，由高到低依次为保密（279人/次，占比20.99%）、尊重（249人/次，占比18.74%）、真诚（242人/次，占比18.21%）、细心耐心（94人/次，占比7.07%）、擅于沟通（94人/次，占比7.07%）、专业知识（81人/次，占比6.09%）、热情（61人/次，占比4.59%）、心理健康（53人/次，占比3.99%）、积极乐观（48人/次，占比3.61%）、宽容接纳（42人/次，占比3.16%）、有责任心（39人/次，占比2.93%）、共情（26人/次，占比1.96%）（详见图10）。

3.5 大学生朋辈心理辅导倾向的原因

大学生选择朋辈心理辅导的原因有三，215人选择"拥有共同的观念、经验、生活方式，容易沟通"，占比48.54%，53人选择"不受时间和场地的限制，随时随地"，占比11.96%，175人选择"相互理解，相互帮助，相互支持"，占比39.5%（详见图11）。

大学生不选择朋辈心理辅导的原因亦有三，157人选择"过于熟悉，感到尴尬"，占比35.44%，178人选择"担心泄密"，占比40.18%，108人选择"专业知识和能力不足"，占比24.38%（详见图12）。

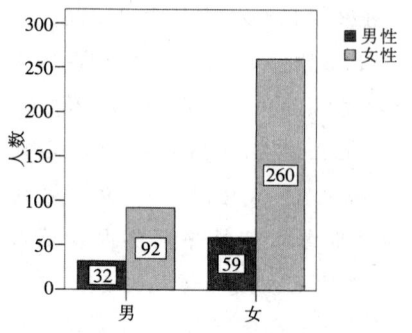

图9 您更愿意与何种性别的朋辈进行心理辅导?

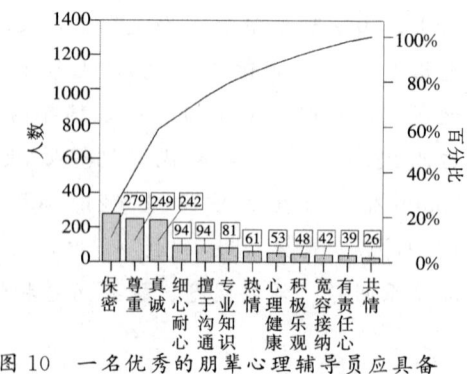

图10 一名优秀的朋辈心理辅导员应具备怎样的素质?（最多三项）

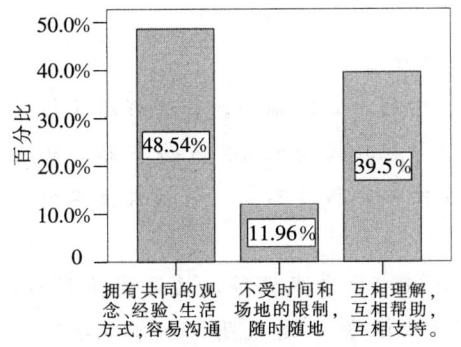
图11　您选择朋辈心理辅导的原因是什么？

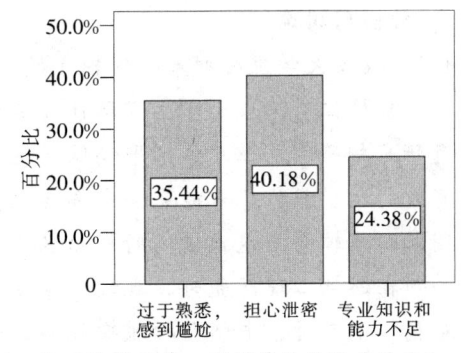
图12　您不选择朋辈心理辅导的原因是什么？

3.6　大学生朋辈心理辅导的效果期待

大学生对朋辈心理辅导效果的评价分为 4 个层次：认为效果很好的有 20 人（占比 4.52%），认为有效果的有 358 人（占比 80.81%），认为没有效果的有 63 人（占比 14.22%），认为有不良效果的有 2 人（占比 0.45%）（详见图 13）。

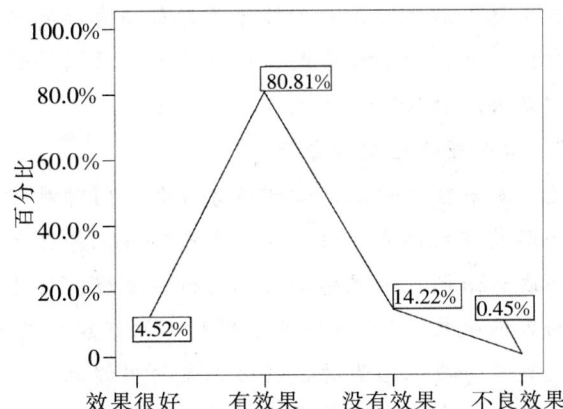
图13　您曾经经历过的，或是您认为朋辈心理辅导是否有效果？

从效果类型来看，由高到低依次为情绪改善（371 人/次，占比 34.13%）、促进成长（196 人/次，占比 18.03%）、观念改变（179 人/次，占比 16.47%）、心态健全（162 人/次，占比 14.9%）、行为变化（115 人/次，占比 10.58%）和人格完善（64 人/次，占比 5.89%）（详见图 14）。

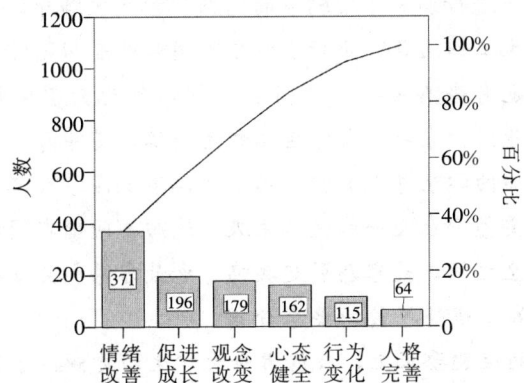
图14　您曾经经历过的，或是您认为朋辈心理辅导有怎样的效果？（最多三项）

4 分析与讨论

4.1 我校大学生对朋辈心理辅导的知晓与接纳情况分析

我校仅有三成大学生了解什么是朋辈心理辅导，对朋辈心理辅导的知晓程度虽与已有研究相符[5]，但总体水平偏低。这说明朋辈心理辅导在我校尚未得到充分宣传，缺乏有效的运用载体，未能完全发挥其优势互补作用。虽然知晓程度不高，但我校大学生对朋辈心理辅导呈现出较高的接纳水平。

在遇到心理问题时，我校大学生选择朋辈的人数仅次于自我调节，远远高于家人、亲属、辅导员、老师和心理咨询师，这与以往调查结果相仿[6]。这说明，朋辈心理辅导是继自我调节之后我校大学生最常见的心理求助方式[7]。

按照朋辈心理辅导的主动性，可分为主动寻求与被动接受。主动寻求是指当事学生主动寻找朋辈心理辅导员进行咨询，获得支持与帮助；被动接受是指朋辈心理辅导员在取得当事学生同意的情况下为其提供心理援助。结果发现，八成大学生愿意被动接受，六成愿意主动寻求，这一结果与以往研究相符[8]。

同时，近九成大学生愿意成为朋辈心理辅导员，帮助身边有心理问题的同龄人。这说明我校大学生很愿意接纳朋辈的心理帮助，也普遍有朋辈辅导的心理需求，倘若运用恰当，能够充分实现"助人—自助"的良性循环[9]。

4.2 我校大学生对朋辈心理辅导的需求分析

大学生认为"面谈"是最合适的朋辈心理辅导方式，同时对"网络"的期待多过于"电话"，朋辈心理辅导形式多元化亦相当重要。面谈最大优势在于，咨询双方能够直接观察彼此的面部表情和语音语调，直观感受彼此的行为表现、情绪和言语反应，及时反馈和调整，取得较好的咨询效果。"网络"对于那些不敢在现实生活中接受心理辅导的大学生，或是话题涉及隐私，难以启齿时，网络工具的虚拟性、匿名性和开放性往往可以让大学生敞开心扉，倾诉和发泄自己的真实想法和情绪[10]。电话方便快捷，面谈的时效性和网络的隐秘性兼而有之，容易被大学生接受，但我校大学生较少选择，可能是因为：第一，我校朋辈心理热线电话尚未开通，相关服务没有配套完备，同学鲜有了解；第二，新媒体微时代下，网络的普及时兴，对电话起到了替代作用；第三，遇到心理困扰或心理问题的大学生，为了更好地解决问题，面谈成为最有效的首选。

我校大学生认为适合进行朋辈心理辅导的问题，按主次顺序依次为人际关系问题、学习问题、就业问题和学生工作问题，而新生适应问题和恋爱问题较少有人选择。这一结果基本符合已有研究，但也有些不同[1][8]。人际关系问题作为大学生常见心理问题，经常成为其他心理问题背后的原因；学习是大学生活的主旋律，贯穿每个同学的大学四年；就业压力和焦虑在大三、大四的学生身上有明显的表现，不少同学大二学年就开始感到迷茫和担心；学生工作问题主要集中在大一和大二年级。这四类问题在同学院、同专业、同班级或同一个学生组织的学生之间，最容易引起共鸣，也最容易相互支持和影响[11]。

4.3 我校大学生对朋辈心理辅导员的要求分析

在朋辈心理辅导员的性别要求上，我校男女大学生均更倾向于选择女性朋辈心理辅导员，这与国内学者周仲瑜的研究结果相符[4]，也符合大众普遍选择女性心理咨询师的现象。

大学生最看重咨询态度。[4]我校大学生认为"保密"是朋辈心理辅导者的首要职责，也是必须遵从的原则。保密指的是对于来访者讲述的秘密、隐私，咨询师应予尊重、保护，不应随便外传，包括心理辅导过程中与来访者的接触过程和暴露的内容。"尊重"意味着完整接纳，一视同仁，信任对方，为来访者提供安全、温暖的咨询环境，使其最大程度地表达自己。"真诚"是指在咨询过程中，咨询师没有防御和伪装，表里一致，真实可信地置身于与来访者的关系之中。[12]国内调查发现，朋辈心理辅导员的真诚可信排在第一位。[1]Myrick和Erney认为朋辈心理辅导因来访者与咨询师更容易建立诚实的咨询关系而盛行；Gazda和Brammer也认为朋辈心理辅导这种咨询形式更容易让咨询双方建立互信，更容易在真实坦诚的关系中解决自己的问题。[1]

4.4 我校大学生对朋辈心理辅导的优劣势分析

综合国内研究成果，本研究总结了朋辈心理辅导的优势与劣势均有三个主要方面。

在优势方面，我校大学生最看重朋辈心理辅导的"共同性"，"相互性"次之，"即时性"再次之。"共同性"是由于朋辈心理辅导员与来访者年龄相近、受教育程度相仿、经验阅历相似，因而彼此容易沟通、接纳、理解和信任，从而能够有效地缓解心理压力。"相互性"即朋辈心理辅导员与来访者的角色能随时互换，是一种互帮互助的行为，助人并自助，成为人际交往中需要互补的产物。[13]"即时性"主要指朋辈心理辅导不受时间和场地的限制，随时随地可以进行。尤其在突发心理危机事件的预防和干预时，对周围同学出现的心理危机状况，能节省时间及时给予当事人心理援助[14]，高效地解决大学生心理危机。

在劣势方面，我校大学生最在意"保密性"，"友谊性"次之，"半专业性"再次之。担心泄密占比最大，这与大学生对朋辈心理辅导员素质要求中最注重保密原则的调查结果相辅相成。这说明我校大学生十分注重个人隐私的保护，一定程度上也暴露出对朋辈心理辅导知识的缺乏和偏见。"友谊性"是指朋辈心理辅导关系双方是同学、朋友或同伴，这对于心理沟通和咨询深入是大有裨益的[15]，但这不可避免的友谊关系恰恰成为朋辈心理辅导的咨询外关系，过于熟悉的人之间开展心理辅导，来访者在倾诉隐私的部分极容易感到害羞和尴尬，甚至导致避而不谈。"半专业性"说的是朋辈心理辅导员虽接受过一定程度的学习、培训、督导和训练，具备一定的专业性和有效性，但因系统知识和技能的局限，对大学生心理危机的识别、判断和干预能力较弱，不能完全比拟真正意义上的心理咨询。

4.5 我校大学生对朋辈心理辅导的效果分析

80%的大学生对朋辈心理辅导的效果评价为"有效"，这说明我校大学生对朋辈心理辅导有着较好的预测和期待，我校大部分学生欢迎并支持朋辈心理辅导的推广。其中占比最高的是"情绪改善"，最低的是"人格完善"，这与国内相关调查结果基本相符。[16]

当受助者在遇到心理困惑时，朋辈心理辅导者如果能够第一时间给予理解、支持、帮助与引导，这样会取得受助者的信任，提升受助者的自信心，进而使其在认知、情感和行为等方面得到较好的改善，从而促进其身心和谐。[17]可见，只要朋辈心理辅导员能够从一开始就重视共情，融入人文关怀，努力营造尊重、理解、和谐、温馨和积极的心理氛围，来访者就能够充分地感受到理解和尊重，得到鼓励和支持，在这样的氛围中，来访者能够自然而然地宣泄自己的不良情绪，并调动自身积极的、正面的因素，以更加阳光的心态面对困扰，正视挫折，解决问题。

5 我校大学生朋辈心理辅导工作的对策分析

我校应结合学校实际，大力完善大学生朋辈心理辅导体系，充分发挥朋辈心理辅导在大学生心理咨询中的重要作用，不断提升大学生的心理健康水平，促进大学生更好更快地成长。具体来说，包含以下三个方面：

一是加强宣传力度，提高认识水平。要通过"大学生学习与心理指导"课程、校报校广等传统媒体和微信微博等新兴媒体普及大学生朋辈心理辅导的内容，提高大学生间心理互助的意识和能力，让广大学生从心里接纳和认可朋辈心理辅导员，让朋辈心理辅导的意识从一开始就在学生心里落地、生根、发芽。

二是加强队伍建设，完善体制机制。要加强大学生朋辈心理辅导员队伍建设，在全校范围选拔一批人格完善、心理健康、有亲和力、责任心强、乐于助人、敢于担当的大学生朋辈心理辅导员，成为专业心理咨询师师资队伍的有益补充，强化朋辈心理辅导工作。探索并尝试建立大学生朋辈心理辅导中心，并挂靠校心理咨询中心。通过建立大学生朋辈心理辅导中心，完善大学生朋辈心理辅导体制机制，使之科学化、规范化和制度化，不断提升我校大学生朋辈心理辅导工作水平。

三是夯实载体建设，助力辅导能力。以载体建设和技能大赛促进大学生朋辈心理辅导员知识的强化和能力的提升，并将辅导工作深入教室、深入宿舍、深入学生活动场所，扩大工作的影响力，提高工作的普及性，让广大学生在最熟悉的场所接受辅导，并在辅导过程中认知、认同、喜欢大学生朋辈心理辅导。

【参考文献】

[1] 钟向阳，曾永辉，袁茜，等. 大学生朋辈心理辅导的角色认知调查与分析 [J]. 社会工作（学术版），2011（7）：52-55.

[2] 成静. 大学生朋辈心理辅导的理论与实践研究 [D]. 南京：南京林业大学，2012.

[3] 葛缨，刘洁，张进辅. 大学生朋辈心理辅导调查问卷结构研究 [J]. 中国卫生统计，2014（5）：819-822.

[4] 周仲瑜，但娇莹. 大学生朋辈心理咨询需求调查与分析 [J]. 重庆科技学院学报（社会科学版），2014（1）：176-178.

[5] 孙作青，周红红，宋琳奇. 高校大学生朋辈心理辅导实效性研究 [J]. 统计与管理，2014（9）：25-26.

[6] 孙雄辉. 大学生朋辈心理辅导模式的探析 [J]. 湖北经济学院学报（哲学社会科学版），2010（2）：110-111.

[7] 郑慧，郑园全，夏开堂. 构建大学生朋辈心理辅导模式的思考 [J]. 中国高等医学教育，2008（2）：11-13.

[8] 钟向阳，韩云金. 大学生对朋辈心理辅导的认知调查与分析 [J]. 教育导刊，2011（8）：35-38.

[9] 苏英姿. 大学生朋辈心理辅导模式的构建 [J]. 玉林师范学院学报, 2006 (4): 174-177.

[10] 褚慧楠. 构建"微时代"下大学生朋辈心理辅导模式 [J]. 科教文汇, 2016 (24): 143-144.

[11] 薛菲菲. 朋辈心理辅导在大学生心理健康教育中的作用 [J]. 速读, 2016 (5): 66.

[12] 张元洪. 高校开展大学生朋辈心理辅导工作的理论与实践探讨 [J]. 思想政治教育研究, 2015 (6): 121-123.

[13] 蔡秀娟, 黄东, 鲍金勇, 等. 大学生朋辈心理辅导的实践与探讨 [J]. 广东教育学院学报, 2006 (4): 63-67.

[14] 祝秀香, 陈庆. 加强朋辈心理辅导工作 完善大学生心理援助体系 [J]. 中国高教研究, 2006 (10): 67-69.

[15] 郑云恒. 大学生朋辈心理辅导的理论依据与实践模式探索 [J]. 才智, 2015 (33): 159.

[16] 张淑敏. 朋辈辅导在大学生心理健康教育中的应用性研究 [J]. 社会心理科学, 2006 (1): 100-104.

[17] 王小芳. 大学生朋辈心理辅导探析 [J]. 长春理工大学学报 (高教版), 2008 (3): 112-114.

【附件】

大学生朋辈心理辅导现状调查

亲爱的同学：

您好！本次调查主要是想了解目前大学生朋辈心理辅导开展情况，选项没有标准答案，没有对错好坏之分，请您根据自己的真实感受作答，并在符合的项目上打"√"，请勿遗漏。本次调查采取不记名方式，仅作为调查研究之用，资料绝对保密，请您放心填写。您的回答将对我们深入了解大学生朋辈心理辅导提供很大的帮助，感谢您的参与和支持！

思想政治理论课社会实践调研小组
2017 年 5 月

第一部分：个人基本信息

性别	①男	②女	专业	（如：法学）		
民族	①汉族	②少数民族	科别	①理工	②文史	③文体艺术
是否独生子女	①是	②否	年级	①大一	②大二	③大三 ④大四
是否学生干部	①是	②否	生源地	①城镇	②农村	

第二部分：大学生朋辈心理辅导调查

序号	项目	选项				
1	当您遇到心理问题时，您更愿意寻求谁的帮助？	①自我调节	②同学、朋友或同龄人	③家人或亲属	④辅导员或老师	⑤心理咨询师
2	您知道朋辈心理辅导吗？	①非常了解	②了解	③听说过	④不知道	

*大学生朋辈心理辅导主要指接受过一定培训的非专业的大学生心理咨询员，向年龄相当的大学生受助者提供具有心理咨询、辅导和教育等功能的人际帮助过程。

序号	项目	选项			
3	当您遇到心理问题时，您愿意接受朋辈的帮助吗？	非常愿意 ①	愿意 ②	不愿意 ③	非常不愿意 ④
4	当您遇到心理问题时，您会主动寻求朋辈的帮助吗？	①	②	③	④
5	您愿意成为一名朋辈心理辅导员，帮助身边有心理问题的同龄人吗？	①	②	③	④
6	您更愿意以什么方式来进行朋辈心理辅导？	①面谈	②电话	③网络	
7	您更愿意与何种性别的朋辈进行心理辅导？	①男性		②女性	
8	您是否曾经有过朋辈心理辅导的经历？	①是		②否	

序号	项目	选项					
9	您曾经因为哪种心理问题，或是您认为哪种心理问题适合寻求朋辈心理辅导？（最多三项）	①新生适应	②学习困扰	③人际紧张	④恋爱失败	⑤学生工作问题	⑥就业迷茫

序号	项目	选项
10	您选择朋辈心理辅导的原因是什么？	①拥有共同的价值观、观念、经验、生活方式，容易沟通
		②不受时间和场地的限制，随时随地
		③互相理解，互相帮助，互相支持

序号	项目	选项		
11	您不选择朋辈心理辅导的原因是什么？	①过于熟悉，感到尴尬	②担心泄密	③专业知识和能力不足

序号	项目	选项					
12	您认为一名优秀的朋辈心理辅导员应具备怎样的素质？（最多三项）	①真诚	②热情	③尊重	④共情	⑤保密	⑥专业知识
		⑦心理健康	⑧细心耐心	⑨宽容接纳	⑩有责任心	⑪积极乐观	⑫擅于沟通

序号	项目	选项			
13	您曾经经历过的朋辈心理辅导，或是您认为朋辈心理辅导是否有效果？	①效果很好	②有效果	③没有效果	④有不良效果

续表

序号	项目	选项					
14	您曾经经历过的朋辈心理辅导，或是您认为朋辈心理辅导能够达到怎样的效果？（最多三项）	①情绪改善	②观念改变	③行为变化	④人格完善	⑤心态健全	⑥促进成长

第三节　实践心得写作

思想政治理论课社会实践心得体会（以下简称实践心得）是指大学生亲自参加社会实践后对整个实践过程的感受和体会，并用文字的形式把这些感受和体会表达出来的一种日常应用文体。因此，不论大学生是参加学校统一集中组织的社会实践，还是参加自主要求的社会实践，都可以将自己的真实感受和收获记录下来。可见，实践心得是建立在大学生亲自参加、经历和体验的基础上，既是大学生对实践感受和体会的真实写照，也是大学生对自己参加这些社会实践的最好总结，具有真实性、主观性、生动性和分享性等特点。学习好实践心得的写作，不仅有助于大学生更好地记录自己参加社会实践的真情实感和收获体会，也有助于引导和启发大学生在社会实践中了解历史、了解社会和了解国情，不断增强大学生的家国情怀。

一、实践心得写作的主要步骤

实践心得的写作过程应包括以下步骤：参加实践活动、简要记录、构思主题、撰写初稿和修改定稿等。各个步骤具体做法如下：

（一）参加实践活动

参加实践活动是撰写实践心得的首要前提。实践心得的内容是个人在社会实践活动中的收获，因此，实践心得要确保内容的真实性，将社会实践活动的真实经历和个人的真实感受作为最重要的评价标准。没有亲自参加实践活动，就写不出内心的真情实感，也会使实践心得成为无源之水、无本之木。

（二）简要记录

简要记录是撰写实践心得的重要基础。俗话说："好记性不如烂笔头。"为了抓住关键的细节和灵感，大学生在参加社会实践过程中要做简要记录，这样有助于在社会实践结束后对关键内容再做进一步的整理、完善和提升。

（三）构思主题

构思主题是撰写实践心得行文前的必要准备。根据参加实践活动的体会和在实践活动过程的简要记录，选择一个角度，把自己最真切、最真实和最强烈的内心感受和体会表达出来。

(四) 撰写初稿

构思主题后，就可以着手撰写实践心得的初稿。在撰写过程中应尽量突出实践心得内容的真实性、思想和情感表达的生动性。

(五) 修改定稿

实践心得初稿写完之后，需要进一步修改和完善初稿中存在的缺点或错误，建议要通读全文确认无误后，才能最终定稿。

二、实践心得写作的结构模式

实践心得是以社会实践为基础，从自身出发，对整个社会实践的感悟、总结和思考。其要求亲身经历、真情实感，语言生动，结构形式多种多样，没有固定的格式。一份完整的实践心得，主要包括标题、作者署名、前言、正文和结语等。

三、实践心得写作的具体要求

(一) 标题

标题是一篇实践心得的中心和要点，要求要准确、精练，字数适当，不宜过长。实践心得的标题一般有两种写法：一是规范式标题，其基本格式为"……的心得体会""关于……心得体会（或心得）"等，例如《赴井冈山社会实践的心得体会》《学习〈习近平与大学生朋友们〉的心得体会》《关于参加三明市生态文明建设现状调查的心得体会（或心得）》。二是双标结合标题，如果实践心得的内容比较丰富，篇幅较长，也可以采用双行标题的形式，主标题用一句比较新颖、有创意的文字总结自己的主要心得，副标题再用一个破折号标注"……心得体会"，例如《以史为鉴，笃志奋发——学习党的十九届六中全会精神心得体会》《共建美丽乡村，共享美好生活——2021年暑期参加福清市草柄村实践心得》《永远跟党走，奋进新时代——参观福清市溪头村革命历史纪念馆实践心得》。

(二) 作者署名

实践心得的作者署名一般应列于标题下方，内容包含所在学院、年级专业、学号、学生姓名等，其中所在学院和年级专业要写全称。

(三) 前言

前言是一篇实践心得的开头，一般要简要介绍社会实践的背景、时间、地点、参加对象和实践主题等相关信息，为实践心得正文主体部分内容的撰写做好必要的铺垫。

(四) 正文

正文是实践心得的主体内容，其更加注重大学生参加社会实践的主观感觉、体会和收获。在实践心得正文的写作过程中，重在追求作者感受的真实性、独特性和生动性，而不追求其是否全面和严谨。在内容上不一定要做到面面俱到，要善于紧抓实践过程中的一些细节，充分调动和运用叙述、描写、议论和抒情的表达方式，重点介绍自己在社会实践中的主观感受和体会。具体来说，实践心得正文在写作过程中需要把握以下三点要求：

一是在态度上要积极向上，体现主旋律和正能量。社会实践的过程本质上是一个深入社会，了解国情，不断增强"四个自信"的过程。在这一过程中，大学生通过亲自参加实践，亲身经历和感受，发现和解决现实问题，这也是一个不断增长才干、自我完善和自我提升的过程。因此在写实践心得时，在态度上总基调要积极、健康、阳光、向上，在文字表述和情感表达上应突出主旋律，体现正能量。

二是在情感上要真实表达，突出真情实感。与实践论文、实践调查等其他文体相比，实践心得的撰写形式和要求相对更加"宽松"和"自由"。在写作过程中，实践心得要坚持真实性原则，语言表达上要在"真"字上下功夫，突出真情实感。最重要的一点是，要把自己参加社会实践过程的感受和体会用最真实的语言表达出来。与此同时，要避免语言表达太过刻板或晦涩，更不要"无中生有"。

三是在内容上要注重收获，分享成长体验。实践心得的关键点和落脚点在于通过社会实践我们学到了什么，收获了什么。在写作过程中，实践心得要坚持生动性原则，通过社会实践过程中具有代表性的事例和细节，说明自己的感受和收获，并分享这些感受和收获对自己未来的成长和发展产生了怎样积极的影响，这样的分享更能引起情感的共鸣。

（五）结语

结语是实践心得的收尾部分，其一般要回应前文，强调通过社会实践实现了自己的个人成长。值得注意的是，实践心得不管怎样收尾，都要与前面的几个部分构成一个有机整体。同时，收尾要自然，顺理成章收束全篇。

事实上，从广义的角度来讲，社会实践不仅包括学校在大二暑期集中安排的社会实践项目，还包括"思想道德与法治""中国近代史纲要""马克思主义基本原理""毛泽东思想和中国特色社会主义理论体系概论""形势与政策"等5门课程中开展的实践活动，如经典研读、观影有感、主题演讲、课堂报告、人物访谈等。因此，大学生除了参加学校集中安排的社会实践可以写实践心得，在日常的"4+1"思想政治理论课社会实践教学中，也可以按课程要求撰写读后感和观后感。实际上，只要是大学生真正去实践了，不论是阅读了一本经典著作，还是观看了一部主旋律影视作品，都可以将自己的真实感受、体会和收获写下来，这些也都属于实践心得范畴。

☞【拓展阅读一】

如何写读后感

一、读后感结构模式

读后感，顾名思义，要先有"读"，而后才有"感"，它将阅读与写作紧密地联系在一起。在日常生活中，我们读了一篇文章、一本书、一首诗后，将自己的感受、心得、体会写下来形成文字，就是读后感。

读后感的结构一般分为如下四个部分：述读（前提）、感点（桥梁）、发感（论证）、结感（升华）。

在这个结构模式中，"感点"是关键，就是你阅读后最有感受的点。没有了感点，读后感也就失去了灵魂。

在整篇文章中，感点在"述读"与"发感"之间起着桥梁的作用，是全文的纽带。"感点"承接"述读"。读后感的写作，必须是先"读"而后"感"，不"读"则无"感"，"读"是"感"的前提和基础，"感"是"读"的延伸和结果。"感点"也领起"发感"，它是发感的依据。发感必须围绕感点展开论述，对感点发表自己的看法、感受，以议论为主，突出一个"感"字。"结感"收束全篇，升华感点，是"感"的归宿。

二、读后感写作要求

写读后感，要注意把握好以下几步：

第一步：拟主标题。

这一步很重要。很多人直接写"×××读后感"，这样的标题可能引不起别人阅读的兴趣。如果有了一个非常醒目的主标题，容易让人一开始就抓住文章的主旨和要义，产生进一步阅读的兴趣。虽然也可以不要主标题，但是一般情况下，建议拟一个主标题，如"×××——读《×××》有感"。

主标题是文章的眼睛，眼睛醒目，就像一个人拥有一双明亮的大眼睛一样，自然好看了三分。因此，主标题一定要高度凝练感想感悟。不要泛泛而写，一定要结合感点。

第二步：述读——引。

在通常情况下，要围绕感点引述材料。就是围绕感点，有的放矢地简述原义相关内容。写这部分内容就是为了交代感想从何而来，并为后文的议论做好铺垫。在述读这部分，要做到：一是引述原文要精简，不能大段大段地叙述所读书籍、文章的具体内容；二是对于原文的述读，材料精短的，可以全文引述；三是篇幅较长的，只能够简述与感点有直接关系的部分，而与感点无紧密联系的部分不要引述；四是引用材料要精简、准确、有针对性，如果拖沓冗长或者与主题不符，就会让人反感。

第三步：感点——议。

议，就是紧承前一段"述读"所引述的材料，针对材料进行评析，既可就事论事，对所"引"的内容做一番分析；也可以由现象到本质、由个别到一般地做一番挖掘；对寓意深的材料更要深入解剖，然后水到渠成地"亮"出自己的感点，也就是中心论点。

要注意的是，感点的提出，要有与之相关的述读材料，否则感点就是无源之水，流而不远；感点也只能定空发议论，泛泛而谈。所以，不管述读在感点之前还是感点之后，首先要有述读的存在，其后才有感点的成立。

第四步：发感——联。

"发感"就是对"感点"——中心论点——进行论证。这部分是读后感的主体部分，是对感点的阐述，通过摆事实、讲道理证明感点的正确性，或正面论、反面证证明感点的合理性。

要注意的是，一是所摆的事实、所讲的道理都要围绕感点来展开，而不能游离于感点之外。也就是所摆的事实、所讲的道理和感点要有共鸣，不能另立一个论点。否则，就会不知所云，下笔千言，离题万里。二是发感还要联系实际，深入论证。联系实际，既可以由此及彼地联系现实生活中相类似的现象，也可以由古及今联系历史中相反的种种问题，有时候还可以是个人的思想、言行和经历。三是联系实际，要有针对性，必须紧扣感点，而不能泛泛而谈，不能脱离感点随意联想，不着边际。

第五步：结感——结。

结感就是收束全文，既可以回应前文，强调感点，也可以提出希望和要求。

要注意的是，一是不管怎样结尾，都要与前面的几个部分构成一个有机整体，不能横生枝节，说一些不着边际的话。二是要结得自然，顺理成章收束全篇。或发人深思，或气势磅礴，或首尾呼应、暗合标题，都不失精彩。

（资料来源：徐秦法. 高校思想政治理论课实践教程［M］. 北京：中共中央党校出版社，2021：202-203）

☞【拓展阅读二】

如何写观后感

许多写作者都害怕写电影（视频）观后感，看时激动不已，写时无从下笔，要么通篇复述电影（视频）内容，要么不着边际地空发议论。那么如何写出有真实情感的观后感呢？

一、常见的观后感

常见的观后感一般包括三部分内容：内容简介、发表评论、抒写感受。

第一，内容简介。用简单几句话概括电影（视频）内容，就像我们平时读了篇课文归纳主要内容一样，做到既完整又简练。

第二，发表评论。写这部分时，写作者可向自己提这样几个问题：你对电影（视频）中的哪件事印象最深刻，为什么？哪个人物你最喜欢，为什么？哪个场面使你感动，为什么？只要选择其中一个问题深入思考并写下来，就构成了自己对电影（视频）中某人某事、某个镜头的个性评价。

第三，抒写感受。这是观后感的主体部分，初写者往往言不由衷、空喊口号。最有效的方法是做比较：或将片中人物与自己比较，寻差距、找不足；或与身边熟悉的人相联系，阐发自己的观点；或将电影（视频）中的先讲事迹与生活中、社会中的现象比较，从正反两方面谈感受。在写作时，写作者可简单列举一些亲身经历耳闻目睹的事（或人）使自己的感受丰富起来，有血有肉，叙议结合。一句话，只有联系自己、联系生活和实际，才能写出真情实感。

二、撰写观后感时要注意的问题

第一，找准写作的切入口。往往一部电影或一段视频中人物众多、内容纷繁，情节纵横交错，写作时不能面面俱到，必须找到一个切入口展开全篇。好像一条红线将"简介—评论—感受"三部分内容串联起来。可以选用以下几种方法：一是选择一个人物。一部电影或者一段视频看完，有的人对主角赞不绝口，有的人对某一配角记忆深刻。不管怎样，只要挑选一个人物，透过其言行举止走入他的心，由此而发表评论，抒写感受。二是截取一个片段，即选择电影（视频）中的一个小故事或一个独立的情节展开，联系实际谈感受。三是描写一个镜头，即采用特写或素描的方法，生动描述电影（视频）中感人至深的一个镜头，引发自己的情感共鸣，进而谈体会说感受。

第二，循序渐进写出特色。初写者可按照常见的"简介—评论—感受"三段式顺序谋篇布局，这样容易上手。有时，"评论"和"感受"可合二为一，边点评边写感受。有了一定基础后可突破固定结构，采用边叙边议边抒情等方式，围绕一条中心线索，写出真正属于自己的独特感受。

三、观后感的格式

观后感的格式大体上分为四个部分。

第一部分，由"观"而引出"感"，这样的开头就好比一条醒目的标语或引子一样，先交代清楚看了什么电影（视频），有什么感想。

第二部分，具体谈感受是什么。写法上，可采用夹叙夹议的形式，"叙"就是把感人的故事情节或人物形象或词句叙述出来；"议"就是抒发自己的感受，要有层次地把自己的感情一步步推向顶点，得到升华。叙述是简述，要抓住要点，不能太长，否则就有凑字数的嫌疑，而且也会影响文章的结构。

第三部分，把感受落实到自己的现实生活中去，联系生活中的事例来谈感受，因为"感"的目的就是要指导我们的实际行动，否则就毫无意义。具体来说，就是把自己在现实生活中的所作所为和电影（视频）中感动自己的人或事做比较，找出距离、找出不足，树立学习的榜样。

第四部分，文章的结尾要对全文内容做收尾总结，可以进一步抒发理想或希望与祝愿，把全文的情感升华到顶点。

（资料来源：徐秦法. 高校思想政治理论课实践教程［M］. 北京：中共中央党校出版社，2021：208-210）

☞【实践心得写作范文一】

共建美丽乡村，共享美好生活
——2021年暑期参加福清市草柄村实践心得
经济与管理学院　2018级金融学
118×××××× 陈星朵　指导教师：陈飞

实施乡村振兴战略，是党的十九大做出的重大决策部署，是决战全面建成小康社会、全面建设社会主义现代化国家的重大历史任务，是新时代"三农"工作的总抓手。乡村振兴战略坚持农业农村优先发展，目标是按照产业兴旺、生态宜居、乡风文明、治理有效、生活富裕的总要求，建立健全城乡融合发展体制机制和政策体系，加快推进农业农村现代化。

为了更好地践行在学校思想政治理论课所学的相关理论并拓展自身的人文素质，树立科学的世界观、人生观和价值观，我们结伴同行来到福清市港头镇草柄村参与社会实践，通过开展调查研究并且与王长勇书记进行交谈来了解草柄村的一些情况，关注当地农民的生活状况与生活环境、就业情况以及新时代农村党的基层组织建设和思想道德建设状况等。

农村、农民、农业问题是关系改革开放和现代化建设全局的首要问题。农村稳，天下稳；农民富，国家富；农业兴，百业兴。通过走访调查我们了解到在农村方面，草柄村在改造前后发生了较大的变化，其人居环境不断改善，以"优化居住环境，建设秀美村庄"为目标，组织全村妇女开展"三化"（净化、绿化、亮化）行动，并制定了生活垃圾治理公众监督评议细则，使其能够得到有效实施。在当地还可以发现其建设有生活垃圾分类屋和智能环保屋，使垃圾分类的运行更加有效。通过环境治理、污水排污以及道路的修建，村民的生活质量显著提高。此外在基础设施建设方面，通过实地观察我们发现草柄村的基础设施做得比较好，能够满足村民的基本需求并保障其生活以及对美好未来的需要，建设了公园、环村绿道以及住宅小区。社会风气也不断得到改善，完善了村规民约，全村人民普遍响应红白喜事不奢办，用自己的实际行动推进乡风文明建设，并且积极开展文化活动，在妇联的带领下成立了村级文艺演出队伍，丰富村民文化活动。

在农民方面，草柄村聚力惠民政策，民生福祉不断改善。认真走访入户，开展帮扶助贫活动，给年迈的老人户送去米、油、被子等生活用品。因为草柄村大多数人口为妇女、儿童以及老人，因此其协调社会各方面力量，开展贫困妇女儿童送温暖送慰问活动，开展关爱妇女儿童活动，组织开展妇女维权、生理健康知识、爱国主义教育讲座，进一步提升妇女素质，引导儿童形成健康有益、积极向上的生活方式。就草柄村村民的就业情况而言，全村有70%的劳动力在外经商务工，从事房地产开发、矿产投资、工程隧道、海洋批发、出国劳务等，每年收入可达近亿元。

在农业方面，草柄村村域面积1253亩，其中耕地589亩，辖区内有三友农业生产基地种植西红柿、青椒、芹菜、白菜、红萝卜等农作物，同时通过积极向群众宣传政策、种植技术，引导农民种植经济作物，并积极联系合作社、企业，进一步拓展销售市场，拓宽增收渠道。在与王长勇书记交谈的过程当中，他提到产业振兴需根据当地的实际情况，通过发展乡村旅游、生态旅游来促进经济增长。此外草柄村还与银行合作成为金融试点村，紧跟时代发展的步伐。在农村、农民、农业各方面，草柄村都积极响应国家对于乡村振兴战略的重视，采取各种措施使得其成为最美乡村。

在党的基层组织建设方面，王长勇书记带领党支部一班人谋求改变，积极探索"三位一体"党建模式，党支部召集村民代表和党员开会，开展大讨论和大调解。在协调过程中形成"党员让群众，干部让乡亲，富人让穷人"的共识，经过大量努力，纠纷排除了，村民的隔阂也消失了。其党支部班子分工情况大致为：支部书记王长勇负责党支部全面工作，支部委员王国银负责组织、党建、纪检、村委全面工作、安全生产、农林水等，支部委员王钦木负责宣传、文统、报账员、民政、土地流转、财务公开等。党支部2013年9月被福清市委授予福清市五星级党支部称号；2014年5月被福州市委评为福州市先进基层党组织；2016年4月被福州市委组织部授予福州市党建精品示范村称号。此外还在公告栏中进行党务公开，使工作的开展受到民众的监督。

总之，草柄村在各级领导的关心下，在广大群众的支持下，坚持以党建为核心，以村规民约为纲要，以土地管理为关键，在制度和机制上不断健全农村民主管理监督制度，大力推进新农村物质文明建设和精神文明建设，民主管理进程进一步加快，新农村建设档次进一步提升，农民精神面貌进一步改观。

在王长勇书记的讲话中，我也收获到许多，感到受益匪浅。他说到乡村振兴要靠人才振兴，而人才振兴是乡村振兴的前提、基础。没有人才振兴，乡村产业就不能实现现代化、科技化，乡村文化就得不到有效保护和开发，乡村生态就缺乏规划与谋划，基层组织就不能发挥党建引领作用，只有让更多人才留在乡村、返回乡村，乡村振兴才能扎实推进。现在的乡村最需要的就是有志于农村建设的能人志士，但乡村待遇低、人才发展难，导致大部分乡村存在青壮年大多外出到大城市不愿返乡发展的现状，乡村发展缺乏朝气与活力，要进一步强化人才招引力度，健全人才保障机制，让人才引得来、留得住、无后顾之忧，基层党组织老龄化严重，但因为基层无年轻人才，发展党员成了难题，更谈不上党建引领群众脱贫奔康，实现乡村振兴，只有让更多年轻人才返乡发展，才能让乡村更有发展动力，才能更好发展。

此外王长勇书记还给予了我们许多宝贵的人生经验。作为一名书记，他始终奉行"有困难找书记"的原则，认真负责地对待群众，做到有反映就有回应，有困难就全力解决。农村需要大量没有私心的干部，他做到了，在草柄村他有一个外号，那就是"贴钱书记"，任职期间他带头将工资补贴全部用于资助村里的特困户、五保户，重大节日还自掏腰包补贴慰问村里的孤寡老人。他觉得吃亏也是一种财富。而说到如何让自己成才，他提出要多读书，把东西变成自己的，培养好逻辑思维从而让自己的脑子变得灵光，在谈话过程中，他能够熟练背出许多诗词与文章，可见书记平常是下了苦功夫的，这也是非常值得我们学习的，要始终保持着一颗热爱学习的心。同时要保证健康的生活，培养良好的习惯，做到勤奋。此外要关注法律，做到懂法知法用法，学习民法典，在村里也可发现图解《中华人民共和国民法典》的宣传栏，使民法典与生活同行。总的来看，成功不是偶然的，是需要很多付出的。从大的层面来说，要做到爱国爱党，爱国就是对祖国的忠诚和热爱。我国已步入新的历史时期，机遇与挑战并存，我们将面临越来越多的新情况、新问题。推进我国改革开放的伟大事业，加快社会主义现代化建设的进程，更需要我们不断弘扬爱国主义的优良传统。只有这样，中华民族才能重振雄风，为人类文明与进步做出更大的贡献。而没有共产党，就没有新中国。这是总结中国近现代历史而得出的一条真理。坚持社会主义爱国主义，就要毫不动摇地坚持和拥护中国共产党的领导。作为新时代的大学生、新时代的中国青年，要以实现中华民族伟大复兴为己任，增强做中国人的志气、骨气、底气，不负时代，不负韶华，不负党和人民的殷切期望；努力投身到乡村振兴的战略发展当中，为建设产业兴旺、生态宜居、乡风文明、治理有效、生活富裕的最美乡村、先进文明村贡献自己的一份力量。

（作者简介：陈星朵，女，2018级金融学专业学生，校易工作站副站长。寄语："不登高山，不知天之高也；不临深溪，不知地之厚也。"实践得来的收获，才是最真实的，也是最科学的。）

☞【实践心得写作范文二】

永远跟党走，奋进新时代
——参观福清市溪头革命历史纪念馆实践心得

经济与管理学院　2019级国际经济与贸易
118××××××　傅雅萍

中国共产党能够历经挫折而不断奋起，历尽苦难而淬火成钢，归根到底在于千千万万中国共产党人心中的远大理想和革命信念始终坚定执着，始终闪耀着火热的光芒。于个人而言，信仰是使我们勇往直前生生不息的动力；于国家而言，信仰更是团结全民族人民的黏合剂、国家日趋强大的助推力。

在中国共产党成立100周年之际，为响应习近平新时代中国特色社会主义思想，追寻革命先辈的足迹，传承红色信仰，2021年7月2日，我跟随校团委暑期实践队前往福清市溪头革命历史纪念馆参观学习。

福清市溪头革命历史纪念馆坐落于福清市阳下街道。溪头村是福清革命先驱、著名革命英烈陈炳奎的故乡，是福清最早的革命基点村，先后历经土地革命战争、抗日战争和解放战争三个时期。溪头村村民在共产党的领导下英勇奋战，先后牺牲了10位烈士，溪头村因此被誉为"福清革命的摇篮"。

当天上午，实践队的队员们乘坐公交车在40分钟的车程后到达了溪头村。一到达村口，迎面而来的是大片的向日葵花田。夏日的生机在开放得绚丽的花海和实践队队员们灿烂的笑容上体现得淋漓尽致。步行了10分钟左右，我们来到了庄重肃穆的纪念馆。

（一）忆往昔峥嵘岁月——参观学习

首先是参观学习溪头革命历史纪念馆。我们跟随着解说员的脚步，走进了一段段热血沸腾的抗日故事，看到了一个个为革命英勇牺牲的先辈们。红色文化长廊通过文字、图片、视频、实物的形式将革命历史呈现在我们的眼前，纪念馆采用了创新形式向我们展示福清的革命发展历程。除了县委成立的旧址纪念馆，讲解员还带领我们参观了地方革命史陈列馆、党建引领展示馆，在内部展陈上，以历史轨迹分为勤朴刚毅、星火传承、红领聚力、拼搏争先和高质超越五个主题。我们沉浸在这些革命历史中，不知不觉间一股崇高的民族自豪感油然而生。

（二）阅红色经典书籍——溪阳书院静心阅览

紧接着我们来到了红色生活馆——溪阳书院。在古朴的书院中，实践队队员们拿起了一本本红色书籍，孜孜不倦地阅读着。革命先辈们用自己的鲜血造就了今天的幸福家园。身为新时代的"00后"，我们生长在国旗下，长在春风里，唯有不断学习，铭记历史，将小我融入大我，培养好我们的家国情怀，才能在未来实现自己的人生价值。

在这一次的社会实践中，我感受到了那段炮火纷飞的峥嵘岁月中沉重而又炽热的革命精神及民族自豪。正所谓"读万卷书不如行万里路"，本次社会实践，让我受益匪浅，不再是纸上谈兵或是走马观花，而是实实在在地走到革命先辈们的故乡，去感受他们的爱国情怀和民族信仰。

(三) 实践队带队教师总结发言

最后，实践队带队教师用习近平总书记说过的一句话——"青春是用来奋斗的"来鼓励我们、振奋我们的奋斗之志，让我们明白了青春的真正意义。唯有将历史铭记于心，将家与国相结合才能走好我们这一代的新长征路。青春之于人生，意味着理想、朝气和开拓；青春之于国家，代表着生机、活力和未来。

今天，中国特色社会主义进入新时代，伟大的时代让广大青年建功立业的舞台更广阔、实现梦想的前景更光明。在实现中华民族伟大复兴的征程中，每个人都是"梦之队"的一员，青年更是追梦圆梦的排头兵，更应该用奋斗唱响最动人的青春之歌。

栉风沐雨自担当。习近平总书记曾说过一代人有一代人的际遇，一代人有一代人的使命，新时代的我们出生在改革开放年代，成长于互联网浪潮，坐拥父辈辛苦打拼积攒下的奋斗红利，背靠国家从富起来到站起来的时代红利。这些都是新时代青年奋斗出彩的优势，这些优势远大于工作生活中的种种困难，抓住这些优势乘胜而上，开创事业新局面，是当代青年所应肩负的时代责任。

中华民族的成长道路上从不缺乏困难和挑战，但我们从未被打倒、从未被压垮，而是不断在磨难中成长。相信在不远的未来，我们终将战胜疫情，迎来属于我们的更美好的未来。

（作者简介：傅雅萍，女，2019级国际经济与贸易专业学生，校团委实践部部长。寄语："初心不改，矢志不渝，如月之恒，如日之升。"在本次参观福清市漈头革命历史纪念馆的实践中，我更加深刻地感受到，我们这一代年轻人，要不忘初心，不驰于空想，不骛于虚声。由此在这个千帆竞发、百舸争流的时代，我们方能与祖国同频共振，展现青春风貌。）

☞ 【观后感写作范文】

世存英雄气，遗响留人间
——观看电影《长津湖》有感

文化传媒与法律学院　2020级汉语言文学

105×××××× 李一诺　105×××××× 蒋嘉欣

祖国华诞将至，正逢《长津湖》热映，我们一行人走进了电影院，一起回顾了那段波澜壮阔的岁月。一束光，缓缓从影院后墙亮起。大块的幕布上，那些留在岁月里的脸庞一点一点清晰。落座，声音的噪点逐渐明朗，一颗心也随影像的明暗变化纠在了一起。

这部影片以长津湖战役为背景，讲述了一个中国志愿军连队在极度严酷的环境下坚守阵地奋勇杀敌，为长津湖战役胜利做出重要贡献的感人历史故事。影片通过不同视角，叙述了72年前长津湖战场上的一群人，在异国前线保家卫国。其中，让我感触最深的是伍万里这名战士。他从少不更事，到渐渐坚定信念，而后决心以身许国，展示了从少年蜕变成军人的人生轨迹。

少不更事，却有一腔孤勇。起初，伍万里还是小小少年模样，他追随哥哥的脚步，坚定地要参军，只有简单的一句："为了让我哥看得起我！"少年高高扬起的脸，纯真又带有几分年轻人特有的傲气。也许就是这么简单的理由，造就了他生命中的转折。而在后来的影片中，我看着他一点一点地蜕变，内心感动心疼又满是敬意。刚入军营的他，身上仍未褪去少年的稚气。即使在他最终如愿以偿地成了七连第677名战士，他也是充满着不习惯。在开赴前线的火车上，连长伍千里为他举行了入连仪式，却没有为他授枪。少年的傲气令他不满，他甚至想放弃当兵，一走了之。当他一气之下扒开车门时，映入眼帘的是逶迤盘旋的万里长城，壮美的长白山脉绵延出祖国的大好山河。火车呼啸而过，那一刻，雄伟的山河止住了幼稚的怒气；那一刻，我感受到他也许开始略微明白此行的意义：守住身后这份美好，守住身后这片家园！那一天，他看着车外的风景站了一夜。

坚定信念，无悔来时之路。战争从不会提前预告，离别却总是突然而至。当七连护送电台和译员一起经过岩石滩时，偶遇两架美军战机，战士们就地隐蔽。战机一遍遍地扫射，我掩面不忍，敌人眼中的"死尸"是一个个鲜活的生命啊！有许多的战士，哪怕自己被击中，为了保护隐藏战友，也始终咬牙不动一下、不喊一声，始终听从指挥，服从命令。更有许多的战士，因此将生命留在了那里，其中也包括躺在伍万里身旁的好友张小山。那一刻，少年目睹好友的离别，直面了战争死亡的残酷。痛苦、恐惧一瞬间涌上心头，而他手中紧握住的信物，是送战友回家的信念，也更加坚定了他打胜这场战的决心。

以身许国，何惧马革裹尸。家是心之所念，吾必以命相守。七连为偷袭敌人指挥部，在新兴里前方的雪岭中埋伏。我看着影片中，伍万里对哥哥说："哥，让我跟着你冲吧。万一，我也像大哥那样，你也帮帮我吧。"看着兄弟俩眼含泪花，我不禁湿了眼眶。漫天的雪花，融进两人的眼眸。眼前的面容，早已在风雪中覆上一层霜，却依旧坚定，依旧是彼此最想留住的模样。凛冬已至，冰雪冻僵了战士的躯体，却封不住那胸中的青春热血，熄灭不了那熊熊燃烧的军魂。而后，我看着在枪林弹雨中，雷睢生为保护更多的战友，载走了敌人的标识弹，独自被炮弹轰炸。"人人那个都说哎，沂蒙山好。"这是雷睢生赴死时哼着的调子，可他知道，自己再也见不到家乡了。对伍万里来说，雷睢生是如长辈一样保护他的人。让你的敌人瞧得起你，那才叫硬气，雷睢生做到了。雷睢生牺牲了，但他和伍百里一样，他们舍身为国的精神永远地留在伍万里心中，支撑着他继续前行。

伍万里，是千千万万抗美援朝志愿军的一员，是志愿军战士的缩影。许多志愿军像伍万里一样，在血与火的战争中厮杀，他们在战争中看着朋友、兄弟、长辈，一个个在眼前死去。他们也想活下去，他们也想家，但就算战至最后一人，也不能让敌人从脚下通过。一寸山河一寸血，十万青年十万军。没有冻不死的英雄，更没有打不死的英雄，只有军人的荣耀。战士们哪怕血染山河，亦不退半步疆土，人在阵地在！

"为有牺牲多壮志，敢教日月换新天。"长津湖之战，创造了全歼美军一个加强团的模范战例。东西线的协作胜利，把以美为首的联合国军打回了三八线，扭转了朝鲜战局，为抗美援朝的胜利奠定了基础。

忆往昔岁月，看今朝中国。新冠疫情暴发于九省通衢的武汉，突袭祖国大江南北，一场没有硝烟的战争正在打响。中国政府统筹调度，中国人民协同抗疫，举国上下万众一心。医护人员奔赴抗疫前线，与时间赛跑，与病魔较量，为患者送去生的希望。一波波疫情来势汹汹，若有战，召必回，一批又一批的白衣天使、青年志愿者响应号召驰援四方，共克时艰。我不禁感慨：曾经长津湖战场上，先辈们血洒山河，展现了军人的铮铮铁骨；如今抗疫第一线，青年们齐心协力，书写了青年的硬核担当。作为新时代大学生，我们应从自身做起，肩负起防疫与学习的双重责任，明德笃行，弘毅求真，努力做全面发展的人。

千秋做卷，山河为答。五千年岁月长河，已是过往；九百六十五万平方公里，皆是希望。但我们不能忘记先烈的血泪和痛苦，那是当时尚弱小的中国对世界的发声。愿吾骨成树，为后人庇荫。刻满"平"字的弹壳，是对未来的期许，是对和平的向往。如今车水马龙、万家灯火，我辈承先人恩泽，也应自立自强。追光，逐梦，以青春之我，卫盛世之中华。

（作者简介：李一诺，女，2020级汉语言文学专业学生。寄语："内心澄澈，光明坦荡。心之所向，素履以往。"蒋嘉欣，女，2020级汉语言文学专业学生，班级团支书。寄语：志之所趋，无远弗届，穷山距海，不能限也。岁月因青春慨然以赴而更加美好，世间因少年挺身而出而更加瑰丽。）

☞【思考题】

1. 何谓思想政治理论课社会实践论文？请结合自己参加思想政治理论课社会实践的经历，撰写一篇以乡村振兴战略或生态文明建设为主题的实践论文，字数5000字左右。

2. 何谓思想政治理论课社会实践调查报告？请结合自己的专业和兴趣，写一篇思想政治理论课社会实践调查报告。

3. 何谓思想政治理论课社会实践心得体会？撰写的主要步骤是什么？

☞【参考文献】

[1] 刘煜. 大学生社会实践导论 [M]. 杭州：浙江大学出版社，2017.

[2] 白云，张文卿. 高校思想政治理论课社会实践设计与应用研究 [M]. 青岛：中国海洋大学出版社，2019.

[3] 徐秦法. 高校思想政治理论课实践教程 [M]. 北京：中共中央党校出版社，2021.

[4] 张晓丹，石攀峰. 大学生思想政治理论课社会实践指导教程 [M]. 北京：科学出版社，2018.

[5] 郭健彪，等. 新时代 新福建 新青年：大学生思想政治理论课社会实践指南 [M]. 厦门：厦门大学出版社，2019.

第六章　思想政治理论课社会实践成果精选

　　高校肩负着加强和改进思想政治工作的重任，思想政治理论课社会实践既是高校思想政治教育的重要载体，也是高校思想政治理论课的重要补充和有益延伸。2019年3月，习近平总书记在学校思想政治理论课教师座谈会上强调，要"重视思政课的实践性，把思政小课堂同社会大课堂结合起来，教育引导学生立鸿鹄志，做奋斗者"。因此，福建技术师范学院马克思主义学院坚持为党育人、为国育才的教育使命，坚守育人初心、立德树人的根本任务，从未间断对思想政治理论课实践教学的改革与创新进行探索，取得了较好的成效。

　　从2017年4月以来，马克思主义学院每年暑期都联合各学院深入开展内容丰富、形式多样的大学生思想政治理论课社会实践教学活动，不断增强思想政治理论课实践教学的思想性、针对性和时代性，不断提升思想政治理论课实践教学的吸引力和感染力。在社会实践选题上，学院结合思想政治理论课课堂教学和重要时政热点，每年都进行精心构思和策划，既有引导大学生"学习新思想，关注新时代""踏着英雄足迹，缅怀英烈伟业"等政治类选题，也有引导大学生对"社会主义公有制经济的主体地位""非公有制经济的发展及其作用""中美贸易战"等进行深入调研的经济类选题；既有引导大学生关注人类命运共同体、一带一路、四个全面战略布局、教育公平、社会保障、生育政策、"三农"问题等社会热点问题，也有引导大学生开展生态环境与可持续发展实证调查研究；既有亲身体验乡村振兴战略给福清基层农村带来的巨大变化，也有亲身感悟福州党史教育基地所蕴含的深厚红色文化。此外，还有法制宣传教育的实践，福建文化建设状况调查和实践，维护老人、妇女、未成年人及残疾人的合法权益实践，大学生职业价值观、主观幸福感、微创业和政治态度等调查，毕业生追踪调查和校友访谈等。在社会实践组织上，学院精心选派实践指导教师，全程参与社会实践，指导学生进行选题确定、资料收集、问卷制作、基地联系、实地参观、现场访谈和报告撰写等。师生们一起走出学校课堂，深入基层、深入农村、深入企业第一线，深入党史教育基地、爱国主义教育基地和社会实践基地，通过亲自参加、亲身观察体验，真正学会运用马克思主义立场观点方法来分析社会问题、解决现实难题，做到理论与实践相结合，并在实践过程中更加深刻领悟习近平新时代中国特色社会主义思想的强大魅力，更加坚定"四个自信"，更加自觉为实现中华民族伟大复兴的中国梦贡献自己的青春和力量。

☞ **【实践成果精选一】**

"00后"大学生职业价值观现状调查与对策研究

材料与环境工程学院陈晓婷团队*

指导教师：陈飞

摘　要：采用职业价值观测验（WVI），调查高校"00后"大学生职业价值观现状。发现"00后"大学生的职业价值观呈多元化分布，具有内外动机并存的特点，也兼具积极和消极的表现；在成就动机和功利化倾向上，"00后"大学生的职业价值观与以往学者观测到的"80后""90后"大学生职业价值观具有一定趋同性；在性别、生源地、是否学生干部和专业科别上，"00后"大学生的职业价值观呈现不同程度的显著差异。

关键词：职业价值观；"00后"大学生；对策

1　引言

　　职业价值观（vocational value）的概念是舒伯（Super）于1970年最早提出，职业价值观是个人追求的与工作有关的目标，是个人的内在需求及从事活动时所追求的工作特质或属性。[1]我国对职业价值观的研究起步较晚，从20世纪80年代才开始陆续进行，[2]国内不少学者也提出了符合我国国情的相关定义。本研究认为，职业价值观是指一个人对职业的基本看法、信念和态度以及他在职业选择和生活过程中所表现出来的一种稳定的价值观念和取向。

　　大学阶段是青年人职业价值观的定型期。然而当前大学生，尤其是"00后"大学生普遍存在着职业探索意识淡薄、职业价值观认识模糊、职业生涯规划不足的问题，而且在职业价值观上还呈现出"物质主义"和群体性差异的特征。[3]与此同时，大学毕业生在选择工作时普遍感到迷茫、犹豫、盲目从众，或是就业后因工作与价值观产生冲突而频频跳槽，给自己和用人单位都带来损失。北森测评网一项调查显示，在接受过大学教育的人群中有55%左右的人感觉自己的职业发展方向出现错误，有37%左右的毕业生对自己的就业现状感到不满意，[4]产生这种现象的主要原因是毕业生的职业价值观与自己的工作不匹配，导致毕业生在面临职业选择时出现偏差，从而在很大程度上影响了毕业生的就业满意度。可见，如何引导大学生认识自己的职业价值观，建立科学的职业价值观，不仅关系着每一位毕业生的职业发展和就业满意度，关系着高等教育的培养质量，也关系着社会的和谐稳定及国家的长治久安。

　　本研究旨在探究"00后"大学生的职业价值观现状，从理论意义上看，有助于进一步丰富大学生群体职业价值观的研究成果。从实践意义上说，有助于高校教育工作者更加客观地把握"00后"大学生的职业价值观特点，力图为高校大学生的职业生涯规划教育提供一定的理论依据，进而更有针对性地引导"00后"大学生树立正确的职业价值观，科学地进行职业生涯规划，更好地培养能够担当民族复兴大任的时代新人。

---

　　* 实践队成员：2017级包装工程专业陈晓婷，2019级包装工程专业谢思榆，2019级汉语言文学洪凯欣，2017级日语专业陈钰欣。

2 研究方法

2.1 研究对象

抽取福建师范大学福清分校1400名"00后"大学生,并进行集中施测,共发放正式问卷1400份,收回问卷1352份,问卷回收率为96.57%。整理收回的问卷,剔除含有连续5项以上规律性作答的问卷及错答、漏答5项以上的无效问卷,共得到有效问卷1331份,有效率为98.45%。被试信息详见表1。

表1 正式被试基本情况表

性别		民族		科别			生源地		独生子女		学生干部	
男	女	汉族	少数民族	理工	文史	文体艺术	城镇	农村	是	否	是	否
419	912	1309	22	345	869	117	702	629	385	946	603	728

2.2 研究工具

职业价值观测验(work values inventory, WVI)是由美国心理学家舒伯于1970年编制的[5],用来衡量工作中和工作以外的价值观以及激励人们的工作目标。该量表共包含52个题项,采用五点计分法,5分代表"非常重要",1分代表"非常不重要"。该量表将职业价值观分为13个因素,分别是:利他主义、审美主义、智力刺激、成就动机、自主独立、社会地位、权力控制、经济报酬、社会交往、社会稳定、轻松舒适、人际关系、追求新意。

2.3 研究程序

以班级为单位,进行为期两周的集中施测。施测前,主试宣读统一的指导语及注意事项,引导被试真实地独立地完成测验。施测后,主试分析并讲解测试结果,让同学们了解自己的职业价值观。

2.4 数据处理

采用SPSS 22.0软件进行数据处理,包括频数分布分析、描述性分析、独立样本t检验和方差分析。

3 研究结果

3.1 "00后"大学生职业价值观的现状

"00后"大学生在十三种职业价值观上的平均得分由高到低依次为成就动机、人际关系、经济报酬、自主独立、轻松舒适、社会稳定、社会交往、利他主义、社会地位、智力刺激、权力控制、审美主义、追求新意。(详见表2、表3)

表2 "00后"大学生职业价值观的总体情况(1)

指标	利他主义	审美主义	智力刺激	成就动机	自主独立	社会地位
M	14.01	12.80	13.36	16.68	14.94	13.77
SD	2.48	3.29	2.52	2.03	2.11	2.57

表3 "00后"大学生职业价值观的总体情况(2)

指标	权力控制	经济报酬	社会交往	社会稳定	轻松舒适	人际关系	追求新意
M	13.12	15.10	14.21	14.17	14.81	16.65	12.64
SD	2.45	2.61	2.72	2.40	2.76	2.21	2.53

3.2 "00后"大学生职业价值观在人口学变量上的差异比较

事先采用多因素方差分析显示,"00后"大学生的职业价值观在几个人口学变量上并未呈现出明显的交互作用,故以单因素分析进行差异检验。其中民族一项,因汉族与少数民族人数悬殊较大,影响统计结果,故不进行差异分析。

3.2.1 "00后"大学生职业价值观在性别、生源地和学生干部上的差异比较

"00后"大学男生在智力刺激、自主独立、社会地位、权力控制和经济报酬这五种价值观类型上的平均得分显著高于女生,而在审美主义和追求新意这两个价值观类型上的平均得分则显著低于女生。在是否独生子女上未见显著差异。"00后"城镇大学生在审美主义和自主独立这两种价值观类型上的平均得分显著高于农村大学生;而农村大学生在权力控制这一职业价值观类型上的平均得分显著高于城镇大学生。"00后"学生干部在利他主义和社会交往这两种价值观类型上的平均得分显著高于普通同学,而在经济报酬、社会稳定和轻松舒适这三种价值观类型的平均得分,则是普通同学显著高于学生干部。(详见表4、表5)

表4 "00后"大学生职业价值观在性别、生源地和学生干部上的差异检验($M \pm SD$)(1)

项目	利他主义	审美主义	智力刺激	成就动机	自主独立	社会地位
性别						
男	14.15±2.54	12.47±3.43	13.78±2.58	16.64±2.09	15.13±2.13	13.97±2.64
女	13.92±2.45	12.99±3.20	13.12±2.45	16.70±2.00	14.82±2.09	13.65±2.52
t	1.74	−2.98**	4.88***	−.54	2.78**	2.37*
生源地						
城镇	13.89±2.57	13.02±3.31	13.27±2.62	16.71±2.05	15.07±2.07	13.75±2.59
农村	14.12±2.37	12.56±3.26	13.46±2.40	16.64±2.00	14.79±2.14	13.78±2.55
t	−1.78	2.72**	−1.53	.61	2.52*	−.22
学生干部						
是	14.16±2.44	12.97±3.26	13.49±2.55	16.78±1.93	14.86±2.06	13.87±2.52
否	13.87±2.52	12.65±3.32	13.25±2.48	16.59±2.11	15.00±2.15	13.68±2.62
t	2.21*	1.90	1.86	1.80	−1.34	1.45

注:* 表示 $p<0.05$,** 表示 $p<0.01$,*** 表示 $p<0.001$(下同)。

表5 "00后"大学生职业价值观在性别、生源地和学生干部上的差异检验($M \pm SD$)(2)

项目	权力控制	经济报酬	社会交往	社会稳定	轻松舒适	人际关系	追求新意
性别							
男	13.32±2.65	15.30±2.72	14.35±2.75	14.07±2.55	14.96±2.88	16.56±2.40	12.44±2.55
女	13.00±2.32	14.98±2.54	14.14±2.69	14.23±2.32	14.72±2.68	16.69±2.09	12.75±2.51
t	2.48*	2.29*	1.44	−1.17	1.66	−1.10	−2.28*

续表

项目	权力控制	经济报酬	社会交往	社会稳定	轻松舒适	人际关系	追求新意
生源地							
城镇	12.98±2.45	15.12±2.62	14.20±2.85	14.22±2.34	14.86±2.78	16.64±2.24	12.65±2.53
农村	13.27±2.44	15.08±2.60	14.22±2.56	14.11±2.47	14.75±2.74	16.66±2.18	12.63±2.53
t	−2.26*	.32	−.20	.86	.79	−.18	.12
学生干部							
是	13.21±2.44	14.88±2.65	14.38±2.74	13.97±2.41	14.60±2.71	16.71±2.20	12.59±2.56
否	13.04±2.46	15.29±2.56	14.07±2.69	14.35±2.38	14.98±2.79	16.59±2.21	12.68±2.50
t	1.39	−3.06**	2.25*	−3.05**	−2.71**	1.04	−.73

3.2.2 "00后"大学生职业价值观在专业科别上的差异比较

采用方差分析比较不同专业科别的"00后"大学生职业价值观是否存在差异，经过事后检验发现，不同科别的"00后"大学生审美主义、权力控制、社会交往和轻松舒适这四种价值观类型上的平均得分从高到低依次为文体艺术类、文史类、理工类，且两两之间差异均显著；文体艺术类"00后"大学生在利他主义和智力刺激这两种价值观类型上的平均得分显著高于其他两类大学生，在社会地位这一价值观类型上的平均得分显著高于理工类大学生；文史类"00后"大学生在成就动机、社会地位和追求新意这三种价值观类型上的平均得分显著高于理工类大学生（详见表6、表7）。

表6 "00后"大学生职业价值观在科别上的差异检验($M±SD$)(1)

项目	利他主义	审美主义	智力刺激	成就动机	自主独立	社会地位
理工类①	13.77±2.47	12.06±3.26	13.32±2.53	16.46±2.02	14.98±1.94	13.19±2.45
文史类②	13.99±2.48	12.92±3.25	13.27±2.48	16.75±2.00	14.89±2.16	13.90±2.56
文体艺术类③	14.42±2.47	13.41±3.34	13.79±2.60	16.71±2.12	15.05±2.16	14.08±2.67
F	4.95**	13.73***	4.31*	2.61	.66	11.74***
事后检验	③>① ③>②	③>②>①	③>① ③>②	②>①		②>① ③>①

表7 "00后"大学生职业价值观在科别上的差异检验($M±SD$)(2)

项目	权力控制	经济报酬	社会交往	社会稳定	轻松舒适	人际关系	追求新意
理工类①	12.69±2.28	14.90±2.56	13.75±2.54	14.15±2.40	14.45±2.72	16.72±2.25	12.32±2.40
文史类②	13.17±2.42	15.16±2.57	14.21±2.76	14.19±2.39	14.83±2.76	16.62±2.15	12.79±2.54
文体艺术类③	13.54±2.71	15.16±2.81	14.87±2.65	14.13±2.46	15.24±2.78	16.67±2.39	12.52±2.60
F	9.16***	1.25	12.49***	.075	5.92**	.27	4.70**
事后检验	③>②>①		③>②>①		③>②>①		②>①

4 分析与讨论

4.1 "00后"大学生职业价值观现状的原因分析

"00后"大学生的职业价值观呈多元化分布,[2]得分最高的前三种职业价值观类型分别是成就动机、人际关系和经济报酬,说明"00后"大学生择业时第一看重施展自我才干的机会,第二看重工作的人文环境,第三在意薪酬福利,表现出职业价值观主体意识自我化。[6]注重自我发展和实现自我价值,同时也表现出功利性的特点,看重物质回报,具有内、外在动机并存的特点。[2]在注重成就动机和功利化倾向上,"00后"大学生与以往学者观测到的"80后""90后"大学生职业价值观差异不大。由此可见,不同时代的大学生在大学这个年龄段,其职业价值观也具有一定趋同性。

得分紧随其后的是自主独立、轻松舒适和社会稳定,这反映出"00后"大学生的职业价值观过于理想,[6]缺乏务实精神。他们普遍既向往高成就、高回报的工作,又希望工作自由、舒适、稳定,缺乏对自我的客观评价及对社会的客观认识,脱离了现实,可能会导致个人内在期望与今后的实际工作存在较大差距。

排名相对靠后的四种价值观分别是社会交往、利他主义、社会地位和智力刺激,这体现出"00后"大学生的职业价值观重个人轻社会。[6]绝大多数学生未将工作与不断学习、动脑和探索相关联,不看重工作是否有助于建立广泛的社会联系和关系,也不太在意所从事的工作是否有较高的社会地位和受人尊敬,"为大众谋幸福"的社会观念和集体观念淡薄,这种个人主义的倾向会使其忽视国家和社会的利益。

得分最低的三种职业价值观分别是权力控制、审美主义和追求新意。这表现出"00后"大学生职业价值观中的美感与创新不足。[6]这或许和我国的应试教育存在一定关系,过分强调考试成绩和工作能力,而忽视了美育和创造力的培养,使得"00后"大学生不认为工作与美的追求和美的享受有关系,缺乏对美的欣赏,也缺乏创新能力的开发。

4.2 "00后"大学生职业价值观在人口学变量上差异的原因分析

4.2.1 "00后"大学生职业价值观在性别上差异的原因分析

"00后"大学男生更看重智力刺激、自主独立、社会地位、权力控制和经济报酬,而"00后"女大学生更在意审美主义和追求新意。这可能是由于我国传统的文化观念,[7]社会对男女的性别角色期待不同,也一直存在男主外女主内、男女有别的思想,在工作上、事业上对男性的要求远高于女性。男人应该自立自强、出人头地,因此男生更注重工作的自主性与独立性,按自己的方式和想法去做,不受他人的干扰与限制。同时,男生在职业中更注重社会地位,渴望得到社会的认可,也具有较强的发展主动性,注重个人的成长,渴望在社会上充分发挥个人作用,实现自我价值,认为自己未来将承担着更多的家庭责任,因而看重外在价值,对经济报酬表现出较为强烈的关注。而女性局限于在家庭中扮演"贤妻良母"的角色和承担"相夫教子"的重任,职业上的压力相对较小,更有可能将工作看作一种休息和享受,注重工作环境的艺术性,在工作中发挥创造力,希望在工作中拥有愉悦的心理感受。

4.2.2 "00后"大学生职业价值观在生源地上差异的原因分析

"00后"城镇大学生更看重审美主义和自主独立,而"00后"农村大学生更在意权力控制。这可能与家庭经济收入和家庭教养方式的不同有关。[8] "00后"城镇大学生的家庭经济条件普遍比乡镇和农村大学生要优越，接受良好的早期教育，在学业上有着优于农村大学生的基础和更高的起点，因此在择业上除了外在价值的考量外，也追求内在精神世界美感的享受。同时，"00后"城镇大学生在家庭中多备受家人的关注，相应地受到更多的管教与束缚，更加地注重对于工作中能否充分发挥自己的独立性和主动性。"00后"农村大学生相对家庭生活条件较为艰苦，家庭社会地位低，早期教育资源也不及城市学生丰富，在见识和特长方面处于劣势地位，经过学习上的打拼，考上大学，对于出人头地和事业有成的渴望更加强烈，更容易将获得对他人或某事的管理权，能指挥和调遣一定范围内的人或事物视作成功的标志，因此在权力控制上有更多的追求。

4.2.3 "00后"大学生职业价值观在是否担任学生干部上差异的原因分析

"00后"学生干部更看重利他主义和社会交往，而"00后"普通同学更在意经济报酬、社会稳定和轻松舒适。这一结果与学生干部和普通同学在日常学习、工作、生活中的现实表现和我们对其所持有的内隐评价不谋而合。"00后"学生干部较普通同学的思想觉悟更高，集体观念更强，愿意为他人着想，乐于奉献，愿意为集体的荣誉和利益牺牲小我，贡献自己的一份力量。在学生干部工作中，他们也不断地在与不同群体的同学和老师打交道，将社会交往看成自己需要培养和锻炼的一种能力。而"00后"普通同学没有了所担任职务赋予其的责任和义务，在职业选择上可以专心关注个人的需求，包括内在需求和外在价值。

4.2.4 "00后"大学生职业价值观在科别上差异的原因分析

文体艺术类"00后"大学生更看重利他主义、审美主义、智力刺激、权力控制、社会交往、社会地位和轻松舒适，而文史类"00后"大学生更在意成就动机和追求新意。不同专业科别的学生具有不同的认知结构和思维活动方式，[9]学生的职业价值观容易受学科思维的限制。文体艺术类"00后"大学生因其所学专业与文化、艺术、体育等科目相关，在审美主义方面更加关注，他们追求高品位的生活方式，注重生活品质的提升，因而对工作的舒适度、工作条件和环境要求较高。他们普遍社会化程度更高，具有更多的社会性思考，他们合群、乐于助人、重感情，具有较好的社会交往能力，注重群体的认可，故比较看重社会地位，在工作中渴望探索新事物，不惧怕解决新问题等都是他们的特点。文史类"00后"大学生所学的专业知识主要是人文知识，涵盖面较广，更具有人文素质，相对来说比较感性，择业时情感因素起着相当大的作用，在就业上承受着更大的心理压力，内心体验更深刻、更复杂。他们往往对自己的未来职业有着更高的期望，渴望成功的欲望更强烈，对自己的要求也更高，不仅将其视为一份工作，更渴望在其中不断创新，不断取得成就，不断得到领导和同事的赞扬，不断实现自己想要做的事情。

5 对策和建议

"00后"大学生的职业价值观呈多元化分布，注重个人发展与自我价值的实现，也关注外在价值的创造，具有内、外在动机并存的特点，具有积极进取、乐观向上的一面。同时也存在着职业价值观过于理想化，重个人轻社会、美感与创新不足等消极表现。"00后"大学生正处在职业价值观形成的探索阶段，职业价值观的思维和选择方式尚未定型，可塑性较强，高校应从以下三个方面引导"00后"大学生树立科学的、正确的职业价值观。

第一，注重个性化引导，实现个体辅导与课堂引领相促进。职业生涯规划课作为公共必修课，是高校对"00后"大学生进行职业价值观教育的重要载体。高校要充分发挥职业生涯规划课的主渠道和主阵地作用，通过课堂价值引领，引导"00后"大学生树立正确的职业价值观。同时，根据"00后"大学生在职业价值观上可能存在的实际问题和困扰，要善于发现个体差异，有针对性地帮助"00后"大学生开展一对一的职业价值观个体辅导。高校要依托职业生涯规划课教研室，从党政管理干部、思政课教师、就业指导中心成员和辅导员队伍中遴选一批优秀的职业生涯规划课教师，并对其进行系统化培训，使他们成为专业化、专家化的职业生涯规划师。同时，结合学校实际，大胆探索，建设若干高校职业生涯咨询室。通过搭建咨询室平台，开展职业生涯规划师与"00后"大学生一对一个性化的辅导和咨询，帮助他们澄清不合理的职业价值观，引导他们形成适合自己的正确的职业价值观念和取向。可见，只有更加注重个性化引导，才能真正实现个体辅导与课堂引领相互补充、相互促进，形成合力，从而提高职业价值观教育的针对性和实效性。

第二，强化价值引领，实现自我价值与社会价值相统一。高校要坚持与时俱进的教育理念，既要加强"00后"大学生的职业理想和职业道德教育，又要大胆鼓励"00后"大学生通过自身努力实现个人成长与自我价值。同时，高校还要强化价值引领，努力将社会主义核心价值观等主流价值观念融入学校的职业价值观教育当中，引导"00后"大学生将个人的发展与社会的需求和国家的需要紧密联系起来。通过结合学校实际，制定毕业生面向基层就业扶持政策，鼓励毕业生到基层去、到农村去，到祖国和人民最需要的地方去建功立业，在为国家和社会服务的过程中实现自我价值。要培养"00后"大学生正确地处理好个人与集体、个人与社会的关系，树立正确的职业价值观，鼓励他们在实现自我价值的同时，还要不断增强自我的社会责任感，更多地关注国家和社会的需求，从而实现自我发展与社会发展的协调统一。只有这样才能更好助力个人职业生涯的持续发展，才能使自己真正成为一名对国家、对社会有用的时代新人。

第三，坚持问题导向，实现审美教育与创新教育相结合。"00后"大学生职业价值观现状调查的结果显示："00后"大学生在审美主义和追求新意这两个方面相对较为薄弱，亟待进行教育和引导。马斯洛（Abraham Maslow）的需求层次理论告诉我们：一个人只有当其基本需求得到满足之后，更高层次的需求才能出现。而工作价值标准中的审美主义和追求新意便是职业价值观中的高层次需求。因此，高校要坚持问题导向，从"00后"大学生职业价值观存在的突出问题着手，进一步加强审美教育与创新教育，实现二者有机结合、共同改进，从而真正达到补齐短板的效果。具体来说，要做到以下两个方面：一方面，高校要善于将审美教育融入"00后"大学生的职业价值观教育当中，要积极探索审美教育与职业价值观教育的内在联系，深挖各类课程中的职业价值观教育元素和美学价值，促进审美教育和价值引领相融合。同时，鼓励大学生职业选择和职业发展过程中要静下心来感受、沉下心来做事,用心关注职业所蕴含的美的东西,善于在工作中发现美、欣赏美,不断提升自身的审美能力和水平。另一方面,在"大众创业,万众创新"的时代背景下,高校还要引导"00 后"大学生树立创新创意的理念,充分发挥自身的创新能力和创造才能,不断增强自身的核心职业竞争力,从而使自己在激烈的职场竞争中脱颖而出。

【参考文献】

[1] SUPER D E, KIDD J M. Vocational maturity in adulthood: toward turning a model into a measure [J]. Journal of vocational behavior, 1979, 14 (3): 255-270.
[2] 欧阳万如. 大学生职业价值观现状研究:以南昌市高校为例 [D]. 南昌:江西师范大学,2010.
[3] 张文龙,叶一舵. 新时代中国青年的职业价值观:基于 CGSS 数据的分析 [J]. 福建师范大学学报(哲学社会科学版),2019(5):69-77.
[4] 佚名. 2019 年中国大学生就业报告 [EB/OL]. [2019-09-23]. https://www.sohu.com/a.
[5] 张爱卿. 人才测评 [M]. 北京:中国人民大学出版社,2005:213-217.
[6] 李艳. 当代大学生职业价值观影响因素分析 [D]. 大连:大连海事大学,2015.
[7] 施章清,牟丽霞. 高师大学生职业价值观研究 [J]. 心理科学,2008(4):974-977.
[8] 文艳,李根强,张改叶. 医科大学生职业价值观特点研究 [J]. 中国健康心理学杂志,2010(11):1364-1367.
[9] 王晨怡. 上海大学生职业价值观调查研究 [D]. 上海:上海师范大学,2015.

【附件】

"00 后"大学生职业价值观调查问卷

亲爱的同学:

您好!本次调查主要是想了解当前高校"00 后"大学生职业价值观现状,选项没有标准答案,没有对错好坏之分,请您根据自己的真实感受作答,并在自己符合或者认同的项目数字上打"√",请勿遗漏。本次调查采取不记名方式,仅作为调查研究之用,资料绝对保密,请您放心填写。您的回答将对我们深入了解高校"00 后"大学生职业价值观状况提供很大的帮助,感谢您的参与和支持!

思想政治理论课社会实践调研小组
2020 年 7 月

第一部分：个人基本信息

性别	①男	②女	专业			
民族	①汉族	②少数民族	科别	①理工	②文史	③文体艺术
是否独生子女	①是	②否	籍贯	（如：福建福州）		
是否学生干部	①是	②否	生源地	①城市	②乡镇	③农村
政治面貌	①党员	②积极分子	③团员	年级	①大一	②大二	③大三	④大四

第二部分：职业价值观测验量表

题号	题目	非常重要	比较重要	一般	较不重要	很不重要
1	你的工作必须经常解决新的问题。	5	4	3	2	1
2	你的工作能为社会福利带来看得见的效果。	5	4	3	2	1
3	你的工作奖金很高。	5	4	3	2	1
4	你的工作内容经常变换。	5	4	3	2	1
5	你能在你的工作范围内自由发挥。	5	4	3	2	1
6	你的工作能使你的朋友非常羡慕你。	5	4	3	2	1
7	你的工作带有艺术性。	5	4	3	2	1
8	你的工作能使人感觉到你是团体中的一分子。	5	4	3	2	1
9	不论你怎么干，你总能和大多数人一样晋级和加工资。	5	4	3	2	1
10	你的工作使你有可能经常变换工作地点、工作场所或工作方式。	5	4	3	2	1
11	在工作中你能接触到各种不同的人。	5	4	3	2	1
12	你的工作上下班时间比较随便、自由。	5	4	3	2	1
13	你的工作使你不断获得成功的感觉。	5	4	3	2	1
14	你的工作赋予你高于别人的权力。	5	4	3	2	1
15	在工作中，你能试行一些你的新想法。	5	4	3	2	1
16	在工作中你不会因为身体或能力等因素，被人瞧不起。	5	4	3	2	1
17	你能从工作的成果中，知道自己做得不错。	5	4	3	2	1
18	你的工作经常要外出参加各种集会和活动。	5	4	3	2	1
19	只要你干上这份工作，就不会再被调到其他意想不到的单位和工种上去。	5	4	3	2	1
20	你的工作能使世界更美丽。	5	4	3	2	1
21	在工作中，不会有人常来打扰你。	5	4	3	2	1

续表

题号	题目	非常重要	比较重要	一般	较不重要	很不重要
22	只要努力,你的工资会高于其他同年龄的人,升级或涨工资的可能性比干其他工作大得多。	5	4	3	2	1
23	你的工作是一项对智力的挑战。	5	4	3	2	1
24	你的工作要求你把一切事情安排得井井有条。	5	4	3	2	1
25	你的工作单位有舒适的休息室、更衣室、浴室及其他设备。	5	4	3	2	1
26	你的工作有可能使你结识各行各业的知名人物。	5	4	3	2	1
27	在工作中,你能和同事建立良好的关系。	5	4	3	2	1
28	在别人眼中,你的工作是很重要的。	5	4	3	2	1
29	在工作中你经常接触到新鲜的事物。	5	4	3	2	1
30	你的工作使你能常常帮助别人。	5	4	3	2	1
31	你在工作单位中,有可能经常变换工作岗位。	5	4	3	2	1
32	你的作风使你被别人尊重。	5	4	3	2	1
33	同事和领导人品较好,相处比较随便。	5	4	3	2	1
34	你的工作会使许多人认识你。	5	4	3	2	1
35	你的工作场所很好,比如有适度的灯光、安静、清洁的工作环境,甚至恒温、恒湿等优越的条件。	5	4	3	2	1
36	在工作中,你为他人服务,使他人感到很满意,你自己也很高兴。	5	4	3	2	1
37	你的工作需要组织和计划别人的工作。	5	4	3	2	1
38	你的工作需要敏锐的思考。	5	4	3	2	1
39	你的工作可以使你获得较多的额外收入,比如常发实物、常购买打折扣的商品、常发商品的提货券、有机会购买进口货等。	5	4	3	2	1
40	在工作中你是不受别人差遣的。	5	4	3	2	1
41	你的工作结果应该是一种艺术品而不是一般的产品。	5	4	3	2	1
42	在工作中你不必担心会因为所做的事情领导不满意,而受到训斥或经济惩罚。	5	4	3	2	1
43	在工作中你能和领导有融洽的关系。	5	4	3	2	1
44	你可以看见你努力工作的成果。	5	4	3	2	1
45	在工作中常常要你提出许多新的想法。	5	4	3	2	1
46	由于你的工作,经常有许多人来感谢你。	5	4	3	2	1
47	你的工作成果常常能得到上级、同事或社会的肯定。	5	4	3	2	1

续表

题号	题目	非常重要	比较重要	一般	较不重要	很不重要
48	在工作中，你可能做一个负责人，虽然可能只领导很少几个人，你信奉"宁做兵头，不做将尾"的俗语。	5	4	3	2	1
49	你从事的那种工作，经常在报刊、电视中被提到，因而你在人们的心目中很有地位。	5	4	3	2	1
50	你的工作有数量可观的夜班费、加班费、保健费或营养费等。	5	4	3	2	1
51	你的工作比较轻松，精神上也不紧张。	5	4	3	2	1
52	你的工作需要和影视、戏剧、音乐、美术、文学等艺术打交道。	5	4	3	2	1

☞【实践成果精选二】

"双创"背景下大学生"微创业"实证研究

经济与管理学院　陈星朵团队 *

指导教师：陈飞

摘　要：大众创业、万众创新的时代背景下，大学生"微创业"热逐渐升温。为探究大学生"微创业"心理和行为状况，本研究编制具有良好信效度的大学生"微创业"心理和行为状况的调查问卷，随机抽取福建地区400名高校大学生进行施测。结果表明，当前高校大学生"微创业"情况不容乐观。针对这种情况，本研究认为应从政府、学校和大学生3个层面加强"微创业"教育和引导，树立大学生"微创业"意识，提升大学生"微创业"能力，落实大学生"微创业"行动，实现大学生的创业梦想。

关键词：微创业；大学生；实证研究

"大众创业、万众创新"（即"双创"）的概念最早出现在李克强总理2014年夏季达沃斯论坛开幕式上发表的讲话中，"要借改革创新的'东风'，推动中国经济科学发展，在960万平方公里土地上掀起'大众创业''草根创业'的新浪潮，形成'万众创新''人人创新'的新态势"[1]。随后在首届世界互联网大会中，他再次做出"促进互联网共享共治，推动大众创业万众创新"的重要指示[1]，显示出政府对创业和创新的重视，以及创业和创新对中国经济的重要意义。此后，"大众创业，万众创新"的新理念席卷了中国大地。

---

* 实践队成员：2017级金融学专业陈星朵，2018级国际经济与贸易专业张晨旭，2017级日语专业陈钰欣。

"微创业"的概念兴起于美国,在 2009 年被引入中国[2][3],国内最早的"微创业"概念来自 2011 年两会期间全国政协委员厉以宁、陈天桥等"如何实现微创业梦想"的提案。"微创业"在媒体聚焦下逐渐为社会广泛关注。[4][5][6]小成本创业其实很早就已经出现在各个行业,只是受限于传统的对创业概念狭义的理解,一直没有明确地提出"微创业"这一概念。2011 年"微创业"走红之后,国内学者从不同角度对"微创业"的概念进行了界定。本研究的"微创业"主体是大学生,考虑到大众创业万众创新背景、大学生的创业特点及自媒体时代对大学生的影响,将"微创业"界定为在校大学生或大学毕业生利用传统网络平台或新兴移动微平台进行的小成本创业活动,传统网络平台如购物网站、众筹网站等,新兴移动微平台指微博和微信的营销功能,如微店。

当前国内相关研究多致力于文献综述类的现状分析,主要是"微创业"的创业形式、特点及优劣势的分析,并探讨大学生"微创业"过程中存在的问题,据此提出教育对策,但在测量与实验的实证研究方面仍是一个空白点。本研究以心理学的视角,采用更加严谨的调查测量方法,深入挖掘大学生"微创业"过程中的心理和行为,与思想政治教育方法相结合,探讨"大众创业、万众创新"背景下大学生如何落实"微创业"想法,帮助落实大学生创新创业,解决大学生就业问题。

一、研究方法

(一)研究对象

随机抽取福建地区 400 名高校大学生进行施测,共发放正式问卷 400 份,收回问卷 383 份,问卷回收率为 95.75%。整理收回的问卷,剔除含有连续 5 项以上规律性作答的问卷及错答、漏答 5 项以上的无效问卷,共得到有效问卷 361 份,有效率为 94.26%。被试信息详见表 1。

表 1 正式被试基本情况表

性别		年级			生源地		独生子女	
男	女	大一	大二	大三	城镇	农村	是	否
104	257	148	126	87	124	237	109	252

(二)研究工具

1. 基本情况问卷

基本情况问卷包括性别、年级、生源地、独生子女、专业科别等人口学变量。

2. 大学生"微创业"调查问卷

基于国内大学生创业现状调查结果,借鉴国外相关调查类研究成果,编制具有良好信效度的大学生"微创业"心理和行为调查问卷。该问卷共包含 23 个项目,围绕大学生"微创业"想法、冲动和行为三个方面展开调查。

(三)研究程序

采用集中施测与随机抽查相结合的方式,一部分利用高校学生的班级例会进行集中施测,一部分在高校教室、图书馆、宿舍区随机发放问卷施测,为期两周。施测前向被试宣读统一的指导语及注意事项,引导被试真实地、独立地完成测验。答题时间充裕,答题完毕后赠予被试纪念品。

（四）数据处理

采用SPSS 13.0软件进行数据处理，对项目进行分类——单选题、不定项多选题和排序题，主要采用频数分布分析、交叉列联表分析等，并采用Excel软件制作图表。

二、研究结果

（一）高校大学生"微创业"的总体情况

本次调查从"微创业"的想法、冲动和行为三个方面入手，了解高校大学生"微创业"的总体情况。当前高校大学生对"微创业"积极性并不高，近六成的大学生"不打算"进行"微创业"，近四成的大学生"正在考虑"，而"计划筹备"和"正在进行"的则寥寥无几（详见图1）；在"微创业"想法上，六成学生"偶尔"才会有"微创业"的想法，两成学生"从未"有过，不足两成的学生"经常"有（详见图2）；在"微创业"冲动上，呈现出与"微创业"想法几乎相同的态势（详见图3）；在"微创业"行为上，近七成的大学生"从未"有过"微创业"行为，近三成的大学生表示"偶尔"有（详见图4）。

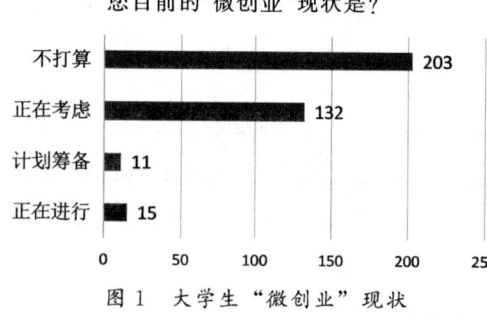

图1　大学生"微创业"现状

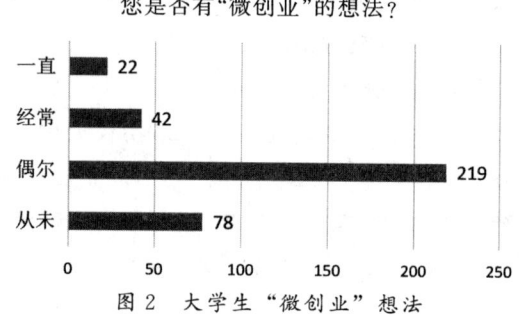

图2　大学生"微创业"想法

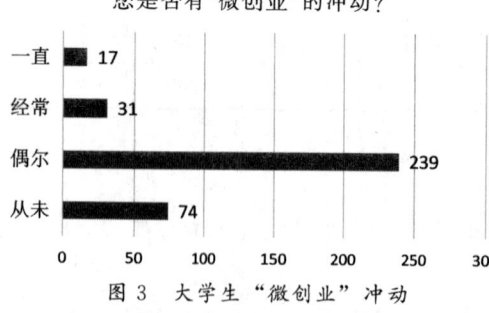

图3　大学生"微创业"冲动

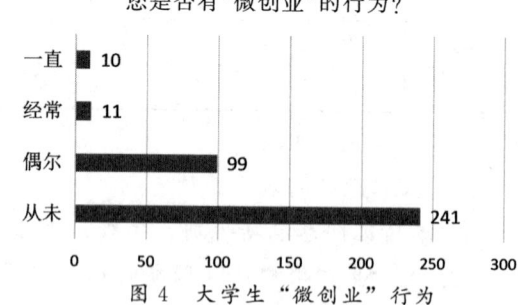

图4　大学生"微创业"行为

（二）高校大学生对"微创业"平台的选择情况

在"微创业"平台的选择方面，购物网站和微信平台分别占了三成，而微博、QQ空间和实体平台也作为大学生"微创业"的选用平台，但相比之下选择的比例较低。在主要平台的选择上，近五成的大学生选择了购物网站，其他依次为微信平台、实体平台、微博平台和QQ空间（详见图5、图6）。

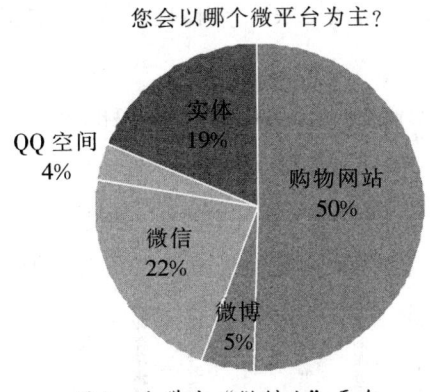
图5 大学生"微创业"平台

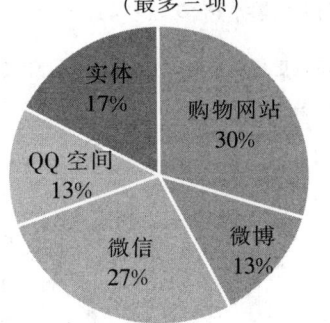
图6 大学生"微创业"主要平台

(三)高校大学生对"微创业"模式的选择情况

在"微创业"模式的选择方面,近八成的大学生选择网络创业和实体经营相结合的形式,其中以实体经营为主,网络经营为辅的"微创业"模式最受学生青睐。其次是以网络经营为主,实体经营为辅的模式,只采用实体经营是学生认为的最不好的"微创业"模式(详见图7)。

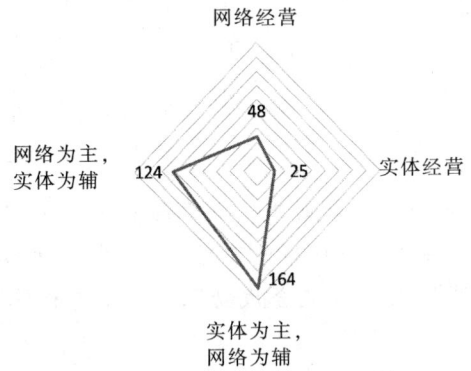
图7 大学生"微创业"模式

在网络"微创业"的几大优势中,大学生认为最重要的三个方面分别是方便快捷、投资成本小、传播途径广,其他依次为入行门槛低、流行新颖有趣、时间弹性大、技术要求低、创业成效较快、可复制性较强及其他(详见图8)。在实体"微创业"的几大优势中,大学生认为最重要的三个方面分别是克服网创的弊端、更好的服务保障、品牌信任度更高,其他依次为客户群体更稳定、传统经营更靠谱、创业存在感更强、经济收入更稳定及其他(详见图9)。

(四)高校大学生"微创业"的心理分析

在高校大学生"微创业"心理研究部分,主要围绕大学生"微创业"的意向、情绪、期待、愿景、需求、障碍等。

如图10所示,近六成的大学生偏向于想做"微创业",另外四成的大学生偏向于不想做。其中,"很想"和"很不想"的比例都较低。如图11所示,在"微创业"过程中近七成大学生认为自己的情绪是"痛并快乐",近三成认为自己是"幸福快乐",只有少数认为"痛苦烦闷"。

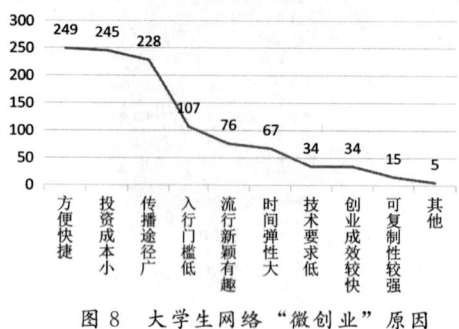

图 8　大学生网络"微创业"原因

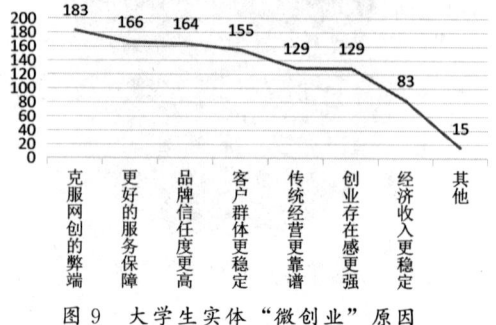

图 9　大学生实体"微创业"原因

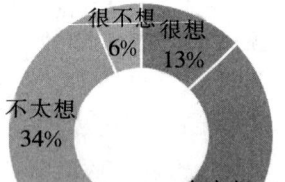

图 10　大学生"微创业"意向

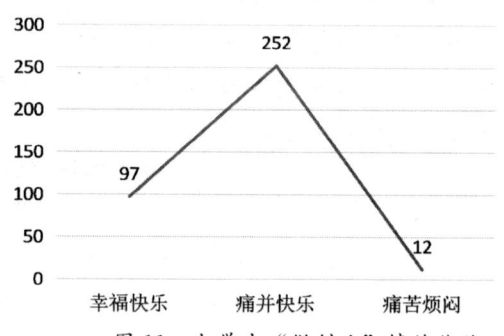

图 11　大学生"微创业"情绪体验

如图 12 所示,大学生期待从"微创业"中获得的主要是"经济收入"和"快乐体验",其次是"成就感",最后是"实现事业梦想"。如图 13 所示,85%的学生认为自己的"微创业""一定会成功"或"可能会成功",仅 15%的学生认为"一定不会"或"可能不会"成功。

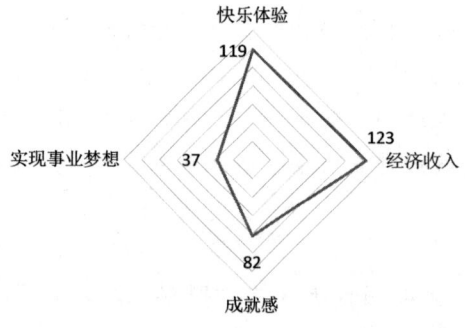

图 12　大学生"微创业"期待

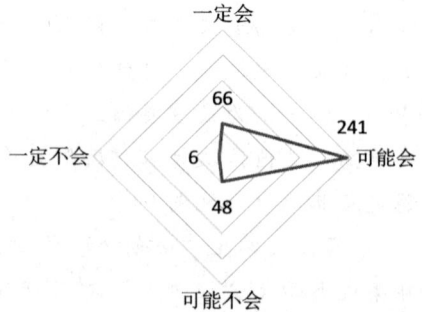

图 13　大学生"微创业"预测

如图 14 所示,大学生认为"微创业"最需要得到的支持由高到低依次为"前沿的创业资讯""学校创业教育和活动""政府的优惠政策""亲友的经济支持""亲友的精神鼓励"。这说明大学生在"微创业"过程中需求导向信息、知识、技能的储备,对于经济和心理上的准备较不关注。

如图 15 所示,大学生认为"微创业"最大的障碍由高到低依次为"启动资金不足""知识能力不足""找不到创业项目""害怕创业失败""找工作与创业的艰难抉择""'微创业'前景不明""管理操作难度大""扶植政策不到位""其他"。这说明大学生在"微创业"过程中认为难度最大的是资金、知识、能力、想法及对创业的信心。

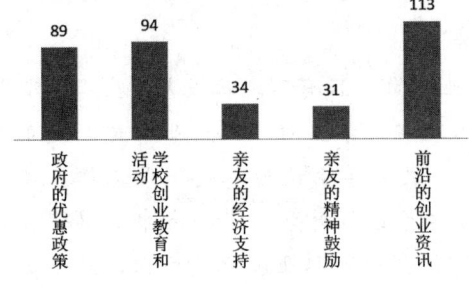

图 14　大学生"微创业"所需支持

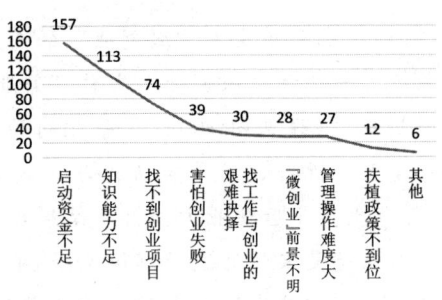

图 15　大学生"微创业"障碍

（五）高校大学生"微创业"的行为分析

大学生在"微创业"项目的选择上明显倾向于服装和食品两大门类,其次是化妆品、饰品、鞋包和日用品,最次考虑纪念品、书籍音像和数码电器类（详见图 16）。这说明当前大学生的需求和购买力主要集中在服装、食品、化妆品、饰品等,对于日用品、书籍、电器等需求较低,也从侧面反映出大学生的创业意向。

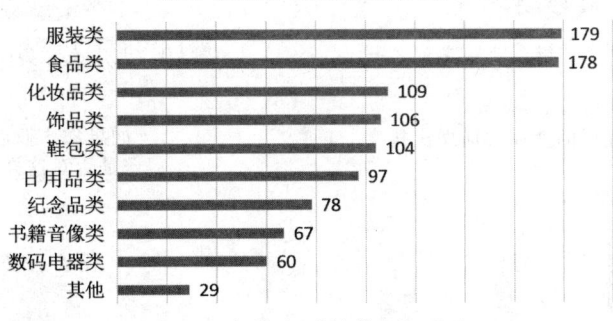

图 16　大学生"微创业"项目

如图 17、图 18 所示,目前大学生大部分愿意"尝试微创业行动",都会"萌生微创业想法""构思微创业项目",但在创业冲动上明显较低。这与之前的调查结果相吻合。在"尝试微创业行为"上,由高到低依次为"构思店铺的装修布置""查找创业项目""联系供货渠道""为创业而存钱""参加校园微创业活动""尝试摆摊设点""其他""开发创意产品"。

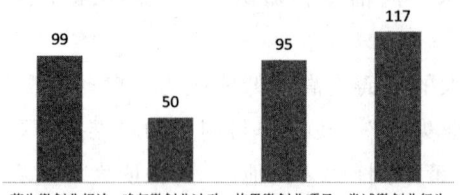
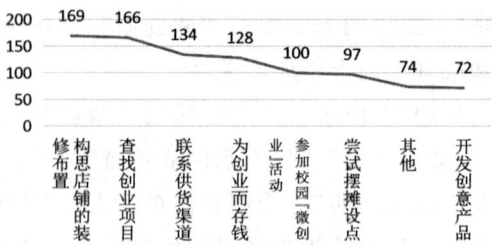

图 17　大学生"微创业"步骤　　　　图 18　大学生"微创业"行动

（六）高校大学生对"微创业"的态度分析

七成大学生把"微创业"当作"兼职"事业来做，只有不到三成大学生"专职"从事"微创业"（详见图 19）；几乎相同的结果出现在大学生对"微创业"是否是正式工作的态度上，近七成的学生认为是正式工作，三成大学生认为不是正式工作（详见图 20）；大学生毕业后就业方向排序结果显示，相较于继续升学、考公考事业单位和企业就业，创业是最末位的选择（详见图 21）；在"微创业"职业满意度方面，总体满意度呈中等水平，但其中近四成的大学生表示"不知道"（详见图 22）。

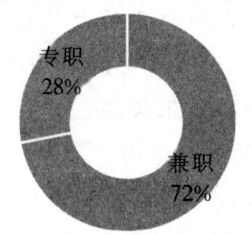
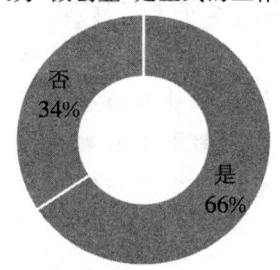

图 19　大学生"微创业"定位之一　　　　图 20　大学生"微创业"定位之二

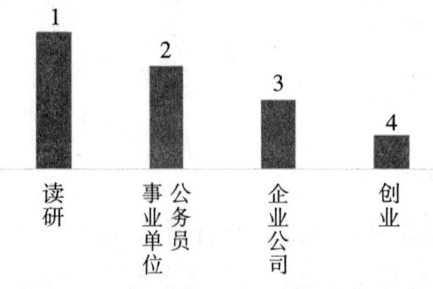
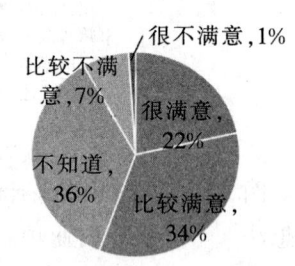

图 21　大学生就业方向　　　　图 22　大学生"微创业"职业满意度

三、大学生"微创业"情况分析

当前高校大学生对"微创业"积极性并不高，对于大学生来说"微创业"可做可不做，且多停留在想，想法不够坚定，冲动和愿望不够强烈，行动上落实得少，能够尝试的多是简单有趣易行的创业初期的行为,在参加相关活动和尝试销售方面做得较少,创新创意能力也较差。

在"微创业"平台和模式的选择上,注重网络的使用,多选用大型可靠网站作为主要经营平台,同时也重视实体经营的力量。大学生看中网络经营的方便快捷、投资成本小、传播途径广三大优势,同时看中实体经营能够克服网络经营的弊端、更好的服务保障、品牌信任度更高三大优势,认为"微创业"应结合利用实体与网络平台,缺一不可。

在"微创业"经济收入问题上,一方面大学生不太重视经营平台与模式选择对经济收益的影响,另一方面大学生又最为期待"微创业"所带来的经济收入。在经济投入问题上,一方面大学生认为并不是非常需要得到经济上的支持;另一方面,又认为"微创业"最大的障碍是启动资金。这说明大学生在创业经济方面认识比较矛盾,还很不成熟。

在"微创业"的心理感受上,大学生普遍认为是"痛并快乐"的事,更偏向于"乐",也期待"微创业"可以给自己带来快乐的体验和成就感。这说明大学生已然在心理上做好创业艰辛的准备,十分注重情感体验,但把"微创业"当作事业和梦想的概念还比较遥远和模糊。

大学生对"微创业"意向倾向于服装和食品两大门类,需求导向信息、知识、技能的储备,也认为这是创业中最大的障碍。

大学生对创业前景的预估是比较乐观的,但存在极大的不确定性,对创业缺乏坚定的信心。尽管大部分大学生认为"微创业"是正式工作,但还是有许多大学生把"微创业"当作"兼职"而非"专职"事业,相较于继续升学、考公考事业单位和企业就业,创业是最末位的选择,"微创业"作为一种职业的总体满意度呈中等水平,大部分大学生表示不知道自己是否会满意。

四、大学生"微创业"对策提出

针对当前高校大学生"微创业"总体现状,本研究认为应加强高校"微创业"教育,树立大学生"微创业"意识,提升大学生"微创业"能力,落实大学生"微创业"行动。同时应加强政府的政策扶持,帮助大学生明确创业前景,实现创业梦想。

(一)政府:提供外力扶持,营造一个良好的"微创业"环境

外因是事物发展的重要条件,政府要调动一切积极因素,为大学生"微创业"提供外力支持,只有这样,才能为大学生营造一个良好的微创业环境。[7]政府的外力支持应该包括两个方面:一方面,政府要为大学生"微创业"提供法律保障。不少学者认为立法在促进"微创业"的发展中具有十分重要的作用。通过立法将政府对微创业发展的支持法制化,不仅可以从法律上保护微创业者的合法权益,为微创业者创造良好的公平竞争环境,而且能够规范政府机关的行为,避免实际运作中人为因素的干扰。[8]另一方面,政府要为大学生"微创业"提供必要的政策支持。这里主要有二:一是提供财政补贴和税收优惠。通过无偿拨款、贷款贴息、税收优惠和资金投入等方式[8],补助金额越来越大,补贴形式越来越多,如"中央财政拟投入423亿元""大学生创业每年享受8000元

税收减免待遇，毕业生创业3年内每年减税8000元"等[9]，但受益面还比较窄，辐射作用也不够大，大学生更是难以获益。可以实施大学生创业引领计划。提供登记便利、税收优惠、场所支持、贷款支持，为高校毕业生"微创业"保驾护航。[10]二是提供信用担保和融资平台。尽管"要给大学生最低5万元的贷款""给予贴息贷款"[9]，大学生还是面临创业资金不足、贷款难等普遍问题。可以适当简化"微创业"项目的审批手续，减免部分费用，开辟必要的融资渠道，鼓励民间资本扶持参与"微创业"活动，鼓励和引导一些企业参与到"微创业"中去，真正引导大学生参与创业。[2][6]

（二）学校：加强"微创业"教育，提升大学生"微创业"能力

为了更好地引导大学生树立"微创业"意识，提升大学生"微创业"能力，帮助更多的大学生实现成功"微创业"，学校应坚持教育为主的工作理念，不断加强对大学生的"微创业"教育，具体来讲要做到以下四个方面：第一，建立"微创业"课程体系[11]，培养"微创业"意识。[12]高校应提供创业方面的讲座、公选课[5]，或依托第二课堂，如创新创业竞赛，引进"SYB"（Start Your Business，创办你的企业）培训项目，全校共享[10]，科学地设计"微创业"实践课程，对接指导创业实践。第二，强化针对性师资队伍，高校对于创业教育的师资队伍要有严格的选拔和培训机制，不仅要鼓励有创业教育研究经验的教师参与课程设计，还必须聘请有一定"微创业"经历的创业者、就业指导专家担任课程讲师，传授创业心得。[11]第三，打造校园创业文化[9]，加大"微创业"实践环节，以校园文化生活为起点，开展成本与风险微弱的创业实践，如二手物品交易平台、模场大赛等，让学生较好地感受和总结"微创业"体验，为进入社会、面向大众的"微创业"积累丰富的实践经验。[11]同时可通过社会化的实践基地、"微创业"企业的岗位实训，拓宽学生参与"微创业"经营运作的机会，让学生在更多的实践中掌握商业决策分析、运营管理的技巧。第四，成立大学生创业基地，追踪创业成果孵化。在高校创业产业园设立专项扶持基金，简化入园手续。或者通过"微创业"教育发觉有潜力的团队、个人，引社会资源扶持资助。在"微创业"教育的同时应做好跟踪、扶助工作，了解有意创业学生的现状，及时提供政策咨询、资源保障、项目孵化的配套服务，并将孵化成果的"微创业"企业作为优秀典型案例导入"微创业"教育中，实现"教育促成果孵化，成果增教育水平"的双向动态效果。[11]

（三）大学生：树立"微创业"意识，落实"微创业"行动

内因是事物发展变化的根据和第一位的原因，外因是条件和第二位的原因[13]，因此，在对大学生进行"微创业"教育和引导过程中，要坚持内因第一的成长规律，充分发挥大学生自身的主人翁精神和主观能动性。既然解决"微创业"教育问题的主要因素在于内因，在于大学生自身的"微创业"意识和主观能动性，而不是政府和学校等外部因素和条件，那么作为大学生就要充分发挥自己的主观能动性，树立"我创业 我充实 我快乐"的思想意识，反复提醒自己在"微创业"的过程可能会遇到各种各样的困难，但只要我们加强创业精神培养[14]，强化"微创业"意识，明确"微创业"目标，落实"微创业"行动，并持之以恒、坚持不懈，最终一定能够实现自己的创业梦想。大学是人生的新起点，是我们一生中最具有朝气、最具有活力、最具有创造力的阶段，也

是实现我们自身创业梦想最黄金的时期。路就在我们每一个人自己的脚下,需要我们自信自立自强,需要我们自己去努力,去拼搏。大学生通过"微创业"实践,不仅能积累创业经验,提升创业能力,而且能激发创新思维,丰富人生阅历。奋斗的青春最美丽,在大众创业、万众创新时代背景下,大学生积极投入"微创业"的实践中,就会收获更大的成长,在未来激烈的竞争中脱颖而出。

【参考文献】

[1] 李克强. 大众创业、万众创新全记录(2013—2014年)[EB/OL]. [2014-12-26]. http://www.gov.cn/xinwen/2014-12/26/content_2796967.htm.

[2] 薛川. 高职艺术类学生"微创业"模式研究[J]. 艺术与设计(理论),2013(12):172-173.

[3] 郑秋,卢建国,乐上泓. 微创业模式研究[J]. 长江大学学报(社会科学版),2013(4):56-57.

[4] 张莉. 大学生微创业素质的发现与培养研究[J]. 教育教学论坛,2014(33):281-282.

[5] 杨铖,吴泽俊. 微创业:大学生创业实践教育的思考[J]. 南昌工程学院学报,2014(5):89-92.

[6] 田军鹏. 微创业:大学生创业与创业教育的新视角[J]. 福建医科大学学报(社会科学版),2013(1):9-12.

[7] 金艳红. 内外整合互动创建可持续发展的创业环境:以吉林省创业环境为例[J]. 吉林化工学院学报,2015(2):19-23.

[8] 吴晓义. 微创业:概念、作用与扶持机制[J]. 广东科技,2014(13):46-48.

[9] 周琳. 高职院校中"微创业"情况的分析与对策[J]. 黑龙江生态工程职业学院学报,2011(3):100-101.

[10] 刘迎春,陈建. 大学生微创业平台建设思路[J]. 时代报告(学术版),2014(10):129-130.

[11] 王佳杰. 高校"微创业"教育研究[J]. 上海工程技术大学教育研究,2014(4):61-64.

[12] 叶山土,籍洪亮. 微创业:高校大学生创业实践教育的新视角[J]. 青少年研究与实践,2014(1):16-19.

[13] 郑又贤. 马克思主义哲学原理[M]. 福州:福建教育出版社,2004:103.

[14] 白雅芬. 当代大学生创业精神培养研究[J]. 吉林化工学院学报,2013(8):53-56.

【附件】

关于大学生"微创业"的问卷调查

亲爱的同学:

您好!我们是经济与管理学院社会实践调研组成员,今天来调查了解我校关于大学生微创业方面的一些问题和情况,目的是深入探究大学生微创业心理和行为状况。本次调查采取不记名方式,仅作为调查研究之用,资料绝对保密,请您放心填写。请在开始填写之前认真阅读问卷核心概念说明,选项没有标准答案,没有对错好坏之分,请您根据自己的真实感受作答,并在所选项目数字(如"①")上打"√",请勿遗漏,感谢您的参与和支持!

思想政治理论课社会实践调研组

问卷核心概念说明:

微创业:原指用微小的成本进行创业,也指创业规模微小或所处领域细微。

新媒体时代的微创业:指利用网络新兴微平台进行创业。

实体:在此指有固定的经营场所和设施(如店面、工厂)。

年级:①大一　②大二　③大三　④大四
生源地:①城镇　②农村
独生子女:①是　②否
您目前就读的专业:_____(专业请填写全称)

1. [单选] 您目前的状态是?
①我正在微创业
②我即将开始微创业
③我正在筹备微创业
④我打算进行微创业
⑤与创业无关

2. [多选] 如果您进行微创业,会利用以下哪些平台?
①购物网站(淘宝等)
②微博
③微信(微店)
④QQ 空间
⑤实体小店
⑥摆个小摊

3. [单选] 以上就您挑选的平台中，您会以_____平台为主？

4. [单选] 您认为哪种创业模式最好？
①网络创业
②实体经营
③网络创业为主，实体经营为辅
④实体创业为主，网络经营为辅

5. [多选] 您之所以更倾向于选择网络平台的原因是？
①方便快捷
②投资小成本低
③入行门槛低
④流行，大势所趋
⑤技术要求低
⑥时间弹性大
⑦可复制性较强
⑧创业成效较快
⑨新颖有趣
⑩其他_____

6. [多选] 您之所以更倾向于选择实体经营的原因是？
①传统经营模式更靠谱
②客户群体更稳定
③经济收入更稳定
④品牌信任度更高
⑤创业存在感更强
⑥能提供更好的服务和保障
⑦能克服网络经营的弊端（如不能在购买前看到商品等）
⑧其他_____

7. [单选] 您认为您的微创业想法最终会不会实现？
①一定会
②很可能会
③可能会
④可能不会
⑤很可能不会
⑥一定不会

8. [单选] 您_____有微创业的冲动?
①从未有过
②偶尔
③有时
④经常
⑤一直

9. [多选] 您认为阻碍您实现微创业的最大障碍是?
①启动资金不足
②找工作与创业的艰难抉择
③害怕创业失败
④扶植政策不到位
⑤对微创业认识不足
⑥功利心太重
⑦管理和操作难度大
⑧微创业前景不明
⑨微创业能力和素质不足
⑩找不到创业项目
⑪其他_____

10. [单选] 当您想起微创业,您首先会想到什么?
①卖什么或做什么
②小店/网店的装修布置
③自己做感兴趣的工作的模样
④自己成功的样子
⑤经营中遇到困难的样子

11. [多选] 如果您尚未开始微创业,您尝试过哪些微创业行动?
①查找创业项目
②构思小店/网店的装修布置
③联系供货渠道
④参加校园微创业活动
⑤摆摊设点试试看
⑥开发创意产品
⑦为创业而存钱
⑧其他_____

12. [单选] 如果微创业的过程可以分为以下几个步骤，您认为您能够进行到哪一步？
①萌生微创业想法
②唤起微创业冲动
③构思微创业项目
④尝试微创业行动

13. [单选] 您想微创业吗？
①很想
②有点想
③不太想
④很不想

14. [多选] 您为什么想创业？
①有趣的事
②对心仪的创业项目很感兴趣
③当老板不受拘束
④流行，大势所趋
⑤挑战自我
⑥就业难
⑦经济收入高
⑧实现自己的事业梦想

15. [多选] 您的微创业意向是什么？
①服装类
②鞋包类
③饰品类
④数码电器类
⑤化妆品类
⑥食品类
⑦纪念品类
⑧日用品类
⑨书籍音像类
⑩其他_____

16. [单选] 您在本次榷场大赛中的小铺经营的是什么？
①服装类

②鞋包类
③饰品类
④数码电器类
⑤化妆品类
⑥食品类
⑦纪念品类
⑧日用品类
⑨书籍音像类
⑩其他_____

17. 请用一句话描述您小铺的卖点/创意点/闪光点：_____

18. [单选] 您认为您在创业过程中更多体验到怎样的情绪？
①幸福满足
②开心快乐
③痛并快乐
④痛苦烦闷

19. [单选] 您是否认为微创业是一份正式的工作？
①是
②否

20. [单选] 如果您正在微创业，您是否满意您的现状？
①很满意
②比较满意
③一般
④比较不满意
⑤很不满意

21. [单选] 在您看来，大学生微创业最需要得到什么支持？
①政府的优惠政策
②学校的创业教育和活动
③亲友的经济支持
④亲友的精神鼓励
⑤前沿市场的创业资讯

22. 如果您进行微创业，您最想做什么？_____

23. [单选] 您更愿意在大学期间"兼职"微创业,还是更愿意大学毕业后"专职"微创业?
①前者
②后者

24. [单选] 您_____感到自己想要微创业。
①从未
②偶尔
③有时
④经常
⑤一直

25. [单选] 大学毕业后的就业方向是?
①读研
②公务员
③事业单位(如学校等)
④企业
⑤创业

☞【实践成果精选三】

探索象洞主导产业,助力乡村振兴战略
外国语学院 陈红团队 *

一、实践调查背景

2021年暑假期间,我们调研小组对象洞镇的11个行政村进行了调研。调研发现,因前些年发展的生猪养殖产业对当地生态环境造成了一定的破坏,为了不使生态环境继续遭受污染,象洞镇集中力量禁止了生猪养殖产业,致力于打造"无猪乡镇"。在此之前当地生猪养殖产业一家独大,当地产业发展单一化,使得整治之后农村就业机会减少,造成大量农村人口外流,外出务工人数逐年增加,象洞镇劳动年龄比例表现出失衡趋势,外出务工年龄段中青壮年段居多,从而令农村空巢老人、留守儿童等社会问题相继发生。

为了使生态环境与乡村经济发展相平衡,象洞镇多措并举,不仅积极响应党中央号召,认真学习贯彻习近平总书记"绿水青山就是金山银山"的理念,还大力推进生态文

---

* 扬帆志愿者赴象洞镇实践队其他成员:云南师范大学2020级旅游管理(非师范)专业李文鑫,莆田学院2020级商务英语专业何舒萍,福建卫生职业技术学院2020级临床医学练子怡,嘉应学院思想政治教育专业2020级陈蓉。实践调查报告是由实践队共同完成。

明建设，稳步推动产业转型升级；并结合当地实际，发展了以象洞鸡、百香果为主的绿色生态农业，走出了一条适合当地人民的生态致富之路，从而有效地解决当地的劳动力短缺、生态环境破坏等问题，助力乡村振兴。虽然这条致富之路的前途是光明的，但道路是曲折的。我们不仅要看到产业发展的兴盛，也要看到产业发展的不足。为此，我们小组历时17天进行田间走访调查，探寻象洞镇"一鸡一果"产业如何助力当地乡村振兴。

二、实践调查的目的和意义

投身社会实践，做此调研，深入探寻象洞镇"一鸡一果"产业如何助力当地乡村振兴，不仅有助于我们深入乡村，了解国情，了解社会，亲身感受国家乡村振兴战略的实施现状，也有利于我们真正做到理论联系实际，学以致用，以便将来能更好地走向社会。

三、实践调查的地点和时间

项目地点：福建省武平县象洞镇

项目时间：2021年7月20日至8月5日

四、实践调查的方法

实地走访

五、实践调查的过程

李文鑫、陈蓉、陈红、练子怡、何舒萍一起走访调查象洞镇主导产业发展状况，之后进行小组讨论，找出发展中存在的问题，通过资料搜寻、百姓建议等方式提出对策建议，最后进行总结。

1. 走访当地的象洞鸡养殖场、加工厂。

2. 走访当地的百香果种植基地、分拣中心。

六、实践调查的主要内容

本次实践调查深入探究以下三个问题：

（一）提出问题："一鸡一果"为什么会成为地方特色产业

1. 顺应国家形势：积极引导成立专业合作社，贫困户采取"合作社＋贫困户""党建＋农户＋贫困户"等模式参与种植，学习技术、学习经验，实现"输血"向"造血"转变，实现稳定脱贫增收。

2. 武平县积极响应省委、省政府的号召：充分利用武平的生态优势，致力于武平特色产业的发展，结合养殖业污染治理，鼓励生猪转产户发展种植百香果和养殖象洞鸡。提出"少养猪多种果，要种就种百香果；少养猪多养鸡，要养就养象洞鸡"的口号。

3. 武平先天的生态优势：森林覆盖率达到79%，是目前全国64个"中国天然氧吧"之一，境内负氧离子含量是世界卫生组织规定"空气清新"标准的3倍，部分高浓度地区还能达到增强免疫、净化身体的疗养级别，由此适宜养殖象洞鸡。象洞镇是亚热带季风气候，夏季炎热多雨，雨热同期，冬季温和湿润。年平均气温在18℃以上，日照时间长，降水量丰富，河流分布均匀，满足种植百香果的要求。

4. 象洞鸡本身的优势：其一，口感好、品质优、高营养低脂肪，体内所含牛磺酸等有益人体的营养元素也非常丰富。其二，象洞鸡是武平极具地方特色的品种，当地群众对象洞鸡的认同感也较为强烈。对于这一品牌的塑造，武平本身具有一定的基础，养殖优势和发展优势较为明显。

5. 百香果有水果之王的称号：百香果富含165种对人体有益物质、132种芳香物质，营养价值高，味道丰富。因含有超纤维，可改善肠道菌群，吃法更是多种多样，由此可见百香果的市场非常大。且百香果适应性强，对土壤要求不高，需要充足的阳光，适合在海拔1400米以下种植。

（二）进一步探索研究：特色产业如何转化为优势产业

1. 政策方面：为了充分彰显象洞鸡国家遗传资源品种的特色和充分利用土地资源因地制宜种植百香果，促进资源优势转变成产品优势，在2017年，武平县人民政府正式出台《武平县2018—2020年百香果和象洞鸡产业发展扶持政策》。该政策的出台为推进象洞鸡和百香果产业的发展提供了政策支持，为象洞鸡和百香果产业的稳步和持续发展打下了坚实的基础。该政策出台后象洞镇人民也积极响应，同时通过当地政府的引导和帮助，鼓励生猪退养户、农户、贫困户发展种养，致力于产业转型，助力乡村振兴。据悉，2020年全镇有200多户百香果种植户，百香果种植面积达3500多亩，其中黄金百香果有2300亩，目前黄金百香果长势喜人，果子个头大，果品上乘，收获满满，个别百香果有200克之重。特别是象洞镇太山村，2020年整村推进黄金百香果种植500多亩，占全村耕地面积的90%之多，种植农户65户，占全村从事农业农户的90%，已成为名副其实的黄金百香果种植专业村。

此外，武平县对着力发展象洞鸡产业，也有特别制定象洞鸡产业发展扶持政策。首先是扶持对象为象洞、岩前、十方、武东、中堡5个镇可养区内养殖象洞鸡的养殖场（户），全县各乡（镇）象洞鸡及其产品的加工经营者。其次是扶持办法及标准有以下几方面：

（1）象洞鸡生产设施设备补助：新建种鸡场，内部建筑科学合理，符合行业要求规范，有相应完备配套设施的养殖场有相应的补助。

（2）蛋鸡或商品肉鸡场：存栏肉鸡10000羽以上、笼养蛋鸡5000羽以上的专业场新建砖混、钢架结构且设施配套齐全有相应的补助。

（3）专业养鸡户：存栏肉鸡1000羽以上的专业户新建砖混、钢架结构且设施配套齐全有相应的补助。

（4）贫困户：可享受扶持政策补助。

（5）象洞鸡屠宰加工厂，建设年屠宰象洞鸡等禽类产品100万羽（只）以上的标准化现代化加工厂，对其厂房和生产设施设备进行适当补助，并优先向上级部门推荐相关补助项目。

2. 技术和组织方面：在技术方面，为促进返乡入乡创业创新、支撑乡村建设行动、巩固拓展脱贫攻坚成果同乡村振兴战略有效衔接提供有力的人才支撑。武平团县委特联合县农业农村局举办武平县2021年高素质农民产业培训班，培育计划以灵芝、百香果、茶叶、脐橙、象洞鸡、蜜蜂等种植、养殖实用技术为主,让农民学到更多技术知识,有更好的知识储备,为以后种植百香果和养殖象洞鸡打下良好的基础;为每个乡镇分配技术人员,实地考察为百香果种植户和象洞鸡养殖户解决问题,为种植百香果和养殖象洞鸡提供技术支持,并为以后的象洞鸡百香果产业良性循环发展提供技术保障。在组织方面,在鼓励种植黄金百香果的同时,象洞镇积极引导鼓励合作社采取"合作社+农户""党建+农户+贫困户"等模式参与种植,学习技术、学习经验,实现"输血"向"造血"转变,助力乡村振兴。这种模式,不仅促进了百香果象洞鸡产业的发展,同时也带动了其他产业如大棚种植业(出现"葡萄树下养象洞鸡,百香果树下种植西瓜")的发展。

3. 品牌和市场方面:县委书记陈厦生在县委三楼会议室主持召开武平百香果、象洞鸡特色农业产业发展规划与扶持政策专题会议时,提到要做好品牌农业文章,要充分抓住武平黄金百香果、象洞鸡被选为厦门金砖会晤国宴用品的良好时机,牢固树立品牌意识,加大宣传力度,做大做强象洞鸡地理标志产品,打造"中国黄金果之乡"。近年来,武平县也着力发展百香果产业,鼓励广大农户种植百香果,并从生产、加工、销售等领域不断拓展,有效延伸百香果产业链条,充分运用网络电商平台,将黄金果销往全国各地,切实打响黄金果品牌和知名度。其中象洞镇人民积极实践,如象洞镇光彩村"90后"谢书平原先在厦门上班,从事网络工程工作,2020年,他开始了返乡创业之路,种植了140余亩黄金果,分别在集镇(金象湾)、洋贝村、光彩村建立了3个仓储分拣中心,统一收购全镇的黄金果并销往广东、深圳、漳州、龙岩等各大农产品市场或进行线上销售,加强和电商平台合作,通过"线上+线下"的这种方式,在百香果市场需求量日益增长的趋势下,使得百香果销量日益增大,百香果真正成为象洞人民的致富之果。而象洞鸡也有自己的品牌,被称为"氧吧里的跑步鸡"(由弘道农业设计),为人们所喜爱,成为象洞人民脱贫致富鸡。

(三)结合实际:"一鸡一果"产业如何扶贫与富农

习近平总书记2017年在党的十九大报告中提出了乡村振兴战略,并指出要坚决打赢脱贫攻坚战。随后这一战略便开始实施,全国响应号召。象洞镇也积极落实,打开了具有地方特色的"一鸡一果"产业的大门,进行产业转型,开启了"少养猪多种果,种果就种百香果;少养猪多养鸡,养鸡就养象洞鸡"的地方特色产业之路。利用象洞镇的生态优势,种植百香果,发展"一鸡一果"产业,既助力了乡村振兴,又利于环境整治。

1. 象洞鸡方面取得的成效。象洞鸡是象洞镇"一鸡一果"特色优质农产品之一,目前存栏约300万羽,年出栏约500万羽,年产值5亿元以上。在政府全面禁止生猪养殖后,象洞镇为了帮助百姓们增加收入,并增加就业机会,大力发展"一鸡一果"。其中象洞鸡产业是凭借着象洞鸡本身口感好、品质优,并且是武平当地极具地方特色的品种等优势逐步发展的。同时,当地群众对象洞鸡的认同感较为强烈,所以发展起来并不困难。故此,政府便利用这些优势来打响象洞鸡的知名度,扩大养殖规模。要想发展好象洞鸡这个特色产业,不仅要抓生产,还要抓宣传,只有知名度打开了,才能使销量增加,才能使得百姓的收入提高。对此,近几年,武平县相关政府部门也大力关注和支持象洞鸡的发展,并且提出"三要":要从生产环节入手,养好鸡;要从加工环节入手,杀好鸡;要从销售环节入手,卖好鸡。

据了解,一开始只是少部分百姓在承包土地来养殖象洞鸡,并且规模不大,收入也不高。但在政府的政策支持和宣传力度大大提升之后,象洞鸡的养殖数量不断增加,人们的收入也不断增加。其后,大伙看见了养殖象洞鸡的前景,绝大多数人加入大规模的象洞鸡养殖。其中,不仅是建立养殖场养殖,更是建立了加工厂来加工象洞鸡以便扩宽销售渠道。同时,这些养殖场的建立增加了就业岗位,使得大多数青壮年返乡养殖象洞鸡,而后将其销售至省内外各个地方。象洞鸡的发展不仅使得农村青壮年劳动力增加,也使百姓收入增加;不仅带动一大批人养殖与销售象洞鸡,利于象洞兴旺发达,也使得少数人先富而后带动一些人后富,以此循环,从而促进乡村振兴,慢慢达到乡村富裕。

2. 百香果方面取得的成效。百香果种植的推广改善了我镇的就业状况,响应了国家的扶贫政策。百香果的种植包括繁殖方法、栽培技术和病虫防治三大部分。其中搭架、挖定植穴、整形修剪、果实采收等方面都是需要人工的,尤其是大规模种植户。这就为我镇之前养猪的失业人员提供了一个新的自主创业机遇,也为我镇年龄相对较大、来自较贫困家庭以及想留守家乡的人提供了就业机会。几年下来,因众多大规模的种植,百香果产业链不断完善,我镇的就业状况得到了比较好的改善,扶贫也取得初步成效。

百香果带来的收益,着实取得了富农的成效。2020年,象洞镇就有200多户百香果种植户,其中30亩以上规模种植户66户,百香果种植面积达3500多亩,其中黄金百香果种植面积高达2300亩。2021年,栽培面积更是胜于2020年。虽然百香果的价格会时常波动,但其利益还是很可观的。采摘下来的百香果经由各种渠道销售,抑或再加工,最终售出,所得的收益很好地改善了农民的生活,富农效果显著。

3. "一鸡一果"对扶贫富农作用的总结。党的十九大把着力解决好"三农"问题,实施乡村振兴战略,加快农业农村现代化,作为全党工作的重中之重。加快百香果、象洞鸡特色农业产业发展,是结合武平实际贯彻落实党的十九大精神的重要举措。在2020年,习近平总书记也对脱贫攻坚战做出指示:行百里者半九十,各级党委和政府更不能松懈,脱贫任务时间紧、任务重,必须做到一点"真抓实干、埋头苦干"。我镇政府也在这几年的脱贫攻坚战中利用"一鸡一果"产业和一系列政策取得了胜利。

我们还了解到,象洞镇持续呼应县委县政府提出的产业发展路线,着力在全镇打造"一鸡一果"产业。"一鸡一果"极大地促进了农民就业创业,拓宽了农民增收渠道,把发展百香果、象洞鸡现代特色农业产业作为脱贫攻坚的重要抓手,有利于实现农民增收脱贫。如今,象洞鸡养殖和百香果种植在象洞镇已经大众化,广大百姓都纷纷响应政府的号召,将象洞鸡养殖数量不断增加和百香果种植面积不断扩大,使许多百姓在这两个产业的发展下也有了更可观的收入。长远观之,"一鸡一果"产业的发展必将稳步提高全镇人民的经济收入,助力乡村振兴。

七、实践调查的原因分析与对策建议

（一）象洞鸡产业存在的问题

象洞鸡的对外销售途径不够完善，电商平台的利用效果不够好；象洞鸡的市场拓展度不够，只进行了简单的粗加工，未进行深度加工，产业链有待延长；外来鸡种的影响，已对象洞鸡的资源构成威胁，品种杂化、退化现象严重，影响了象洞鸡品种特质；科技含量低，技术力量不足，科学养殖技术没有很好地普及。

对策建议：利用新媒体平台，采用直播带货模式，开发电商平台。由于象洞鸡养殖人群呈中老龄化，所以对于中老年群体可以增派技术人员，相关政府部门应该进行深入调研，提高政府产业服务水平，建立种鸡繁育基地，培植一定规模和数量的保种场，不断地深入探索和完善一套严格规范的保种提纯、育种筛选、扩育改良的技术规范和操作制度。

（二）百香果产业存在的问题

百香果产业作为象洞镇新兴产业，目前存在百香果质量不稳定，精品率较低，缺少相关科学种植技术，技术服务相对滞后，龙头带动作用不强，统一标准不够规范，品牌宣传持续力度不够，产品深度加工不够。

对策建议：加快优质种苗繁育基地建设，保障源头安全。加快与龙头企业及科研院技术合作，建立高标准无病毒种苗基地，推进百香果无毒苗的产业化培育，建立高标准生产栽培示范基地，创新种植管理。加强种苗繁育技术、加大宣传持续力度，积极发展加工业，提升产品附加值。逐步发展适度规模深加工产业，培育和引进加工企业，开发百香果深加工系列产品，形成一条从种植到加工完整的产业链。

八、结语

历时17天的田间走访调查，我们小组完成了一次较为满意的调研成果。深入田野，走进百姓，才能够真正地了解民生实际。此次调研，是在结合当地疫情防控要求并做好个人防护的情况下进行的。从为了探寻象洞镇"一鸡一果"产业如何助力乡村振兴出发，发现发展中存在的问题，由此希望我们的微薄之力能够为家乡发展做出贡献。最后我们展开了小组讨论，辅以网上搜寻资料、收集百姓意见等手段，提出了些对策建议。

助力乡村振兴，不仅要及时巩固脱贫攻坚的成果，也要及时发现目前存在的问题。在调研结束后，我们总结了"一鸡一果"产业目前发展中的共同问题：首先，象洞镇为小乡镇，有地域局限性，应深入挖掘象洞镇优势，提高其知名度，不断打造更美更富饶的象洞。其次，政府部门要加强产业服务能力，投入更多的科研力量，让"一鸡一果"产业深入发展，做大的同时也要做强，做强的同时更要做优。

找准"领头羊"尤为重要，这样才能让产业发展方向走得正确、行得更远，百香果产业作为象洞镇新兴产业，需要更多时间和精力去扶持。我们还认为，可以通过象洞鸡的知名度来带动百香果的知名度，百香果产业也应该持续宣传，如此方能加大品牌效应。此外，也应该建立相关的百香果标准制度，进一步规范百香果种植销售标准，让大家买得放心，吃得开心。

2021年既是中国共产党成立100周年，又是脱贫攻坚战取得全面胜利的一年，在新的历史交汇点上，象洞镇应该把握好机遇，引进产业、引进技术、引进人才，建设宜居宜游宜业的美丽新象洞！

【参考文献】

[1] 提升农民素质　助推乡村振兴[EB/OL].[2021-07-22].http://fjwp.wenming.cn/zthd/202107/t20210722_3290178.html.

[2] 武平象洞镇光彩村"90后"小伙大干一场百香果[EB/OL].[2021-06-13].http://www.binnongwang.com/11552.html.

[3] 武平县召开百香果特色农业产业发展规划与扶持政策专题会[EB/OL].[2021-05-30].http://www.binnongwang.com/11329.html.

[4] 象洞黄金百香果助力乡村振兴[EB/OL].[2020-08-07].http://www.binnongwang.com/9512.html.

[5] 不能再低调了！福建日报专版报道武平：象洞鸡养殖成全省致富典范！[EB/OL].[2018-04-04].https://mp.weixin.qq.com/s/52keSAcA_CVCs_mM_vJZcA.

[6] 福建日报力推：关于乡村振兴，武平聚力发展象洞鸡的做法值得借鉴！[EB/OL].[2018-04-04].https://mp.weixin.qq.com/s/_Uk6VNnjvj9sne65yeOAng.

[7] 我要辞职～回家养象洞鸡去！武平县政府出台的扶持政策赞爆了！[EB/OL].[2017-12-08].https://mp.weixin.qq.com/s/GLJH8lFnrC8JwoL_RvuLhg.

[8] 年年卖断货，吃鸡要预定，武平象洞鸡"滋补送礼，消费者都很喜欢"[EB/OL].[2019-01-15].https://mp.weixin.qq.com/s/gef0xy8kTjniepEn0RqeKQ.

[9] 武平百香果又火一把！品牌建设经验登上这个省级培训会[EB/OL].[2019-01-12].https://mp.weixin.qq.com/s/6i8VFokirtNj_9cAxQIEEg.

[10] 转产转型、扶贫增收：黄金百香果种植初见成效[EB/OL].[2018-07-16].https://mp.weixin.qq.com/s/EtTqWV1vEnr6Tjn3erxy-w.

[11] 象洞"黄金百香果"助力乡村振兴[EB/OL].[2020-08-07].https://mp.weixin.qq.com/s/ZVRd0GF2Kr1Rr6P3xqW-_w.

☞【实践成果精选四】

基于 IPA 模型的厦门智慧旅游的游客满意度研究

经济与管理学院　余杭科*

指导教师：刘永涓

摘　要：随着现代化信息技术高速发展，移动互联网、大数据、人工智能等的进一步应用，厦门市智慧旅游呈现蓬勃发展的局面，但游客满意度仍有待提升。本文通过问卷调

---

* 2020级旅游管理（非师范）专业学生。

查的方式，使用IPA分析法，以智慧旅游建设十大工程为研究基础，构建厦门市智慧旅游建设成果的评价指标，围绕旅游者体验感知，对厦门市智慧旅游建设成果影响旅游者体验的因素进行研究。调查发现：智慧信息体验、智慧管理体验、智慧设施服务体验、智慧营销体验四个维度各指标对旅游者均有影响，并分散在不同的象限中，旅游者的期望值（重要性）与满意度之间差异明显。其中旅游者对于智慧酒店建设、在线支付、在线预订、电子地图等项目的满意度较高，对各景区虚拟游览、互动社区等的满意度最低。建议厦门市从智慧旅游基础设施、智慧旅游推广、智慧旅游专业软件以及智慧旅游安全等几个方面逐步完善，提升智慧旅游的游客满意度。

关键词：智慧旅游；游客满意度；IPA分析法；厦门

智慧旅游作为智慧城市的重要组成部分，源自2008年美国IBM公司提出的"智慧地球"概念，针对该公司如何运用先进的现代化信息技术构建一个新的世界运行期望模型[1]。"智慧地球"概念被提出后，"智慧城市"与"智慧旅游"概念应运而生。所谓"智慧旅游"是指依照现代高新信息技术手段，如AI人工智能、5G通信技术、大数据等，通过精准和动态的方法来实时掌握和管理旅游的过程，并在此过程中给予游客个性化的旅游体验，达到游客所需的"智慧"状态，提高旅游资源的利用率和生产服务水平[2]。中国建设智慧旅游在2010年，由江苏省提出开辟"感动镇江，智慧旅游"新时空的智慧旅游建设项目，随后智慧旅游在国内迅猛发展[3]。2011年，文化和旅游部（原国家旅游局）提出"以信息化为途径，提高旅游服务效率"，争取在10年内，使我国逐步实现"智慧旅游"相关建设[4]。2012年通过研究确定了包括厦门在内的首批18个"国家智慧旅游试点城市"，为智慧旅游建设提供了样本[5]。2014年由文旅部牵头，将"智慧旅游"作为当年旅游宣传主题，"智慧旅游"得到了政府在政策与发展方向上的大力支持，为传统旅游业转型升级带来新亮点和新机遇。

智慧旅游作为个性化的旅游服务体验产品，在一定程度上改善了旅游活动体验和旅游者的满意度水平，提升了游客对旅游轻松便利的需求，对旅游个性化体验、细致化服务的需求和对新的领域旅游的需求以及对旅游过程中互动性的需求。因此，智慧旅游的相关研究陆续展开。如姚国章等建立以"四个智慧系统"为核心的，从服务、管理、商务、政务等出发，涵盖旅游活动全过程的评价内容，对智慧化旅游的总体发展水平进行相应满意度方向的调查评价[6]；董正秀等运用IPA分析法，细致地从景区服务、信息通信服务、游览系统的趋向智慧化、智慧预报系统、网上支付、综合功能等诸多方面，构建游客对南京夫子庙智慧旅游满意度的评价体系[7]。目前厦门市有关智慧旅游游客感知领域的研究较少，故试以游客感知来评价厦门市智慧旅游建设成果，分析游客对厦门市智慧旅游建设的期望值（重要性）与满意度之间的差异。并通过剖析影响旅游者对智慧旅游建设成果相关的满意度因素，探究厦门市智慧旅游建设中存在的问题，希望能为其智慧旅游建设的逐步完善建言献策。

一、厦门市智慧旅游建设概况

厦门作为现代化国际性港口风景和海滨风光旅游城市，在经济、政治、民生等方面发展较早,因此发展智慧旅游有良好的环境基础。作为国家设立的首批18个智慧旅游试点城市之一,厦门在发展智慧旅游方面得到国家和地方政府的大力支持,2018年国务院办公厅印发的《关于促进全域旅游发展的指导意见》明确了要加快实现智能导游和实时信息推送的运用,强化旅游服务体验,提升游客满意度,并开发出智能化旅游服务系统[8],为智慧旅游在国内的进一步发展打下了基调,规范了内容。同年6月,福建省人民政府出台《关于加快推进全域生态旅游实施方案的通知》,对如何推进发展智慧旅游做了进一步解释和规范,以此来实现福建省旅游公共服务的全面提升。[9]

2014年厦门借"智慧旅游年"开展以数据采集、游客样本采样分析及各景区智慧建设和全市范围内免费上网覆盖等为主要内容的智慧旅游城市十大工程,正式拉开了发展智慧旅游的帷幕,全方位打造智慧旅游城市样板,并以此构建智慧旅游基础;2015年举行以"科技让生活更美好"为主题的智慧旅游高峰论坛,明确智慧旅游相关建设的方向和道路;2016年与中国电信集团签订了《共同推动"十三五"智慧城市建设战略合作框架协议》,加强智慧旅游信息基础建设;2018年通过一系列的数字化、信息化应用,快速推进城市发展各方面的"智慧"进程,如积极加强各部门之间的数据共享和协同应用,通过建立完善的城市基础数据库群,搭建跨部门、跨层级的全市信息共享、数据同步、业务协同的完整网络,来加快"智慧"的运行速度。而在涉及游客利益方面,已建成以二维码、App为基础的公共交通在线支付、在线医疗服务、旅游在线购票服务、电子身份等便捷体验。同时,通过"i车位",整合包括旅游景点、商场、写字楼等在内的停车场资源,为游客提供"找车位""在线支付"等便利功能。尽管厦门智慧建设蓬勃发展,但游客对目前智慧旅游建设的评价如何却亟须跟进了解,以便调整提高智慧建设成果的使用率,提升游客满意度。

二、厦门智慧旅游建设游客满意度研究方法与数据处理

(一)研究方法

IPA(importance-performance analysis)模型("重要性—绩效"模型)是把游客的满意程度看成是对成果的期待(重要性)和成果的表现(满意度)的函数,要求受访者对指定的调查对象的各项衡量指标从重要性和满意度绩效表现两个方面来评价[10],并将每个特征的重要性和满意度平均得分在二维坐标轴的四个区域中体现。四个区域分别是:第一象限(高重要性、高满意度区)、第二象限(低重要性、高满意度区)、第三象限(低重要性、低满意度区)、第四象限(高重要性、低满意度区)。

(二)研究设计及问卷发放

依照近年来厦门市智慧旅游相关建设发展,结合部分专家和游客的建议,对厦门市智慧旅游建设游客满意度展开调查。从调查对象所涉及的相关方面的期望值(重要性)与满意度两方面进行研究,选定4个评价项目、20个评价因子用于构建智慧旅游建设成果对游客体验影响的重要性指标与满意度指标评价体系。

本次研究的数据源于问卷星在线问卷调查,调查内容分两个部分:第一部分是人口统计学特征和游客对智慧旅游建设的了解情况,包括游客性别、年龄、文化程度及收入水平、职业等。第二部分是构建评价体系,即游客对于第三级评价体系项目从智慧信息

服务体验（包括智能停车服务系统、电子地图、景区官方微博微信网站、智能门票系统、景区实时信息播报、互动社区等）、智慧管理手段（包括旅游服务热线、智能预报系统、客流调控电子系统、在线评价系统、环境监测信息发布等）、智慧服务设施体验（包括智能语音导览系统、景区虚拟游览、智慧酒店建设、智慧交通建设、网上交易平台、旅游专业软件等）、智慧营销体验（包括在线预订和支付、新媒体网络营销系统、安全应急智能播报等）来归纳满意度和重要性感知的问题。采用李克特（Likert）5级量表，针对20个评价指标的重要性和满意度题目进行设置，分别为"非常重要/非常满意（5分）、比较重要/比较满意（4分）、一般（3分）、比较不重要/比较不满意（2分）、非常不重要/非常不满意（1分）"。2020年10—11月，通过问卷星共发布问卷420份，回收问卷420份，使用SPSSAU在线分析及软件SPSS 23对样本进行频率分析，剔除无效样本3份，有效问卷417分，有效率为99.29%。

三、厦门智慧旅游建设游客满意度数据分析

（一）样本的人口特征分析

参与调查人员主要来自福建省内309人，占74.10%。从年龄看，参与调查的人群40岁以下居多，共342人，占82.01%，其中21~30岁最多，共168人，占40.29%；其次是31~40岁的人群，有152人，占36.45%，说明参与调查的多为青年人，这可能与年轻人更快接受信息化手段有关。从受教育程度来看，大专、本科、硕士及以上共298人，占71.46%，说明参与调查的旅游者多数有较高学历。从职业分布来看，排在前三位的是企、事业单位人员（213人，51.08%）、学生（75人，17.99%）、个体商户（73人，17.51%），三者共占86.58%，说明研究涉及的人群较为全面。从收入水平来看，来厦旅游者的收入水平大多在每月7000元以下，占89.21%。从性别来看，来厦女性比男性多，217人，占52.04%。从对智慧旅游的认知程度来看，有一定了解和非常了解的有331人，占79.38%，说明参与调查的游客基本对智慧旅游相关内容有较多了解，问卷具有参考价值。从旅游次数来看，来厦旅游两次及以上的有303人，比例为72.66%，说明重游率较高，也说明游客对厦门旅游相关建设的肯定。结合来厦游客对智慧旅游认识程度，认为大多数游客对厦门市智慧旅游建设持肯定态度，并且游客通过重游的方式加深对厦门市智慧旅游建设相关内容的认知，同时在旅游过程中体验智慧旅游的建设成果。

综上，本次问卷具有较高可靠性，可清楚认识厦门市智慧旅游建设在旅游直接受益群体——游客中的感知情况。

（二）信度与效度分析

表1 信度数据整理表

项数	量表	样本量	Cronbach's α 系数	KMO值	总Cronbach's α 系数	总KMO值
20	重要性	417	0.958	0.970	0.977	0.974
20	满意度	417	0.962	0.960		

数据来源：据本次调查数据整理所得。

表 2 效度数据整理表

项数	量表	样本量	CITC 值	公因子方差	总 CITC 值	总公因子方差
20	重要性	417	>0.4	>0.4	>0.4	>0.4
20	满意度	417	>0.4	>0.4		

数据来源:据本次调查数据整理所得。

从表 1、表 2 可知,本问卷总信度系数为 0.977,重要性信度系数为 0.958,满意度信度系数为 0.962,皆大于 0.9,说明研究数据信度质量很高。针对"CITC 值",分析项的 CITC 值均大于 0.4,说明分析项之间具有良好相关关系。

使用 KMO 检验和巴特利特(Bartlett)球形检验进行效度验证,总效度 KMO 值为 0.974,重要性效度 KMO 值为 0.970,满意度效度 KMO 值为 0.960,KMO 值均大于 0.8,研究数据效度非常好。所有研究项对应的共同度(公因子方差)值均高于 0.4,说明研究项信息可被有效提取。

可见本次量表信度高、效度好,问卷具有有效性。

(三)配对 T 检验分析

用 H 定义厦门市智慧旅游建设重要性,用 L 定义游客体验厦门智慧旅游的满意度,用 X1 至 X20 定义三级评价体系项目,并利用配对 T 检验去研究实验数据的差异性,从表 3 可知:20 组配对数据,其中有 7 组配对数据呈现出差异性($p<0.05$),表明游客对各个题项的重要性和满意度差异较为显著,适合进行 IPA 分析。

表 3 厦门市智慧旅游建设质量配对 T 检验

维度	项目	H 平均值	H 标准差	L 平均值	L 标准差	均值之差	T 值	p 值
智慧信息体验	X1	3.82	1.12	3.50	1.04	0.32	6.128	0.000**
	X2	3.84	1.07	3.68	0.98	0.16	3.078	0.002**
	X3	3.62	1.07	3.59	1.05	0.03	0.565	0.572
	X4	3.75	1.03	3.64	1.00	0.11	2.194	0.029*
	X5	3.73	1.15	3.56	1.09	0.17	3.089	0.002**
	X6	3.67	1.05	3.61	0.99	0.06	1.166	0.244
智慧管理体验	X7	3.68	1.08	3.63	1.02	0.06	1.049	0.295
	X8	3.68	1.05	3.70	1.00	−0.02	−0.424	0.672
	X9	3.64	1.08	3.59	1.08	0.05	0.961	0.337
	X10	3.60	1.08	3.69	0.96	−0.09	−1.747	0.081
	X11	3.66	1.07	3.69	1.04	−0.03	−0.554	0.58
智慧设施服务体验	X12	3.67	1.03	3.54	1.03	0.13	2.585	0.010*
	X13	3.61	1.10	3.57	1.09	0.04	0.821	0.412
	X14	3.70	1.07	3.69	0.99	0.01	0.283	0.777
	X15	3.67	1.12	3.64	1.01	0.03	0.689	0.491
	X16	3.65	1.02	3.64	1.02	0	0.047	0.963
	X17	3.69	1.10	3.58	1.09	0.12	2.239	0.026*

续表

维度	项目	H		L		均值之差	T 值	p 值
		平均值	标准差	平均值	标准差			
智慧营销服务体验	X18	3.77	1.00	3.65	0.98	0.12	2.504	0.013*
	X19	3.62	1.05	3.58	0.97	0.04	0.808	0.42
	X20	3.69	1.07	3.64	0.98	0.05	1.144	0.253

数据来源：据本次调查数据整理所得。其中*表示有差异，**表示差异明显。

（四）游客对厦门市智慧旅游建设重要性—满意度感知IPA四象限分析

重要性—绩效表现是分析游客对厦门市建设智慧旅游产品和服务的重要性与满意度在旅游过程中的感知情况，以此来挖掘提高游客满意度和忠诚度的方法。从表3可知，游客对厦门市建设智慧旅游的情况总体重视程度均值为3.69，总体满意程度均值为3.62。通过对重要程度和满意程度的垂直交叉点定位，同时以重要程度（重要性）为横轴，满意程度（满意度）为纵轴，得到一个二维四象限坐标图。20个重要性与满意度指标在4个象限位置，以X1—X20在图中进行标注，如图1。

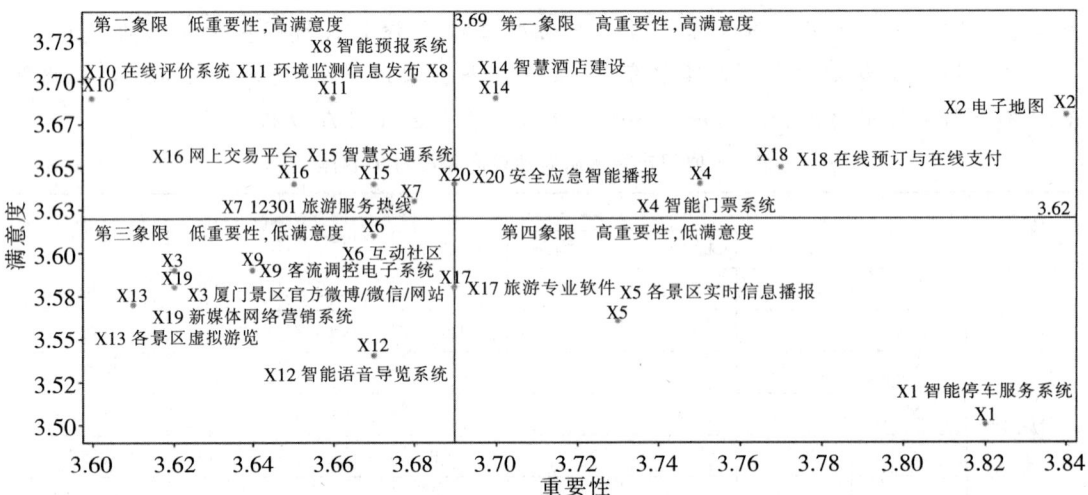

图1 厦门智慧旅游质量IPA分析图

1. 第一象限（高重要性和高满意度，应当继续保持）

本象限的项目包括电子地图（X2）、智能门票系统（X4）、智慧酒店建设（X14）、在线预订与在线支付（X18）、安全应急智能播报（X20），说明厦门市智慧旅游建设在这几方面较好。据了解，厦门市已建成城市基础数据库群，同时通过与支付宝、微信、美团等软件合作，以网络购票、在线支付方式，基本实现以身份证、支付凭证、在线购买的门票、线上身份证明等作为进出景区的凭证，意味着游客能更便捷地进入各景区景点。在电子地图方面，厦门市空间数据库群与各旅游软件、导航软件及i厦门软件全方位合作，实现餐饮、酒店、景点、购物等旅游各要素的精确定位，并能使用在线导航、旅游线路规划、个性化线路推荐等功能。在智慧酒店建设方面，已基本实现酒店精准定位、酒店在线预订和支付、智能门禁系统及提供个性化服务等内容。此5个项目逐步构成了厦门市智慧旅游建设的基础，其高重要性和高满意度的表现应得到保持，并继续进行优化。

2. 第二象限（低重要性和高满意度，超过了游客期望）

本象限的项目有智能预报系统（X8）、12301旅游服务热线（X7）、在线评价系统（X10）、智慧交通系统（X15）、网上交易平台（X16），说明厦门市智慧旅游建设在这几方面有相当成果，超过了游客预期。厦门市通过运用多种手段如移动电子屏、短信、旅游App、导航软件等方式对旅游景点、商场、美食街、交通等及时进行客流预报、安全提示。还在各景区建立空气质量检测电子屏及天气预报电子屏，向游客传递相关信息，构建游客与旅游景区景点、商户等之间的信息交流平台。并在此基础上建立相关在线评价系统和12301旅游服务热线，给游客提供旅游前的咨询平台、旅游中的体验服务平台及旅游后的问题反馈平台，同时积极处理出现的问题。公共交通方面，厦门大力发展轨道交通，地铁1号线和2号线相继通车，其余几条线路也将逐步开通。在公共交通智慧化方面已基本实现线路的信息获取、定位、距离通报、乘车在线支付等功能，使游客能通过地铁、公交、支付宝、微信等软件实时掌握线路情况，合理选择出行方式。出租车、网约车方面，简化了相关报送手续，通过大数据方式沟通各部门，实现网上快速办理，安全审核，保障驾驶员与乘车人员的双重权利，使出行更加安全便捷。

3. 第三象限（低重要性和低满意度，可适当进行降低处理）

本象限的项目包括景区官方微博/微信/网站（X3）、互动社区（X6）、客流调控电子系统（X9）、智能语音导览系统（X12）、各景区虚拟游览（X13）、新媒体网络营销系统（X19），说明在这几方面游客认为不重要和不满意。尽管如此，上述内容对智慧旅游建设仍不可忽视。智慧旅游是建立在智慧城市上的完整系统，有本象限项目的辅助，可保障其他各项游客满意的项目更好运行。因此在智慧旅游建设过程中，可适当调整相关内容或改进相关方面来增强游客实地体验感知。如互动社区，游客可通过专业旅游软件对景区旅游后评价来实现。客流调控电子系统可调整主要服务方向，但需保留对游客相关信息的发布功能，以进一步方便游客。智能语音导览系统可借鉴高德地图等语音播报方式，通过明星播报、名人播报、动漫人物播报方式增加游客对其使用的兴趣，以实现个性化旅游服务。各景区虚拟游览可针对旅游前游客对旅游景点的预了解，通过科学合理的营销工作来吸引游客。

4. 第四象限（高重要性和低满意度，需要重点改善的地方）

本象限的项目有智慧停车服务系统（X1）、各景区实时信息播报（X5）、旅游专业软件（X17），说明智慧旅游建设在这几方面应进行重点完善和发展。据了解，目前厦门市通过i停车及各个商场、商店、景区等停车软件逐步完善智慧停车服务系统，基本实现停车在线缴费、停车场位置寻找等功能，但还无法达到游客对于智慧化停车的期望，如剩余停车位的主动提示和就近导航、快速停车缴费等问题仍未解决。在各景区实时信息播报方面，因无法及时获取景区相关信息给游客带来不便。现有旅游企业的App较多，游客获取的信息没有针对性，因此应参照游客使用较频繁的软件，结合厦门当地特色,建立属于厦门市的专业旅游软件,以更好地满足游客个性化旅游需求。

五、结论与建议

(一)结论

第一,从样本的人口特征分析来看,仍有20.62%的人对于智慧旅游并不了解,说明智慧旅游宣传仍需加强。

第二,游客在以智慧信息体验、智慧管理体验、智慧设施服务体验、智慧营销服务体验4个方面所构建的厦门智慧旅游建设满意度评价指标体系中,对电子地图、智能门票系统、智慧酒店建设、在线预订与在线支付4个要素较重视且满意度较高,可继续保持并优化。智能预报系统、12301旅游服务热线、在线评价系统、智慧交通系统、网上交易平台等几个要素满意度较高,但重要性不高,说明厦门市这些建设较好,基本能满足游客需求。景区官方微博/微信/网站、互动社区、客流调控电子系统、智能语音导览系统、各景区虚拟游览、新媒体网络营销系统等要素较不满意,但重要性也低,是可以改进的方面。游客对智慧停车服务系统、各景区实时信息播报、旅游专业软件等重要性高的项目满意度低,这些是急需改进和提升的方面。

(二)建议

1. 完善智慧旅游基础设施

第一,引进最新的5G移动通信技术,加快智慧旅游的发展,促使智慧旅游新产品的衍生;第二,进一步完善智慧停车系统,对停车系统进行升级和信息联通,建立起集就近停车场提示与选择、剩余车位查询与导航、取车位置寻找、快速缴费等于一体的智慧停车系统;第三,优化各景区实时信息播报系统,通过升级各景区的数据采集与分析系统,实时将景区内情况通过各种渠道共享给游客;第四,完善游客电子医疗服务体系,对来厦游客就近就医开通相应绿色通道和智慧服务,如建立医保、缴费报销与全国医保联网体系,使游客在厦也能便捷就医,解除费用报销等后顾之忧。

2. 推广智慧旅游内容

加大力度通过各种渠道宣传智慧旅游建设的相关成果,使其得到普及,让游客感受到智慧旅游所带来的全新体验与便利,以此改善游客对智慧旅游建设方面认识不够、使用率不高等问题,真正让智慧旅游建设成果惠及群众,服务游客。

3. 优化智慧旅游专业软件

可依据游客需求,建立功能齐全、操作简便、信息全面、服务完善的专业化旅游软件或平台。第一,通过与支付宝、微信、i厦门App等群众使用广泛、拥护程度较高的软件,对厦门旅游软件各模块进行科学合理整合;第二,加强在线旅游产品的种类创新,如VR虚拟景点体验、智慧导游讲解等;第三,通过大数据对游客喜好进行分析,结合厦门特色旅游文化,为游客精准定制个性化旅游路线,推送相应的旅游服务与产品。

4. 构建智慧旅游信息安全防护墙

第一,在智慧旅游客户端方面,设计一键报警功能。游客可根据自身情况,通过联系人设置、一键报警、实时定位等方式保证旅游过程中的人身安全。第二,在智慧旅游平台端建立安全预警系统,通过大数据分析、人工智能监测预警等方式,对网络中侵犯个人信息情况，进行实时追踪，同时阻止该侵害行为对游客所造成的影响。第三，实现平台端与公安互联网通信系统连接，针对网络中损害游客信息安全的犯罪行为，进行实时监测与追踪，并及时向公安部门反馈。

【参考文献】

[1] 李占旗. 智慧旅游背景下智慧乡村旅游的发展路径 [J]. 农业经济，2018（6）：53-55.

[2] 付业勤，郑向敏. 我国智慧旅游的发展现状及对策研究 [J]. 开发研究，2013（4）：92-96.

[3] 莫雯静. 浅谈基于旅游体验的智慧旅游城市建设体系构建 [J]. 智能城市，2019（2）：13-14.

[4] 韦俊峰. 民族地区地方高校智慧旅游实验室架构：以桂林理工大学为例 [J]. 广西广播电视大学学报，2017（6）：81-84.

[5] 武俊丽，董慧. 基于大数据时代的厦门市智慧旅游发展探究 [J]. 重庆科技学院学报（社会科学版），2019（2）：48-50.

[6] 姚国章. "智慧旅游"的建设框架探析 [J]. 南京邮电大学学报（社会科学版），2012（2）：13-16.

[7] 董正秀，沙蕾. 基于IPA分析法的南京智慧景区游客满意度研究：以南京夫子庙为例 [J]. 江苏通信，2019（2）：82-87.

[8] 佚名. 国务院办公厅印发《关于促进全域旅游发展的指导意见》[J]. 中国工会财会，2018（5）：50.

[9] 张雀艳. 福建省智慧旅游发展的困境与应对策略 [J]. 长春师范大学学报，2019（10）：112-120.

[10] 陈旭. IPA分析法的修正及其在游客满意度研究的应用 [J]. 旅游学刊，2013（11）：59-66.

附 录

思想政治理论课辅助阅读书目

一、思想道德与法治

1. 马克思、恩格斯:《马克思恩格斯全集》(第一卷),北京:人民出版社,1995年。(重点阅读内容:青年在选择职业时的考虑)

2. 习近平:《在纪念五四运动 100 周年大会上的讲话》,北京:人民出版社,2019年。

3. 习近平:《论坚持全面依法治国》,北京:中央文献出版社,2020年。

4. 中央党校采访实录编辑室:《习近平的七年知青岁月》,北京:中共中央党校出版社,2017年。

5. 本书编写组:《习近平与大学生朋友们》,北京:中国青年出版社,2020年。

6. 中共中央文献研究室:《习近平关于青少年和共青团工作论述摘编》,北京:中央文献出版社,2017年。

7. 中共中央文献研究室:《习近平关于社会主义文化建设论述摘编》,北京:中央文献出版社,2017年。

8.《新时代公民道德建设实施纲要》,北京:人民出版社,2019年。

9.《新时代爱国主义教育实施纲要》,北京:人民出版社,2019年。

10. 中国李大钊研究会:《李大钊全集》(第一卷),北京:人民出版社,2006年。(重点阅读内容:青春;奋斗之青年)

二、中国近现代史纲要

1. 习近平:《在纪念红军长征胜利 80 周年大会上的讲话》,北京:人民出版社,2016年。

2. 习近平:《在庆祝中国人民解放军建军 90 周年大会上的讲话》,北京:人民出版社,2017年。

3. 习近平:《在中央政协工作会议暨庆祝中国人民政治协商会议成立 70 周年大会

上的讲话》，北京：人民出版社，2019年。

4. 习近平：《在纪念中国人民志愿军抗美援朝出国作战70周年大会上的讲话》，北京：人民出版社，2020年。

5. 习近平：《在纪念辛亥革命110周年大会上的讲话》，北京：人民出版社，2021年。

6.《中国共产党简史》，北京：人民出版社、中共党史出版社，2021年。

7.《论中国共产党历史》，北京：中央文献出版社，2021年。

8.《毛泽东　邓小平　江泽民　胡锦涛关于中国共产党历史论述摘编》，北京：中央文献出版社，2021年。

9. 中国李大钊研究会：《李大钊全集》（第三卷），北京：人民出版社，2006年。（重点阅读内容：我的马克思主义观）

10. 王建南：《福建红色文化读本（大学版）》，福州：福建人民出版社，2020年。

三、马克思主义基本原理

1. 马克思、恩格斯：《马克思恩格斯选集》（第一卷），北京：人民出版社，2012年。（重点阅读内容：关于费尔巴哈的提纲；德意志意识形态；共产党宣言）

2. 马克思、恩格斯：《马克思恩格斯选集》（第二卷），北京：人民出版社，2012年。[重点阅读内容：《政治经济学批判》序言；《资本论》第一卷（节选）；《资本论》第三卷（节选）]

3. 马克思、恩格斯：《马克思恩格斯选集》（第三卷），北京：人民出版社，2012年。（重点阅读内容：歌达纲领批判；反杜林论；社会主义从空想到科学的发展；在马克思墓前的讲话）

4. 马克思、恩格斯：《马克思恩格斯选集》（第四卷），北京：人民出版社，2012年。[重点阅读内容：家庭、私有制和国家的起源（九）；路德维希·费尔巴哈和德国古典哲学的终结]

5. 列宁：《列宁选集》（第二卷），北京：人民出版社，2012年。[重点阅读内容：唯物主义和经验批判主义（节选）；谈谈辩证法问题；帝国主义是资本主义的最高阶段]

6. 列宁：《列宁选集》（第三卷），北京：人民出版社，2012年。（重点阅读内容：国家与革命）

7. 毛泽东：《毛泽东选集》（第一卷），北京：人民出版社，1991年。（重点阅读内容：实践论；矛盾论）

8. 习近平：《在哲学社会科学工作座谈会上的讲话》，北京：人民出版社，2016年。

9. 习近平：《在纪念马克思诞辰200周年大会上的讲话》，北京：人民出版社，2018年。

四、毛泽东思想和中国特色社会主义理论体系概论

1. 毛泽东：《毛泽东选集》（第一卷），北京：人民出版社，1991年。（重点阅读内

容：中国社会各阶级的分析；湖南农民运动考察报告；打倒土豪劣绅，一切权力归农会；中国的红色政权为什么能够存在；井冈山的斗争；关于纠正党内的错误思想；星星之火，可以燎原；反对本本主义；中国革命战争的战略问题；中国共产党和中国革命战争）

2. 毛泽东：《毛泽东选集》（第二卷），北京：人民出版社，1991年。（重点阅读内容：论持久战；青年运动的方向；《共产党人》发刊词；中国革命与中国共产党；新民主主义论；为皖南事变发表命令和谈话）

3. 毛泽东：《毛泽东选集》（第三卷），北京：人民出版社，1991年。（重点阅读内容：改造我们的学习；整顿党的作风；为人民服务；论联合政府）

4. 毛泽东：《毛泽东选集》（第四卷），北京：人民出版社，1991年。（重点阅读内容：和美国记者安娜·路易斯·斯特朗的谈话；将革命进行到底；在中国共产党第七届中央委员会第二次全体会议的报告；论人民民主专政）

5. 毛泽东：《毛泽东文集》（第七卷），北京：人民出版社，1999年。（重点阅读内容：论十大关系；要团结一切可以团结的力量；关于正确处理人民内部矛盾的问题）

6. 邓小平：《邓小平文选》（第二卷），北京：人民出版社，1994年。（重点阅读内容：完整地准确地理解毛泽东思想；解放思想，实事求是，团结一致向前看；坚持四项基本原则；社会主义也可以搞市场经济；社会主义首先要发展生产力）

7. 邓小平：《邓小平文选》（第三卷），北京：人民出版社，1993年。（重点阅读内容：中国共产党第十二次全国代表大会开幕词；建设社会主义的物质文明和精神文明；中国大陆和台湾和平统一的设想；一个国家，两种制度；建设有中国特色的社会主义；和平和发展是当代世界的两大问题；一靠理想二靠纪律才能团结起来；改革是中国的第二次革命；改革是中国发展生产力的必由之路；关于政治体制改革问题；中国要发展，离不开科学；计划和市场都是发展生产力的方法；用中国的历史教育青年；思想更解放一些，改革的步子更快一些；科学技术是第一生产力；社会主义的中国谁也动摇不了；国家的主权和安全要始终放在第一位；在武昌、深圳、珠海、上海等地的谈话要点）

8. 江泽民：《高举邓小平理论伟大旗帜，把建设有中国特色的社会主义事业全面推向二十一世纪——在中国共产党第十五次全国代表大会上的报告》，北京：人民出版社，1997年。

9. 江泽民：《江泽民文选》（第三卷），北京：人民出版社，2006年。（重点阅读内容：在新的历史条件下更好地做到"三个代表"；始终做到"三个代表"是我们党的立党之本、执政之基、力量之源；全面建设小康社会，开创中国特色社会主义事业新局面）

10. 胡锦涛：《胡锦涛文选》（第二卷），北京：人民出版社，2016年。（重点阅读内容：把促进经济社会协调发展摆到更加突出的位置；树立和落实科学发展观；准确把握科学发展观的深刻内涵和基本要求；把科学发展观贯穿于发展的整个过程和各个方面；构建社会主义和谐社会；努力建设持久和平共同繁荣的和谐世界；社会和谐是中国特色社会主义的本质属性）

11. 习近平：《习近平谈治国理政》（第一卷），第 2 版，北京：外文出版社，2018 年。

12. 习近平：《习近平谈治国理政》（第二卷），北京：外文出版社，2017 年。

13. 习近平：《习近平谈治国理政》（第三卷），北京：外文出版社，2020 年。

14. 习近平：《在纪念毛泽东同志诞辰 120 周年座谈会上的讲话》，北京：人民出版社，2013 年。

15. 习近平：《在纪念邓小平同志诞辰 110 周年座谈会上的讲话》，北京：人民出版社，2014 年。

16. 习近平：《决胜全面建成小康社会　夺取新时代中国特色社会主义伟大胜利——在中国共产党第十九次全国代表大会上的报告》，北京：人民出版社，2017 年。

17. 习近平：《在庆祝改革开放 40 周年大会上的讲话》，北京：人民出版社，2018 年。

18. 习近平：《在庆祝中华人民共和国成立 70 周年大会上的讲话》，北京：人民出版社，2019 年。

19. 习近平：《在庆祝中国共产党成立 100 周年大会上的讲话》，北京：人民出版社，2021 年。

20. 中共中央宣传部：《"三个代表"重要思想学习纲要》，北京：学习出版社，2003 年。

21. 中共中央宣传部：《科学发展观学习纲要》，北京：学习出版社、人民出版社，2013 年。

22. 中共中央宣传部：《习近平新时代中国特色社会主义思想学习纲要》，北京：学习出版社、人民出版社，2019 年。

23. 中共中央宣传部：《习近平新时代中国特色社会主义思想学习问答》，北京：学习出版社、人民出版社，2021 年。

24.《中华人民共和国国民经济和社会发展第十四个五年规划和 2035 年远景目标纲要》，北京：人民出版社，2021 年。

25.《中共中央关于党的百年奋斗重大成就和历史经验的决议》，北京：人民出版社，2021 年。

推荐观看主旋律影视作品

主旋律影视作品具有强大的思想政治教育功能，它们通过典型人物形象塑造、重要历史事件呈现和大学生喜闻乐见的表现方式，传播主流意识形态和正能量，对厚植大学生的爱国情怀、培育大学生的民族精神会起到极大的促进作用。因此，为了充分发挥优秀主旋律影视作品的育人功能，坚持以科学理论武装人，以正确舆论引导人，以高尚的精神塑造人，以优秀的作品鼓舞人，我们梳理推荐了聚焦大思政、弘扬主旋律的上百部优秀影视作品，希望大学生可以结合"思想政治理论课社会实践"课程要求，结合自身的兴趣，选取若干部主旋律影视作品，认真观看，用心感受，弘扬爱国情怀，争做能够担当民族复兴大任的时代新人。

（以下主旋律影视作品按名称的字数和首字笔画数排序）

一、主旋律电视剧（100部）

1.《长征》：长征是人类战争史上的奇迹。它以特有的精神魅力，不仅在中国人民心中产生了无穷尽的力量，而且成为突破时代和国界的神话，在世界上广为传扬。

2.《风筝》：以潜伏于军统内部的共产党员"风筝"的人生与情感经历为主线，讲述了一个共产党情报员坚守信仰的故事。

3.《东方》：真实地记录了中华人民共和国成立之初国际国内的历史风云，展示了中华人民共和国在1949年10月1日成立至1957年11月7日十月革命胜利40周年那一段特定历史时期政治、军事、经济、外交、文化等多方面的蜕变。

4.《功勋》：分为8个单元，讲述了于敏、申纪兰、孙家栋、李延年、张富清、袁隆平、黄旭华、屠呦呦8位功勋人物人生中最精彩的故事。

5.《初心》：讲述了"将军农民"甘祖昌始终牢记参加革命的初衷和承诺，在中华人民共和国成立后毅然从高位请辞，偕妻儿回乡带领父老乡亲开发虎形岭，修水库，建发电站、水泥厂、农科所的一系列故事。

6.《启航》：围绕城市的发展展开，讲述了省委政策研究室主任曾雁来临危受命，出任渤海市委书记，一步步引领渤海市实现转型升级，走上了高质量发展道路的故事。

7.《知青》：讲述了赵天亮和周萍等知青在黑龙江兵团和地方插队的生活状态，全面地展现了那一代人将最美好的青春岁月献给边疆、献给祖国的崇高情怀。

8.《亮剑》：讲述了以李云龙为代表的我八路军英勇打击日本侵略军的英雄事迹。

9.《秋蝉》：1941年底香港被日军侵占，代号"秋蝉"的青年党员叶冲临危受命，秘密潜伏在日军香港军政厅机要单位执行着一项绝密任务。而在此期间，叶冲也与何樱、池诚、靳香等人在不断的误解和猜疑中产生了深厚的革命友谊。

10.《领袖》：选取了我党我军历史上动荡最激烈、斗争最尖锐、变化最深刻的转折阶段，聚焦遵义会议前后以毛泽东为核心的党的第一代领导人的奋斗历程。

11.《雪豹》：讲述了周卫国从富家子弟走上抗日道路，组建了雪豹特战部队，最终成长为优秀指挥官的抗日英雄传奇故事。

12.《麻雀》：讲述了陈深潜伏在汪伪特工总部首领毕忠良身边，以"麻雀"为代号委派工作，秘密传递信息，成功"窃取"汪伪政府"归零"计划的故事。

13.《黑狐》：讲述了在民族存亡的危难时刻，潜伏在国民党军统内部的中共特工方天翼与日伪特务进行殊死较量的故事。

14.《超越》：以2015年北京申办2022年冬季奥运会成功为历史背景，讲述了"北冰南展"浪潮中，轮滑少女陈冕决定以短道速滑为自己的事业目标，从一个非专业选手，一路过关斩将，最终进入国家队成为主力队员，出征冬奥赛场、为国争光的故事。

15.《解放》：讲述了以毛泽东为代表的无产阶级革命家，率领解放军和人民群众，战胜以蒋介石为代表的国民党政府和军队的曲折过程。

16.《解密》：围绕"数学奇才"容金珍破解"超级密码"紫密、黑密，展开一段隐秘而伟大的传奇故事。

17.《暗算》：以"听风者""看风者""捕风者"三个章节，分别讲述了特别单位701的三个部门监听局、破译局、行动局中的传奇人物。

18.《潜伏》：讲述了1945年初，国民党军统总部情报处的余则成弃暗投明成为潜伏在军统处的中共地下组织成员的故事。

19.《马兰谣》：以中国工程院院士、我国爆炸力学和核试验工程领域的著名专家林俊德将军为原型，真实讲述了他朴素人生和生命最后八天壮举的故事，同时也展示了一个为国防事业无私奉献、隐姓埋名、鲜为人知的群体的可歌可敬的人生。

20.《大决战》：以解放战争为背景，从战略、战术、战斗三个层面全方位讲述了辽沈战役、淮海战役、平津战役三大战役的故事。

21.《山海情》：讲述了20世纪90年代以来，西海固的人民和干部响应国家扶贫政策的号召，完成易地搬迁，在福建的对口帮扶下，通过辛勤劳动和不懈探索，将风沙走石的"干沙滩"建设成寸土寸金的"金沙滩"的故事。

22.《毛泽东》：讲述了毛泽东同志从1893年到1949年中华人民共和国成立这段时期的波澜壮阔的历史。

23.《中国地》：讲述了在中国共产党的领导下，一则在东北坚持14年抗击日本侵略者的传奇故事。

24.《毛岸英》：以毛岸英的人生经历为主线，着重表现并塑造了毛泽东、周恩来等老一辈无产阶级革命家的形象。

25.《在一起》：以抗疫期间各行各业真实的人物、故事为基础，由单元故事组成，讲述了平凡人挺身而出参加全民武汉抗疫的故事。

26.《任长霞》：讲述了任长霞在河南省登封市担任公安局局长期间爱民为民的先进事迹，以及她带领公安民警打击犯罪、破获重案的故事。（同名电影一并推荐）

27.《延安颂》：本剧高屋建瓴地表现了中国共产党在延安由小到大、由弱到强的十年,反映了中国共产党以毛泽东为核心的党的第一代领导集体的形成过程。

28.《伪装者》:以抗日战争中汪伪政权成立时期为背景,通过上海明氏三姐弟的视角,讲述了抗战时期上海滩隐秘战线上国、共、日三方殊死较量的故事。

29.《战长沙》:以一个家庭的悲欢离合的小视角展现湖南人民面对日本侵略者无所畏惧,勇于抛头颅、洒热血,一心报国的壮烈故事。

30.《叛逆者》:讲述了爱国青年林楠笙坚持理想,经过重重考验后,完成信仰蜕变,最终成长为一名真正的共产党员的故事。

31.《爱国者》:以十四年抗战为背景,讲述了中共地下党组织成员宋烟桥寻找传奇英雄颜红光,并最终成长为"颜红光",带领各路爱国者奋勇抗敌的故事。

32.《黄文秀》:本剧以黄文秀的生前故事为原型,再现脱贫攻坚战中有笑有泪的真实故事。

33.《奠基者》:讲述了1958—1963年间独臂将军余秋里在危难之时出任石油部部长,带领"铁人"王进喜等数万名石油工人展开艰苦卓绝的大庆石油会战,最终扭转中国石油工业的被动局面的故事。

34.《大江大河》:讲述了1978—1988年间改革开放的大背景下,以宋运辉、雷东宝、杨巡为代表的先行者们在变革浪潮中不断探索和突围的浮沉故事。

35.《士兵突击》:本剧以军事动作、青春励志为题材,讲述了一个农村出身的普通士兵许三多不抛弃、不放弃,最终成为一名出色的侦察兵的成长历程。

36.《大浪淘沙》:讲述了以毛泽东为代表的党的第一代领导人,在国家民族危难之际,召开中国共产党第一次代表大会,建立中国共产党,并带领共产党不懈探索、走向成熟的伟大历程。故事从1919年之后中国社会主要矛盾出发,以党的发展脉络为根基,展现了革命先辈们在党面临危急关头,在民族遭受危难时刻,通过艰苦卓绝的奋斗,开辟了一条前所未有的革命道路,最终取得了伟大胜利。

37.《太行山上》:讲述了刘邓大军挺近大别山,粉碎国民党顽军对解放区的进攻的战斗历程。

38.《火红年华》:以中国十九冶集团、攀钢集团、攀煤集团等三线工业企业为故事原型,讲述了国家三线建设时期,金江市109冶金建设公司、川南钢铁、宝鼎煤矿等企业,从无到有,经历辉煌与没落,又在困境中积极转型发展近半个世纪的故事。

39.《长沙保卫战》:讲述了1939年9月至1942年1月期间,中国军队与侵华日军在湖南长沙及其周边进行的三次大规模攻防战的事迹。

40.《王牌部队》:讲述了我军自20世纪80年代以来的发展历程。

41.《北平无战事》:讲述了1948年潜伏于中国国民党空军的中共地下组织成员方孟敖,为和平解放北平,在千钧一发的时刻,为了人民的幸福与安宁,做出艰难抉择的故事。

42.《外交风云》:讲述了以中华人民共和国成立为起点,在世界大格局中,毛泽东、周恩来、刘少奇、邓小平、陈毅等无产阶级革命家在外交事业上的故事。

43.《戊戌风云》:以康有为的一生为主线,集中描述了康有为、光绪帝、珍妃、慈禧太后、戊戌六君子,以及国际、国内、宫廷、官府杀机重重,此起彼伏,环节紧扣,惊心动魄。

44.《正者无敌》:讲述了冯天魁铁马峥嵘的一生。该剧前半段内战时充满了悬疑、幽默色彩,后半段抗日时,画风一转呈现出非常革命、热血的气质。

45.《民族记忆》:以抗日战争为背景,讲述了乔家兄妹一家的悲欢离合,生动地再现了抗日战争这段惊天动地、铁血交织的历史的故事。

46.《军人使命》:讲述了唐阕、龙潭、许卫平等军人一心想着国家和人民,为完成军人的使命,为现代化国防强军,与不正之风和腐败现象做斗争的故事。

47.《壮士出川》:讲述了1937年淞沪会战,奉命增援的川军二十军某团一上战场便与日军相遇,夺回了战略要地顿悟寺。日酋震动,日军大举反攻,至此双方展开拉锯战。在民族大义的感召下,无数的川军英雄谱写了一曲可歌可泣、荡气回肠的英雄赞歌。

48.《延安除奸》:以抗日战争时期的延安为背景,主要讲述了周劲和晏西二人与陕西地下工作站特务陈纪元斗智斗勇的故事。

49.《红色摇篮》:讲述了1929—1934年老一辈无产阶级革命家,在以瑞金为中心的赣南闽西苏区纵横驰骋,进行共和国建设伟大预演的历史故事。

50.《百炼成钢》:没有共产党就没有新中国,数以万计的中共党员以身作则、冲锋陷阵、砥砺前行,带领着中国人民走出阴霾,带领着中华民族走向伟大复兴。

51.《扫黑风暴》:讲述了中央扫黑除恶督导组进驻中江省绿藤市,发生了一系列事件,将黑恶势力及保护伞成功扫除的故事。

52.《走向共和》:以史诗般的艺术笔触全景式地呈现了中华各民族人民推翻帝制、走向共和这一波澜壮阔的艰难历程。

53.《辛亥革命》:本剧全景展示了20世纪中国发生的第一次历史性巨变,一举推翻清朝政府、结束统治中国几千年的君主专制制度,建立民主共和国的辛亥革命的整个过程。

54.《庚子风云》:讲述了庚子年间八国联军攻占北京,并占领紫禁城,皇太后慈禧为避祸携光绪帝、大阿哥等人仓皇逃离皇宫,来到西安最后又安全回宫的故事。

55.《经山历海》:党的十八大以来,以主人公吴小蒿与贺丰收为代表的党的乡镇基层干部,践行乡村振兴战略,带领群众脱贫攻坚,致力改变乡村面貌,用实际行动展现基层干部的忠诚、信仰和实干精神。

56.《和平之舟》:讲述了海军"和平方舟"号医院船开展"万里海疆行"医疗服务、执行"和谐使命"任务的故事。

57.《国家命运》:全景式地展现了我国"两弹一星"设计研制和试验成功的全过程。

58.《林海雪原》:讲述了东北地区解放军在团参谋长少剑波的带领下,以杨子荣为代表的解放军指战员剿匪的英雄事迹。

59.《英雄使命》:讲述了由刘成率领的女子炸弹小队抗击日本人的系列单元故事。

暗杀、对抗、搏击，快镜头的切换以及大篇幅的打斗，将抗战年代的女子特种部队展现得淋漓尽致。

60.《保卫延安》：讲述了解放战争时期的西北战场，真实描绘出了一幅壮丽的人民战争的历史画卷。

61.《绝密使命》：讲述了我党建立的一条秘密交通线在传递情报、护送人员、运输物资以及实现党中央机关从上海到中央苏区战略转移等方面的故事。

62.《觉醒年代》：讲述了一百年前中国的先进分子和一群热血青年演绎出的一段追求真理、燃烧理想的澎湃岁月。

63.《换了人间》：讲述了中华人民共和国成立前后的历史风云，以及国共两党在军事、政治、经济、统战等各个领域之间殊死较量的故事。

64.《破冰行动》：以2013年广东省"雷霆扫毒"专项行动为原型，剧情以李飞父子的缉毒行动为双线索，讲述了两代缉毒警察不畏牺牲，拼死撕开当地毒贩织起的错综复杂的地下毒网，冲破重重迷局，为"雷霆扫毒"专项行动奉献热血与生命的故事。

65.《热血军旗》：讲述了1927年"八七会议"前后，中国共产党积极开展创建人民军队的探索和实践的故事。

66.《铁血使命》：在战火纷飞的抗战年代，国民党国防部秘密组建了一支女子炸弹部队，小队由5名美丽勇敢的女特种兵组成，她们因各自不同的原因参军入伍，专门负责排除各种炸弹险情，并利用炸弹技术与日本人展开激烈的斗争，勇杀敌寇，保家卫国。

67.《特战先锋》：讲述了抗战时期，国民党军队组建了以陈一鸣少校为首的伞兵突击队通过训练的故事。

68.《逐梦蓝天》：展现了中华人民共和国航空工业从零起步，到如今能与世界先进国家同台竞技的艰辛奋斗历程。

69.《海棠依旧》：讲述了周恩来总理以中华崛起为己任，为人民服务传承一脉海棠香的一生。

70.《黄土高天》：讲述了三代农民和农村干部长达四十年的奋斗故事，艺术再现农村改革发展历程，绘出了新农村时代长卷。

71.《深海利剑》：以海军372潜艇官兵先进事迹为素材创作，讲述了中国为建立一支强大的海军，制订计划网罗精英人才，为正在研发的新型潜艇培育指挥型军官的故事。

72.《蓝军出击》：讲述了韩鹏率领的蓝军"山豹旅"甘当红军"磨刀石"，在实战演练中提升全军战斗力的故事。剧作题材独特，叙事流畅，对军事思想、战争观念、军事训练、国防动员等诸多领域进行了艺术思考和描摹呈现。

73.《人民的名义》：揭示了反腐工作为改革大业带来的生气。

74.《刘伯承元帅》：讲述了从刘伯承元帅开始上学堂一直到离世的整个一生。全剧以刘帅的心路历程为主线，着重塑造他的品格、魅力、才华和胆魄。

75.《共和国血脉》：讲述了中华人民共和国成立初期，以石兴国、许茹为代表的石油师人，战胜一个又一个艰难险阻，相继开发了玉门、柴达木、克拉玛依、川中、大庆等大油田的故事。

76.《光荣与梦想》：以时间为轴线，展现了从中共一大建党到抗美援朝战争胜利，中华人民共和国屹立在世界东方这一段错综复杂、恢宏壮阔的历史。

77.《香山叶正红》：反映了以伟大领袖毛泽东为代表的中共中央在中华人民共和国成立前夕，运筹帷幄，指挥若定，筹备建设新中国的恢宏历史。

78.《突击再突击》：讲述了当代"90后"赴藏从军的青春励志的故事。

79.《恰同学少年》：以毛泽东在湖南第一师范五年半的读书生活为主要表现背景，展现了20世纪以毛泽东、蔡和森、向警予、杨开慧、陶斯咏等为代表的一批优秀青年风华正茂的学习生活和他们之间纯真美丽的爱情故事，同时塑造了杨昌济、孔昭绶等一批优秀教师形象，深刻揭示了学生应该怎样读书，教师应该怎样育人这个与当今社会紧密相关的现实主题。

80.《绝密543》：以1959年RB-57D侦察机、1962年U-2侦察机被中国人民解放军击落为历史背景，讲述了空军地空导弹部队"英雄二营"克服重重困难，保护中华人民共和国领空的故事。

81.《铁道游击队》：讲述了抗日战争时期，山东鲁南地区的铁道游击队员和八路军在党的领导下，深入日寇白区，机智勇敢地开展对敌斗争的传奇故事。

82.《隐秘而伟大》：讲述了心怀正义、初入职场的小警察顾耀东，在遇到中共地下组织成员沈青禾、夏继成后，历经撕扯、困惑、磨砺，最终成为出色的共产党员的故事。

83.《彭德怀元帅》：以彭德怀生平经历为主要内容，从平江起义、抗日战争、解放战争到中华人民共和国成立后的抗美援朝、庐山会议，塑造了一个血性、正直、一心为民的彭德怀。

84.《跨过鸭绿江》：重现抗美援朝的史诗剧集。讲述了以毛泽东、刘少奇、周恩来、朱德、邓小平、彭德怀以及邓华、洪学智、韩先楚等为代表的无产阶级革命家，以及以派往朝鲜作战的黄继光、邱少云、杨根思为代表的志愿军指战员不畏强敌、英勇斗争的战斗故事。

85.《最美的青春》：讲述了20世纪60年代，以冯程、覃雪梅为代表的18个来自中国各地的毕业生，与承德围场林业部等组成拓荒队伍，积极响应祖国号召植树造林的故事。这是一部歌颂中国北部高原荒漠塞罕坝上老一代造林人奉献青春和生命的英雄史诗。

86.《激情的岁月》：讲述了中华人民共和国成立初期，科研工作者扎根戈壁、奉献青春的传奇故事。该剧巧妙地选择了以年轻科研和保障人员群体为主人公的群像塑造，以平视的角度还原中国核工业激情燃烧的岁月，吸引了许多年轻观众。

87.《中国1921》：本剧主要讲述的是中国共产党成立的过程，记录了党的伟大领袖辛苦建党的伟业。

88.《江山如此多娇》：讲述了"扶贫二代"濮泉生与都市女记者沙鸥在澧水市庸城

县碗米溪村参与精准扶贫的过程中,挥洒青春热血,克服重重困难,带领村民脱贫致富的故事。

89.《红星照耀中国》:本剧通过美国青年记者斯诺(Edgar Snow)的经历,讲述1928—1941年间中国发生的重大历史事件和变革。

90.《我们的新时代》:由六个单元组成,以真实人物原型为基础,讲述了以社区志愿者、技术工人、排爆手、村医、大学生村官、民间救援队队员为代表的基层青年党员的奋斗故事。

91.《周恩来在重庆》:讲述了周恩来遵照中共中央的指示,代表中国共产党同国民党进行国共合作、促蒋抗日的谈判,领导南方局、国统区和南方各省党的工作、军队工作、统战工作及宣传文化教育工作的故事。

92.《理想照耀中国》:讲述了中国共产党百年来团结带领人民,高擎理想和信仰的火炬,谋求民族独立、人民解放、国家富强,为实现中华民族伟大复兴的中国梦不懈奋斗的故事。

93.《人间正道是沧桑》:讲述了杨家兄妹三人分别加入中国共产党和中国国民党,他们因政治信仰不同,从手足情深变成水火不容,最后天各一方的故事。

94.《我的青春在延安》:以中共在延安筹备党的七大为切入点,讲述了那个时代的年轻人对于祖国的热爱与奉献的故事。剧中人物也成为时代的集中反映,用他们自己的青春故事,重现了那段激情燃烧的岁月。

95.《春风又绿江南岸》:讲述了走马上任的江南县委书记严东雷带领班子成员,坚持"人民利益至上"的群众观,在优化发展环境、加强党的基层组织建设、开展效能革命、推进"生态文明"建设等一系列工作中的故事。

96.《我们的法兰西岁月》:讲述了周恩来、邓小平、陈毅、聂荣臻、李富春、李维汉、李立三、蔡畅、傅钟、何长工、萧三、赵世炎、蔡和森、王若飞、陈延年、陈乔年、向警予等革命者赴法留学的故事。

97.《五星红旗迎风飘扬》:讲述了我国研制"两弹一星"前后的曲折历程,再现了钱学森、钱三强、邓稼先等科学家的传奇人生。

98.《国防生之烈火海洋》:本剧是国防生系列第二部,是热血青春军旅偶像剧。讲述了一群年轻的海军国防生毕业之后,在海军任职,他们一起在战斗中成长、在奋斗中挥洒青春的故事。

99.《历史转折中的邓小平》:一部历史题材电视剧,描述了1976—1984年间邓小平的主要活动,主要从1976年开始,直到1984年10月1日,邓小平在天安门城楼上检阅国庆游行队伍,游行队伍中的大学生自发地打出代表亿万人民心声的横幅"小平,您好!"为止。

100.《右玉和她的县委书记们》:讲述了右玉县历届县委、县政府带领当地人民群众坚持不懈植树造林、改造生态环境的故事。

二、主旋律电影（100部）

1.《八佰》：取材于1937年淞沪会战，讲述了被称作"八百壮士"的中国国民革命军第三战区八十八师五二四团的一个加强营，固守苏州河畔的四行仓库、阻击日军的故事。

2.《风声》：讲述了汪伪政府时期的1942年，在发生了一系列高官暗杀事件后，日军为了找出代号为"老鬼"的共产党员，对顾晓梦、李宁玉、吴志国、白小年以及金生火五人进行审问过程中的心理战和酷刑。

3.《红日》：以涟水、吐丝口、孟良崮三次战斗为主线，讲述了人民解放军在敌我力量悬殊的条件下消灭国民党王牌部队第七十四师的故事。

4.《夺冠》：讲述了中国女排的奋斗历程和顽强拼搏、为国争光的感人故事。

5.《足迹》：以全国优秀共产党员李连成为原型，讲述了村干部带领村民摆脱贫困，为共同富裕而奋斗的故事。

6.《夜袭》：讲述了八路军七六九团在23岁的陈锡联团长率领下攻破日军"阳明堡"机场的故事，这是历史上以少胜多的军事事件。

7.《勇士》：以红军长征途中强渡大渡河，飞夺泸定桥的史实为原型，讲述了红四团官兵一昼夜奔袭120公里，由黄团长率领22名突击队员，沿着枪林弹雨飞夺泸定桥的壮举。

8.《战狼》：真实呈现了一场中外边境战争，也让堪称"东方之狼"的特种兵战队及高能战士首次登上大银幕。讲述的是小人物成长为拯救国家和民族命运的孤胆英雄的传奇故事。

9.《暖春》：讲述一个无家可归的孤儿小花被一个好心的爷爷收留，小花十分争气，后来考上了大学，成为村里唯一的大学生，为回报生她养她的这片土地，小花选择回乡当老师。

10.《上甘岭》：讲述了上甘岭战役中，志愿军某部八连在连长张忠发的率领下坚守阵地，与敌人浴血奋战，最终取得胜利的故事。

11.《大决战》：讲述了在毛泽东同志的指引下，于1948年11月6日打响了淮海战役，并且取得了伟大胜利的故事。

12.《大转折》：讲述了1947年中国革命处于危急关头，刘邓大军南渡黄河，挺进大别山，在极为艰难的战争环境中，实现了中央的战略意图，使解放战争形势发生了根本性转折，人民解放军提前进入战略进攻阶段的故事。

13.《长津湖》：讲述了抗美援朝战争中，中国人民志愿军伟大的爱国主义精神。

14.《邓稼先》：讲述了邓稼先为实现原子弹和氢弹成功爆破而无私奉献一生的事迹。

15.《白毛女》：讲述了喜儿被地主黄世仁霸占后，逃进深山丛林，头发全变白，后来被大春解救的故事。

16.《冰与火》：以我国速滑运动员叶乔波为原型，讲述了速滑运动员邓羚以顽强的意志和超常的毅力超越自身的极限，克服严重伤痛，奋力拼搏，终于在国际赛场上为祖国赢得荣誉的故事。

17.《守岛人》：根据"人民楷模"王继才、王仕花同志守岛卫国32年的感人事迹改编。

18.《牧马人》：讲述了许灵均被打成"右派"，来到西北牧场劳动，得到当地牧民的关怀照料，并与农村姑娘李秀芝结成连理，"文革"结束后，他放弃了到美国生活的机会，决定留下来建设祖国的故事。

19.《狙击手》：讲述了一名海外安保部队指挥官兼枪法精准、心理素质强大的王牌狙击手，在局势动荡的海外某地区，维护着海外安保和平，创下屡屡战功的故事。

20.《金刚川》：讲述了抗美援朝战争中人民军队炽烈的爱国情怀、对党和人民的无比忠诚，生动诠释了伟大的抗美援朝精神。

21.《信仰者》：讲述了在1935年，为配合中央红军长征，方志敏奉命率领红十军团直插国民党腹地，在谭家桥伏击立功心切的王耀武独立第一旅的故事。

22.《革命者》：献礼建党百年，讲述了李大钊积极探索改变中国、拯救民族的热血历程。

23.《战狼2》：讲述了脱下军装的冷锋被卷入一场非洲国家的叛乱，本来能够安全撤离的他无法忘记军人的职责，重回战场展开救援的故事。

24.《捍卫者》：讲述了抗日英烈姚子青在1937年中日的淞沪会战中，率六百壮士守卫战略要地上海宝山县，与敌浴血鏖战七天七夜，最后全部壮烈殉国的故事。

25.《钱学森》：讲述了钱学森青年赴美、励志求学、涉险回国、建功立业等一系列鲜为人知的曲折人生。

26.《圆明园》：从意大利传教士郎世宁切入，讲述了清朝皇家园林圆明园从初建到大规模扩建成旷世园林，再到英法联军对这座人间仙境的破坏、焚烧的发展历史。

27.《黄大年》：讲述了科学家黄大年不忘初心、至诚报国的感人事迹，讴歌了以黄大年同志为代表的科技工作者赤诚爱国的情怀和忘我奋斗的科研精神。

28.《集结号》：解放战争期间，九连连长谷子地接受了一项阻击战的任务，他与团长约定以集结号作为撤退的号令。当战友一个个阵亡，谷子地对号声是否响起心存疑问，他发誓要找到真相。

29.《焦裕禄》：讲述了焦裕禄在兰考工作期间，以坚强的毅力、炽热的情怀带领全县干部群众治理"三害"、战天斗地、撼人心魄的故事。

30.《攀登者》：以1960年与1975年中国登山队两次登顶珠峰的事迹为背景，讲述了方五洲、曲松林等中国攀登者怀揣着最纯粹的梦想集结于珠峰，肩负时代使命于世界之巅的故事。

31.《1921》：讲述了首批中国共产党人救亡图存担重任，让中国革命前途焕然一新的故事。

32.《一号目标》：1946年，国内局势动荡，内战一触即发。一本意外遗落的笔记本，却揭露了在一拨38人的赴美精英中存在卧底！在特工遍布的南京，美蒋特务暗中勾结，计划除掉名单中的卧底"一号目标"。两军围绕"谁是卧底"进行了一场惊心动魄的博弈。

33.《凡人英雄》：讲述了2020年初，新冠疫情暴发，武汉封城的背景下，陷入人生困境的三个人谱写了一幅特殊时期的小人物群像，展现了抗疫洪流中既平凡又温暖的人性之光。

34.《开天辟地》：是为纪念中国共产党成立70周年而拍摄，是中国第一部以建党为背景的影片，讲述了李大钊、陈独秀等爱国志士创建中国共产党的艰辛历程。

35.《开国大典》：用纪实的手法展现了从中国共产党取得三大战役的胜利开始直至1949年10月1日在北京举行开国大典的历史过程。

36.《为国而歌》：讲述了一群心系祖国命运的文化英雄，用热血谱写出中华民族最强音《义勇军进行曲》的故事。

37.《中国机长》：讲述了"中国民航英雄机组"成员与119名乘客遭遇极端险情，在万米高空直面强风、低温、座舱释压的多重考验。

38.《中国医生》：讲述了白衣逆行者的抗疫故事。

39.《甲午风云》：讲述了邓世昌在中日甲午海战中反对李鸿章主和，指挥北洋舰队英勇抗击日本海军，在弹药用尽后，率领致远号战舰硬撞敌舰吉野号，不幸被鱼雷击中，以身殉国的故事。

40.《古田军号》：讲述了1929年中国工农红军第四军到达福建省西部后鲜为人知的那段峥嵘岁月。

41.《生死阻击》：讲述了抗日战争中八路军浴血奋战的感人故事。

42.《四渡赤水》：讲述了遵义会议后，毛泽东运筹帷幄，指挥红军四渡赤水，成功摆脱国民党军队的围追堵截的故事。

43.《农民院士》：以"全国脱贫攻坚先进个人"朱有勇院士为原型，讲述了科技扶贫过程中，知识分子如何把论文写在祖国农村的土地上。

44.《百团大战》：讲述了中国抗日战争时期，中国共产党领导下的八路军、新四军与日军在中国华北地区晋察冀边区发生的一次规模最大、持续时间最长的战役。

45.《决战之后》：讲述了解放战争取得全面胜利后，对一大批国民党战犯的改造过程的历史。

46.《血战湘江》：讲述了1934年红军三十四师官兵付出巨大牺牲奋力掩护党中央渡过湘江、成功突破封锁的悲壮故事。

47.《红海行动》：讲述了中国海军"蛟龙突击队"8人小组奉命执行撤侨任务，突击队兵分两路进行救援，但不幸遭到伏击，人员伤亡惨重，同时在粉碎叛军武装首领的惊天阴谋中惨胜的故事。

48.《秀美人生》：讲述了黄文秀在大学毕业后，放弃大城市工作的机会，毅然回到家乡参与建设，并在扶贫攻坚战中全情投入、奉献自我的感人故事。

49.《鸦片战争》：清道光年间，英国的鸦片贸易给大清帝国造成严重威胁，道光皇帝被迫下诏，委派湖广总督林则徐为钦差大臣，前往广东禁烟。

50.《武汉日夜》：取材于2020年武汉抗疫的真实故事，以医院重症监护室的医护人员及病患为主线,以深夜运送孕妇的志愿者为辅线,展现与疫情抗争、与死神决斗的动人故事。

51.《建军大业》:献礼建军90周年的历史片。该片讲述了1927年第一次国内革命战争失败后,中国共产党为挽救革命,于当年8月1日在江西南昌举行南昌起义,从而创建中国共产党领导的人民军队的故事。

52.《终局营救》:讲述了平津战役总攻前夕,解放军炮兵侦察连连长蔡兴福与有正义感的国民党军需官姚哲临时组队,执行一个以寡敌众的、"不可能完成"的任务的故事。

53.《建国大业》:庆祝中华人民共和国成立60周年的献礼片,讲述了从抗日战争结束到1949年中华人民共和国成立前夕发生的一系列故事。

54.《建党伟业》:庆祝中国共产党建党90周年的献礼片。从1911年辛亥革命爆发开始一直叙述至1921年中国共产党第一次全国代表大会召开为止,共10年间中国所发生的一系列重大历史事件,大体上由民初动乱、五四运动及中共建党三部分剧情组成。

55.《信念一生》:以西安交大一附院大骨节病防治专家殷培璞教授为真实原型改编,讲述了以殷培璞教授为代表的大骨节病防治团队扎根咸阳北五县病区,为地方群众消除大骨节病的故事。

56.《秋收起义》:根据秋收起义的史实创作,成功地刻画了革命初期的毛泽东形象,再现了他在决定中国历史命运的危急关头,建立起革命根据地,开创农村包围城市的革命之路的伟大历史过程。

57.《南征北战》:讲述了解放战争初期,在华东战场上,人民解放军在敌强我弱的形势下,正确运用毛泽东运动战的战略思想,消灭敌人取得胜利的故事。

58.《南京!南京!》:通过一名普通日本士兵和一名普通中国士兵在南京大屠杀期间的经历,揭示了战争对人性的摧残。

59.《烈火英雄》:讲述了沿海油罐区发生火灾,消防队伍上下级团结一致,誓死抵抗,以生命维护国家及人民财产安全的故事。

60.《铁血奇兵》:以上海战役的关键之战浦东战役为背景,讲述了我军将士在解放上海过程中顽强作战的英雄事迹。

61.《党的女儿》:讲述了第二次国内革命战争时期,江西根据地笼罩在白色恐怖中,共产党员玉梅带领人民群众坚持斗争,最后为了掩护游击队员而英勇就义的故事。

62.《紧急救援》:取材于真实海上救援事件,讲述了王牌特勤队员高谦和好兄弟赵呈与其他救援人直面重大灾难的挑战,一同执行惊险的海上救援任务的故事。

63.《铁道飞虎》:讲述了1941年抗日战争期间,铁道工人利用自己的工作经验成功阻击日军突袭,并为百姓夺取生存补给的传奇经历。

64.《铁道英雄》:讲述了抗日战争时期,临城枣庄英勇的"铁道队"与敌人斗智斗勇,殊死捍卫家园的故事。

65.《惊天动地》:讲述了军中某旅旅长唐新生于演习途中突遇汶川大地震,在通信中断、与上级失去联系的情况下,以灾情为最高命令,毅然带领部队,冲破重重险阻,赶赴汶川县进行生死救援的故事。

66. 《惊涛骇浪》：以1998年大抗洪为背景，全景式地再现了在那场百年不遇的严重水灾面前，全国军民万众一心，英勇奋战，取得抗洪斗争胜利的故事。

67. 《黎明之眼》：讲述了在21世纪初期，一位受日寇摧残的老人回忆二战时在慰安所的惨痛经历及所见所闻的故事。

68. 《横空出世》：讲述了将军冯石和科学家陆光达带着科研部队在西北荒漠克服一个个困难，最终完成我国第一枚原子弹爆炸的故事。

69. 《火烧圆明园》：以英法联军火烧圆明园为历史背景，讲述了慈禧是如何成长为咸丰帝宠妃，而后国家遭遇侵略的故事。

70. 《邓小平小道》：讲述了中国改革开放的总设计师邓小平在南昌生活期间的故事，着重展现邓小平与人民同甘共苦的崇高品质、深厚博大的爱国情怀和刚毅坚韧的品格。

71. 《打过长江去》：以渡江战役为背景，再现了中华人民共和国成立前的关键时刻。人民解放军一支先遣分队潜入江南，与各种敌人殊死斗争，为祖国统一奋战，最终配合百万大军过长江，将红旗插遍中国。

72. 《冲出亚马逊［孙］》：讲述了我军两名特种兵中尉王晖、胡小龙在赴美洲亚马孙流域的猎人学校训练期间，作为中国钢铁战士，超极限地战胜各国强手，为国家和军队争光的感人故事。

73. 《迟来的告白》：讲述了退伍军人余穆放弃优渥的生活条件，来到边远山村邓氏村，成为一名扶贫志愿者，帮助村民脱贫攻坚的感人故事。

74. 《血战狙击岭》：取材于上甘岭战役，将抗美援朝这场巩固新中国人民政权的战争进行了艺术再创作，生动讲述了狙击岭上动人心魄的故事。

75. 《金陵十三钗》：讲述了1937年的南京，一座教堂里一个为救人而冒充神父的美国人、一群躲在教堂里的女学生、14个逃避战火的风尘女子以及殊死抵抗的军人和伤兵，共同面对南京大屠杀的故事。

76. 《战争子午线》：讲述了抗日战争时期，一支由军队子弟、老军医、护士、伤员组成的特殊队伍，以生命为代价粉碎日寇阴谋的故事。

77. 《湄公河行动》：根据"10·5中国船员金三角遇害事件"（湄公河惨案）改编，讲述了一支行动小组为解开中国商船船员遇难所隐藏的阴谋，企图揪出运毒案件幕后黑手的故事。

78. 《智取威虎山》：讲述了解放军一支骁勇善战的203小分队与在东北山林盘踞多年的土匪坐山雕斗智斗勇的故事。

79. 《最美逆行》：讲述了广东援鄂医务人员、广州武汉高铁乘警们在本次疫情中战胜艰难困苦、努力奋斗、可歌可泣的英雄故事。

80. 《跨过鸭绿江》：以中国人民志愿军司令员兼政治委员彭德怀的视角，讲述了中央领导的战略思维、志愿军将领的战场谋略、前线志愿军战士的浴血奋战等多个维度的故事。

81.《解放石家庄》：在60年前的石家庄，解放军战士浴血奋战、人民群众庆祝解放，有一群年轻人用摄影机记录下了这些镜头。该片以此为创作背景，讲述人民解放军解放石家庄的故事。

82.《樵夫·廖俊波》：根据"时代楷模"廖俊波同志人生轨迹改编，讲述了廖俊波从学生时代开始，在校园里积极向上，走上工作岗位后意气风发，变身公仆后则前赴后继，直到一场意外让这位人民公仆在48岁的好时光里永远停格的故事。

83.《太阳照常升起》：讲述了四段交错的故事，分别以疯、恋、枪、梦为主题，把"继续革命"的十年和中华人民共和国成立后的二十年做了一个对照，具有革命浪漫主义色彩，镜头指向对激情岁月的记挂。

84.《厉害了，我的国》：生动再现了中国在扶贫、生态文明建设、医疗保障、国家安全体制等方面取得的非凡成就。

85.《红星照耀中国》：通过美国记者斯诺的视角，再现了20世纪30年代中国西北革命根据地中国共产党和中国工农红军的情况。

86.《我和我的父辈》：讲述了革命、建设、改革开放和新时代等不同时期中国人的奋斗和时代记忆。

87.《我和我的祖国》：讲述了中华人民共和国成立70年间普通百姓与共和国息息相关的故事。

88.《我和我的家乡》：分五个故事单元，讲述了发生在中国东西南北中五大地域的家乡故事。该片描绘了小康生活的画卷，讴歌了脱贫攻坚的成就，是兼具思想性、艺术性的文艺作品，实现了社会效益和经济效益双丰收。

89.《我的老兵爷爷》：是一部纪念莱芜战役胜利70周年、中国人民解放军建军90周年的献礼影片，讲述了一个参加过莱芜战役的老兵亓长福历经千辛万苦寻找战友的故事。

90.《我的喜马拉雅》：讲述了西藏山南老百姓守边卫国的感人故事。

91.《周恩来回延安》：讲述了1973年6月，周恩来总理回到革命圣地延安，重温党的奋斗历程，铭记党的奋斗精神，提醒全党不要忘记延安这片土地上燎原的革命火种和延安人民对中国革命的奉献的故事。

92.《长津湖之水门桥》：以抗美援朝战争第二次战役中的长津湖战役为背景，回顾了抗美援朝那段血与火的历史。

93.《永不消逝的电波》：以李白烈士的事迹为原型，讲述了中共党员李侠潜伏在敌占区，为革命事业奉献出生命的故事。

94.《百万雄师下江南》：中华人民共和国第一部在国际上获奖的纪录电影，由战地摄影记者拍摄，全景式展现了我国人民解放军打过长江去，解放全中国的不可阻挡的历史步伐。

95.《我们的第一书记》：以"第一书记"为引，是奋斗在脱贫攻坚一线的第一书记们的"情感记事簿"，是脱贫攻坚战场上的精神丰碑，是为下一代留下可供追寻和回望的脚步与精神。

96.《穿过寒冬拥抱你》：以抗击疫情为背景，讲述了几对普通武汉市民面对突如其来的疫情，积极乐观、彼此支持的爱情故事。

97.《邓小平·1928》：讲述了1928年前后邓小平在担任中央秘书长期间的一段工作、生活经历，以及他的一段鲜为人知的爱情故事。

98.《村里来了个牛书记》：讲述了重点贫困村褚家坡村第一书记牛孟祥克服种种困难，带领乡村走向振兴的故事。

99.《周恩来的四个昼夜》：以20世纪50年代末60年代初"大跃进"为背景，讲述了周恩来到革命老区调研四个昼夜的故事。影片表现了历史沧桑，从气氛上观众能够体会到当时民众的苦难。

100.《1950他们正年轻》：用全新的视角聚焦71年前参加抗美援朝的普通年轻人，通过不同军种、不同时期参战的老兵真人讲述，以一句句平实细微的话语呈现出他们曾经热血的青春与梦想，也还原了最真实的战场，给当代的年轻人带来内心的震撼与共鸣。

三、主旋律纪录片（60部）

1.《长征》：本片叙述语言很有感染力，穿插的毛泽东诗词、版画、油画、漫画以及遥感动画、航拍画面，与理论阐述、史实呈现等熔为一炉，激情澎湃，撼动人心。

2.《绝笔》：讲述了在中国共产党百年的奋斗历程中，无数共产党员为了追求信仰慷慨明志、从容赴死，把生的希望留给后人，写下一封封传颂至今的绝笔信的故事。《绝笔》（第二季），重温、解读十四位共产党员的绝笔，展现一批批革命先烈献身中国革命、追求崇高信仰的牺牲精神。

3.《较量》：全面展现抗美援朝的纪录片。

4.《商痕》：将中国民营经济发展史与民营企业家的奋斗史融为一体，反映了中国民营经济30多年的发展历程。

5.《强军》：全景展现党的十八大以来以习近平同志为核心的党中央建军治军的伟大实践。

6.《同象行》：以亚洲象北移事件为线索，讲述中国的生态文明故事。

7.《诞生地》：集中展现了中国共产党在上海的诞生、发展及壮大的历史过程。

8.《零容忍》：由中央纪委国家监委宣传部与中央广播电视总台央视联合摄制的反腐专题片。

9.《榜样6》：重点宣传"七一勋章"获得者和全国"两优一先"表彰对象的典型事迹，通过典型事迹再现、现场访谈、重温入党誓词等形式，生动展现中国共产党人坚定信念、践行宗旨、拼搏奉献、廉洁奉公的高尚品质和崇高精神，彰显基层党组织战斗堡垒作用和党员先锋模范作用，是开展党员教育培训的生动教材。

10.《大国工匠》：讲述了不同岗位劳动者用自己的灵巧双手，匠心筑梦的故事。

11.《大国外交》：全景展现党的十八大以来中国特色大国外交的恢宏历程。

12《山河岁月》：以人物为峰，以党史为鉴，展现了百年来成千上万先烈们共同书写的非凡历史。

13.《大国崛起》：记录了葡萄牙、西班牙、荷兰、英国、法国、德国、日本、俄罗斯、美国九个世界级大国相继崛起的过程，并总结大国崛起的历史规律。

14.《为了人民》：本片全景记录在党中央、中央军委和习主席坚强领导下，人民军队牢记全心全意为人民服务的根本宗旨、积极支援地方疫情防控、为打赢疫情防控阻击战做贡献的生动实践，充分展现人民军队敢打硬仗、善打胜仗的优良作风。

15.《为了和平》：呈现中国共产党领导抗美援朝战争的光辉历程和宝贵经验。

16.《天山南北》：分为"时代变迁""富民兴疆""一代青年""和谐共生"4个部分，通过18个鲜活生动的人物故事，讲述了天山南北各民族人民热爱家园、延续传统、追求梦想、与内地共同发展、多民族和谐共居的主题，不仅展现了天山南北具有差异性的人文之美和自然之美，也全方位地展现了中华民族大团结。

17.《必由之路》：以改革开放是坚持和发展中国特色社会主义的必由之路为主题，全景式回顾改革开放40年历程。

18.《共产党人》：以中国共产党的伟大历史为线索，展现在党的领袖人物领导下，广大共产党员在不同的历史时期为实现共产主义的伟大理想浴血奋战、顽强拼搏的革命精神与高尚情操。

19.《红色摇篮》：全方位展现了土地革命战争时期中央苏区创建、发展和走向壮大的历史过程，全面回顾了中国共产党团结带领中国人民为实现新民主主义革命任务顽强奋斗的光辉历程。

20.《决战兰州》：以解放战争为背景，聚焦于历史长河中的典型事例。

21.《百炼成钢》：本片采取短小精悍的短视频形式，撷取中国革命、建设、改革、复兴历程中的100个重要事件，用100个历史故事反映出百年大党的光辉历程和伟大成就。

22.《国家记忆》：以"为国家留史，为民族留记，为人物立传"为宗旨，展现党史、国史、军史中的重大历史事件、各领域重大工程建设，揭秘重大决策背后的故事。

23.《复兴之路》：本片是为迎接党的十七大的六集大型电视政论片，是中央电视台第一部全面、系统地梳理中国近现代历史的系列节目，以鸦片战争以来一百多年的重大事件为视角，展示一幅幅振兴图强的全景画面。

24.《航拍中国》：品四方风土人情，观九州秀美河山。

25.《绿水青山》：从生态文明的角度探讨人与自然的和谐共生，共建人与自然生命共同体。

26.《辉煌中国》：通过重大基础设施建设工程在片中的逐一亮相，讲述了一个个鲜活、精彩、美丽的"中国故事"，再现了一张张中国基础建设的大网是如何编织起人民走向幸福，走向中华民族伟大复兴的中国梦，让人深受感动、备受鼓舞。

27.《超级工程》：是一部充满了浓厚人文情怀的科学类工程题材纪录片，向世界展示一个充满活力与创造力的中国。

28.《感动中国》：是中央电视台综合频道打造的一个精神品牌栏目，通过多种投票方式选取年度震撼人心、令人感动的人物和团队。它被媒体誉为"中国人的年度精神史诗"。

29.《摆脱贫困》：全景呈现以习近平同志为核心的党中央带领全国各族人民精准扶

贫、精准脱贫,全面建成小康社会的恢宏历史进程。

30.《激荡中国》:围绕制度创新和技术创新这两个核心概念,从经济社会发展的视角回望与梳理历史,探寻中国的进步动力与发展启示。

31.《大数据时代》:是国内首部大数据产业题材纪录片,细致而生动地讲述了大数据技术在政府治理、民生服务、数据安全、工业转型、未来生活等方面给我们带来的改变和影响。

32.《不朽的丰碑》:本片采用现实主义与浪漫主义相结合的纪录片表现手法,讲述英烈故事,再现中国人民志愿军英雄保家卫国的崇高境界和舍生忘死的英勇事迹,唱响了英雄赞歌。

33.《中国远征军》:讲述了中国军人第一次踏出国门、赴海外作战的故事。

34.《永远在路上》:从受访专家学者、纪检干部到落马官员的案例剖析,全景式呈现了"从严治党永远在路上"四年来不平凡的历程。

35.《这就是中国》:复旦教授张维为全面剖析中国模式比西方好在哪里。

36.《时间的答卷》:一档以电视化、艺术化形式再现党的百年奋斗历程中伟大精神的节目。

37.《我们的征途》:全景式展现中国探月工程17年"绕、落、回"的完整历程。

38.《非凡的领航》:在重大历史关头、重大考验面前,以习近平同志为核心的党中央高瞻远瞩、审时度势,带领全党全军、全国各族人民迎难而上、攻坚克难,在这极不寻常的年份,创造了极不寻常的辉煌。

39.《晋察冀边区》:中国共产党领导的抗日战争根据地。

40.《119请回答》:聚焦这个和平年代最危险的职业,折射社会百态、民生民情,传递正能量。

41.《从北京到北京》:大型北京冬奥纪录片。

42.《中国扶贫故事》:三集纪录片,用一个个普通中国人讲述他们如何战胜贫困的真实案例,用现实的生活告诉观众,贫穷不是不可改变的宿命。

43.《舌尖上的中国》:在美食的地图上发现历史、文化、传统与温情。

44.《我爱你,中国》:本片一共四季,每季共七集,讲述了军人、环保战线、科学家、改革家四个群体奋斗的故事。精美的影像画面令人心旷神怡,感人肺腑的故事直抵人心。

45.《打铁还需自身硬》:是一部反腐电视专题片,反映了党的十八大以来,纪检监察机关认真贯彻习近平总书记的指示要求,全面从严治党、加强自身建设、完善内控机制,坚决清理门户,严防"灯下黑",努力打造一支忠诚干净、有担当的纪检监察队伍,体现"打铁必须自身硬,全面从严治党永远在路上"的清醒和韧劲,回应党内的关切和人民群众的期盼。

46.《百万农奴站起来》:本片用大量血淋淋的事实,揭露了西藏农奴制度的黑暗和罪恶,反映了中国人民解放军平息西藏农奴主叛乱之后,百万农奴从奴隶枷锁中解放出来的动人情景。

47.《伟大的抗美援朝》：全景式展现抗美援朝的纪录片。

48.《我们走在大路上》：全景式展现中华人民共和国各个历史时期各行各业风貌的大型系列纪录片。

49.《我的青春在丝路》：由共青团中央宣传部和湖南广播电视台新闻中心联合摄制的主旋律纪录片。一共五集，每集讲述一个在"一带一路"沿线国家追寻青春梦想的年轻人的故事。

50.《战"疫"24小时》：是一部网络纪录片，获2020年度优秀网络视听作品推选活动优秀作品荣誉称号。

51.《将改革进行到底》：讲述了以习近平同志为核心的党中央带领13亿中国人民攻坚克难、砥砺前行，坚定不移进行改革的故事。

52.《理想照耀中国第二季》：讲述了李大钊、瞿秋白、刘志丹、蔡和森、向警予、彭湃、马本斋等20多位我党不同时期的优秀共产党员可歌可泣的故事。

53.《2020我们的脱贫故事》：本片运用纪实手法，关注革命老区、民族、边疆以及特殊生态地区等典型地域，聚焦脱贫攻坚的执行者、参与者和受益者，围绕生态移民、易地搬迁、劳务输出、科技扶贫、第一书记等方式和话题，全面展现脱贫攻坚的生动历史画卷。

54.《与青春有关的日子》：讲述了100年来不同时代年轻人做出人生抉择的瞬间，深入挖掘青春故事，展现青春特质，以青春之我，回望青春之中国。将建党前后至火星探测、冬奥盛会、新冠抗疫等重大事件中青年人的拼搏都尽数展现。以青春之语态、澎湃之内蕴，彰显中国青年的力量与追求，也叩问和探寻何为中国青年的选择。

55.《抗美援朝保家卫国》：为确保节目内容权威翔实、史实严谨准确，摄制团队采访了国内外权威专家，对抗美援朝战争的国际背景、战役经过和历史细节进行权威解读和深度剖析。

56.《"一带一路"上的智者》：讲述了14位学者投身"一带一路"研究并取得重要成果的故事。

57.《正道沧桑——社会主义500年》：宣传阐释中国特色社会主义的真谛要义，全面反映中国特色社会主义的生动实践，充分展示中国特色社会主义的发展前景，增强广大干部群众坚持中国特色社会主义道路、理论体系、制度的自觉性坚定性，增强理论自信、道路自信、制度自信，为全面建成小康社会、夺取新时代中国特色社会主义伟大胜利，实现中华民族伟大复兴的中国梦提供强大的精神力量。

58.《扫黑除恶——为了国泰民安》：全景展现以习近平同志为核心的党中央部署推进扫黑除恶专项斗争的非凡历程与丰硕战果。

59.《面向世界的中国共产党》：通过对50多位国外政要和20多位中方的官员、学者的采访，展示出中国共产党的良好国际形象。

60.《我们一起走过：致敬改革开放四十周年》：以改革开放40年取得的历史性成就和发生的历史性变革为基础，选取中国经济社会各个领域的发展变迁故事，呈现中国改革开放的宏伟实践。

全国爱国主义教育示范基地名单

全国爱国主义教育示范基地是由中宣部负责确定和命名的，从1997年7月至2021年6月，先后分7批公布了全国爱国主义教育示范基地名单。其主要目的是更好地发挥爱国主义教育基地作用，更加深入地开展群众性爱国主义教育活动，激发爱国热情、凝聚人民力量、培育民族精神。主题包括：反映中华民族悠久历史文化的内容，反映近代中国遭受帝国主义侵略和我国人民反抗侵略、英勇斗争的内容，反映现代我国人民革命斗争和社会主义建设时期的内容，反映党的光辉历史的内容，反映百年党史重要事件、重要地点、重要人物和重要革命纪念的内容，还有反映中华人民共和国特别是新时代的大国重器和建设成就的内容等，具体名单如下：

北京市（43个）

1. 天安门广场 2. 中国历史博物馆 3. 中国革命博物馆
4. 中国人民革命军事博物馆 5. 中国人民抗日战争纪念馆
6. 故宫博物院 7. 圆明园遗址公园 8. 八达岭长城 9. 周口店遗址博物馆
10. 李大钊烈士陵园 11. 焦庄户地道战遗址纪念馆 12. 北京自然博物馆
13. 中国航空博物馆 14. 中国科学技术馆 15. 平北抗日战争烈士纪念馆
16. 香山双清别墅 17. 首都博物馆 18. 八宝山革命公墓 19. 铁道兵纪念馆
20. 中国法院博物馆 21. 中国海关博物馆 22. 中国妇女儿童博物馆
23. 中国华侨历史博物馆 24. 宋庆龄同志故居 25. 北京新文化运动纪念馆
26. 北京正负电子对撞机实验室 27. 中国印刷博物馆 28. 北京李大钊故居
29. 没有共产党就没有新中国纪念馆 30. 中国共产党历史展览馆
31. 中央礼品文物管理中心 32. 中国美术馆 33. 中国电影博物馆
34. 中国邮政邮票博物馆 35. 中国钱币博物馆 36. 中国铁道博物馆正阳门展馆
37. 北京大兴国际机场 38. 中关村国家自主创新示范区展示中心
39. 中核集团中国核工业科技馆（北京） 40. 航天科技空间技术研究院展示中心
41. 长辛店二七纪念馆 42. "毛泽东号"机车展示室
43. 国家体育总局训练局荣誉馆

天津市（10个）

1. 天津盘山烈士陵园 2. 平津战役纪念馆 3. 周恩来邓颖超纪念馆
4. 天津自然博物馆 5. 天津科学技术馆 6. 大沽炮台遗址
7. 天津博物馆 8. 天津市烈士陵园 9. 天津觉悟社纪念馆
10. 天津电力科技博物馆

河北省（21个）

1. 乐亭李大钊纪念馆 2. 涉县129师司令部旧址 3. 白求恩、柯棣华纪念馆
4. 清苑冉庄地道战遗址 5. 西柏坡中共中央旧址 6. 董存瑞烈士陵园
7. 华北军区烈士陵园 8. 潘家峪惨案纪念馆
9. 中国人民抗日军事政治大学陈列馆 10. 河北省博物馆 11. 唐山抗震纪念馆
12. 城南庄晋察冀军区司令部旧址 13. 晋冀鲁豫烈士陵园 14. 马本斋纪念馆
15. 潘家戴庄惨案纪念馆 16. 山海关长城博物馆 17. 冀南烈士陵园
18. 热河烈士陵园 19. 沙石峪陈列馆 20. 喜峰口长城抗战遗址
21. 国家电网张北柔性直流电网工程

山西省（17个）

1. 八路军太行纪念馆（八路军总部旧址） 2. "百团大战"纪念馆（碑）
3. 刘胡兰纪念馆 4. 黄崖洞革命纪念地 5. 太原解放纪念馆
6. 平型关战役遗址 7. 太行太岳烈士陵园
8. 山西国民师范旧址革命活动纪念馆 9. 麻田八路军总部纪念馆
10. 大同煤矿遇难矿工"万人坑"展览馆（抗日战争期间日军侵华罪行遗址）
11. 徐向前元帅故居 12. 晋绥边区革命纪念馆 13. 娄烦高君宇故居
14. 石楼红军东征纪念馆 15. 平顺西沟展览馆 16. 右玉精神展览馆
17. 五台白求恩纪念馆（白求恩模范病室旧址）

内蒙古自治区（9个）

1. 乌兰夫纪念馆 2. 内蒙古博物馆 3. 内蒙古革命烈士陵园
4. 呼和浩特市武川县德胜沟大青山抗日游击根据地旧址
5. 兴安盟内蒙古自治政府纪念地（内蒙古民族解放纪念馆、"五一"会址、乌兰夫办公旧址、内蒙古党委办公旧址、内蒙古自治政府办公旧址）
6. 呼伦贝尔市世界反法西斯战争海拉尔纪念园 7. 包头市王若飞纪念馆
8. 集宁战役纪念馆 9. 草原英雄小姐妹事迹展览馆

辽宁省（21个）

1. 沈阳"九一八"事变博物馆 2. 旅顺万忠墓纪念馆 3. 辽沈战役纪念馆
4. 抗美援朝纪念馆 5. 抚顺雷锋纪念馆 6. 丹东鸭绿江断桥
7. 沈阳抗美援朝烈士陵园 8. 黑山阻击战烈士陵园 9. 葫芦岛市塔山烈士陵园
10. 关向应故居纪念馆 11. 抚顺战犯管理所旧址陈列馆
12. 平顶山惨案遗址纪念馆 13. 辽宁东北抗联史实陈列馆
14. 旅顺日俄监狱旧址博物馆 15. 赵尚志纪念馆 16. 铁西老工业基地展览馆
17. 阜新万人坑死难矿工纪念馆 18. 辽宁东北抗日义勇军纪念馆

19. 沈阳审判日本战犯法庭旧址陈列馆　　20. 鞍钢集团博物馆

21. 航空工业沈飞航空博览园

吉林省（11个）

1. 杨靖宇烈士陵园　　2. 四平战役纪念馆暨四平烈士陵园　　3. 延边革命烈士陵园

4. "四保临江"烈士陵园

5. 白山抗日纪念地（杨靖宇将军殉国地、那尔轰会师遗址、城墙砬子会议旧址等）

6. 日伪统治时期辽源煤矿死难矿工文物馆　　7. 吉林市革命烈士陵园

8. 伪满皇宫博物院暨东北沦陷史陈列馆　　9. 白城市烈士陵园

10. 长白山老黑河遗址　　11. 中车长客股份公司高速动车组制造中心

黑龙江省（16个）

1. 东北烈士纪念馆　　2. 侵华日军731细菌部队罪证陈列馆

3. 铁人王进喜纪念馆　　4. 瑷珲历史陈列馆　　5. 哈尔滨烈士陵园

6. 马骏纪念馆　　7. 齐齐哈尔西满革命烈士陵园　　8. 侵华日军东宁要塞遗址

9. 侵华日军虎头要塞遗址　　10. 杨子荣烈士陵园　　11. 珍宝岛革命烈士陵园

12. 大庆油田历史陈列馆　　13. 齐齐哈尔江桥抗战纪念地　　14. 哈军工纪念馆

15. 北大荒开发建设纪念馆　　16. 中国一重展览馆

上海市（14个）

1. 中国共产党第一次全国代表大会会址纪念馆（含会址）　　2. 上海龙华烈士陵园

3. 宋庆龄陵园　　4. 上海博物馆　　5. "南京路上好八连"事迹展览馆

6. 海军上海博览馆　　7. 陈云故居暨青浦革命历史纪念馆　　8. 鲁迅纪念馆

9. 江南造船博物馆　　10. 中共二大旧址纪念馆　　11. 团中央机关旧址纪念馆

12. 国歌展示馆　　13. 上海浦东开发开放主题展馆　　14. 上海光源科学研究平台

江苏省（31个）

1. 中山陵　　2. 周恩来纪念馆（故居）　　3. 新四军纪念馆

4. 侵华日军南京大屠杀遇难同胞纪念馆　　5. 雨花台烈士陵园

6. 淮海战役烈士纪念塔（馆）

7. 《南京条约》史料陈列馆（中英《南京条约》签约旧址）

8. 梅园新村纪念馆　　9. 沙家浜革命历史纪念馆　　10. 茅山新四军纪念馆

11. 南京博物院　　12. 泰兴黄桥革命历史纪念地（新四军黄桥战役革命历史纪念塔、新四军苏北指挥部旧址、新四军第三纵队司令部旧址、粟裕部分骨灰安放处等）

13. 赣榆抗日山烈士陵园

14. 常州"三杰"纪念地（常州"三杰"纪念馆、瞿秋白故居、张太雷故居、恽代英纪念广场）

15. 苏中七战七捷纪念馆　16. 顾炎武纪念馆

17. 中国人民解放军海军诞生地纪念馆　18. 新四军江南指挥部纪念馆

19. 南京云锦博物馆　20. 审计博物馆　21. 扬州博物馆　22. 南京长江大桥

23. 国家超级计算无锡中心　24. 宿北大战纪念馆（含纪念塔）

25. 新安旅行团历史纪念馆　26. 杨根思烈士陵园　27. 王杰烈士陵园

28. 江都水利枢纽　29. 深海技术科学太湖实验室

30. "开山岛夫妻哨"事迹陈列馆　31. 南通博物苑（张謇纪念馆）

浙江省（18个）

1. 南湖革命纪念馆　2. 鲁迅故居及纪念馆　3. 镇海口海防遗址　4. 禹陵

5. 河姆渡遗址博物馆　6. 解放一江山岛烈士陵园　7. 鄞县四明山革命烈士陵园

8. 舟山鸦片战争纪念馆　9. 侵浙日军投降仪式旧址（千人坑遗址）

10. 浙江省博物馆　11. 新四军苏浙军区纪念馆

12. 温州浙南平阳革命根据地旧址群　13. 洞头先锋女子民兵连纪念馆

14. 秦山核电站　15. 浙西南革命根据地纪念馆　16. 良渚博物院

17. 浙江湖州安吉余村　18. 浙江宁波奉化滕头村

安徽省（14个）

1. 陶行知纪念馆　2. 新四军军部旧址纪念馆及皖南事变烈士陵园

3. 王稼祥纪念园　4. 淮海战役双堆烈士陵园　5. 安徽省博物馆

6. 金寨革命烈士陵园　7. 渡江战役总前委旧址纪念馆　8. 合肥蜀山烈士陵园

9. 皖西烈士陵园　10. 渡江战役纪念馆　11. 淮南市大通万人坑教育馆

12. 王稼祥事迹陈列馆（王稼祥故居）　13. 王家坝闸　14. 国家同步辐射实验室

福建省（22个）

1. 古田会议纪念馆　2. 陈嘉庚生平事迹陈列馆　3. 林则徐纪念馆

4. 郑成功纪念馆　5. 泉州海外交通史博物馆　6. 福建省革命历史纪念馆

7. 毛泽东才溪乡调查纪念馆　8. 长汀县瞿秋白烈士纪念碑

9. 闽侯县"二七"烈士林祥谦陵园　10. 华侨博物院　11. 中国闽台缘博物馆

12. 福州马尾船政文化遗址群　13. 冰心文学馆

14. 建宁县红一方面军领导机关旧址暨反"围剿"纪念馆

15. 闽西革命历史纪念馆　16. 宁化县革命纪念馆　7. 闽北革命历史纪念馆

18. 蔡威事迹展陈馆　19. 谷文昌纪念馆

20. 毛主席率领红军攻克漳州纪念馆（中共福建临时省委旧址）

21. 三明市精神文明建设展览馆　22. 中核集团中国核工业科技馆（福建）

江西省（21个）

1. 安源路矿工人运动纪念馆 2. 南昌八一起义纪念馆
3. 井冈山革命纪念地（博物馆、烈士陵园、黄洋界、八角楼、会师广场、龙江书院、毛泽东旧居等）
4. 瑞金中央革命根据地纪念馆
5. 秋收起义纪念地（萍乡秋收起义纪念碑、秋收起义铜鼓纪念馆、秋收起义修水纪念馆）
6. 永新三湾改编旧址 7. 兴国革命历史纪念地（纪念馆、烈士陵园）
8. 上饶集中营革命烈士陵园
9. 方志敏纪念馆（烈士陵园，赣东北特委、红十军建军旧址等）
10. 于都革命烈士纪念馆及中央红军长征第一渡纪念碑园
11. 江西革命烈士纪念堂 12. 东固革命根据地旧址群（含东固革命根据地博物馆）
13. 中国工农红军北上抗日先遣队纪念馆（碑）
14. 闽浙皖赣革命根据地旧址群 15. 宁都县中央苏区反"围剿"战争纪念馆
16. 湘鄂赣革命纪念馆 17. 余江血防纪念馆
18. 景德镇市中国陶瓷文化展示基地 19. 会昌县革命历史纪念地
20. 莲花一枝枪纪念馆 21. 罗坊会议纪念馆

山东省（21个）

1. 孔繁森纪念馆 2. 台儿庄大战纪念馆 3. 中日甲午战争博物馆
4. 孔子故居 5. 华东革命烈士陵园 6. 中国人民解放军海军博物馆
7. 济南革命烈士陵园 8. 莱芜战役纪念馆 9. 山东省博物馆
10. 铁道游击队纪念园 11. 地雷战纪念馆 12. 冀鲁豫边区革命纪念馆
13. 八路军115师司令部旧址暨山东省政府成立纪念地
14. 天福山革命遗址 15. 孟良崮战役烈士陵园
16. 鲁西南战役革命纪念地（郓城鲁西南战役指挥部旧址、金乡鲁西南战役纪念馆）
17. 新四军军部旧址暨华东军区、华东野战军诞生地纪念馆
18. 潍县乐道院暨西方侨民集中营旧址 19. 渤海垦区革命纪念馆
20. 大青山胜利突围纪念馆 21. 山东港口青岛港自动化码头科技创新教育基地

河南省（22个）

1. 林州红旗渠纪念馆 2. 兰考焦裕禄烈士陵园 3. 安阳殷墟博物苑
4. 新县革命纪念地（中共中央鄂豫皖分局、鄂豫皖军委、鄂豫皖苏区首府革命博物馆，鄂豫皖苏区烈士陵园，箭厂河革命旧址等）
5. 河南博物院 6. 杨靖宇将军纪念馆 7. 镇平彭雪枫纪念馆
8. 吉鸿昌将军纪念馆

9. 濮阳单拐革命旧址（中共中央平原分局革命旧址、中共中央北方局革命旧址、冀鲁豫军区纪念馆等）
10. 商丘淮海战役陈官庄烈士陵园
11. 驻马店确山竹沟革命纪念馆（竹沟烈士陵园）
12. 鄂豫皖革命纪念馆　13. 桐柏革命纪念馆　14. 中国文字博物馆
15. 八路军驻洛办事处纪念馆　16. 王大湾会议会址纪念馆
17. 愚公移山精神展览馆　18. 郑州二七纪念馆　19. 刘邓大军渡黄河纪念馆
20. 中国一拖东方红农耕博物馆　21. 三门峡水利枢纽工程
22. 中国中铁装备集团郑州盾构总装车间

湖北省（25个）

1. 武汉二七纪念馆　2. 武昌中央农民运动讲习所旧址纪念馆
3. 红安黄麻起义和鄂豫皖苏区革命烈士陵园　4. 辛亥革命武昌起义纪念馆
5. 李时珍纪念馆　6. "八七会议"会址纪念馆　7. 闻一多纪念馆
8. 湖北省博物馆　9. 瞿家湾湘鄂西革命根据地旧址
10. 周老嘴湘鄂西革命根据地纪念馆　11. 红安七里坪革命纪念馆
12. 大悟宣化店中原军区旧址及新四军第五师旧址群
13. 宜城张自忠烈士纪念馆　14. 湘鄂边苏区鹤峰革命烈士陵园
15. 北伐汀泗桥战役遗址纪念馆　16. 龙港革命历史纪念馆和龙港革命旧址
17. 天门陆羽纪念馆　18. 东湖毛泽东故居　19. 十堰市郧阳革命烈士陵园
20. 十堰市郧阳南化塘革命烈士陵园　21. 黄冈革命烈士陵园
22. 三峡工程　23. 中国共产党第五次全国代表大会会址纪念馆
24. 空降兵军史馆　25. 丹江口水利枢纽工程

湖南省（33个）

1. 韶山毛泽东纪念馆（故居）　2. 刘少奇纪念馆　3. 炎帝陵
4. 平江起义纪念馆　5. 湘鄂川黔革命根据地纪念馆
6. 秋收起义文家市会师旧址纪念馆　7. 中共湘区委员会旧址
8. 湘南暴动指挥部旧址　9. 彭德怀纪念馆　10. 湖南省博物馆
11. 芷江受降旧址和纪念馆　12. 任弼时故居和纪念馆　13. 贺龙故居和纪念馆
14. 罗荣桓故居和纪念馆　15.《三大纪律，六项注意》颁布旧址
16. 屈子祠　17. 雷锋纪念馆　18. 南岳忠烈祠　19. 湘乡东山学校旧址
20. 通道转兵会议旧址和纪念馆
21. 红军标语博物馆和中国工农红军革命活动炎陵纪念馆
22. 厂窖惨案遇难同胞纪念馆　23. 杨开慧故居　24. 林伯渠故居
25. 新民学会旧址　26. 橘子洲头毛泽东青年艺术雕塑
27. 茶陵县工农兵政府旧址　28. 中国工农红军第二方面军长征出发地纪念馆

29. "半条被子的温暖"专题陈列馆　30. 粟裕故居

31. 段德昌烈士陵园（生平业绩陈列馆、纪念碑）　32. 湖南湘西花垣十八洞村

33. 矮寨大桥

广东省（17个）

1. 孙中山故居纪念馆　2. 广州起义烈士陵园　3. 鸦片战争博物馆（虎门炮台）

4. 三元里人民抗英斗争纪念馆　5. 毛泽东同志主办农民运动讲习所旧址

6. 叶剑英元帅纪念馆　7. 叶挺纪念馆　8. 海丰红宫红场旧址纪念馆

9. 黄花岗七十二烈士墓园　10. 黄埔军校旧址纪念馆　11. 中共三大会址纪念馆

12. 叶挺独立团团部旧址纪念馆　13. 三河坝战役烈士纪念碑

14. 广州起义纪念馆　15. 港珠澳大桥　16. 东江—深圳供水工程

17. 航空工业AG600飞机总装生产线

广西壮族自治区（12个）

1. 中国工农红军第七军军部旧址　2. 红军长征突破湘江烈士纪念碑园

3. 龙州县红八军军部旧址（红八军纪念馆）　4. 八路军桂林办事处旧址

5. 百色起义纪念馆　6. 右江工农民主政府旧址　7. 广西烈士陵园

8. 广西民族博物馆　9. 合浦县博物馆　10. 冯子材旧居

11. 韦拔群纪念馆　12. 昆仑关抗日战役纪念地

海南省（7个）

1. 中国工农红军琼崖纵队改编旧址　2. 琼海市红色娘子军纪念园

3. 母瑞山革命根据地纪念园　4. 张云逸纪念馆　5. 万宁市六连岭烈士陵园

6. 海南解放公园　7. 中国（海南）南海博物馆

四川省（25个）

1. 邓小平故居　2. 朱德故居暨朱德铜像纪念园　3. 赵一曼纪念馆

4. 黄继光纪念馆　5. 都江堰水利工程　6. 红四方面军指挥部旧址纪念馆

7. 泸定桥革命文物陈列馆　8. 红军四渡赤水太平渡陈列馆

9. 安顺场红军强渡大渡河纪念地　10. 苍溪红军渡纪念馆

11. 万源保卫战战史陈列馆　12. 陈毅故居

13. 川陕革命根据地博物馆暨川陕苏区将帅碑林　14. 红军长征纪念碑碑园

15. "5·12"汶川地震遗址、遗迹及地震博物馆（"万众一心　众志成城"——抗震救灾主题展览馆、北川县城地震遗址博物馆、汶川地震震中纪念地、汉旺东汽工业遗址纪念地、都江堰虹口深溪沟地震遗迹纪念地）

16. 川陕革命根据地红军烈士陵园　17. 李白纪念馆　18. 彝海结盟纪念地

19. 雅安市红军长征翻越夹金山纪念馆　20. 阿坝州两河口会议旧址

21. 凉山州红军长征过会理纪念馆　22. 广元市木门会议会址纪念馆

23. 南充市阆中红军烈士纪念园　24. 攀枝花中国三线建设博物馆

25. 中国三峡集团金沙江巨型水电站

重庆市（12个）

1. 重庆歌乐山革命烈士陵园　2. 重庆红岩革命纪念馆　3. 邱少云烈士纪念馆

4. 刘伯承同志纪念馆　5. 聂荣臻元帅陈列馆　6. 赵世炎烈士故居

7. 重庆中国三峡博物馆　8. 杨闇公旧居和陵园　9. 重庆市万州革命烈士陵园

10. 重庆三峡移民纪念馆　11. 刘邓大军挺进大西南司令部旧址

12. 重庆特园民主党派历史陈列馆

云南省（11个）

1. "一二·一"四烈士墓及"一二·一"纪念馆　2. 扎西会议纪念馆

3. 彝良罗炳辉陈列馆　4. 滇西抗战纪念馆（腾冲国殇墓园）

5. 云南陆军讲武堂旧址　6. 昆明市聂耳纪念馆　7. 红军长征过丽江纪念馆

8. 西双版纳花卉园周总理视察热作所纪念碑

9. 周保中将军纪念馆　10. 迪庆红军长征博物馆

11. 南洋华侨机工回国抗日纪念馆

贵州省（18个）

1. 遵义会议纪念馆　2. 息烽集中营革命历史纪念馆　3. 王若飞故居

4. 黎平会议会址　5. 娄山关红军战斗遗址　6. 猴场会议会址

7. 周逸群故居　8. 四渡赤水纪念馆

9. 中华苏维埃人民共和国川滇黔省革命委员会旧址　10. 苟坝会议会址

11. 红二、红六军团盘县会议会址　12. 红二、红六军团木黄会师纪念馆

13. 榕江红七军历史陈列馆　14. 中共贵州省工委旧址

15. 六盘水市贵州三线建设博物馆　16. 中国科学院国家天文台FAST观测基地

17. 遵义红军山烈士陵园　18. 邓恩铭烈士纪念馆

西藏自治区（9个）

1. 山南烈士陵园　2. 江孜抗英遗址　3. 拉萨烈士陵园　4. 西藏博物馆

5. 西藏百万农奴解放纪念馆　6. 昌都市革命历史博物馆

7. 江达县岗托十八军军营旧址　8. 全国援藏展览馆

9. 清政府驻藏大臣衙门旧址陈列馆

陕西省（19个）

1. 延安革命纪念地（纪念馆、枣园、王家坪、杨家岭、凤凰山、清凉山、四八烈

士陵园等) 2.西安事变纪念馆 3.八路军西安办事处纪念馆 4.陕西历史博物馆

5.秦始皇兵马俑博物馆 6.黄帝陵 7.半坡遗址博物馆 8.洛川会议纪念馆

9.榆林杨家沟革命纪念馆 10.渭南渭华起义纪念馆

11.铜川陕甘边照金革命根据地纪念馆 12.马栏革命旧址

13.川陕革命根据地纪念馆 14.直罗烈士陵园 15.刘志丹烈士陵园

16.子长革命烈士纪念馆 17.中央红军长征胜利纪念碑 18.城固县张骞纪念馆

19.中国石油长庆油田

宁夏回族自治区（10个）

1.宁夏博物馆 2.固原六盘山长征纪念馆 3.盐池县革命烈士纪念园

4.陕甘宁省豫海县回民自治政府成立大会旧址

5.西吉县将台堡红军长征会师纪念碑 6.新疆生产建设兵团

7.三五九旅屯垦陈列馆 8."三北"防护林工程·中国防沙治沙博物馆

9.宁夏固原博物馆 10.中国科学院沙坡头沙漠研究试验站

甘肃省（20个）

1.会宁红军会师楼 2.敦煌莫高窟 3.嘉峪关宕昌县哈达铺红军长征纪念馆

4.八路军驻兰州办事处纪念馆 5.兰州市烈士陵园 6.华池县南梁革命纪念馆

7.高台县烈士陵园 8.腊子口战役纪念馆 9.中共中央政治局榜罗会议纪念馆

10.中共中央西北局岷州会议纪念馆 11.两当兵变纪念馆 12.甘肃省博物馆

13.环县山城堡战役纪念馆 14.静宁县界石铺红军长征毛泽东旧居纪念馆

15.迭部俄界会议旧址（次日那毛泽东旧居） 16.山丹艾黎纪念馆

17.玉门油田老君庙油矿旧址 18.甘肃刘家峡水电厂 19.古浪县八步沙林场

20.嘉峪关长城博物馆

青海省（8个）

1.中国工农红军西路军纪念馆 2.青海原子城（中国第一个核武器研制基地）

3.青海乐都柳湾彩陶博物馆 4.青海藏医药文化博物馆

5.果洛藏族自治州班玛县红军沟革命遗址

6.青藏公路建设指挥部旧址（将军楼） 7.青藏铁路 8.玉树抗震救灾纪念馆

新疆维吾尔自治区（11个）

1.乌鲁木齐烈士陵园 2.新疆维吾尔自治区博物馆

3.新疆生产建设兵团军垦博物馆 4.八路军驻新疆办事处纪念馆

5.伊犁林则徐纪念馆 6.三五九旅屯垦陈列馆

7.中国工农红军西路军进疆纪念馆 8.毛泽民故居 9.克拉玛依博物馆

10.库尔班·吐鲁木纪念馆 11.五家渠市军垦博物馆

思想政治理论课社会实践选题指南

选题指南是根据思想政治理论课的课程内容和教学要求分类设置的，学生可以从中选择一个选题（或某个选题中的某个方面）制订出详细的方案，开展社会实践。学生也可以在此参考选题以外，针对经思想政治理论课教师认定属于课程范围的内容，自行设计选题。

1. 学习百年党史，启航红色征程

结合党史学习教育，开展重走红色足迹、缅怀革命先烈、探寻红色地标、寻访英雄模范等实践，总结中国共产党的百年光辉历程、伟大贡献和宝贵经验，坚定四个自信。

2. 开展四史宣讲，传播红色火种

深入基层社区、农村和一线企业等，围绕党史、新中国史、改革开放史、社会主义发展史，开展宣讲报告、学习座谈、调查研究、政策宣传等形式的社会实践。

3. 回首脱贫攻坚，巩固扶贫成果

针对全面打赢脱贫攻坚战、全面建成小康社会的重大意义、成效与经验开展调查研究；开展防止返贫长效机制的理论与实践探索。

4. 助力乡村振兴，建设美好家园

在培育乡村发展新动能、乡村绿色发展、乡村治理新体系、美丽乡村新风貌等方面开展调研，针对乡村产业、人才、文化和生态，总结推广好的经验做法。

5. 聚焦生态文明，助推绿色发展

结合生态文明建设，围绕"碳达峰、碳中和"相关的政策制定、措施实施、项目推进、前瞻研究、难点攻关等开展调研，尤其是结合学科特色，针对能源结构调整、产业结构转型和技术革新进行调查研究。

6. 弘扬传统文化，坚定文化自信

调研中华民族优秀传统文化在全球化、信息化冲击下的机遇与挑战，为传统文化传承与发展建言献策；挖掘家乡的深厚文化底蕴和文化遗产，记录、保护和传播优秀文化。

7. 步入一线岗位，躬身基层实践

立足专业特色，结合"返家乡"社会实践活动，组织学生深入地方党政机关、企事业单位尤其是基层服务岗位和生产研发一线，开展政务实践、顶岗实习、兼职锻炼。

8. 开展研究探索，激扬双创活力

多渠道多形式开展创新探索、创业实践、学术交流，参加各类创新创业比赛；发挥专业优势开展课题研究和社会调研，积极备战"挑战杯""互联网＋"等竞赛。

9. 寻访优秀校友，宣传推介母校

追寻校友成长之路，挖掘校友典型，宣传、传承他们勇于担当、干事创业的精神；开展"我为母校代言"行动，向亲朋好友推介我校的办学成就和特色，拓展学校的知名度和美誉度。

大学生思政课综合社会实践登记表

姓名		性别		籍贯	
所在学院、年级、专业				实践时间	
实践活动内容					
社会调查报告（论文）	（另附纸）				
社会实践单位鉴定					（盖章） 年　月　日
马克思主义学院意见					（盖章） 年　月　日
备注					

《信息与文献　参考文献著录规则》主要文献类型的著录格式

《信息与文献　参考文献著录规则》(GB/T 7714-2015)已于 2015 年 12 月 1 日起正式实施。在此,将大学生在思想政治理论课社会实践常用文体写作过程中常用的各种类型参考文献的新著录方法及其范例列举如下:

1. 普通图书

著录格式:［序号］主要责任者. 题名:其他题名信息［M］. 其他责任者. 版本项. 出版地:出版者,出版年:引文页码.

范例:

［1］习近平. 习近平谈治国理政:第一卷［M］. 2 版. 北京:外文出版社,2018:3.

［2］阿尔伯特·班杜拉. 社会学习理论［M］. 陈欣银,李伯黍,译. 北京:中国人民大学出版社,2015:15-16.

［3］罗杰斯. 西方文明史:问题与源头［M］. 潘惠霞,魏婧,杨艳,等译. 大连:东北财经大学出版社,2011:75-86.

2. 期刊文献

著录格式:［序号］主要责任者. 题名:其他题名信息［J］. 期刊名,年,卷(期):引文页码.

范例:

［1］习近平. 在庆祝中国共产党成立 100 周年大会上的讲话［J］. 求是,2021(14):4-11.

［2］马得勇,陆屹洲. 信息接触、威权人格、意识形态与网络民族主义:中国网民政治态度形成机制分析［J］. 清华大学学报(哲学社会科学版),2019,34(3):180-192.

3. 报纸文献

著录格式:［序号］主要责任者. 题名:其他题名信息［N］. 报纸名,出版日期(版面数).

范例:

［1］习近平. 在全国教育大会上强调:坚持中国特色社会主义教育发展道路,培养德智体美劳全面发展的社会主义建设者和接班人［N］. 人民日报,2018-09-01(1).

［2］习近平. 主持召开学校思想政治理论课教师座谈会强调:用新时代中国特色社

会主义思想铸魂育人　贯彻党的教育方针落实立德树人根本任务[N]. 人民日报，2019-03-19（1）.

4. 论文集、会议录

著录格式：[序号] 主要责任者. 题名：其他题名信息[C]. 出版地：出版者，出版年.

范例：

[1] 北方工业大学教务处. 青春交响乐：大学生科学研究与创业行动计划优秀研究报告论文集（2019）[C]. 北京：中国发展出版社，2021.

5. 学位论文

著录格式：[序号] 主要责任者. 题名[D]. 大学所在城市：大学名称，出版年.

范例：

[1] 滕慧君. 当代大学生中华民族精神培育研究[D]. 辽宁：大连海事大学，2017.

6. 专利文献

著录格式：[序号] 专利申请者或所有者. 专利题名：专利号[P]. 公告日期或公开日期.

范例：

[1] 王海利，张文森，叶瑞洪. 一种玫瑰花客家酒娘及其酿造方法：ZL201510181016.1[P]. 2021-11-18.

7. 电子资源（不包括电子专著、电子连续出版物、电子学位论文、电子专利）

著录格式：[序号] 主要责任者. 题名：其他题名信息[文献类型标识/文献载体标识]. 出版地：出版者，出版年：引文页码（更新或修改日期）[引用日期]. 获取和访问路径. 数字对象唯一标识符.

范例：

[1] 王震，陈键. 新纪录！一箭22星！[EB/OL].（2022-02-28）[2022-03-06]. http://finance.people.com.cn/n1/2022/0228/c1004-32361117.html.

[2] 杨蓉. 北京冬奥会向世界展示中国自信[EB/OL].（2022-02-23）[2022-03-06]. https://export.shobserver.com/baijiahao/html/454998.html.

8. 标准文献

著录格式：[序号] 主要责任者. 标准名称：标准号[S]. 出版地：出版者，出版年：引文页码.

范例：

[1] 全国信息与文献标准化技术委员会. 文献著录：第4部分非书资料：GB/T 3792.4-2009[S]. 北京：中国标准出版社，2010：3.